MANUAL DE ASTROLOGIA HORÁRIA

Edição Revista

MANUAL DE ASTROLOGIA HORÁRIA

Edição Revista

John Frawley

Traduzido por Marcos Monteiro

APPRENTICE BOOKS

Copyright © John Frawley 2005, 2014

Primeira edição publicada em 2005 por Apprentice Books, Londres

Reimpresso em 2006

Versão em capa dura publicada em 2011 por Apprentice Books, Londres

Esta versão publicada em 2014 por Apprentice Books, Londres

www.johnfrawley.com

ISBN 978-83-940003-0-1

Imagem de capa por Sergio Bondioni, Yellow Brick Studios

Composição tipográfica por Beata Kibil pela Digebooks.com

Design e Composição tipográfica original do livro por John Saunders Design & Production

Sumário

Introdução à Edição Revista

Eu aprendi muito, nestes anos todos, depois de ter escrito este livro. Já está na hora de incorporar esse aprendizado numa segunda edição aumentada e corrigida. Meus alunos me mostraram que algumas passagens deveriam ser mais claras; há tópicos que foram omitidos que poderiam ser incluídos e outros que eu deveria ter tratado de forma mais detalhada. Existem outras passagens nas quais o que escrevi estava errado e precisava ser corrigido.

Em vez de reescrever o livro para incorporar as correções e acréscimos, achei melhor deixar o texto original intacto e apresentar as atualizações separadamente, por duas razões. A primeira é que este livro, no original e nas diversas traduções, é usado principalmente como livro-texto. É importante que os alunos consigam encontrar com facilidade as passagens que seu professor disser que devem estudar. Por isso, os números das páginas da primeira edição estão apresentados nas margens. A segunda é que é mais instrutivo, de forma geral, levantar erros pontuais e discuti-los do que simplesmente apagá-los das fotografias como se fossem os ex-camaradas de Stalin que caíram em desgraça. Mostrar o desenvolvimento da minha compreensão do assunto não é uma coisa ruim. Este conhecimento não é algo que cai sobre os nossos ombros pronto e perfeitamente calibrado, mas é comprado, pedaço por pedaço, ao preço de muito tempo e esforço.

Sendo assim, certamente em pouco tempo vou ter que corrigir e aumentar o que está nessa nova edição. Essas correções posteriores vão aparecer no meu site à medida que elas forem sendo feitas. Em astrologia, como em qualquer ramo do conhecimento mais complicado que a tabuada, sempre há mais coisas para aprender. Ótimo! Onde estaria a graça se pudéssemos saber tudo?

À medida que você for lendo esses acréscimos e correções, vai perceber que minha abordagem foi se tornando cada vez mais simplificada. Em horária, como na verdade em qualquer análise astrológica, menos realmente quase sempre é mais. As coisas que venho aprendendo raramente são ensinamentos secretos e complexos; são, ao contrário, coisas tão óbvias na sua simplicidade que não haviam chamado a minha atenção antes. A concisão e a economia são o coração da horária.

Você também vai perceber que muitos dos erros que identifiquei vieram de uma reverência exagerada pela obra dos nossos predecessores ilustres. O nosso relacionamento com essas autoridades deve ser um diálogo investigativo, não obediência cega. Infelizmente, é muito comum, no mundo da astrologia tradicional, pensar que a citação de uma autoridade encerra a discussão. Na verdade, isso muitas vezes é só um sinal de que a pessoa que está fazendo a citação não compreendeu o que está sendo discutido. A única citação que pode ser feita com segurança é do sábio conselho de Nicky Culpeper, que dizia que devemos manter nossos cérebros nas nossas cabeças e não nos nossos livros, porque lá é o lugar que Deus determinou que ficassem.

Horary Practice, o livro que complementa este e cuja publicação o *Manual* original anunciava para 2005, vai sair, algum dia. Enquanto isso, eu recomendo, àqueles com vontade de aprender, o meu *Sports Astrology*. Dois dos seus quatro capítulos principais são dedicados à horária, acompanhando o leitor passo a passo por uma grande série de análises de mapas. Meu objetivo nele foi responder todas as perguntas que um aluno gostaria de fazer a um professor, mas normalmente não pode fazer a um livro. Na medida em que consegui meu intento, ele é uma ferramenta útil, independentemente do interesse que o leitor tenha por esportes.

Estes acréscimos foram lidos e cuidadosamente comentados por Fotini Christodoulou, Anne Coralie, Gabrielle Dunn e Kathryn Silvestre. Os erros e infelicidades que permaneceram são só meus.

Os novos acréscimos estão entre ◆ ◆. As referências internas do texto original foram modificadas discretamente para se ajustarem à nova paginação. O assunto relacionado à tradição e à autoridade dos livros, que mencionei por alto acima, é investigado mais a fundo no meu site, johnfrawley.com.

Os mapas desta edição foram feitos usando o programa Mercurius, de Bernhard Bergbauer.

Agradeço ao tradutor, Marcos Monteiro, por ter tornado possível esta edição em português.

Introdução

Minha intenção ao escrever este livro foi apresentar um guia claro e abrangente do ofício da astrologia horária. A parte 1 ensina as técnicas utilizadas; a parte 2, como estas técnicas são aplicadas para encontrar respostas às questões mais comuns que o astrólogo recebe para analisar.

A variedade inesgotável de perguntas feitas faz com que seja impossível apresentar um método que aborde cada uma em separado. Um ótimo modo de conferir a diversidade das tramas da vida é virar astrólogo horário! Todas as vezes em que achei que já tivesse ouvido de tudo, alguma coisa ainda mais bizarra estava me esperando logo à frente. No entanto, o estudo atento das questões que foram apresentadas neste livro permite a análise e o julgamento confiáveis das que não foram.

Um complemento a este livro, *Horary Practice*, deve ser publicado no outono de 2005. Ele vai incluir uma grande seleção de mapas de perguntas de todos os tipos, guiando o aluno pelo processo de análise e julgamento, um passo por vez – o mais parecido possível com a experiência de espiar, por cima do ombro, um mestre astrólogo trabalhando. Os dois volumes devem ser suficientes para orientar qualquer leitor (que esteja disposto a fazer o esforço necessário) até à proficiência neste ofício tão gratificante.

Agradecimentos

Minha maior dívida, na escrita deste livro, é para com William Lilly, o mestre astrólogo, *magister meo*, que tanto me ensinou e continua a me ensinar.

Todos que estudam astrologia tradicional têm um débito grande com Olivia Barclay, que não mediu esforços para repor o livro *Christian Astrology* (*Astrologia Cristã*), de Lilly, no seu lugar de direito no coração do cânone astrológico. Eu tive a felicidade de estudar astrologia horária com Olívia e foi ela que me encorajou a escrever e falar sobre – e a ensinar – este assunto.

Ser professor me ensinou ainda mais que ser aluno. É a mais pura verdade que não se ensina uma disciplina, mas uma pessoa. Foram os anos reorganizando o conhecimento para torná-lo compreensível à mente ávida de cada uma dessas pessoas que deram a este livro qualquer virtude que ele tenha. Aos meus alunos, meu muito obrigado.

Minha gratidão, como sempre, vai para Victor Laude e Despina Giannokopulou, sem os quais a estrada teria acabado muito antes de chegarmos a este ponto.

Branka Stamenkovic e Tijana Marinkovic me animaram e encorajaram a continuar andando sempre que a tarefa parecia muito assustadora. Branka, Yasmin Bolland, Nina Holly, Dolores Quiddington, Richard Redmond e Carol Walsh leram o manuscrito e fizeram sugestões e correções valiosíssimas. Os erros que permaneceram são exclusivamente meus.

Várias vezes me fizeram a pergunta horária "Eu vou conseguir me sustentar como astrólogo horário?"; a resposta a essa pergunta normalmente é "Não", menos por causa das habilidades envolvidas, que podem ser aprendidas, e mais por causa dos sacrifícios que devem ser feitos. No meu caso, a maior parte desses sacrifícios foi feita por minha esposa, Anna, que ficou firme do meu lado, me apoiando e compreendendo em todos os momentos, enquanto eu construía minha carreira. Se ela fosse um pouco menos extraordinária, eu não chegaria ao ponto de poder escrever este livro. Meus agradecimentos a ela são infinitos.

Símbolos Utilizados

♈	Áries	regido por Marte
♉	Touro	regido por Vênus
♊	Gêmeos	regido por Mercúrio
♋	Câncer	regido pela Lua
♌	Leão	regido pelo Sol
♍	Virgem	regido por Mercúrio
♎	Libra	regido por Vênus
♏	Escorpião	regido por Marte
♐	Sagitário	regido por Júpiter
♑	Capricórnio	regido por Saturno
♒	Aquário	regido por Saturno
♓	Peixes	regido por Júpiter

♄	Saturno
♃	Júpiter
♂	Marte
☉	Sol
♀	Vênus
☿	Mercúrio
☽	Lua

☊	Nodo Lunar Norte
☋	Nodo Lunar Sul
⊗	Parte da Fortuna

☌	Conjunção	mesmo grau, mesmo signo
☍	Oposição	mesmo grau, signo oposto
△	Trígono – 120 graus	mesmo grau, quatro signos depois
□	Quadratura – 90 graus	mesmo grau, três signos depois
✶	Sextil – 60 graus	mesmo grau, dois signos depois
℞	Retrógrado	parece estar andando para trás

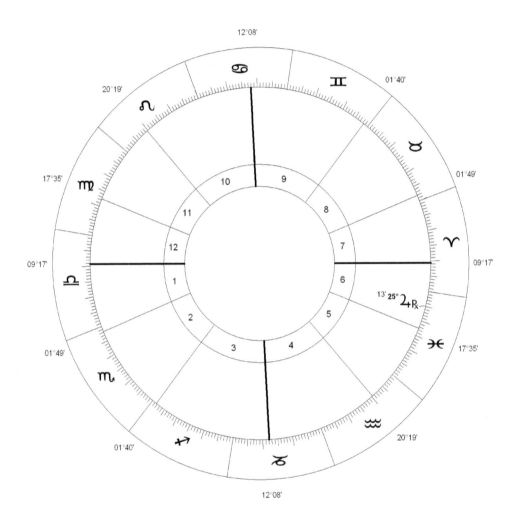

Onde está o gato? 30 de agosto de 1998, 9:20 AM (BST), Londres, Inglaterra.

1

Introdução à horária

A astrologia horária é a arte de dar respostas específicas a perguntas específicas, usando um mapa astrológico feito na hora e no lugar em que a pergunta foi feita. Ela é rápida, simples e eficiente, fornecendo respostas concretas e verificáveis.

"Rápida e simples? Como assim?"

Vamos ver um exemplo. O leitor ainda talvez não entenda alguns termos utilizados, mas os princípios da análise vão ficar claros. O gato do vizinho estava se mudando aos poucos para a minha casa. Depois que ele ficou uns dias sem aparecer, fiquei preocupado com sua segurança; então, me perguntei: "Onde está o gato?".

Abri um mapa astrológico para o momento em que fiz a pergunta e para o lugar em que estava neste momento; cortei do mapa tudo o que não era necessário para a análise.

Estou perguntando sobre um gato, que é um animal pequeno – representado, portanto, pela casa seis do mapa. O planeta que rege o signo da cúspide (o começo) da casa significa o gato. O signo de Peixes está na cúspide da casa seis. Assim, Júpiter, seu regente, significa o gato.

Onde está Júpiter? Na sexta casa, a casa do gato. Onde está o gato, então? Na sua própria casa, no seu lar.

Será que ele está bem? Júpiter, o planeta mais benéfico de todos, está no seu próprio signo, o que significa que ele tem muita dignidade essencial. Representado por um benéfico fortemente dignificado, o gato deve estar muito bem.

Júpiter (o gato) está num signo de água – ele pode estar em algum lugar úmido; mas signos de água também mostram locais confortáveis, o que, considerando a natureza do animal e o fato de ele estar obviamente feliz nesse lugar (um benéfico muito dignificado), deve ser a escolha mais provável. Ele deve estar enrolado num sofá ou numa cama.

Será que ele vai voltar? Júpiter está retrógrado: ele está voltando para onde estava antes. Vai voltar, sim.

Este mapa nos deu uma resposta específica e verificável à pergunta, usando apenas um único planeta! Horária é rápida; horária é simples.

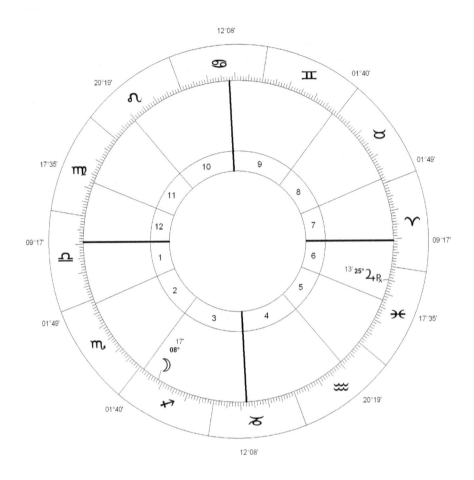

Onde está o gato? 30 de agosto de 1998, 9:20 AM (BST), Londres, Inglaterra.

Podemos refinar esta resposta prevendo quando o gato vai voltar. Para fazermos isso, tem que haver uma conexão entre o significador do gato e algo que represente a mim ou a minha casa. Júpiter não vai fazer nenhum contato deste tipo no mapa; temos que introduzir um segundo planeta. A Lua é o regente natural de todos os objetos, especialmente os animados.

A pessoa que faz a pergunta é mostrada pelo ascendente e por seu regente. A Lua se aplica, em sextil, ao ascendente. Da mesma forma que a sexta casa pode ser considerada como, literalmente, a casa do gato, a primeira casa é literalmente a minha. A Lua tem que andar quase exatamente um grau para levar o aspecto à perfeição. O gato vai voltar, então, em quase exatamente uma unidade de tempo. O signo e a casa em que a Lua está quando faz este aspecto nos dizem que unidade de tempo é. O gato vai voltar, então, quase exatamente 24 horas após o momento para o qual o mapa foi aberto. E assim foi.

Mesmo com esse refinamento, temos apenas dois planetas no mapa. Temos uma previsão exata, datada e correta. Horária é simples.

Nem todos os mapas são tão simples quanto este, como seria de se esperar; mas muitos são. Uma boa parte dos mapas horários pode, quando se tem conhecimento e prática, ser analisada numa passada de olhos. Astrologia horária era a técnica mais usada pela maioria dos astrólogos durante o século XVII; é um fato conhecido hoje que uma consulta astrológica típica durava em torno de quinze minutos[1]. Este tempo incluía os cumprimentos usuais, as explicações do cliente sobre o que ele queria saber e o fornecimento dos detalhes relevantes – ou, na maioria das vezes, irrelevantes – da situação, a negociação de um valor aceitável para a consulta, o ajuste do mapa (que era aberto no começo do dia de trabalho) para a hora em que a pergunta foi feita, a análise da pergunta em si e o anúncio do julgamento; o cliente, caso a resposta dada não tivesse sido a esperada, ainda reagiria com incredulidade, com algo como "E daí? Você não sabe de nada!", ao que, após olhar o mapa de novo, o astrólogo responderia "Sei, sim. Por exemplo, sei que você tem uma marca enorme de nascimento, vermelha, na sua coxa esquerda." para convencê-lo. Tudo isso em quinze minutos. Nem os mapas mais complexos são analisados por truques obscuros ou difíceis, mas, ao contrário, pela repetição das mesmas operações simples.

Não era só a velocidade e a economia de esforço que mantinham a horária como a prática astrológica mais usada; para a maior parte das dúvidas, ela era – e é – a ferramenta mais adequada. Qualquer que seja a situação, se o cliente quer saber algo específico sobre ela, devemos usar horária. A maior parte das respostas pode ser encontrada mais rapidamente e de forma mais confiável em um mapa horário do que no estudo do mapa natal; muitas respostas nem podem ser encontradas no mapa natal, independentemente do nível de detalhamento, do tempo gasto na investigação ou das habilidades do astrólogo. O mapa natal não revela se vai chover no dia em que você planejou um churrasco, se você deve vender seus dólares para comprar prata, o que sua namorada realmente sente por você – ou onde está o gato. No entanto, estas questões e outras parecidas, juntas, compõem a trama da nossa vida.

---

[1]   Keith Thomas, *Religião e o Declínio da Magia,* Companhia das Letras, 1991, trad. Denise Bottman e Tomás Rosa Bueno, página 255.

Grande parte das pessoas que procuram um astrólogo para uma consulta tem uma pergunta específica em mente. Claro que é mais fácil olhar para um mapa que gira em torno da pergunta, e só dela, do que tentar extrair a mesma questão do mapa natal, que mostra uma vida inteira de questões, misturadas umas com as outras.

A horária era vista, tradicionalmente, como a porta de entrada do aluno no estudo da astrologia. Um motivo para isso é que ela é muito mais simples que outros ramos de astrologia, como a natal ou a mundana. Ou seja, ela permite que o aluno chegue de forma mais fácil ao domínio da maior parte das técnicas que são usadas de forma mais elaborada nestes outros ramos. Podemos considerá-la como o equivalente a treinar as escalas, quando se aprende um instrumento musical: é um prelúdio necessário para os estudos mais avançados. Ao contrário do domínio das escalas musicais, entretanto, a horária tem uso prático imediato.

"Só usamos horária para previsões?"

De jeito nenhum. Ela é mais conhecida por sua capacidade de fornecer previsões exatas, mas também pode ser usada para investigar o passado ("Será que o pedreiro roubou meu relógio?"). Seu uso mais interessante, no entanto, é na análise de situações. Muito melhor que a pergunta "Será que o meu casamento está acabando?", que pede uma previsão, é fazer a pergunta analítica "O que está errado com o meu casamento e o que posso fazer a respeito?". Isso também pode ser feito com horária.

William Lilly e os primeiros princípios

O grande mestre da astrologia horária é William Lilly, astrólogo inglês que viveu entre 1602 e 1681. Seu livro *Christian Astrology*, publicado em 1647, é e vai continuar sendo o livro-texto padrão[2]. O livro que você tem nas mãos é fortemente baseado nele. Ele se afasta de Lilly, além de ser escrito em linguagem moderna para pessoas modernas, pela maior ênfase nos primeiros princípios. Expô-los de forma clara nos dispensa das longas listas de testemunhos menores, muitas vezes baseados na experiência empírica, que compõem grande parte da obra de Lilly.

Testemunhos menores não compõem um julgamento e podem normalmente ser ignorados. Veja só: se perguntarmos "Quem vai vencer esse jogo de futebol?",

---

[2]   [N. do T. Há uma versão em português, *Astrologia Cristã*, publicada pela Biblioteca Sadalsuud, de Portugal]. Daqui para frente, chamado simplesmente de *Lilly*.

o que nos interessa é o testemunho mais importante: quem fez mais gols. Quem teve mais posse de bola, quem bateu mais escanteios, quais jogadores empolgaram o estádio, tudo isso são testemunhos menores, que não afetam diretamente o resultado. No método horário que explico aqui, a ênfase é nos gols feitos. Este é um exemplo da Regra das Regras: quanto mais simples, melhor!

Peço desculpas, ao leitor que é iniciante em horária, pelas passagens em que discuto, esclareço ou refuto determinados pontos de Lilly. Isso é necessário para os leitores que estão familiarizados com seu trabalho.

Preliminares

Em primeiro lugar, grave estas palavras de Jerome Cardan no seu coração:

Aqueles com opinião muito elevada de si estão sujeitos a cometer muitos erros de julgamento; por outro lado, os muito tímidos não servem para esta ciência[3].

Este estudo exige humildade. Não podemos refazer a astrologia à nossa própria imagem e semelhança. O leitor pode descobrir que muitas coisas aqui são diferentes do que aprendeu em outro lugar, incluindo algumas idéias muito queridas. Em vez de impor essas idéias ao que está sendo ensinado, é melhor deixá-las de lado por um tempo e tentar usar o que está sendo dado aqui, até ver que funciona.

Este estudo exige certa coragem. A horária nos habilita a fornecer respostas claras e detalhadas. Não podemos nos esconder numa névoa de ambivalência quando erramos. Lemos o mapa; damos nosso julgamento; descobrimos se acertamos ou erramos – às vezes, bem rápido. As regras apresentadas aqui são seu ponto de apoio. Nenhum astrólogo jamais foi infalível, mas seguir essas regras permite uma melhora constante na confiabilidade do seu veredicto.

O leitor que já tem algum conhecimento de astrologia pode ficar tentado a pular os primeiros capítulos. Não faça isso! No meu curso, percebi que mesmo os alunos graduados nas escolas astrológicas mais renomadas tinham furos surpreendentes no conhecimento básico. Ter este conhecimento claro é essencial: se os tijolos básicos não forem bem compreendidos, nada construído com eles será firme.

Este é um livro para ser trabalhado, não lido. As margens são largas para servirem de espaço para notas. O leitor deve destrinchar cada um dos exemplos

---

[3] In Guido Bonatus, *The Astrologer's Guide*, London 1676; seção "Cardan", aforismo 2. Este livro será chamado, daqui para a frente, simplesmente *Bonatus.*

até ter certeza de ter entendido porque eu disse o que disse. Faça-se sempre as perguntas "Porque ele escreveu isso?" e "Porque ele não levou em consideração aquilo?". Além disso, pratique, pratique, pratique. Faça suas próprias horárias. Embora, depois que tiver sido dominada, a horária deva ser usada com frugalidade, durante o aprendizado o leitor pode se perguntar sobre qualquer assunto que passar pela cabeça. Perguntas com as quais não se perderia tempo normalmente: "Quando o carteiro vai chegar?", "Minha mãe vai me telefonar hoje?". Tudo isso ajuda. Volte e verifique as suas análises. Se uma delas estiver errada, desmonte o mapa até descobrir por quê.

Sempre se obrigue a dar um veredicto e a escrevê-lo. Guarde os mapas para poder examiná-los quando souber o desenrolar da pergunta. Ao responder as próprias perguntas, é fácil camuflar a situação real e deixar o veredicto envolto em ambigüidade. Também é fácil desistir, pensando que o mapa é difícil demais. Não se aprende nada desta forma. Não importa o quanto você fique bom, a astrologia horária sempre exige um esforço além do que achamos que já sabemos. Tanto para astrólogos quanto para atletas, é esse esforço extra que leva à excelência. O leitor que ultrapassar os limites do próprio conhecimento vai ficar impressionado com o quanto vai conseguir realizar. Lembre-se que o próprio William Lilly se descrevia como "estudante" de astrologia.

Não é necessário ter uma pergunta para julgar um mapa horário. Pegue qualquer mapa, seja de uma pergunta antiga sua ou de algum livro, e faça novas perguntas sobre ele. Faça algumas perguntas que enfatizem outras coisas além do "eu" (por exemplo, "O casamento do meu irmão vai acabar?", "Meu chefe vai conseguir aquele novo emprego?", "Quando meu cachorro vai encontrar uma namorada?"). Só se lembre de não levar a sério os julgamentos! Esses são exercícios excelentes: estamos aprendendo uma língua nova; não se fica fluente antes de muitas tentativas de falar as primeiras palavras.

Antes de abrir um mapa, pergunte-se o que espera ver nele. Como será que a situação será mostrada? Normalmente erramos nisso, mas esse exercício alinha de forma gradual o nosso raciocínio com a maneira com que o mapa trabalha.

Eu acredito que, na análise de um mapa, pensar sempre em termos bem simples é útil, como demonstrei nos exemplos aqui. "Será que ele é um cara bom ou mau?", "Bom, mais ou menos ou 'eca'?" e coisas assim podem parecer um pouco com "Minha primeira leitura", mas é esse tipo de pensamento que evita que nos enrolemos com conceitos abstratos. O mapa já nos traz todas as complicações que precisamos; manter cada passo o mais simples possível nos permite compreender toda a complexidade que encontraremos quando chegarmos lá. Mantenha sempre os pés no chão.

Acima de tudo, não se martirize por errar suas análises. Um jogador de futebol, por melhor que seja, às vezes erra um pênalti. Isso não significa que ele de uma hora para a outra virou um mau jogador, nem que fazer um pênalti é impossível, nem, muito menos, que futebol é bobagem. Só significa que ele errou aquele pênalti.

◈ Acima de tudo: lembre-se que o mapa não é uma abstração. Ele é um reflexo da situação neste mundo, da mesma forma que o espelho oferece um reflexo da sua face. O que você lê no mapa deve fazer sentido em termos deste mundo. Se não fizer, o que você estiver lendo está errado. Sempre tenho que lembrar aos meus alunos a situação concreta de acordo com o bom senso; por exemplo, o fato de que unir o planeta que significa o bebê ao planeta que significa o marido não significa gravidez, porque o marido não pode ficar grávido. A cabeça nas estrelas, por favor, mas com os pés firmemente plantados no chão. ◈

2

Primeiros Passos

A pessoa que faz a pergunta é o *querente*
A pessoa ou coisa de quem se pergunta é a *coisa investigada*

Abra o mapa para o momento em que o astrólogo compreendeu a questão.
No passado, o astrólogo normalmente estava com o cliente quando a pergunta era feita. Hoje em dia, elas são feitas à distância, tanto em termos de espaço quanto de tempo: por e-mail, telefone, correio ou mensagens na secretária eletrônica. O momento em que o astrólogo lê ou ouve a questão é o utilizado para abrir o mapa, não o momento em que o querente a faz.

Vamos imaginar que eu tenha chegado em casa e encontrado uma carta, com uma pergunta de um cliente, no capacho da porta da frente; pego o envelope, faço um café e sento para ler. Abro o mapa para o momento em que li; não o momento em que peguei o envelope no capacho, nem o momento anotado na carta pelo querente como sendo a hora em que ele a escreveu.

◆ Não pense que você deve abandonar tudo o que está fazendo quando uma pergunta chegar. Se o expediente está encerrado, está encerrado. Se você estiver ocupado quando uma carta ou e-mail chegar, não há necessidade de lê-la neste momento. Se você escolher lê-la neste momento, no entanto, esse é o momento para o qual o mapa deve ser aberto. ◆

Se a pergunta tiver sido feita por telefone, o mapa é aberto para o momento em que ela foi feita. Isso parece bastante simples e normalmente é; mas algumas questões só nascem depois de um trabalho de parto bastante complicado. O querente hesita, começa com "eu quero perguntar se... Mas não tenho certeza se deveria... Talvez fosse melhor perguntar se...". Isso pode demorar mais que o tempo total de uma consulta típica do século XVII. O momento escolhido para o mapa é o momento no qual o querente finalmente chega ao cerne da questão, não o momento em que a conversa começou. É como se esses querentes estivessem inconscientemente sentindo qual é o momento certo de perguntar: o momento que vai gerar um mapa que permita um julgamento correto da questão. Isso pode muitas vezes ser confirmado pela determinação de eventos passados datáveis no próprio mapa, eventos que não seriam mostrados em um mapa aberto no momento em que a conversa começou.

Se a questão já tiver sido feita, mas precisar de esclarecimentos antes que o astrólogo compreenda o ponto principal, use o momento em que ela foi esclarecida. Se você tiver decidido que já entendeu razoavelmente a questão, mas, ao dar o julgamento, perceber que havia falhas nessa compreensão, deve continuar com o mapa aberto no momento em que você pensou tê-la compreendido.

Se o querente fizer outras questões sobre o mesmo tópico quando a questão inicial já tiver sido julgada, devemos analisar estas novas dúvidas usando o mapa inicial. Por exemplo, se a questão inicial for "quando eu vou encontrar o homem com quem vou casar?" e, depois que receber o julgamento, a querente perguntar "será que ele vai se dar bem com minha filha?", podemos ler essa nova dúvida no mapa inicial. Se a querente acrescentar "e quando eu vou ter um emprego decente?", essa é uma pergunta nova que precisa de um novo mapa.

◈ Não há necessidade de ser detalhista com essa idéia de compreender a pergunta. Desde que você tenha captado o essencial do que foi perguntado, tudo bem. A incompreensão tem que ser grosseira para que abramos um novo mapa quando a ficha cair. Se ela perguntar "Eu tenho algum futuro com Jim?" e depois percebermos que JIM é a empresa Japanese Imperial Motors, ou seja, que ela está perguntando sobre sua carreira, não sobre sua vida amorosa, podemos usar o momento em que percebemos isso. Mas se ela estiver perguntando sobre Jim e percebermos, por exemplo, que ela é casada com Fred, vamos usar o momento inicial anotado. Afinal, se compreendêssemos tudo da situação, não precisaríamos do mapa. ◈

Na análise de nossas próprias questões, o momento a ser escolhido é o momento no qual decidimos que vamos abrir um mapa para encontrar sua resposta. Isso equivale a usar o momento no qual o querente pergunta. Não tente rastrear o momento em que a questão surgiu na mente pela primeira vez; estamos usando o momento em que ela nasceu, não quando ela foi concebida. O momento utilizado pode ser ou não o momento em que sentamos no computador para abrir o mapa. Se acordarmos no meio da noite e decidirmos perguntar, devemos anotar a hora e usá-la.

◈ Este é o momento, por assim dizer, que você, o cliente, fala com você, o astrólogo. ◈

Sim, há a possibilidade de que o astrólogo, por trabalhar com o céu e ter um conhecimento preciso das posições dos planetas, escolha cuidadosamente o momento em que eles estejam alinhados para dar a resposta desejada. Sim, existe a possibilidade de o astrólogo ser estúpido o bastante para dar algum crédito ao julgamento feito com um mapa desses. Temos que conceder ao nosso astrólogo pelo menos um pouquinho de autoconsciência. Os céus, por outro lado, são um mecanismo de grande sutileza: tente escolher o momento para "espontaneamente" fazer sua pergunta e você vai descobrir, sempre, que eles são bem mais espertos que você. A parte difícil na análise das nossas próprias questões não é escolher o momento, mas afastar a nossa própria parcialidade.

O local para o qual o mapa é aberto é o do astrólogo. No passado, o astrólogo e o querente estavam normalmente no mesmo cômodo; hoje em dia podem estar em continentes diferentes. Da mesma forma que usamos o momento em que a questão é entendida, devemos usar o local no qual ela foi entendida: o local em que o astrólogo está. De acordo com a filosofia tradicional, a pergunta não existe até que encontre o ouvido de alguém que possa respondê-la. Até esse momento, ela é uma "não-coisa".

Use um computador! Existem algumas pessoas, com tendências ascéticas, que vêem vantagem em abrir mapas à mão. Não há necessidade para este tipo de autoflagelação. A situação, hoje em dia, é bastante diferente da época em que o astrólogo convivia com uma fila de clientes esperando para usar seus serviços e, assim, costumava abrir um mapa quando começasse a trabalhar, de manhã, e só o ajustava de acordo com as questões feitas durante o dia. Se insistir em fazê-los à mão, você não vai chegar nunca a abrir a quantidade de mapas necessária para atingir a proficiência.

Para os leitores que não têm acesso a computadores, o apêndice I mostra como calcular um mapa à mão, sem as complicações desnecessárias que normalmente se introduzem. Este método simplifica e automatiza o processo, deixando-o mais rápido e indolor possível.

"Será que preciso de software especial para horária?" Não! Quase todos os programas astrológicos mais avançados têm "páginas de horária" especiais, que sobrecarregam o aluno com uma enxurrada de informações, cuja maior parte é irrelevante à questão em si; além disso, muitas dessas informações são apresentadas de forma que pode desencaminhar as pessoas com pouca experiência. Por favor, não use nada disso; basta o formato mais simples de mapa no programa, sem as listas, tabelas e outras parafernálias. Seguindo o método que ensino neste livro, você vai aprender rapidamente a decidir exatamente que tipo de informações precisa no mapa; assim, você entra nele procurando por elas e só por elas. Isso é muito mais rápido e mais simples que vagar por um atoleiro de dados indesejados.

◈ Eu percebo que meus alunos têm dificuldade em aceitar este conselho – uma dificuldade que nunca traz benefícios ao seu trabalho. A concisão e a economia de esforços estão no coração da horária. Quanto mais bagunça estiver espalhada, mais fácil é tropeçar em alguma coisa. ◈

Não há a necessidade de programas caros. Seu objetivo é ir de A a B; não é preciso dirigir um Rolls-Royce para conseguir isso. Existem programas grátis na internet que são perfeitamente adequados[4].

Preparação para a análise

Creio firmemente que, não interessa o quanto sejamos capazes como astrólogos, a análise correta só ocorre pela Graça. Mesmo se todos os elementos de conhecimento necessários estiverem na nossa cabeça, não conseguimos uni-los como deveríamos: esta parte é uma bênção. Desta forma, sugiro fortemente que, antes de iniciar a análise, o leitor reze pedindo esta graça.

Mesmo sem rezar, faça alguma coisa, mesmo que seja lavar as mãos, ou se sentar em silêncio por alguns minutos para limpar a mente. É fácil demais ler o astrólogo em vez de ler o mapa, mas o objetivo da horária é conseguir uma visão desapaixonada da situação. Suas visões e concepções devem ser postas de lado e você deve abrir-se para o que está à sua frente. Muitas vezes me vejo recebendo questões para as quais minha reação imediata é "você está de brincadeira", mas nas quais o mapa mostra que aquilo que o querente está sugerindo, independente do quanto pareça estranho para mim, é verdade. É vital lembrarmos que não somos nós que sabemos; é a astrologia que sabe.

Você vai ver que alguns mapas, como esse sobre o gato, são claros como água; mas que muitos não são. Algumas vezes, a falta de clareza é devida ao astrólogo

---

[4]   Existem programas grátis, tanto para PC quanto para Mac, em www.astrolog.org; também é possível abrir um mapa e imprimi-lo em www.astro.com.

não ter o conhecimento suficiente, ou a ele abordar o mapa da forma errada. Algumas vezes, o mapa parece confuso porque a situação que ele descreve é confusa. Muitas situações são ambíguas, sem resposta clara. Um exemplo simples: uma pergunta muito comum é, independente do jeito em que é feita, "Esse é o homem certo para mim?". As respostas claras seriam "Sim, ele é sua alma gêmea!", ou "Não – ele é um psicopata perigoso!". Na maior parte das vezes, a resposta é "Bom, ele serve; há opções bem piores e não há nada muito melhor chovendo na sua horta". Essa resposta também é válida.

Não fique obcecado com a certeza absoluta ao dar seu veredicto. Alguns mapas são inequívocos; outros exigem que a resposta seja arrancada deles. Espere pela certeza absoluta nestes mapas e você vai esperar para sempre. No entanto, se as regras básicas foram assimiladas da forma correta, a sua análise desses mapas será confiável, independentemente do temor com o qual você se aproxime deles. Eu noto que é em análises como essas, que me davam a sensação de estar me equilibrando numa corda sobre um abismo, que meu trabalho obteve mais reconhecimento dos clientes, por ter esclarecido assuntos enrolados demais para serem resolvidos de qualquer outro modo.

Há um mito, bastante comum, que devemos encontrar três testemunhos no mapa antes de podermos analisá-lo. Isso é uma bobagem divulgada por pessoas com medo de julgar qualquer coisa. Se só temos meio testemunho, é o que vamos usar. Precisamos trabalhar com o que temos. Muito poucos mapas apresentam três testemunhos claros. Para continuar com a metáfora do futebol, podemos vencer de 6 a 0 ou podemos vencer com um gol duvidoso no último minuto; ganhamos do mesmo jeito.

A folha de trabalho

Eu sugiro que o leitor copie esta folha e use sempre que for analisar um mapa. Ela ajuda a garantir que você tenha todas as informações necessárias para a análise, ao mesmo tempo em que o treina para identificar exatamente quais informações são necessárias.

"Mas isso não é a mesma coisa que aquelas páginas dos softwares, aquelas que você acabou de me dizer para não usar?" Não. Aquelas páginas são uma perda de tempo, sob a desculpa de economia de trabalho. Esta folha é uma ferramenta educacional. Para preenchê-la, você precisa olhar para o mapa em alguma profundidade. Mesmo que muitas das informações inseridas nelas sejam as mesmas exibidas nas páginas de horária desses programas, o ato de extrair por si mesmo essas informações do mapa vai lhe mostrar coisas que o estudo de uma lista pré-preparada não vai. À medida que você for ganhando familiaridade com o processo de horária, é possível reduzir a quantidade de informações que entra nesta folha. Depois de algum tempo, ela pode até ser abandonada; mas não atropele este processo.

Alguns termos aqui podem ainda não estar claros: eles serão explicados nos capítulos seguintes.

INVOCAÇÃO: para nos lembrar o que estamos fazendo.

QUERENTE/PERGUNTA: o nome do querente e a pergunta feita.

HORA, DATA, LOCAL: os dados com os quais o mapa é aberto.

PLANETAS DO QUERENTE E DA COISA INVESTIGADA: o significador ou os significadores do querente e do que quer que seja a coisa sobre a qual ele pergunta.

LUA: o último aspecto feito pela Lua e o aspecto que ela fizer em seguida.

DIGNIDADES: insira os símbolos do planeta regendo o signo no qual cada planeta cai; o planeta exaltado nele; o regente da triplicidade, e por aí vai. Exemplo: se o Sol estivesse em 03° de Áries em um mapa diurno, a coluna do Sol seria:

$$\male \quad \odot \quad \odot \quad \jupiter \quad \male \quad \female \quad \saturn$$

É bom ressaltar de alguma forma as indicações de que o planeta esteja em suas próprias dignidades ou em sua debilidade.

NOTAS: qualquer coisa importante sobre o planeta, por exemplo, se ele está combusto, retrógrado, ou estacionário.

ESTRELAS FIXAS: Relacione quaisquer estrelas que caiam a menos de um ou dois graus dos significadores principais ou de cúspides de casas relevantes. Você pode dar uns graus a mais de folga para Regulus, Spica e Caput Algol.

ANTISCIA: Relacione os antiscia de quaisquer planetas que caiam sobre os significadores principais, ou em cúspides de casas relevantes (a mais ou menos um grau).

RECEPÇÕES: Relacione todas as recepções mútuas maiores entre os planetas. As recepções não precisam ser mútuas para serem importantes, mas recepções mútuas fortes podem ter uma relevância própria. Por "forte" quero dizer recepção por signo, exaltação ou triplicidade. Não esqueça das recepções mútuas negativas (por detrimento ou queda), que também podem ser bastante importantes.

FOLHA DE TRABALHO

PARA A GLÓRIA DE DEUS

Querente:
Pergunta:

Hora, data, local:

Planetas do querente: **Planetas da coisa investigada:**

☽ **de:**   ☽ **para:**

	Dom.	Exalt.	Triplic.	Termo	Face	Detrim.	Queda	Notas
☉								
☽								
☿								
♀								
♂								
♃								
♄								
⊗								

Estrelas fixas: **Antiscia:**   **Recepções mais importantes:**

AS REGRAS DE OURO

QUANTO MAIS SIMPLES, MELHOR

Não importa o quanto o mapa seja complicado, não entre em pânico. Faça a si mesmo as mesmas perguntas sobre aspectos, dignidades e recepções e você vai chegar à resposta.

Resista à tentação de acusar o mapa de falta de cooperação e, por causa disso, achar que a resposta só será revelada quando você acrescentar esta ou aquela técnica nova – aspectos menores, talvez, ou um ou dois asteróides. Se a resposta parece não estar ali, é porque você ainda não consegue vê-la. Concentre-se no que está no mapa, avaliando-o da mesma forma simples, e você vai conseguir.

Isso nos leva à Regra de Ouro número 2, que é:

A RESPOSTA SEMPRE ESTÁ AÍ EM ALGUM LUGAR

Normalmente, ela está alguns passos depois do ponto em que você decidiu não desistir.

MISTURE DISCERNIMENTO E TÉCNICA

Essa é a expressão que Lilly usa diversas vezes; quer dizer "use o bom senso".

CONVERSE COM O QUERENTE

Se você não tem certeza do significado exato da pergunta, peça esclarecimentos. Se você ainda não tem certeza, pergunte de novo. Alguns querentes vão fazer perguntas mais obscuras que um oráculo; entenda a pergunta antes de abrir o mapa.

Se você descobrir que um planeta é importante no mapa, mas você não sabe o que ele significa, pergunte ao querente. Se você precisar saber quem está envolvido na situação, pergunte.

É bastante fácil, por exemplo, explicar detalhadamente à querente que o objeto perdido está com o marido, para em seguida ser informado que ela não é casada.

É PERMITIDO ERRAR

Esforce-se para julgar da forma mais precisa possível, é claro. O que estamos fazendo aqui, no entanto, é excepcional: não precisamos nos lamentar por não termos sucesso o tempo todo. O que conseguimos fazer já é bastante notável.

3

As casas

William Lilly diz, com razão, que, depois que o aluno já aprendeu a fazer um mapa, a coisa mais importante a ser compreendida é o significado das casas[5]. Tudo o que existe pode ser atribuído a uma das doze casas do mapa. Se olharmos para a casa errada ao identificarmos o objeto do interesse do querente, qualquer que seja, provavelmente chegaremos à resposta errada. Assim, uma compreensão sólida das casas é essencial.

O mapa é dividido em doze casas. Tecnicamente, elas são chamadas de *casas mundanas (ou casas terrenas)*, em comparação com as *casas celestes*, outro nome para os signos do zodíaco. Hoje em dia temos o costume de chamar as casas celestes de "signos", mas é bom lembrar que elas também são casas. A palavra "casa" pode ser tomada literalmente, no mapa, como representando uma morada física, seja uma casa celeste (signo) ou mundana. Os textos antigos se referem tanto a signos quanto casas como "casas". Embora correto, isso pode nos confundir, às vezes.

Imaginemos que o mapa seja um bolo. Há vários modos de se dividi-lo em doze fatias, gerando as doze casas do mapa. É melhor dividir o bolo no olho? Contar o número de cerejas em cada pedaço e dividi-las igualmente? Será melhor dividirmos de acordo com a fome de quem vai comê-lo, garantindo que todos fiquem satisfeitos? Da mesma forma, há muitos modos de dividir o mapa em casas. São o que chamamos de *sistemas de casas*.

Os mapas neste livro usam o sistema de casas chamado de *Regiomontanus*. Eu insisto que você use este sistema em horária. Ele era usado por Lilly e funciona, como podemos ver; não pelo critério subjetivo de "eu prefiro meu mapa natal com este sistema porque ele põe minha Vênus nesta casa e não naquela", mas porque podemos fazer previsões detalhadas usando as posições das cúspides das casas determinadas por ele, que é a única variável entre os sistemas.

Isso não quer dizer que Regiomontanus seja o melhor sistema para todos os casos: eu uso *Placidus* em astrologia natal. Regiomontanus é mais apropriado à astrologia horária. Se fôssemos dividir o céu em pedaços iguais, no olho, o resultado seria Regiomontanus. Ele se baseia no observador, trazendo a divisão dos

---

[5] *Lilly*, páginas introdutórias: To the Reader [Ao Leitor].

céus para a Terra, o que é mais adequado para horária, na qual a questão feita por essa pessoa, aqui e agora, é o que determina a realidade do mapa.

"Mas por que as casas no mapa têm tamanhos diferentes?" Não têm. Elas são todas iguais. Pense na sua própria casa. Ela pode ser igual à de outra pessoa porque tem a mesma metragem quadrada, porque tem o mesmo número de quartos, ou porque tem o mesmo valor de venda no mercado. A mesma coisa acontece com as casas astrológicas: elas são iguais de formas diferentes. As casas em Regiomontanus têm, todas, 30° de largura, mas de ascensão reta, não longitude celeste[6]. Como os graus das cúspides (05 de Touro, 12 de Gêmeos, assim por diante) são medidos em longitude celeste, parece que as casas não têm o mesmo tamanho – como a minha casa pode não ter o mesmo tamanho que a sua em termos de área construída, mas pode ter o mesmo tamanho em termos do número de quartos que ela tem.

Está na moda, entre os astrólogos que estudam os textos antigos, praticar horária com *casas por signos inteiros*. Além de ser questionável filosoficamente, isso sacrifica a finesse. Use Regiomontanus: funciona e funciona bem.

Esta distinção entre ascensão reta e longitude celeste significa que os mapas feitos em Regiomontanus normalmente vão ter alguns signos em mais de uma cúspide de casa, enquanto outros vão estar completamente dentro de uma casa, sem cúspide nenhuma neles. Signos completamente dentro de uma casa, sem nenhuma cúspide neles, são chamados de *interceptados*. Dê uma olhada no mapa da página 99, com Áries e Peixes interceptados na casa XII e Libra e Virgem na VI. Não há significado nenhum em um signo interceptado, ou em um planeta estar em um signo interceptado. O signo simplesmente não tem cúspide de casa nenhuma nele – só isso[7].

Repetindo, alto e claro: um signo estar interceptado, ou um planeta em um signo interceptado, não tem importância nenhuma. Não quer dizer que um planeta num signo assim esteja isolado, incapaz de agir ou incompreendido

[6]   Ascensão reta, ou direta, é medida ao longo do equador celeste. A longitude celeste é medida ao longo da eclíptica. As duas dividem o céu em 360 graus. Imagine que haja duas rodovias saindo de uma cidade. Uma vai para o leste: andar 50 quilômetros nela é igual a andar 50 quilômetros para o leste. A outra vai na direção nordeste: 50 quilômetros ao longo dela equivalem a, talvez, 40 quilômetros para o leste e alguns quilômetros para o norte, mas a viagem ainda é de 50 quilômetros. A ascensão reta e a longitude celeste estão relacionadas da mesma forma.

[7]   Isso também vale para astrologia natal.

porque é mais sensível do que as outras pessoas percebem. Ele simplesmente calhou de estar num signo que não tem cúspide de casa nenhuma nele, é só isso.

O regente do signo interceptado também não compartilha a regência da casa em que este signo está interceptado. Co-regentes das casas são animais falantes das fábulas, não existem no mundo real. ◈

Quando usamos Regiomontanus (ou Placidus), um planeta até mais ou menos 5 graus antes da cúspide da casa seguinte é considerado como estando nesta casa. Exemplo: no mapa da página 99, a Lua está em 26 de Câncer e a cúspide da casa cinco está em 28 de Câncer. A Lua está a menos de 5 graus desta cúspide, na cinco, não na seis.

Este limite de cinco graus é flexível, use o bom senso. Se a casa antes da cúspide for enorme, com um ou mais signos interceptados nela, podemos ter mais liberdade com esse limite de cinco graus do que se ela for uma casa estreita, talvez com 20 graus de longitude no total.

Nota: para ser considerado como estando na casa seguinte, o planeta *tem que estar* no mesmo signo que a cúspide, não importa o quanto esteja perto. Se a cúspide estiver em 5°59′ de Touro, um planeta em 0°01′ de Touro é considerado como nesta casa; se a cúspide estiver em 0°20′ de Touro, não consideramos um planeta em 29°50′ de Áries como estando nesta casa.

Pense nesta área em frente à cúspide como o jardim da frente da casa. Você não está dentro da casa, mas no jardim da frente; você já está no terreno – e com certeza não está na casa do lado. Não há nenhuma ambigüidade ou indeterminação a esse respeito: o planeta está em uma casa ou na outra.

Esta regra dos cinco graus se aplica somente a casas, não a signos. Um planeta nos últimos cinco graus de um signo não é considerado como estando no signo seguinte.

Ao longo deste livro, quando eu estiver descrevendo um planeta como estando *sobre* uma cúspide, quero dizer que ele está em um ou dois graus imediatamente anteriores à cúspide. Quando eu disser que o planeta está *dentro* de uma cúspide, quero dizer que ele está nos primeiros graus logo após a cúspide.

◈ A cúspide de um signo cair nos primeiros ou nos últimos graus de um signo nunca tem significado nenhum. Se, por exemplo, a cúspide estiver em 29°59′ de um signo qualquer, isso não quer dizer que a situação relacionada a esta casa esteja prestes a mudar. A razão para isso é que as cúspides não se movem. Nunca.

Considerar as cúspides como se movendo é equivalente a ver a sacada perseguir Romeu pelo palco no teatro. Além disso, graus tardios na cúspide também não significam que o regente do signo seguinte seja o significador verdadeiro dos assuntos dessa casa. ◈

SIGNIFICADOS DAS CASAS

Como as casas englobam em si tudo o que existe no nosso mundo, uma lista que esgote os significados das casas é impossível; esta relação apresenta os tópicos principais. A parte 2 do livro considera as perguntas típicas de cada casa[8].

Para podermos atribuir as coisas às casas corretas, é de vital importância compreender a diferença entre a coisa em si e sua função. A coisa é o que ela é; sua função pode variar. Exemplo: meu piano é um objeto que possuo e é móvel, pertencendo à casa dois. Ele não tem nada a ver com a casa cinco da criatividade e do prazer. Sua atribuição à casa cinco só é possível fazendo-se suposições irrelevantes: que eu sei tocar; que ele funciona; que eu gosto de tocá-lo. Meu piano é meu objeto móvel e pertence à casa dois, mesmo que meu único uso para ele seja esconder uma mancha de umidade na parede.

Casa I

Seu papel principal é representar o querente. Ela significa o corpo do querente, embora, em uma questão médica, o mapa inteiro possa representar o corpo — neste caso, a casa I significa a cabeça. Ela representa "o barco em que navego": meu veículo imediato, na analogia com o corpo, que é o veículo da alma; o nome do querente.

A casa I sou "eu"; ela também pode ser "nós". Quando um cônjuge pergunta sobre algo que o casal planeja fazer, o mapa pode mostrar o querente e o cônjuge individualmente como casas I e VII, ou ele pode mostrar os dois como a casa I, "nós". Ela também representa grupos maiores dos quais o querente faça parte ("Vamos conseguir fechar esse contrato?") e grupos maiores com os quais o querente se identifique ("Será que nós", ou seja, o time para o qual o querente torce, "vamos ganhar no sábado?").

---

[8] Para uma discussão sobre os motivos das coisas pertencem a determinadas casas e não a outras, vejam meu livro *The Real Astrology Applied*, Apprentice Books, Londres, 2002, a partir da página 147. Este livro será chamado, daqui em diante, de *RA Applied*.

A primeira casa também mostra a situação geral do local em que o querente está. Assim, se eu pergunto "Será que teremos um verão quente?", tenho que olhar para a casa I: a situação geral aqui.

Casa II

Ela mostra as posses móveis do querente. Se uma coisa não pode ser movida (ou seja, sua casa ou terra) ou se é animada, não pode ser realmente posse de alguém. Se a coisa é sua, inanimada e pode ser movida, ela pertence a esta casa. Assim, o seu carro é significado pela casa II; ele é seu e pode ser movido. Ele não pertence à casa III; lembre-se da distinção entre a coisa em si e a função desta coisa.

Ela é o dinheiro do querente, em qualquer forma que ele esteja: em espécie, em uma conta bancária, sob a forma de ações ou títulos. É a auto-estima do querente, sua valorização e também a estima pelo parceiro: a estima (ou valor) é considerada, aqui, como uma coisa transferível.

Ela significa seus conselheiros mais próximos, como o *consigliere* no *Poderoso Chefão*: aquela pessoa que sussurra os conselhos no seu ouvido. Em um duelo, é o seu preceptor; na corte, seu advogado e suas testemunhas de defesa. Seu advogado é casa II somente quando advoga para você neste caso específico do qual se pergunta agora; exceto neste caso, os advogados pertencem à casa IX, por serem pessoas com instrução.

Ela é a garganta e tudo o que passa pela garganta, ou seja, a comida. É ela que sustenta a primeira casa.

◆ A boca e a mandíbula devem ser consideradas como casa II, não I, sendo vistas como parte da garganta e o que entra por ela. O resto da cabeça é casa um. ◈

Casa III

Seus irmãos e primos; seus trajetos diários, as jornadas rotineiras feitas por causa dos negócios mundanos normais da vida. Elas tendem a ser mais curtas que as viagens especiais que fazemos; daí vem o rótulo comum de "viagens curtas" para esta casa; mas se eu vou até a esquina para visitar um santuário, faço uma peregrinação, uma viagem da casa IX, mesmo sendo tão perto. Seu escritório pode ser do lado da igreja que você freqüenta, mas seu deslocamento ao escritório é casa III, enquanto ir à igreja é casa IX.

O conhecimento necessário para o dia-a-dia (ler, escrever, fazer as quatro operações aritméticas básicas) pertence a esta casa, bem como a escola primária, onde este conhecimento é adquirido. A carta que você está mandando para alguém é desta casa; a que você está esperando normalmente é mostrada pela casa IX (a terceira a partir da VII); a carta que você mantém por razões sentimentais faz parte das suas posses e pertence à casa II. Rumores e fofocas são assunto desta casa.

Sendo a casa oposta à IX (o professor do querente), ela mostra os alunos do querente.

Ela mostra os vizinhos. Às vezes isso quer dizer o próximo, no sentido bíblico, "todos aqueles com quem encontro no dia-a-dia": normalmente, no entanto, se trata especificamente das pessoas que vivem perto da minha casa.

Os braços, ombros e mãos.

◈ Para deixar mais claro: a carta que você está esperando é normalmente mostrada pela casa três a partir da sete porque querentes perguntam mais frequentemente sobre cartas de pessoas de casa sete (namorados ou namoradas, cônjuges, pessoas com quem fazemos negócios). Uma carta de outro tipo de pessoa seria mostrada pela casa III a partir da casa dessa pessoa: se do meu chefe ou da minha mãe, a casa três a partir da dez; se da minha filha, casa três a partir da quinta. E-mails, ligações telefônicas e qualquer outro tipo de comunicação que possa estar na moda quando você estiver lendo isso são analisadas como se fossem cartas.

Livros e sites não são objetos de casa três. Se eu quiser enviar uma mensagem para alguém, não preciso escrever um livro para isso. O livro que escrevi é, como dito abaixo, casa V: meu "bebê". Perceba que o livro é diferente de qualquer tipo de conhecimento que eu tenha expresso nele (casa IX). Se o seu site está promovendo o seu negócio, é a vitrine da loja: casa X. Por isso, lucro com ele vai ser a segunda casa a partir da X, que é a XI. O site no qual você posta fotos de gatinhos fofinhos é casa V: diversão. ◈

Casa IV

Seu pai; seus pais em geral; seus ancestrais. Suas posses imóveis – casas e terras. Sua casa de férias na Espanha ainda é casa IV: é sua propriedade que por acaso fica no estrangeiro, não tem nada relacionado à casa IX aí. Seu pomar e tudo o que cresce nele – incluindo as plantas nos vasos da sua sala de estar. Sua terra natal (a "terra estrangeira" é a casa IX).

"O fim do assunto": como a situação vai terminar. Isso pode ser normalmente ignorado, exceto em questões de tribunais, nas quais ela mostra o veredicto, e doenças, nas quais ela mostra o prognóstico. Se os testemunhos em outros assuntos estiverem bastante equilibrados, pode valer a pena dar uma olhada na condição da casa IV e de seu regente, mas faça isso apenas em último caso: tente encontrar seu julgamento usando os significadores principais.

Estando na base do mapa, ela mostra minas e outras coisas sob o solo, como tesouros enterrados.

O peito e os pulmões.

Note que, embora a casa IV esteja na base do mapa, ela mostra o norte. A convenção aqui é diferente da utilizada nos mapas: o ascendente fica no leste, o descendente no oeste, a casa X no sul. As direções intermediárias são derivadas destes pontos.

A cúspide da casa IV também é conhecida como IC (*Imum coeli*: parte mais baixa do céu).

◆ Eu fui generoso demais, mesmo considerando que escrevi tão pouco acima, com essa idéia de a casa quatro mostrar "o fim do assunto". Ignore isso, exceto nos casos em que "o fim do assunto" tiver um papel específico na situação. Isso normalmente acontece em processos civis, nos quais ele é o veredicto, que é, obviamente, o fim desse determinado assunto. A idéia de que podemos usá-lo em outras circunstâncias vem inteiramente do desejo do astrólogo de ter um plano B disponível, para evitar dizer ao cliente algo que ele não queira ouvir: "Amar você? Ela? Você ficou maluco? Por outro lado, se olharmos para o fim do assunto...", não importa se o plano B não tiver nem uma sombra de verdade.

Lilly atribui as cidades à casa IV, seguindo Bonatti; ele parte do princípio que a cidade está sendo sitiada pelo querente. Assim, ela seria vista como uma propriedade que o querente gostaria de possuir. A cidade pode ser mostrada por casas diferentes, dependendo do que o contexto determinar. Muitas vezes, ela será a casa I, o "aqui" do querente. Se eu perguntar "Como vai estar o tempo em Varsóvia?", a cidade não é casa IV, mas sim "aqui", ou onde eu moro: casa I. Se eu morasse no interior e estivesse com vontade de me mudar para a capital, ela seria casa VII, vista como o "lá", para onde estou pensando em ir. ◆

Casa V

Prazer e os locais em que temos prazer: "banquetes, cervejarias e tavernas", como dizia Lilly; teatros, festas, atividades esportivas.

Filhos e gravidez. Veja bem: mulheres grávidas não são desta casa. Uma grávida é uma mulher que, por acaso, está grávida; ela recebe a mesma casa que receberia se não estivesse com bebê (minha irmã recebe a casa III, minha mulher, a casa VII, etc.). Como esta é a casa da gravidez, também é a casa do sexo (e não, com toda a ênfase do mundo, a casa oito!). No entanto, não importa o quanto a relação do querente com seu (sua) parceiro(a) sexual seja fugaz, esta pessoa ainda é uma pessoa, sendo representada pela casa sete, não pela cinco. Mesmo que o querente seja casado, sua amante ainda é da casa sete; o que ele faz com ela é casa cinco. É a mesma distinção entre a coisa em si e a função da coisa. Embora a gravidez seja casa cinco, o parto é casa doze ("confinamento"). O livro que escrevi e o quadro que pintei são considerados "meus filhos": casa cinco.

Sendo a segunda casa a partir da IV, a casa V tem significados importantes, como o dinheiro do pai e o lucro da propriedade do querente.

Ela mostra mensageiros e embaixadores.

No corpo, ela abrange o coração, o fígado, o estômago, os lados e as costas.

◈ O mensageiro, no sentido usado aqui, é alguém que fala por si mesmo. Como um embaixador, ele pode levar uma carta, mas vai estar inteirado do seu teor e dos assuntos relacionados. A sua tarefa não é entregar a carta em silêncio, mas elaborar, persuadir, até mesmo agir conforme julgar necessário. O carteiro, que entrega uma carta cujo conteúdo ele ignora, não é um mensageiro, mas um servo (casa VI). Por exemplo, as pessoas que entregaram as cartas de S. Paulo às igrejas destinatárias eram mensageiros neste sentido. ◈

Casa VI

Esta é a casa das coisas desagradáveis que o mundo joga sobre nós, os paus e pedras da má sorte, dentre os quais a mais importante é a doença. Ela significa os hospitais – que são, literalmente, casas de doença. Eles não são representados pela XII; são lugares de tratamento de doenças, não de encarceramento de criminosos.

A casa seis não tem absolutamente nada a ver com o trabalho do querente, não importa o quanto ele seja humilde ou desagradável. Ela representa os empregados e servos do querente, como, por exemplo, o mecânico que conserta seu carro.

Assim, a pergunta "Será que devo contratar um pedreiro?" é investigada a partir desta casa.

Ela mostra os subordinados do querente no serviço. Ela é aqueles que trabalham para ele; não o trabalho que ele mesmo faz. Quando Lilly diz que os locatários são mostrados por esta casa, ele pressupõe uma relação de senhor/servo entre eles. Isso não acontece mais: se eu alugo um apartamento para alguém, essa pessoa é representada pela minha casa sete, não a seis.

Ele mostra pequenos animais; o critério tradicional para determinar se o animal é pequeno é se ele é menor que um bode, ou pequeno demais para ser montado. Ou seja, esta é a casa do gato ou do cachorro perdidos. Ela representa nossos tios e tias (casa três a partir da quatro; os irmãos dos nossos pais), a menos que queiramos especificar nossos tios por parte de mãe – nesse caso, seriam representados pela casa doze.

Ela significa o abdômen inferior, as entranhas e os intestinos.

Casa VII

A casa sete mostra os parceiros do querente, tanto no sentido emocional quanto profissional. Cônjuges e amantes, não interessa o quanto a relação seja breve ou quantas relações o querente tenha. Mesmo que a relação nem exista, mas seja apenas um desejo ("Será que a Kylie vai sair comigo?") ou quando o indivíduo for desconhecido ("Quando vou encontrar a mulher com quem vou me casar?"), a pessoa é mostrada pela casa VII. O "ex" também é casa VII.

A idéia de parceria se estende para abranger médicos, incluindo terapeutas alternativos, e astrólogos, mas somente se o médico está tratando a doença em questão em uma pergunta médica (ou seja, ele é o parceiro do paciente no retorno à saúde) ou se o astrólogo está julgando esta horária, aqui e agora (o parceiro do querente na descoberta da verdade). Nos demais casos, ambos pertencem à casa IX, por serem pessoas de instrução.

Importante: se você está julgando sua própria questão, você não ganha também a casa sete! A sua é a casa I, por ser o querente. Você não pode ser seu próprio parceiro.

Mais importante: mesmo que a sétima casa, em tese, mostre o astrólogo que esteja analisando uma questão, não consigo lembrar de nenhum caso em que tenha sido necessário me introduzir em um mapa de um cliente. Embora haja teóricos modernos de horária que encorajam este tipo de envolvimento, só consigo ver isso como egoísmo intrometido. O mapa pertence ao querente: não ponha seus pés sujos nele!

Parceiros também são aquelas pessoas com quem fazemos acordos, mesmo breves; aqueles de quem compramos, ou a quem vendemos. Em "Será que vou conseguir vender minha casa?", o ponto central não é a casa, mas o comprador em potencial, a pessoa para com quem eu farei negócio: casa VII.

O outro tipo de pessoa com quem nos envolvemos intimamente são nossos inimigos declarados, também casa sete. Meu oponente numa partida de xadrez; a parte adversária no tribunal; qualquer pessoa que se candidate ao mesmo emprego que eu; o time contra o qual o time para quem eu torço vai jogar; tudo isso é da casa VII. Ladrões são considerados inimigos declarados.

A casa VII mostra as pessoas mais importantes para nós; ela também mostra, por outro lado, as menos importantes. Ela é a casa "das demais pessoas"; qualquer um que não pertença a nenhuma das outras casas. Assim, "Será que aquela estrela de cinema vai ser condenada?" e "Será que aquele sujeito desaparecido vai voltar para casa?" são, ambas, casa sete. Combine isso com a idéia de acordos, e a casa VII significa o cidadão comum, o público, o cliente. Se você é um astrólogo praticante, seus clientes são casa VII.

No corpo, ele significa o sistema reprodutivo e a pélvis.

Casa VIII

Esta é a casa da morte, que significa, em horária, exatamente isso: morte. Não há nada metafórico aqui. Seu papel mais comum, no entanto, é, por ser a segunda casa a partir da VII, o dinheiro da outra pessoa, seja esta outra pessoa alguém com quem o querente esteja fazendo negócio ("Será que ele vai me pagar?"), o cônjuge ("Será que ele tem tanto dinheiro quanto me disse que tinha?") ou o inimigo ("Vou ganhar dinheiro com essa aposta?").

Como a casa II mostra a auto-estima do querente, a casa VIII mostra a estima do parceiro, vista aqui quase como uma entidade separada. Se o querente, em uma questão sobre relacionamentos, estiver claramente interessado no regente da casa oito (o planeta que rege o signo na cúspide da casa), isso significa, muitas vezes, um interesse pela estima da pessoa, em vez de por seu dinheiro.

Ela é a casa dos testamentos e dos legados, mas apenas da forma mais geral ("será que algum dia eu receberei uma fortuna?"). Em questões específicas sobre heranças ("será que vou receber o dinheiro de fulano?"), observe a casa II da pessoa falecida.

Lilly diz que a casa oito "significa medo e angústia da mente"[9]. Ele quer dizer que se o planeta do querente estiver na VIII, sem nenhum motivo em especial para estar ali (como, por exemplo, a pergunta ser sobre morte ou dinheiro do cônjuge), isso mostra que o querente está angustiado com relação ao assunto da questão. Medo, em si ("Vou conseguir superar minha claustrofobia?") é assunto da casa XII.

No corpo, significa os órgãos de excreção.

A casa oito não tem nada a ver com sexo. Nada. Esse é um assunto da casa cinco.

◈ Lilly dizia que heranças e legados pertencem à casa oito, mas isso pode nos enganar[10]. Ele estava raciocinando a partir de uma pergunta geral, do tipo "Eu vou ficar rico algum dia? Como?"; um planeta benéfico na casa oito poderia mostrar benefício a partir da morte que, é claro, é mais provável de acontecer na forma de uma herança. Falando de forma formal, no entanto, heranças são o dinheiro de pessoas mortas: casa dois a partir da oito, não a própria casa oito. Na prática, heranças sempre estão relacionadas a alguém específico, então são a casa dois da pessoa, estando ela viva ou morta. Assim, o dinheiro que eu talvez herde do meu pai seria a casa dois da quatro. Visto simplesmente como um documento ("Onde está o testamento?"), testamentos são objetos, posses: casa II. ◈

Casa IX

A nove mostra nossas viagens especiais. É a casa de Deus, da religião e de todas as coisas espirituais, incluindo peregrinações, nossas viagens na direção do Divino. Como nossas viagens especiais tendem a ser mais longas que as de rotina (casa III), ela abrange a maior parte das viagens longas. A característica distintiva aqui, no entanto, é a qualidade especial do deslocamento, não sua duração. Ir de Londres a Nova Iorque duas vezes por semana a trabalho é viagem de rotina (casa III). Por outro lado, um fim de semana de folga em um spa a cinco quilômetros da minha casa é uma viagem especial (casa IX). Todos os feriados (dias santos) são da casa IX, bem como os países estrangeiros.

Ela é nosso conhecimento superior: em essência, o conhecimento além do que precisamos para nossa rotina diária e que nos leva a Deus. Ela significa as escolas e universidades, nas quais recebemos esse conhecimento. Ela é nosso professor, nosso padre. Um erro comum é atribuir mosteiros à casa doze; eles não são prisões,

---

[9] *Lilly*, pág 54.
[10] Ibid.

mas casas de oração – casa nove[11]. Todas as pessoas com instrução superior são representadas aqui, bem como a própria instrução. Isso inclui os astrólogos.

Ela é a casa dos sonhos, das previsões e profecias, bem como das pessoas que prevêem e profetizam. Sendo a casa do sábio, ela tem um papel importante em questões de casamento em algumas culturas: ela significa a agência de casamentos, que desempenha o papel do sábio local que, em outras épocas, teria arranjado o casamento.

No corpo, ela significa os quadris e as nádegas.

Casa X

A casa dez mostra o rei, o chefe em qualquer situação, o governo, o primeiro-ministro ou presidente, o juiz no tribunal (o juiz, o júri e todo o sistema judiciário podem ser considerados como "o juiz"). Ela significa a honra, o sucesso, a glória ("Vou ganhar alguma medalha de ouro nas Olimpíadas?"). Ela mostra a mãe do querente.

Ela é o trabalho ou a carreira do querente, qualquer que seja – não importa o quanto seja humilde.

Há uma conexão entre a casa X e o casamento. No mundo moderno, isso é relevante *apenas* em casamentos arranjados ou entre dinastias e mesmo assim *somente* no casamento entendido como formalidade; a relação em si, entre duas pessoas, é assunto da casa VII.

Ela mostra as coxas e os joelhos. Como para todas as casas, o pedaço do corpo se estende pelo signo, se movendo para baixo a partir da cúspide. O topo da coxa é mostrado pela cúspide da casa, o joelho pelo fim da casa, logo antes da cúspide da XI. Da mesma forma, na casa I, por exemplo, a cúspide mostra o topo da cabeça; o fim da casa, logo antes da cúspide da II, o queixo. Imagine, então, que precisemos de um significador para os joelhos do querente. Temos que olhar para a casa dez (coxas e joelhos). No entanto, se houver uma mudança de signo dentro desta casa, significando que o fim da casa, na direção da cúspide da onze, está sob um signo diferente do da cúspide, é o regente deste segundo signo (o que rege o fim da casa) que consideraríamos como significador dos joelhos. Exemplo: cúspide da dez está em 08° de Áries e a cúspide da onze, em 15° de Touro; ou seja, Touro começa no meio da dez e cobre o fim desta casa. Deveríamos usar Vênus, regente de Touro, para significar os joelhos, em vez de Marte.

---

[11]   Falando nisso, quando Lilly fala em "monkery", ele normalmente quer dizer celibato, não o ato de ser monge ou a vida monástica.

◆ Agora eu vejo que o queixo foi um exemplo ruim: veja a casa dois, acima. O ponto enfatizado deve ter ficado claro mesmo assim. ◇

Casa XI

Assim como a casa VIII recebe muitos significados importantes por ser a segunda casa a partir da VII, a casa onze recebe muitos dos seus papéis principais por ser segunda casa a partir da dez. Assim, ela mostra o dinheiro do patrão, ou do meu emprego, o que é muito importante, por ser o meu salário. Ela mostra os conselheiros e ajudantes da casa X. Se a casa X mostra o rei, a casa XI mostra o primeiro-ministro ou o grão-vizir; se a dez mostra o primeiro-ministro, a onze mostra seu gabinete. Ele mostra o dinheiro do rei e, portanto, "o presente do rei" – é por isso que ela é a casa relevante quando o querente quer favores de cima ("Eu vou conseguir esta bolsa do governo?"). Por ser o dinheiro do rei, ela é crucial em questões como "Será que o imposto que vou pagar vai ser alto?".

Ela mostra "dinheiro que cai do céu": um prêmio que cai no nosso colo sem esforço ou merecimento – como o dinheiro ganho em loterias e bolões.

A casa XI é a casa das "esperanças e desejos". Isso normalmente é irrelevante, exceto no sentido negativo: o que está impedindo que "Quando eu vou casar?" tenha a resposta desejada? O regente da onze, nossas esperanças e desejos, está no caminho – sempre que você encontra um candidato vagamente adequado, o som ensurdecedor dos sinos do casamento o põe pra correr. Dizem que ela abrange abstrações como "confiança" e "louvor", embora eu nunca tenha visto isso ser relevante na prática.

Ela significa nossos amigos. Tome cuidado aqui: o uso moderno de "amigo", pelo menos na Inglaterra, é muito mais abrangente que o significado astrológico. Alguém com quem eu me dou bem no trabalho é meu colega (casa VII), não meu amigo; a pessoa com quem eu troco banalidades amigáveis no bar é meu conhecido (casa sete, de novo). A casa XI não mostra "instituições sociais", como os modernos sustentam. Sindicatos, por exemplo, são grupos de colegas ("Devo me unir ao sindicato?"); casa VII. Podem também ser "nós" ("vamos conseguir um aumento com o patrão?"): casa I. Ou podem ser, ainda, grupos de servos ("Será que o sindicato na minha fábrica vai eleger um novo líder?"): casa VI. Também podem ser inimigos declarados ("Eu vou conseguir derrotar o sindicato que fechou minha fábrica?"): casa VII. Não são grupos de amigos.

Nota: Leia o parágrafo anterior com cuidado. Perceba como a mesma coisa pode ser encontrada em casas diferentes, dependendo de quem está fazendo a pergunta e de qual é a questão.

No corpo, a XI representa as panturrilhas e os tornozelos.

◈ A mesma coisa que acontece com a quatro e o "fim do assunto", vemos com "esperanças e desejos": a idéia existe, em primeiro lugar, para dar ao astrólogo um plano B. Em vez de analisar o mapa da forma correta e desapontar o cliente, podemos fazer um cliente feliz, coçando o queixo com ar de sábio e pronunciando algo como "Ah, mas se olharmos para as esperanças e desejos, uau!". Eu sugiro que você se limite a analisar o mapa da forma correta. ◈

Casa XII

Esta é a casa dos inimigos secretos, não dos inimigos declarados, que são a casa sete. Note que é a natureza do modo com que eles nos prejudicam que determinam que estes inimigos fiquem na casa doze, não o fato de sabermos ou não quem são. Bruxaria, rumores maliciosos, espionagem, essas coisas são todas agressões de casa XII, mesmo que o agressor seja bem conhecido. É a casas dos segredos, das coisas ocultas ao querente.

Nós desempenhamos bastante bem o papel de nossos próprios inimigos: a casa XII é a casa, também, do "autossabotamento": as coisas idiotas que fazemos para tornar nossa vida mais difícil que o necessário. Nossos vícios; o pecado. Nossos medos também nos sabotam; nossas fobias são investigadas aqui.

Como uma extensão da idéia da casa doze como a casa do autossabotamento, no qual nos aprisionamos, ela também governa as prisões.

A casa XII mostra animais maiores que um bode. No corpo, ela governa os pés.

Como vimos no exemplo das associações de trabalhadores na seção da casa XI, a casa que investigamos sobre qualquer pessoa ou coisa vai variar dependendo da questão. **É a pergunta que determina a realidade do mapa.** Se o primeiro-ministro pergunta "será que eu vou me eleger?", ele é casa I, como qualquer outro querente. Se eu pergunto "Será que o primeiro-ministro vai se reeleger?", ele é meu rei, casa X. Se um norte-americano pergunta "Será que o primeiro-ministro vai se reeleger?", ele é o rei de um país estrangeiro, a décima casa a partir da IX, que é a casa VI. Se a mulher do primeiro-ministro pergunta, "Será que meu amor vai gostar das meias que comprei para ele de presente de Natal?", o papel dele é o de marido, casa VII.

◈ Este último ponto é muito importante. As pessoas, muitas vezes, desempenham papéis variados nas nossas vidas; elas podem, portanto, ser mostradas por casas diferentes no mapa. Qual é o papel relevante no contexto da pergunta? Por exemplo, se eu perguntar "Vou ganhar do meu amigo no xadrez?", a casa onze não tem nada a ver com ele. No contexto do jogo de xadrez, ele é meu inimigo, casa sete. O fato de ele ser meu amigo é, para o objetivo da questão, irrelevante. ◈

DERIVANDO AS CASAS

Nesta revisão dos significados das casas, apresentei vários exemplos de casas que são derivadas de outras – como "o rei de um país estrangeiro (décima casa a partir da nove)" no último parágrafo.

Exemplo: se eu faço a pergunta "Como está indo a carreira da minha filha?", não adianta olhar para a casa X do mapa, porque ela significa a minha carreira, não a dela. Preciso olhar a casa X da minha filha. Em primeiro lugar, eu localizo a minha filha (casa V); então, localizo a décima casa a partir dela. A casa dez a partir da quinta é a casa dois do mapa.

O que estamos fazendo, aqui, é tratar a casa V como se fosse o ascendente e contando dez casas a partir daí – é por isso que chamamos a casa de "derivada".

Quando derivamos, sempre contamos a casa que começamos como a casa I. Assim, a quinta casa é a casa I da minha filha; a sexta, a casa II; a sétima, sua casa III. Até que se acostumar com isso, é útil pôr o dedo na casa a partir da qual quer derivar as outras, contar "1" e continuar a contar, uma por uma, a partir dela, no sentido horário. O mapa, da forma como é normalmente abordado, com a primeira casa representando o querente, é chamado de mapa *radical*. Ele é "radical" literalmente, no sentido de "raiz". Se eu sou o querente, sou mostrado pela primeira casa radical e minha filha pela casa V radical.

Vamos acompanhar estes significados ao redor do mapa, contando a partir da casa V radical. Isso não é só para ler: olhe para o mapa e faça os seus dedos andarem!

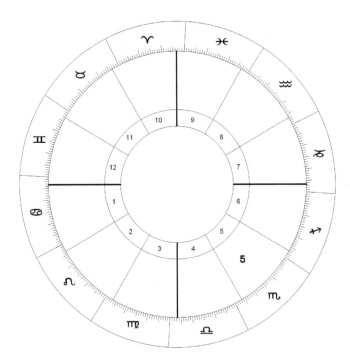

O bracelete da minha filha é a sua casa II. Segunda casa a partir da quinta, a casa VI radical.

O vizinho da minha filha é a sua casa III. A terceira a partir da quinta é a casa VII radical.

O pomar da minha filha é sua casa IV. A quarta casa a partir da casa cinco é a casa VIII radical.

O filho da minha filha (ou seja, meu neto) é sua casa V; a quinta casa a partir da quinta: é a casa IX radical.

O cachorro da minha filha é sua casa VI, a sexta a partir da V; a X radical.

O marido da minha filha é sua casa VII. A sétima da quinta é a XI radical.

O dinheiro do marido da minha filha é segunda casa a partir da casa VII *dela*. Ou seja, é a segunda casa a partir da onze, que é a casa doze radical. Aqui, derivamos duas vezes as casas.

O professor de piano da minha filha é sua casa IX, que é a casa I radical. O irmão do seu marido também é a casa I radical, porque ele é a terceira a partir da sua sétima casa.

O amigo da minha filha é sua casa XI, que é a casa III radical, assim como o dinheiro que ela pode esperar herdar do seu sogro: é a segunda casa da quarta a partir da sua sétima (sua casa VII é seu marido; a casa IV a partir daí é seu sogro; a casa II a partir daí é o dinheiro).

O cavalo da minha filha é sua casa XII, que é casa IV radical, bem como o criado do seu marido, que é a casa VI da sua VII.

Aqui, nós vimos exemplos de casas derivadas mais de uma vez. É possível derivar quantas vezes for necessário, mas quanto mais isso é feito, menos foco se tem; se existir um atalho, devemos usá-lo. Por exemplo, a mãe da minha filha nunca é a casa X a partir da V. Ela é minha esposa, casa VII radical. Ela seria casa VII mesmo se eu já estivesse casado com outra, ou se nós nunca tivéssemos sido casados. O pai da minha filha não é a casa VIII radical (a casa IV da V); seu pai sou eu, o querente: casa I.

Cuidado com a tentação de usar os outros significados da casa derivada. A casa VIII (morte) a partir da IV (meu pai) é a XI (meu amigo). Isso não quer dizer que meu amigo vai matar meu pai; isso só quer dizer que a morte do meu pai é significada pela casa XI.

Derivar as casas implica algum nível de relação. Se o objeto não pertence à pessoa de nenhum modo real, evite a derivação. Quanto maior for a coisa, mais provável é que investiguemos a casa radical, em vez da derivada. Se a pergunta for "Como vai ser o novo emprego do meu irmão?", temos que olhar a casa X a partir da III. Se a pergunta fosse "Será que meu irmão vai ganhar uma medalha de ouro nas Olimpíadas?", olhe a casa X radical, não a derivada. O assunto ainda é de casa X, mas a vitória não pertence ao irmão do mesmo modo que seu trabalho. Ou, por exemplo, se a questão fosse "O professor do meu irmão o está ajudando?", o professor seria a casa IX a partir da III; se a pergunta fosse "Será que vai dar tudo certo com meu irmão na universidade?", a universidade seria a casa IX radical. De certa forma, o professor "pertence" ao irmão, ao contrário da universidade – mesmo que normalmente digamos "a faculdade do meu irmão".

Se, no entanto, a pergunta fosse "Será que meu neto vai passar no vestibular?", teríamos que derivar as casas. Meu neto já é a casa IX (o filho do filho, a quinta casa a partir da V), então não podemos usar a mesma casa para a universidade. Teríamos que usar a casa IX a partir da IX.

Em assuntos de morte ou prisão, olhe para *ambas* as casas: VIII ou XII radicais ou derivadas. Normalmente um ou a outra está claramente em ação; algumas vezes, as duas estão.

Ocasionalmente, não há uma reposta clara e inequívoca para qual casa devemos usar: na prática, eu observo que, se houver uma ambivalência genuína, o mapa vai refleti-la e dar a mesma resposta com as duas casas possíveis.

◈ Algumas vezes, é necessário derivar o mapa para distinguir entre coisas diferentes do mesmo tipo. A universidade do meu irmão é a casa nove radical, porque ela não pertence a ele. Ou seja, se a minha pergunta for "O meu irmão vai entrar na faculdade?", estou preocupado somente com a casa três (ele) e a nove (a faculdade). Se minha pergunta fosse, no entanto, "A universidade do meu irmão é melhor que a minha?", eu teria que usar a casa nove a partir da três para encontrar sua universidade, porque a casa nove radical já está ocupada, mostrando a minha universidade.

A mesma coisa acontece com os filhos de uma relação anterior do cônjuge. Eles seriam significados como casa cinco radical, os filhos do querente, seja ele um dos pais biológicos ou não; no entanto, se precisarmos distinguir ("Quem comeu todos os bolinhos?"), podemos usar a casa cinco radical para mostrar os filhos do querente e a casa cinco da sete para mostrar os do cônjuge. Em algumas vezes, os filhos do cônjuge podem ser significados pela casa cinco da sete, mesmo sem a necessidade de distinguir. Isso seria possível somente se a relação entre o querente e o filho fosse bastante tênue - se, talvez, o filho tivesse crescido e deixado o lar muito antes que o querente e o cônjuge se encontrassem, e o contato entre eles fosse mínimo. ◈

◈ Já me perguntaram por que eu não derivei o mapa na pergunta sobre o gato perdido, no início deste livro, usando a casa seis a partir da casa três para significar o Bichano, que era o gato do vizinho. O motivo é que eu não o considerava como gato do vizinho. Ele estava no processo de mudar sua lealdade e praticamente já havia se mudado para a nossa casa. A pergunta era, com certeza, "Onde está o nosso gato?". ◈

Andamos o mapa todo, derivando as casas a partir da V. Agora veja outros exemplos, tomados ao acaso. Resolva essa lista, escrevendo suas respostas. Só pensar nelas não vale; escreva. Vá ao Apêndice 2 e veja as respostas. Algumas delas precisam que as casas sejam derivadas, outras não. Parta do princípio que você é o querente, ou seja, seu pai é a casa IV, seu gato a casa VI. Você não vai receber muitas perguntas sobre grande parte desses exemplos, mas cada um deles aumenta a sua facilidade em derivar as casas, aumentando sua fluência no idioma astrológico.

Mesmo que você seja um astrólogo horário experiente, faça esse exercício e leia as respostas: há muitas informações importantes aqui.

O coelho de estimação do seu filho
A casa do seu pai
Sua irmã grávida
Seu carro novo
Seu deslocamento até o trabalho
Seu chefe
O sujeito que divide o escritório com você
O sonho que seu amigo está contando para você
Seus irmãos
Seu irmão mais novo, em comparação com seu irmão mais velho
Seus filhos
Seu filho mais novo, em comparação com seu filho mais velho
Seu ex-marido ou ex-esposa
O padre local
O irmão do padre
A cunhada do padre
O vizinho da cunhada do padre
O rei da Espanha
O fígado do seu pai
O saco de arroz que você comprou de manhã
O papelote de cocaína que você comprou de manhã
O livro que você pegou emprestado na biblioteca
O livro que você escreveu
A pessoa que contou para a polícia sobre sua vida secreta como gênio do crime
Seu mordomo
Seu emprego como mordomo
Minas
O homem que veio consertar o encanamento da sua casa
O homem acabou de sussurrar ao seu ouvido uma dica quente sobre a próxima corrida
Sua universidade
A universidade da sua filha
A universidade do seu professor
Astrologia

Física de partículas
O dogue alemão do irmão da sua amante
O cruzeiro que você está pensando em fazer
O barco no qual você vai fazer este cruzeiro
A bola do seu cachorro
O filho do amigo da sua mãe.

4

Os planetas

Os planetas recebem seus significados de duas formas. A primeira é pelas casas que eles regem; a outra é pelas suas associações naturais. A primeira delas é muito mais importante que a outra em astrologia horária.

O planeta que rege o signo em que uma cúspide cai rege a casa a que essa cúspide pertence: é o *regente* desta casa. Assim, se a cúspide da casa II estiver em 15° de Câncer, a Lua, regente de Câncer, é a regente da casa II. Se a cúspide da casa IV estiver em 29° de Virgem, Mercúrio, regente de Virgem, é o regente da IV. O planeta é o *significador* da casa. Ou seja, ele representa as coisas daquela casa no mapa – as coisas que sejam relevantes à questão feita. A Lua, como regente da IV, pode significar o pai do querente ou sua casa. Qual dos dois significados ela vai receber será determinado pela questão.

Não interessa qual planeta seja: se ele rege a casa, ele significa as coisas da casa. Isso vale mesmo se o planeta parecer não descrever bem a coisa. Exemplo: se um rapaz pergunta "Será que minha namorada me ama de verdade?", sua namorada é significada pelo regente da casa VII, mesmo se este planeta for Marte; o rapaz é o regente da casa I, mesmo se for Vênus. Isso não me diz que ele é efeminado, nem que ela é "o homem" do casal. Os planetas são os atores no drama que é o mapa; quando o diretor está distribuindo os personagens, ele não gasta muito tempo escolhendo qual ator recebe qual papel.

◆ O planeta é o ator. O que nos interessa é o seu papel. Estamos preocupados com o ator somente quando for necessário descrever alguma coisa. Se o querente perguntar "Quando eu vou conhecer meu marido e qual vai ser a sua aparência?", vamos precisar de uma descrição e podemos obtê-la usando o planeta envolvido. Se ela perguntar "O meu namorado vai casar comigo?", ela sabe como ele é, então tentar descrevê-lo a partir do mapa seria uma bobagem. Se, por exemplo, o seu significador for Saturno, não devemos tentar convencê-la que ele, na verdade, tem o dobro da idade dela mas está mantendo esse fato em segredo. O que vale para o teatro, vale para o mapa: na maior parte do tempo, a escolha entre os atores não tinha efeito nenhum no o papel. Sarah Bernhardt representou Hamlet: isso não nos dizia nada sobre a natureza dos sentimentos de Hamlet por Ofélia. ◈

Uma casa tem um e apenas um regente. Ele é o planeta que rege o signo que está em sua cúspide, mesmo que a cúspide esteja em 29°59' do signo. Não existe a abominação moderna conhecida como *co-regente*.

O planeta que rege o outro signo dentro da casa pode ser relevante, entretanto, mas só se o conceito de *seguinte* for relevante no contexto da pergunta. "O meu próximo emprego vai ser melhor que o que eu tenho agora?": o regente do signo na cúspide da X mostra o emprego atual, o regente do signo seguinte, na ordem normal dos signos, mostra o provável próximo emprego (esse *próximo* também poderia ser mostrado pelo regente da casa X saindo do signo em que está. O signo em que ele está entrando mostra o emprego seguinte).

◆ Se o signo na cúspide for Capricórnio, o regente do signo seguinte é Saturno, o mesmo planeta que rege Capricórnio. Isso não é um problema: "O meu emprego seguinte vai ser melhor que o atual?"; "Não, eles vão ser mais ou menos iguais".

Seja rigoroso com a aplicação desta idéia de *seguinte*, quando estiver procurando significadores de duas coisas que caiam na mesma casa. Se meu médico me disse uma coisa e eu estou procurando uma segunda opinião, o médico que vai me examinar de novo é o médico seguinte. Se eu estou sendo tratado por dois médicos e um diz uma coisa e o outro diz algo diferente, não temos base nenhuma para considerar um deles como o seguinte, então não caia neste erro! Sempre vai haver outro modo de distinguir entre eles. Veja as páginas 214, 243 e 297.

Não há significação nenhuma em um planeta reger duas casas que sejam relevantes para a pergunta. Isso não significa que essas casas estejam conectadas. ◈

Regentes dos signos

Os planetas que regem cada signo são:

♈	♂	♎	♀
♉	♀	♏	♂
♊	☿	♐	♃
♋	☽	♑	♄
♌	☉	♒	♄
♍	☿	♓	♃

Você deve ter percebido que não há lugar aqui para Urano, Netuno ou Plutão. Se os seus estudos astrológicos anteriores lhe ensinaram que esses planetas regem algum signo, deixe essa idéia de lado enquanto estiver estudando horária. Você rapidamente vai descobrir que usar os regentes tradicionais dos signos funciona[12].

Alternativas aos regentes das casas

O regente do signo seguinte, na ordem normal do zodíaco, nunca vai ser o co-regente da casa; ele pode, no entanto, ser o único regente, se o regente original já estiver ocupado fazendo alguma outra coisa. Suponhamos que eu pergunte "Será que vou conseguir este emprego?" e eu encontre Virgem no ascendente e Gêmeos na cúspide da X. Mercúrio, como regente dos dois signos, significaria a mim (o querente, regente da I) e o emprego (regente da X). Podemos usar o regente do signo seguinte ao signo da cúspide da X para significar o emprego (na ordem normal dos signos). Isso só é necessário, normalmente, se precisarmos encontrar um aspecto entre querente e coisa investigada para responder à questão; neste caso, é claro, precisamos ter significadores diferentes para eles.

Às vezes, não é necessário distinguir entre o querente e a coisa de que se pergunta. Por exemplo, se um autônomo perguntar sobre suas atividades profissionais, é comum descobrir que os regentes da I e da X são o mesmo planeta. Isso faz sentido: no contexto da pergunta, a pessoa e o emprego são, na prática, a mesma coisa. Se a pergunta, no entanto, for "Será que eu vou conseguir o emprego?", vamos precisar de significadores diferentes para a pessoa e para o emprego.

◈ Veja que isso não contradiz o acréscimo que fiz acima. Não deduzimos que a pessoa seja autônoma porque o mesmo planeta rege as casas um e dez. Sabemos disso de qualquer modo. O nosso querente não seria menos autônomo se planetas diferentes regessem essas casas. ◈

Algumas vezes, o querente não é tão importante para a questão quanto a coisa investigada; assim, a coisa pode receber o planeta disputado. Em muitas perguntas sobre terceiros, o querente não toma parte no drama, então ele não precisa receber um significador. "Minha amiga está doente; será que ela vai melhorar?": não precisamos envolver o querente de forma nenhuma no nosso julgamento. "Onde

---

[12] Para uma discussão mais aprofundada sobre estes planetas descobertos recentemente, veja meu livro *The Real Astrology* [sem tradução em português]; Apprentice Books, Londres, 2001, capítulo 6. Daqui em diante ele vai ser chamado simplesmente de *Real Astrology*.

está o gato?": o gato está onde ele está, independente do querente; então, se os regentes da I e da VI (animais pequenos: sexta casa) forem os mesmos, podemos usar esse planeta como significador do gato. Uma questão dessas normalmente tem a pergunta "Será que eu vou vê-lo de novo e quando?" implícita; ainda podemos responder essa parte usando a Lua para significar o querente.

Em vez de usar o regente do signo seguinte, podemos usar outro planeta se – e somente se – ele estiver a poucos graus da cúspide da casa em questão e no mesmo signo que essa cúspide. Este é o único caso em que um planeta pode ser considerado o significador por estar em uma casa: quando o regente da casa estiver em uso e o planeta estiver exatamente sobre a cúspide. Tirando essa possibilidade: **planetas em uma casa a afetam para melhor ou pior; eles não a regem.**

◈ Vamos deixar isso claro: um planeta *não* recebe a natureza da casa na qual ele esteja. Se eu perguntar "Onde está o gato?" e o regente da casa um estiver na casa seis, isso não quer dizer que eu seja um gato. O planeta não incorpora a natureza da casa em nenhuma outra circunstância. Nem mesmo se você quiser muito. A única exceção é o ponto explicado acima: se o regente da casa já estiver ocupado e precisarmos de um significador separado para o que estiver sendo mostrado pela casa, um planeta em menos de um grau ou dois da cúspide da casa pode ser forçado a trabalhar. ◈

Também podemos usar o *almuten* da cúspide da casa, mas eu sugiro que esse recurso seja guardado para uma emergência: somente quando nenhuma das opções acima fizer sentido. Eu só consigo lembrar de ter feito isso em um mapa. Na página 63 discutimos como encontrar o almuten.

◈ Hoje em dia, eu desaconselho vivamente o uso do almuten em qualquer circunstância, em qualquer ramo da astrologia. Essa idéia é outra variação do plano B, que o astrólogo precisava ter à mão para manter o cliente sorrindo, mesmo que o veredicto do mapa seja ameaçador. O conceito não faz sentido. Há uma discussão mais completa na página 64. ◈

A Lua

A Lua é sempre co-significadora do querente, a menos que ela já seja a significadora principal da coisa investigada. Isso quer dizer que o querente normalmente tem dois significadores, o regente da I e a Lua. Por outro lado, se a pergunta for "Será que eu vou conseguir este emprego?" e a Lua reger a décima casa, ela significa o emprego, não o querente. Se a Lua significar a coisa investigada, a coisa tem mais direitos sobre seus serviços e o querente vai ter que se virar sem ela como co-significadora.

Em perguntas sobre terceiros ("Será que minha irmã vai casar com esse homem?"), a Lua não é transferida para a pessoa sobre quem se pergunta: ela é co-significadora do querente e de mais ninguém. Nesse tipo de perguntas, normalmente não é necessário envolver os planetas do querente, mas a posição da Lua normalmente vai mostrar onde estão seus interesses.

◈ O "sempre" na primeira linha acima é um exagero. Em perguntas sobre alguns assuntos, principalmente perguntas sobre doenças, processos civis e competições, não use a Lua como co-significadora do querente. Isso é discutido de forma mais aprofundada nos capítulos abaixo. ◈

Embora tanto a Lua quanto o regente da I signifiquem o querente, a Lua está mais relacionada com as emoções do querente, especialmente em relacionamentos. Embora tanto a Lua quanto o regente da Lua signifiquem o querente e um aspecto de qualquer um deles ao significador da coisa investigada nos dê, normalmente, uma resposta positiva, aspectos da Lua não são nunca tão convincentes quanto os do regente da I. Nestes casos, é mais reconfortante encontrarmos testemunhos de apoio.

O que significa este planeta?

Começamos a nossa análise com as casas que forem relevantes à questão, tomando os planetas que as regem como significadores das coisas dessas casas. Estes planetas são nossos agentes principais, os atores com os papéis principais no nosso drama. Muitas vezes, no entanto, outro planeta vai se envolver na ação, seja por aspecto, recepção forte ou posição em uma das casas relevantes. Como descobrimos o que este planeta representa?

Com muito cuidado. É aqui que nos deparamos com o maior risco de cometer o pecado capital do astrólogo horário: escrevermos a nossa própria história, com nossos próprios pressupostos, dentro do mapa. Suponhamos que estamos julgando uma pergunta sobre relacionamentos. Os regentes das casas I e VII são nossos agentes principais. Nós percebemos outro planeta envolvido na ação e vemos que ele rege a casa IX. "Arrá!", pensamos, "A casa IX é a terceira a partir da sétima: o irmão da esposa!". Rapidamente imaginamos um filme bem interessante, tendo o irmão da esposa como estrela principal. Então, o querente nos conta que a esposa não tem um irmão, mas que o neto do casal (quinta casa a partir da V: IX) é da maior importância na situação concreta. Qualquer uma das casas pode significar um grande número de coisas; é bastante improvável que acertemos, na sorte, qual é a correta.

Quando você tiver que decidir o que um planeta não identificado significa, mantenha sua imaginação em rédea curta e, se for possível, discuta suas idéias com o querente. Lembre-se que se trata de uma consulta: podemos perguntar ao querente quaisquer dúvidas que tivermos, para podermos elucidar o mapa. Até mesmo uma pergunta completamente aberta pode ser útil: "Parece ter mais alguém envolvido nesse assunto – você tem alguma idéia de quem pode ser?".

Às vezes, a casa que o planeta rege nos guia até o seu significado. Muitas outras vezes, o planeta pode ser considerado como "qualquer outra pessoa", ou seja, sua significação de acordo com a regência das casas é irrelevante. Como regra geral, sempre escolha a opção mais concreta disponível. Por exemplo, o regente da X pode significar glória ou honra, o que às vezes acontece; mas é mais provável que signifique algo menos abstrato, como o chefe, o emprego, a mãe.

◈ Como em muitos outros casos, a comparação do mapa com um palco de teatro é valida. Assim como no teatro raramente os atores representam abstrações, como honra ou desejos, os planetas também quase não o fazem no mapa. Uma diferença importante entre o palco e o mapa é que todos os planetas aparecem em todos os mapas. Isso não significa que todos os planetas estejam envolvidos em todas as análises. Sempre comece com o mínimo possível de planetas e insira os outros só quando necessário. ◈

◈ Como regra geral: NUNCA DÊ A UM PLANETA MAIS QUE UM PAPEL A MENOS QUE VOCE REALMENTE PRECISE. Planetas podem ter papéis diferentes em pontos diferentes da análise. Caso seja necessário, tudo bem; mas se você está tentado a dar a um planeta um segundo papel, lembre-se que muitas vezes você pode descobrir, depois, que a introdução do segundo papel é supérflua. Se você consegue se virar sem ele, não o introduza. ◈

Depois que você tiver se decidido por uma identificação plausível, o estudo das recepções envolvendo este planeta – ou seja, o que os outros planetas pensam dele e o que ele pensa deles – normalmente confirma ou desmente esta identificação. Você pode, então, continuar sua análise ou pensar de novo sobre o que este planeta significa.

◈ A prova de fogo na identificação de um planeta estranho é "Ele combina com o conjunto?"; ou seja, ele se harmoniza com a imagem global, sem entrar em contradição com nenhum outro indício, seja ele dado pelo que sabemos da situação, seja pelo que esteja mostrado pelo mapa? O mordomo pode ter uma personalidade horrorosa e sangue na camisa, mas se alguma prova entra em contradição com as suspeitas contra ele, temos que admitir que ele seja inocente. Neste caso, temos que esquecê-lo e encontrar outro suspeito. A tentação é fechar os olhos para evidências contraditórias quando elas não se ajustarem aos nossos pressupostos; horária não serve para confirmar nossos pressupostos, no entanto, mas para encontrar a verdade. ◈

REGÊNCIAS NATURAIS

As regências determinadas pela casa que um planeta rege no mapa, chamadas de *regências acidentais*, são o nosso interesse primário, mas os planetas também têm as suas associações naturais. Tudo é composto pelas sete influências planetárias combinadas em proporções diferentes. Uma ou duas dessas influências vão ser especialmente mais óbvias numa dada coisa considerada. Qual delas vai chamar a nossa atenção vai depender do contexto da investigação. O exemplo clássico é a rosa: ela é regida por Vênus, como evidenciado pela sua beleza; por Marte, por seus espinhos. Ou a lesma: regida por Saturno, porque é escura, desagradável e vive sob as pedras; pela Lua, por ser mole e úmida e sair à noite.

Estas regências naturais serão, às vezes, significativas no mapa. Se estivermos procurando por documentos perdidos, por exemplo, podemos olhar Mercúrio, o regente natural dos documentos. Em perguntas de relacionamentos, investigamos o Sol, regente natural dos homens, e Vênus, regente natural das mulheres. A Lua é o regente natural de todos os objetos perdidos, especialmente os animados. Estes regentes naturais às vezes fornecem informações suplementares às obtidas pelo regente da casa; algumas vezes, o mapa os enfatiza de tal forma que podemos analisar e julgar a pergunta somente com eles.

Embora a importância dos regentes naturais seja menor, quando comparamos com a dos regentes acidentais, é necessário pegar fluência neles. O melhor modo de conseguir isso é associar planetas a objetos à medida que eles forem aparecendo no dia-a-dia, da mesma forma que se aprende uma língua traduzindo tudo o que se vê para o idioma em questão. Se você proceder de acordo com as orientações abaixo, em pouco tempo isso será simples. "Cereais matinais: Sol, porque o milho é um alimento fundamental; Saturno, porque eles são crocantes; Mercúrio, porque são pequenos e vêm em grande quantidade. Leite: Lua, porque é líquido e branco. Açúcar: Vênus, por ser doce; Marte, pela energia que fornece".

Se você precisar encontrar o regente de um objeto, procure sua natureza essencial. Veja: qual é o regente essencial de uma câmera? Ele é um aparelho mecânico: Mercúrio. Funciona escrevendo (Mercúrio) com luz (Sol) por meio de espelhos (Lua). Tudo isso é verdade. Mas qual é sua natureza essencial? O que uma câmera faz? Sua essência está no que ela é, não no que pode ser feito com ela (tirar fotos bonitas, fazer reportagens), nem em como ela faz (maquinário, escrever com luz). A função essencial da câmera é capturar o efêmero. Sua essência, então, está na captura, na preservação, e seu regente natural é Saturno. Siga essa lógica com qualquer outro item e você não vai errar.

Uma relação exaustiva das regências naturais é impossível, porque seria uma lista de tudo o que existe. A lista seguinte dá pistas suficientes para permitir que você encontre o regente adequado para qualquer coisa.

Saturno

Frio e seco; diurno[13]; masculino.

Saturno rege as coisas que são velhas, negras, duras, pesadas, mortas, apodrecidas, restritivas, secas, frias, solitárias e tristes.

Exemplo: raízes, porque crescem abaixo da terra. Beladona, por causa da cor do fruto e porque é letal (também regida por Vênus, por causa de suas propriedades cosméticas). Alcaçuz, por sua cor e por ser uma raiz. Bolor. Todos os resíduos e rejeitos. Chumbo, por causa do seu peso; por causa do chumbo, encanadores, por trabalharem com o chumbo. Quem trabalha com esgoto. Agentes funerários. Trabalhadores rurais. Jardineiros (Saturno era o deus da agricultura). Disciplina. Prisões, ruínas, banheiros.

---

[13] Planetas diurnos preferem estar acima da Terra de dia e abaixo dela à noite. Planetas noturnos preferem o contrário. Vejam "hayz", página 87.

Ópio, por ser narcótico e por ser viciante, ou seja, por criar novas barreiras. O teixo é bastante saturnino: tem folhagem escura, é venenoso, cresce até uma idade avançada e dá em cemitérios. Saturno rege fechaduras e travas, Mercúrio rege chaves. Saturno é o regente natural dos pais em mapas noturnos[14].

Toupeiras, cães, gatos, animais necrófagos, coisas que vivem embaixo de pedras. Safira, lápis-lazúli. No corpo, ele rege a orelha direita, os ossos, os dentes, a pele, as juntas e o baço.

Júpiter

Quente e úmido. diurno; masculino.

Júpiter rege coisas que são grandes, expansivas, caras, luxuosas, religiosas, púrpuras, laxativas (ao contrário de Saturno, que é retentor), generosas.

Exemplos: árvores frutíferas, pela abundância de coisas boas que produzem. Homens ricos, aristocratas, juízes, padres. Ruibarbo. Banquetes. Foie gras. Professores (pessoas que têm conhecimento e que o distribuem). Gurus. A hera é regida por Júpiter, porque se espalha e por Saturno por sua cor escura e sua associação com locais escuros e decadência. Chuva. Misericórdia.

Animais grandes; animais gentis e benéficos à humanidade. Ametista, safira (natureza tanto de Júpiter quanto de Saturno), esmeralda, cristal, estanho.

No corpo ele rege a orelha esquerda, os pulmões, o fígado, o sangue, o sêmen.

Marte

Quente e seco; noturno; masculino.

Marte rege as coisas que são afiadas, ardentes, cortantes, vermelhas, abrasivas, quentes, agressivas.

Exemplos: soldados, açougueiros, alfaiates, cirurgiões, barbeiros, piratas. Qualquer pessoa que trabalhe com fogo – portanto, alquimistas, cozinheiros, bombeiros. Carrascos. Pimentas, alho (também da Lua, por sua cor), rabanetes (também da

---

[14] Um mapa noturno é um mapa feito durante a noite; um diurno, um feito durante o dia. Em um mapa diurno, o Sol vai estar nas casas 7 a 12; À noite, ele está abaixo da Terra, nas casas 1 a 6. Dê alguns graus de folga para o dia tanto no ascendente quanto no descendente, porque já está claro um pouco antes do Sol aparecer e continua claro um pouco depois que ele já se foi.

Lua). Urtigas e cardos (também de Saturno, porque crescem em terrenos aban-donados). Divórcio. Febres. Luxúria.

Animais agressivos ou impetuosos; criaturas que mordem ou ferroam. Ferro, heliotrópio, jaspe, coral.

No corpo, Marte rege a vesícula biliar e as genitais (especialmente as masculinas).

O Sol

Quente e seco; diurno; masculino.

O Sol rege coisas que são únicas, reais, douradas, vivificantes, honestas.

Exemplos: como o doador da vida, o Sol rege todos os alimentos, os fundamentais em particular. Frutas cítricas, por sua aparência, e também girassóis, margaridas, etc. O rei de qualquer classificação: o ouro, por ser o rei dos metais; a águia, a rainha dos pássaros; os leões, reis dos animais; o diamante, rei das jóias. Orgulho. A pessoa no comando. Ourives, fabricantes de dinheiro. Âmbar. Palácios e outros edifícios grandiosos. O Sol é o regente natural dos pais em mapas diurnos.

No corpo ele rege o espírito ou força vital, o coração, o cérebro (considerado como princípio controlador) e os olhos – os olhos em geral e, especificamente, o olho direito dos machos e o esquerdo das fêmeas.

Vênus

Fria e úmida; noturna; feminina.

Vênus rege as coisas macias, belas, fragrantes, atraentes e agradáveis.

Exemplos: flores (em geral: cada variedade tem seu próprio regente). Frutas macias. Chocolate. Beijos. Casamento. Tratados. Diversão. Arte, música. Maquiagem e perfume. Joalheiros, músicos, pessoas cuja única função no trabalho é parecer bonitas, vítimas da moda, prostitutas, tecelões, decoradores. Camas, armários. Esposas, mulheres jovens.

Animais macios e fofinhos – os habitantes típicos de um zoológico infantil. Cobre, bronze, cornalina, safira azul, lápis-lazúli, berilo, crisólita.

Vênus é a regente natural das mães em mapas diurnos.

No corpo, ela rege os rins, o sentido do olfato e os genitais (especialmente os femininos).

Mercúrio

Frio e seco; diurno se preceder o Sol (oriental), noturno se o seguir (ocidental)[15]; natureza mista masculina/feminina, sendo masculino se com planetas masculinos, feminino se com femininos.

◆ Apesar da sua famosa androginia, Mercúrio é sempre mais inclinado a ser masculino: considere-o masculino, a menos que haja um bom motivo para não o fazer. ◇

Mercúrio rege as coisas que são multicoloridas, ambíguas, habilidosas, astutas, misturadas.

Exemplos: molho agridoce, coquetéis, pizza. Coisas que sejam pequenas e que venham em grandes quantidades: frutinhas silvestres, groselha, anis. Coisas que cresçam dentro de cascas, pela analogia do cérebro dentro do crânio – especialmente nozes, que parecem com cérebros. Feijões, que dão gases (regidos por Mercúrio, sejam na barriga ou nos ventos). Terremotos (gases dentro da Terra). Qualquer coisa que fale ou se assemelhe ao homem: macacos, papagaios, fantoches, abelhas, hienas (porque riem). Coisas que evaporam, como óleo de lavanda. Secantes. Coisas que imitem processos mentais, como chaves, que desfazem a trava de um problema. Ladrões, servos. Trapaceiros, golpistas, batedores de carteira. Variedade, virtuosismo. Leiloeiros, agentes e comerciantes. Mercadores. O conhecimento necessário para qualquer ofício. Comentários espirituosos, humoristas. O ser humano. Articulação, conversa, mentiras. Computadores. Astrologia e astrólogos. Balconistas, contadores, escribas, mensageiro, pessoas de mídia. Médicos, remédios. Advogados (que falam por você). Todas as pessoas consideradas "a mão direita" de alguém. Documentos, papéis, livros, revistas.

No corpo ele rege a língua, o cérebro (como sede da razão), braços, mãos e dedos.

A Lua

Fria e úmida; noturna; feminina.

A Lua rege coisas que são líquidas, moles, de sabor fraco e consistência rala, sem forma, brancas, novas.

Exemplo: repolho, por sua forma. Pepino e melões pela quantidade de água armazenada. Bebês; parteiras; a mãe, num mapa noturno. Cogumelos, por sua cor,

---

[15] Veja pág. 86 para uma explicação sobre os termos "oriental" e "ocidental".

forma e porque aparecem da noite para o dia. Velas, porque iluminam a escuridão. Objetos perdidos. Entorpecentes. Mutabilidade, inconstância. Novidade. As pessoas comuns. Rainhas, mas somente como esposas do rei (Sol), não se estiverem regendo por seu próprio direito – quando são representadas pelo Sol. Vagabundos, peregrinos, mendigos, marinheiros, parteiras, "barmen", enfermeiras, faxineiros.

Criaturas que vivem na água: peixes, lontras, sapos, patos, ostras. Ou que saem à noite: lesmas, corujas, galagos. Pérolas, selenita, alabastro.

No corpo, ela rege os peitos, o ventre, a barriga e os intestinos.

Idade

Há uma escala crescente de idade da Lua, que rege os bebês, passando por Mercúrio, Vênus, o Sol, Marte e Júpiter até Saturno, que rege os idosos. Estas são as "Sete Idades do Homem".

Os planetas externos

Urano, Netuno e Plutão têm alguma utilidade em horária, mas bem pouca. Sua importância real é só uma pequena parcela da importância que a maior parte dos astrólogos contemporâneos lhes dá. Cada um tem algumas poucas coisas com as quais parecem estar conectados: Urano com o divórcio e outros rompimentos, como mudança de endereço; Netuno com ilusão e engano; Plutão parece ser um maléfico geral, sem significado específico.

O melhor é tratá-los como se fossem estrelas fixas: ignore-os a menos que estejam exatamente em uma cúspide relevante ou em aspecto imediato com um dos significadores principais.

Exemplo 1: se a pergunta for "Será que eu tenho um futuro com Cedric?" e Urano estiver no ascendente, temos um testemunho forte de que o relacionamento vai acabar rápido. Se Urano estiver flutuando no meio da primeira casa, no entanto, isso não quer dizer nada.

Exemplo 2: uma cliente fez uma série de perguntas relacionadas à venda de seu negócio. Todos os mapas tinham Netuno na cúspide ou da casa sete (o comprador) ou da oitava (a segunda a partir da sétima, o dinheiro do comprador). Ela estava sendo enganada.

Os planetas externos *não* regem signos e *não* têm nenhuma associação particular com nenhum dos signos. O raciocínio que sugere o contrário é completamente infundado. O leitor familiarizado com a astrologia moderna talvez relute em abandonar essas idéias, mas se você insistir em incorporá-las no seu mapa, vai chegar consistentemente a respostas erradas. Isso não é uma questão de opinião.

Se a posição de um planeta externo estiver pedindo a nossa atenção, ele pode, da mesma forma que uma estrela fixa importante, fornecer um atalho para a resposta. Nunca devemos procurar por eles ("O que é que Urano está fazendo neste mapa?") e eles nunca vão estar contando uma história que não esteja mostrada, também, pelos sete planetas do cosmos tradicional.

Exemplo: uma cliente perguntou sobre seu divórcio iminente. Urano estava no meio-céu, simbolicamente a meio-caminho entre o ascendente (a querente) e a cúspide da casa sete (seu marido). Marte, o regente tradicional do divórcio, fazia uma quadratura exata ao eixo ascendente/descendente. Os dois planetas mostravam a mesma coisa.

Quíron, asteróides, Lilith/Lua Negra, Sedna: nada disso tem nenhum papel em horária. Não interessa o quanto você esteja apegado a esses bichinhos, a incorporação deles aos mapas só vai gerar confusão.

Amigos e inimigos

Se você já leu alguns dos textos antigos, já viu algumas listas de quais planetas são amigos de quais e quais são inimigos. Estas listas são irrelevantes para horária, porque o "quem gosta de quem" no contexto imediato – que é o que nos importa – é mostrado pelas recepções. Exemplo: sabemos muito bem que Marte é, em princípio, amigo de Vênus, mas o que nos importa quando estamos analisando um mapa em particular é que ele odeia esta Vênus, do aqui e agora.

◆ Atores e papéis, de novo. O que nos interessa é saber se Romeu ama Julieta. As opiniões dos atores não nos importam. ◈

Planetas superiores e inferiores

Os planetas *superiores* são Marte, Júpiter e Saturno; os *inferiores* são Mercúrio, Vênus e a Lua. Eles se chamam assim porque suas órbitas, consideradas a partir da perspectiva terrestre, são superiores ao Sol e as dos inferiores estão abaixo dele. Esta distinção não tem utilidade prática em horária.

5

Os signos

Os signos do zodíaco são tratados de forma bastante diferente em astrologia tradicional e moderna. Este é o momento de entrar na sua cabeça, pegar tudo o que você aprendeu sobre os signos com os modernos e deixar de lado.

Os signos descrevem os planetas que estão neles. Nas nossas frases astrológicas, os planetas são os substantivos, os signos são os adjetivos e os aspectos são os verbos. O signo não *faz* nada: ele não tem força nenhuma para agir. Ele simplesmente descreve as coisas.

O signo em que um planeta está o descreve de três formas diferentes:

1. Ele nos diz o quanto de força essencial o planeta tem
2. Ele nos explica as disposições deste planeta com relação aos outros
3. Ele tem algumas qualidades próprias.

O ponto 1 vai ser analisado no capítulo 6, o ponto 2 no capítulo 8. Aqui vamos considerar o ponto 3: as divisões dos signos em diversos grupos com características compartilhadas.

Em quase todas as perguntas, a maior parte dessas características será irrelevante; é como se eu estivesse pedindo dinheiro emprestado para um amigo. O fato de ele mancar não importa. Em alguns casos, por outro lado, esses pontos podem ser cruciais. Se a questão for "Será que eu vou ter um bebê neste ano?" e todos os significadores estiverem em signos estéreis, não é provável que a resposta seja "sim", independente dos aspectos que existam. É muito fácil negligenciar esse tipo de informações básicas na pressa em encontrar um aspecto.

Nota: embora os signos tenham um conjunto de características compartilhadas, eles não têm as personalidades certinhas dadas na astrologia moderna. Por exemplo, um planeta em Leão não vai se comportar de forma real. O signo de Leão é feral; ele estará inclinado a se comportar como uma fera selvagem – se o contexto permitir. É pouco provável que ele consiga se comportar de forma feral e real ao mesmo tempo.

Masculinos e femininos

♈, ♊, ♌, ♎, ♐ e ♒ são masculinos; ♉, ♋, ♍, ♏, ♑ e ♓ são femininos. Esta divisão é útil, principalmente, para determinar o sexo de bebês ou ladrões. Pode ser útil, também, quando precisamos distinguir entre várias opções, como em "Para qual destes candidatos eu devo dar a vaga de emprego?". Neste tipo de perguntas, devemos encontrar um modo de distinguir os diversos candidatos; uma divisão por sexo pode ajudar.

Elementos

♉, ♍ e ♑ são signos de terra; ♊, ♎ e ♒, de ar; ♈, ♌, e ♐ de fogo e ♋, ♏ e ♓, de água. Isso é útil, principalmente, na localização de objetos perdidos. Pode ser útil em questões vocacionais: "Será que eu devo me tornar contador (ar, porque o ar está relacionado com a faculdade da razão) ou fazendeiro (terra)?" O regente da 10 forte em um signo de ar é testemunho a favor da contabilidade.

Signos de terra são frios e secos; água, frios e úmidos; fogo, quentes e secos; ar, quentes e úmidos. Estas poucas palavras incluem quase tudo o que é necessário para prever o clima usando horária.

Modos

♈, ♋, ♎ e ♑ são cardinais; ♉, ♌, ♏ e ♒, fixos; ♊, ♍, ♐ e ♓, mutáveis. Os signos cardinais mostram ação rápida, mas que não dura muito; signos fixos são lentos e estáveis; signos mutáveis vêm e vão. Esta divisão é útil em muitos contextos.

O significador de uma doença está em signo fixo: a doença é crônica; cardinal, ela é aguda; mutável, ela vem e vai.

"Quero vencer esta disputa, mas não acho que valha a pena ir aos tribunais. Será que vou vencer?": significador do oponente em signo fixo, "Não, ele vai lutar até o fim". Em um signo cardinal "Mostre a ele que você está falando sério e ele vai desistir".

Signos mutáveis têm menor inclinação para serem honestos ou confiáveis.

Os signos cardinais também são conhecidos como *móveis*. Cuidado aqui: "mutáveis" e "móveis" são palavras facilmente confundíveis.

Signos bicorpóreos

Os signos mutáveis também são chamados de *bicorpóreos*. Isso enfatiza a dualidade, que é uma parte muito importante da sua natureza.

Em perguntas cuja a dúvida seja entre ter um emprego estável e virar *freelancer* ou trabalhar em meio período, a transição é normalmente mostrada pelo significador entrando em um signo bicorpóreo. Dualidade: serviço *freelance* significa ter mais de um chefe, às vezes desempenhar mais de um ofício; em empregos de meio período ou serviços compartilhados, o tempo ou o trabalho são divididos.

Em algumas questões ("Será que *nós* devemos fazer isso?"), não está claro se a casa I deve ser dada ao casal ou ao grupo, ou se o querente deve receber a casa I e o parceiro ou colegas devem ser tratados separadamente e receber a casa sete. Um testemunho forte para usar o regente da um como significador de todo o grupo, ou do casal, é encontrá-lo em um signo bicorpóreo.

Em perguntas sobre quantidade (quantos filhos ou ladrões), signos bicorpóreos mostram mais de um.

Atenção: os signos bicorpóreos são ♊, ♍, ♐ e ♓. Estes e só estes. Não importa se você consegue ver ou não a dualidade na imagem do signo, ou se você vê dualidade na imagem de qualquer outro signo.

Férteis e estéreis

Os signos de água são férteis. Gêmeos, Leão e Virgem são estéreis. Os outros seis signos são considerados neutros[16]. Isso está relacionado, é óbvio, com procriação, mas também com outras coisas. Se meus investimentos estiverem em signos férteis, é mais provável que eles cresçam do que se estiverem em signos estéreis.

Dos signos estéreis, Gêmeos e Virgem também são bicorpóreos; então, em perguntas do tipo "Será que eu terei filhos?", eles são testemunhos de "Não", mas se o julgamento do mapa, como um todo, for "sim", eles serem bicorpóreos é um testemunho de mais de um filho.

Com voz e mudos

Os signos de água são mudos; Gêmeos, Virgem e Libra são de voz alta; Áries, Touro, Leão e Sagitário, de meia-voz; Capricórnio e Aquário de voz fraca.

---

[16]   Somente em horária. Em astrologia natal, dividimos os outros seis em medianamente férteis e medianamente estéreis.

A divisão é útil em questões vocacionais ("Eu sou mais cantor ou compositor?"). Outro exemplo: uma mulher pergunta sobre seus problemas conjugais. No meio de outros testemunhos usados na análise, seu coração parecia amar seu marido, enquanto sua cabeça parecia detestá-lo. Sua cabeça estava em um signo de voz alta, enquanto o coração estava mudo – só o que se ouvia dela era seu desgosto.

Humanos e bestiais

Os signos de ar e Virgem são humanos. Áries, Touro, Leão, Sagitário e Capricórnio são bestiais, dos quais Leão e a segunda parte de Sagitário são ferais.

Suponhamos que eu pergunte como meu vizinho vai reagir se eu reclamar do barulho que ele faz: seu significador em um signo humano é um testemunho de que ele vai reagir de forma razoável, de forma condizente com um ser humano. Em um signo bestial, que nem um animal. Em um signo feral, como uma fera selvagem.

Mutilados

Áries, Touro, Leão e Peixes são descritos como mutilados. Isso pode ser útil em descrições físicas.

Existem muitas outras divisões do mesmo tipo, mas essas são as únicas que já me foram úteis, na prática, alguma vez. Importante: todos esses testemunhos são do tipo "todo o resto sendo igual". Qualquer testemunho isolado pode ser superado; use o bom senso. Por exemplo, signos fixos significam estabilidade, mas um planeta no fim de um signo fixo mostra uma situação estável chegando ao fim. "Será que Bugsy vai dar com a língua nos dentes?": com o significador dele no fim de Escorpião, um signo fixo e mudo: "Ainda não, mas vai, em breve".

Todos estes testemunhos podem ser sobrepujados, é verdade, mas em alguns mapas as informações dadas por estas divisões básicas serão tudo o que precisamos para julgá-los. "Será que meu emprego está garantido?" com o regente da casa X no meio de um signo fixo, por exemplo. Só o que precisamos é olhar rapidamente pelo mapa para confirmar que não haja testemunhos contrários; se não encontramos nenhum, podemos dar a resposta "Sim, está". O julgamento pode ser simples assim.

O corpo

O corpo está dividido pelos signos, começando com Áries no topo e terminando com Peixes nos dedos dos pés.

♈: a cabeça

♉: o pescoço

♊: mãos, braços e ombros

♋: peito

♌: coração e costelas

♍: intestinos e órgãos relacionados

♎: sistema urinário, parte inferior das costas

♏: genitais e ânus

♐: coxas e nádegas

♑: joelhos

♒: panturrilhas e tornozelos

♓: os pés

◈ Não há, nunca, nenhuma importância na natureza do signo em um ângulo ou na cúspide de uma casa. A *única* função do signo na cúspide é nos mostrar qual planeta rege esta casa. Não há exceção nenhuma para isso. Todos os pontos acima estão relacionados ao signo no qual o significador esteja, não ao signo em nenhuma cúspide. Por exemplo, o significador de uma pessoa num signo de água pode ser testemunho de fertilidade, se a fertilidade for relevante ou de mudez, se a fala for relevante; mas a cúspide da casa que significa a pessoa em um signo de água não é testemunho de nada. ◈

6

Dignidade essencial

Normalmente se apresenta astrologia horária como sendo movida por aspectos. Encontre seus significadores, encontre um aspecto entre eles e pronto, você encontrou um "sim" para a questão. Isso funciona bem – desde que você não se importe em estar sempre errado.

O aspecto é uma parte importante do julgamento, mas é só uma parte. O que o aspecto fornece é a ocasião para um evento acontecer. Sem ocasião, sem evento. Até aí, tudo bem: mas podemos ter uma ocasião sem um evento, ou sem que o evento ocorra como nós gostaríamos. Temos a ocasião: eu a peço em casamento; ela não me suporta, então diz "não". A ocasião, sozinha, não nos dá uma resposta completa.

Por este motivo, dignidades e recepções têm uma enorme importância. Elas são as chaves gêmeas para o julgamento correto.

As dignidades mostram o poder de agir
As recepções mostram a inclinação para agir
Os aspectos mostram a ocasião de agir

Há uma distinção teórica clara entre dignidades acidentais e essenciais. Em tese, é a dignidade acidental que mostra o poder para agir, enquanto a dignidade essencial mostra o quanto a motivação por trás da ação é pura. Não vivemos em um mundo teórico, no entanto, e na prática esta distinção fica muitas vezes borrada, chegando até mesmo a desaparecer. Se o contexto permite que essa distinção se manifeste, ela o fará – por exemplo, em questões sobre disputas judiciais, nos quais a dignidade essencial mostra quem está com a razão e as considerações acidentais mostram quem vai vencer.

As dignidades acidentais são consideradas no capítulo 7; as recepções, no capítulo 8. Este capítulo é sobre dignidades essenciais.

A palavra "essencial" é utilizada no seu sentido restrito: esta é a dignidade que está relacionada com a essência da coisa. Essência vem do latim *esse*, ser. Ela é o ser da coisa: o que faz ela ser ela mesma e não outra, a "Johnidade" em mim, que me faz ser eu e mais ninguém, a "Malinkalidade" da minha cadela, o que a faz ser o que é e nada além disso; a qualidade intangível, mas extremamente importante, que faz você ser você e o diferencia de todas as outras pessoas que compartilham a sua raça, sexo, tamanho, cor de cabelo, atitudes, etc. A idéia de essência não é bem aceita no mundo moderno, porque não podemos pegar um pedaço de essência e pesá-lo ou medi-lo; no entanto, ela é, no sentido comum da palavra, essencial[17].

Tendo sido criado por Deus, que é infinitamente bondoso, todas as coisas foram criadas boas. Isso inclui os planetas. O mal não é uma coisa em si; ele não tem essência, não tem ser, mas é a ausência de luz. Embora Saturno e Marte sejam conhecidos como *maléficos*, respectivamente o *Grande maléfico* e o *Pequeno maléfico*, eles não são malignos em essência. O problema é que nós não gostamos deles, mesmo quando eles estão se comportando bem. Marte, por exemplo, rege cirurgias; por mais que sejam necessárias, elas não são agradáveis. Quando Júpiter ou Vênus – o *Grande benéfico* e a *Pequena benéfica* – estão em seu detrimento ou queda, é provável que haja um verniz agradável sobre algo desagradável ou prejudicial. Fizeram uma pergunta, certa vez, sobre uma mulher que sofria de uma reação alérgica grave a um refrigerante. Ele era significado por Vênus em Virgem, o signo de sua queda: o refrigerante tinha um gosto bom (Vênus), mas era prejudicial (em queda).

Quando mais dignidade essencial um planeta tem, melhor ele se conforma à sua natureza boa inata, sendo capaz de se comportar da sua melhor forma. Quanto mais debilitado ele estiver, mais deformado ele vai estar com relação à sua bondade inata, manifestando, desta forma, seu lado mais desagradável. Isso vale para qualquer planeta:

Qualquer planeta em detrimento ou queda pode ser maligno.
Qualquer planeta em domicílio ou exaltação pode se comportar bem.

Isso é uma das regras mais importantes da astrologia. Embora seja comum chamarmos Júpiter e Vênus de benéficos e Saturno e Marte de maléficos, eu insisto que você trate qualquer planeta essencialmente debilitado como maléfico e qualquer planeta essencialmente forte como benéfico.

---

[17]   Para uma discussão maior sobre a essência e sua relevância para a astrologia, veja *Real Astrology*, capítulo 7.

◆ Nossos antepassados, Lilly inclusive, tinham uma certa obsessão pelo fato de Marte e Saturno serem sempre maléficos e Vênus e Júpiter serem sempre benéficos. Apesar do parágrafo acima, eu ainda incorria neste erro quando escrevi este livro. Por exemplo, na primeira página escrevi "Significado por um benéfico bastante dignificado, o gato está muito bem". O Bichano não estaria nada pior se fosse significado por um Saturno fortemente dignificado. Mais uma vez, os planetas são apenas os atores; o que nos interessa é o papel. O ator que representa Macbeth pode ser um sujeito adorável, mas isso não tem relação nenhuma com o que se desenrola no palco. ◆

Esta força, ou fraqueza, normalmente está contida no contexto da questão. Uma querente perguntou "Vou conseguir este emprego?", sendo significada por Saturno retrógrado em Áries. Nosso primeiro pensamento poderia ser "Quem empregaria Saturno retrógrado em queda?" e este primeiro pensamento é um testemunho importante. Isso não quer dizer, no entanto, que nossa querente seja uma pessoa ruim, mas que ela estava em apuros, talvez tenha se candidatado ao emprego no desespero e provavelmente não tenha as qualificações necessárias para exercê-lo. Sempre leia os testemunhos dentro do contexto. Da mesma forma, outra querente havia perguntado quando encontraria seu próximo namorado. Seus significadores eram Vênus em Touro e Lua em Câncer. Isso não quer dizer que ela fosse candidata à beatificação, mas que ela era muito bonita e sabia disso. De novo, o contexto é tudo.

Uma descrição relevante direta dentro do contexto pode sobrepujar as indicações, positivas ou negativas, de qualquer dignidade ou debilidade, seja essencial ou acidental. Um guarda-chuva perdido era significado por Saturno em Câncer. Essa é a descrição perfeita do objeto: ele é uma barreira (Saturno). Que tipo de barreira? Uma barreira úmida (Câncer). Mesmo com Saturno em seu detrimento, essa posição pode ser considerada como descritiva e não significa que o guarda-chuva esteja velho.

Outro exemplo: Júpiter em Peixes é um benéfico fortemente dignificado, mas, se eu perguntar como vai estar o tempo na praia, Júpiter, o deus das chuvas, em Peixes, signo de água, seria um maléfico no contexto da minha pergunta.

As dignidades e debilidades essenciais dos planetas estão dadas na tabela seguinte. Os planetas ganham dignidade ou debilidade por estarem em alguns signos ou em algumas partes de signos. Vamos examinar esta tabela, da esquerda para a direita.

Signo	Regente	Exaltação	Triplicidade Dia	Triplicidade Noite	Termo					Face			Detrimento	Queda
♈	♂	☉ 19	☉	♃	♃ 6	♀ 14	☿ 21	♂ 26	♄ 30	♂ 10	☉ 20	♀ 30	♀	♄
♉	♀	☽ 3	♀	☽	♀ 8	☿ 15	♃ 22	♄ 26	♂ 30	☿ 10	☽ 20	♄ 30	♂	
♊	☿		♄	☿	☿ 7	♃ 14	♀ 21	♄ 25	♂ 30	♃ 10	♂ 20	☉ 30	♃	
♋	☽	♃ 15	♂	♂	♂ 6	♃ 13	☿ 20	♀ 27	♄ 30	♀ 10	☿ 20	☽ 30	♄	♂
♌	☉		☉	♃	♄ 6	☿ 13	♀ 19	♃ 25	♂ 30	♄ 10	♃ 20	♂ 30	♄	
♍	☿	☿ 15	♀	☽	☿ 7	♀ 13	♃ 18	♄ 24	♂ 30	☉ 10	♀ 20	☿ 30	♃	♀
♎	♀	♄ 21	♄	☿	♄ 6	♀ 11	♃ 19	☿ 24	♂ 30	☽ 10	♄ 20	♃ 30	♂	☉
♏	♂		♂	♂	♂ 6	♃ 14	♀ 21	☿ 27	♄ 30	♂ 10	☉ 20	♀ 30	♀	☽
♐	♃		☉	♃	♃ 8	♀ 14	☿ 19	♄ 25	♂ 30	☿ 10	☽ 20	♄ 30	☿	
♑	♄	♂ 28	♀	☽	♀ 6	☿ 12	♃ 19	♂ 25	♄ 30	♃ 10	♂ 20	☉ 30	☽	♃
♒	♄		♄	☿	♄ 6	☿ 12	♀ 20	♃ 25	♂ 30	♀ 10	☿ 20	☽ 30	☉	
♓	♃	♀ 27	♂	♂	♀ 8	♃ 14	☿ 20	♂ 26	♄ 30	♄ 10	♃ 20	♂ 30	☿	☿

Não se preocupe! Você não precisa memorizá-la. Vale a pena saber as dignidades e debilidades maiores de cor; os termos e faces vão assentar com o tempo.

Domicílio

Estar no próprio signo é a dignidade essencial mais forte. Exemplos: Marte em Áries, Júpiter em Peixes. Essa dignidade é comparável a um homem em sua própria casa, no sentido de que "o lar de um homem é seu castelo". Ali, ele é o senhor, com poder de dispor das coisas da forma que achar melhor; portanto, está contente. Este planeta tem a capacidade de manifestar sua bondade essencial. Textos antigos normalmente têm um D ou um N perto do símbolo do planeta nesta coluna, significando Dia ou Noite. A distinção entre o domicílio diurno e noturno de um planeta tem, no entanto, importância meramente teórica: não tem utilidade nenhuma na prática e pode ser ignorada.

Exaltação

Cada planeta está exaltado em um signo, enquanto alguns signos não são a exaltação de nenhum planeta. Exemplos: Vênus está exaltada em Peixes, Saturno em Libra. Um planeta na sua própria exaltação é comparável a um hóspede honrado na casa de outra pessoa. Em alguns sentidos, o hóspede honrado está melhor que o senhor da casa, porque recebe o melhor de tudo – ele nunca ganha os restos do jantar da noite anterior para comer no almoço. No entanto, existem limites para esta força: o hóspede não pode ir passear no quarto de dormir do dono da casa, nem ficar abrindo os armários à vontade. Com o hóspede honrado, há, num certo sentido, um exagero: nós o tratamos melhor do que ele poderia merecer. Este senso de exagero é importante para uma compreensão da exaltação.

Imagine um gato se preparando para lutar. Ele arrepia todos os pelos. Isso não o faz mais forte, mas o faz parecer mais forte. Ele está se exaltando; é como se a pessoa mostrada pelo planeta em exaltação fingisse ser uma versão melhor de si mesma do que normalmente é. Um planeta em domicílio é mais forte que um planeta em exaltação – exceto em uma circunstância específica. Em perguntas sobre disputas de qualquer tipo, um planeta em exaltação está mais forte que um planeta em domicílio. Como o gato sabe muito bem, não se trata apenas do quanto você é durão, mas do quanto você parece durão.

Tome cuidado para não exagerar neste significado de exagero. A exaltação é muito boa; só não é tão boa quanto parece. Os alunos normalmente supervalorizam esta falha, quase transformando a exaltação numa debilidade, o que não faz sentido: ela concede muita força. Um exemplo: o time do querente estava jogando muito melhor do que o normal, chegando, para a surpresa de todo mundo, a ficar entre os primeiros na classificação geral. O significador do time era um planeta na própria exaltação: muito bom – mas parecendo melhor do que é na verdade.

Um planeta está exaltado em todo o signo de sua exaltação (ou seja, o Sol está exaltado em qualquer lugar de Áries), mas existe sempre um grau em que ele está superexaltado. Esse grau é chamado de *grau de exaltação* e é mostrado pelo número ao lado do símbolo do planeta na coluna de exaltação da tabela. Atenção: este número é um algarismo ordinal, não cardinal. Ou seja, o Sol está superexaltado no décimo-nono grau de Áries (18:00 – 18:59), não entre 19°00′ e 19°59′; a Lua está superexaltada no terceiro grau de Touro (entre 2°00′ e 2°59′), não entre 3°00′ e 3°59′. "Será que eu consigo entrar para o time?" – se seu planeta estiver no grau de exaltação, você entra para o time e ainda lhe escolhem capitão.

Não há nenhuma significação prática para a exaltação dos nodos.

Triplicidade

Os signos se dividem em quatro grupos de três (daí que vem o termo "triplici-dade"): terra, ar, fogo e água. Cada elemento tem seus próprios regentes. É fácil perceber que a coluna das triplicidades está dividida em duas: há um regente diferente para o dia e para a noite.

"Como é que eu sei qual eu uso?". Bom, olhe para o mapa que você está ana-lisando. A linha que une o ascendente e o descendente representa o horizonte. Se o Sol estiver acima do horizonte (nas casas sete a 12), é dia; se o Sol estiver abaixo do horizonte (nas casas 1 a 6), é noite. Dê alguns graus a mais para o dia em cada extremidade, já que se, o Sol estiver poucos graus abaixo do ascendente ou do descendente, podemos considerar que é dia. Isso é possível porque a luz do Sol é visível antes que o Sol ascenda e depois que ele já se pôs. "Alguns" graus são a precisão que necessitamos: o número exato pode variar conforme a latitude e a época do ano.

Os signos de fogo (Áries, Leão, Sagitário) são regidos pelo Sol de dia e por Júpiter à noite. Signos de terra (Touro, Virgem, Capricórnio) por Vênus de dia e pela Lua de noite. Signos de ar (Gêmeos, Libra e Aquário) por Saturno de dia e Mercúrio de noite. Os signos de água (Câncer, Escorpião e Peixes) têm Marte como seu regente de dia e de noite.

"O que é que Marte tem a ver com a água?" A água desses signos não é água doce, mas o oceano: selvagem, tempestuoso, indomável. É a nossa natureza sensual, nosso impulso na direção dos desejos – daí vem a conexão com Marte.

Um planeta na própria triplicidade (como Júpiter num signo de fogo em um mapa noturno, ou Vênus em um signo de terra em um mapa diurno) está confortável. Ele está, literalmente, "no seu elemento". As coisas poderiam ser melhores, mas estão até bem boas agora. Ele está na própria zona de conforto. Ele está moderadamente forte, então temos uma versão moderadamente boa do planeta em questão.

Existe outro sistema de regentes das triplicidades que dá a cada elemento três regentes. Os dois sistemas remontam à antiguidade: a idéia de que o sistema de dois regentes é um usurpador moderno é errônea. O sistema de três regentes tem alguns usos específicos no julgamento de um mapa natal. É o sistema de dois regentes, discutido aqui, que deve ser usado em horária.

Termo

A seção seguinte da tabela divide cada signo em cinco pedaços desiguais, chamados de *termos*. O Sol e a Lua não regem termo nenhum; cada um dos outros planetas rege um termo em cada signo. "Termo" significa limite, como nas palavras terminar ou exterminar. Eles também são chamados de "bounds", limites, em inglês.

Os números mostram onde cada termo, ou limite de cada pedacinho de poder de cada planeta, está. Estes números são ordinais, exatamente como no grau de exaltação. Veja a linha de Áries na tabela. O primeiro termo é regido por Júpiter, cujo limite está no sexto grau; ou seja, Júpiter rege esta primeira parte de Áries até o fim do sexto grau, que é 05°59' de Áries. Vênus assume a regência a partir de 06°00 até o fim do décimo quarto grau, que é 13°59'. Então é a vez de Mercúrio, de 14°00' até 20°59'; Marte vai de 21°00' até 25°59'; Saturno, de 26°00' até 29°59'. Um planeta deve estar no seu próprio pedaço do signo para estar dignificado por termo. Exemplo: em 07°30' de Touro, Vênus está no seu domicílio, sua própria triplicidade (se o mapa for diurno) e no próprio termo. Em 08°30' de Touro ela está no próprio domicílio, sua própria triplicidade (em um mapa diurno), mas não no seu termo.

Os regentes do termo podem ser comparados aos sargentos ou cabos no exército. Eles têm um pouco de poder, mas nada tão glorioso quanto os oficiais (dignidades principais). Mesmo assim, é muito melhor ser cabo do que soldado raso (sem dignidade nenhuma). Os termos são muito mais importantes quando progredimos o mapa natal. Em horária eles não são exatamente um fator positivo, estando mais perto de serem a ausência de um ponto negativo. Ser cabo não é maravilhoso, mas é melhor que ser soldado, então, um planeta no próprio termo não é tão forte, mas é melhor do que se não tivesse nenhuma dignidade. Ele é um fator positivo muito fraco.

Eu nunca vi uma explicação convincente de porque os termos são da forma que são. Há diversas versões rivais para eles; a que eu apresentei funciona.

Face

Os termos são um fator positivo muito pequeno; as faces são ainda mais fracas. Elas dividem cada signo em três pedaços iguais de dez graus cada um. Os números, que são novamente mostrados em algarismos ordinais, apontam o limite de cada face. Seguindo na linha de Áries, a primeira face de Áries é regida por Marte. A face de Marte termina em 09°59' de Áries, onde o Sol assume, de 10°00 até 19°59', onde Vênus o substitui, de 20°00' até 29°59'.

Um planeta na sua própria face é comparável a um homem na soleira da porta de entrada da própria casa, prestes a ser jogado na rua. Sua posição não é boa, mas é melhor que estar ao relento, no vento e na chuva: é melhor ter dignidade por face do que nenhuma dignidade.

Detrimento

Um planeta no signo oposto ao que ele rege está no seu detrimento (por exemplo, Marte em Libra, Vênus em Escorpião). Ele está gravemente debilitado. Isso depõe contra o que quer que esteja significado por este planeta, de forma determinada pelo contexto. Por exemplo, se um homem com uma doença séria estiver significado por um planeta em detrimento, isso mostra que ele está muito doente, não que ele seja uma pessoa ruim.

Queda

Um planeta no signo oposto à sua própria exaltação está em queda. No grau exatamente oposto ao seu grau de exaltação está o grau de sua queda, no qual ele está super debilitado. Assim como a exaltação, a queda tem uma conotação de exagero. Com a queda, é a ruindade que é exagerada. Só pelo contexto conseguimos dizer se ela é pior ou melhor que o detrimento: pode ser reconfortante saber que a situação não está tão ruim quanto pensamos. Com o planeta no próprio detrimento, as coisas parecem más e estão tão ruins quanto parecem. Com o planeta em queda, as coisas parecem piores do que são – mas ainda assim estão ruins. Há diversos contextos nos quais a idéia de "queda" pode ser usada literalmente.

◈ Ibn Ezra chama o signo da queda de um planeta "a casa da sua desonra". Isso pode ser uma interpretação relevante em alguns casos. ◈

Atenção: é comum falarmos de planetas em detrimento ou queda como "fracos". Em termos de quanta dignidade essencial têm, é verdade, eles estão fracos; mas isso não se traduz em fraqueza de ação. Em detrimento, ou queda, eles estão maus ou infelizes. Eles estão fortes ou fracos – capazes ou não de agir – de acordo com as dignidades acidentais, não com as dignidades essenciais.

Peregrino

Um planeta que não está em nenhuma das suas próprias dignidades, nem no seu próprio detrimento ou queda, está peregrino. Ele é comparável a um andarilho sem-teto, vagando. Bonatti diz que isso significa "alguém que sabe como agir bem e mal, mas está mais inclinado ao mal"[18]. Ele não tem a direção moral implícita na dignidade essencial (bom comportamento) nem a implícita na dignidade acidental (mau comportamento): está sem leme. No entanto, pela natureza das coisas, quem está à deriva tem mais probabilidade de acabar fazendo o mal do que o bem.

Estar em recepção mútua não impede que um planeta esteja peregrino: a dignidade essencial não pode ser transferida de um planeta para outro.

Como sempre, o contexto pode dar um significado benigno a estar peregrino. Se alguém estiver em uma viagem longa, ele seria descrito com precisão por um planeta peregrino, bem como alguém procurando por um emprego ou por um lar[19].

Almuten

Cada grau tem seu almuten, que é o planeta com mais dignidades essenciais no grau em questão. Por extensão, dizemos que o planeta é o almuten de qualquer coisa que esteja neste grau, como outro planeta, a cúspide de uma casa, ou uma parte árabe.

Para calcular o almuten, some as diversas dignidades planetárias neste grau, dando 5 pontos para domicílio, 4 para exaltação, 3 para triplicidade, 2 para termo e 1 para face. Exemplo: qual é o almuten de 05° de Libra em um mapa diurno? Vênus recebe 5 pontos, por ser seu domicílio. Saturno recebe 4 por ser sua exaltação, 3 por ser sua triplicidade e 2 por ser o regente do termo: 9 no total. A Lua recebe 1 por ser regente da face. Saturno recebe mais, então ele é o almuten.

Em vários graus, há dois ou até três planetas que sejam candidatos igualmente fortes a almuten. Escolha o que for mais forte no mapa que estiver sendo analisado. Por exemplo, prefira um perto do MC do que um na casa 12. Ou, se um deles estiver em aspecto próximo ao ascendente, use-o.

---

[18] *Bonatus*, aforismo 55.

[19] O meu entendimento sobre planetas peregrinos avançou desde que escrevi *The Real Astrology* (veja a página 81). A melhor descrição do que é ser peregrino está no canto III do Inferno de Dante.

Só existe uma utilidade para o uso do almuten em horária e, mesmo assim, rara. O almuten de uma cúspide é uma opção quando não podemos usar o regente do signo como significador da casa.

◆ Hoje em dia, estou firmemente convicto de que não há espaço nem para esse uso do almuten em horária ou em qualquer outro ramo da astrologia. Esse conceito não faz sentido nenhum. Em primeiro lugar, não podemos somar as dignidades nessa escala de 5-4-3-2-1, porque não se trata apenas de uma maior ou menor quantidade da mesma coisa (ou seja, como se a exaltação fosse a mesma coisa que o termo, só que em dobro); elas são diferentes em qualidade. Coisas diferentes em qualidade não podem ser somadas: 2 maçãs + 2 maçãs = 4 maçãs, mas 2 maçãs + 2 mesas = 2 maçãs + 2 mesas. Em segundo lugar, as dignidades variam muito em força. Domicílio e exaltação são muito mais fortes que a triplicidade, que é, por sua vez, muito mais forte que termo ou face. Pense: vamos supor que um general (regente do domicílio) esteja discutindo com um sargento e um cabo (regentes por triplicidade e termo). Quem vai ganhar? O general, é claro; mas, de acordo com a teoria do almuten, eles têm a mesma força.

Então, porque esta teoria sem sentido existe? Ela é só mais um modo de dar ao astrólogo um plano B. "Ah, que pena, ela não o ama. Ah, mas espere aí – se dermos uma olhadinha no seu almuten...". ◆

Dispositor

O dispositor de um planeta ou parte árabe é o regente do signo no qual o planeta ou parte esteja. Assim, qualquer coisa em Áries está disposta por Marte, qualquer coisa em Touro, por Vênus. Marte *dispõe* de qualquer coisa que esteja em Áries, Vênus de qualquer coisa que esteja em Touro. Em alguns textos, você talvez encontre disposições por outras dignidades: Saturno dispõe qualquer coisa em Libra por exaltação. Nestes casos, a dignidade é sempre mencionada.

◆ Hoje em dia há pouca utilidade para esta palavra fora da astrologia, mas quer dizer simplesmente "quem está no comando" ou "chefe". Tive a grata surpresa de descobrir que o administrador do estacionamento do aeroporto de Varsóvia é o *dyspositor parkingu*. ◆

Quanta dignidade?

As dignidades são cumulativas. O Sol está exaltado em Áries. Em um mapa diurno, o Sol em Áries também está na própria triplicidade: assim, ele tem mais dignidade de dia em Áries que de noite, quando ele não tem também a regência da triplicidade.

Embora a pontuação de 5-4-3-2-1 seja adequada para a determinação dos almutens, ela não reflete de forma precisa as forças relativas das dignidades. As regências por domicílio e exaltação (bem como detrimento e queda) são muito mais fortes que a triplicidade, que é, por sua vez, muito mais forte que termo e face. Não existe um método de medir com precisão quanta dignidade um planeta tem. Esta lacuna não é importante: estamos fazendo astrologia, não aritmética. Em algumas horárias publicadas, você vai encontrar afirmações como "Júpiter tem força 10". Isso não faz sentido. 10 o quê? Na prática, contar as dignidades como "muita", "alguma" ou "bem pouca" já é preciso o bastante.

Contradições

Você pode ter notado que há algumas contradições aparentes na Tabela de Dignidades. Marte, por exemplo, está em queda em Câncer, mas também é o regente da triplicidade. Vênus está em queda em Virgem, mas num mapa diurno ela também é a regente da triplicidade. Existem outros casos. Isso não é contraditório, porque as dignidades diferem em qualidade, não apenas na sua força – ou seja, não se trata de dar força com uma mão e retirar com outra. Essas contradições aparentes refletem ambigüidades que são parte da vida diária: as coisas não são completamente boas nem más.

Exemplo: uma querente perguntou sobre o vício do filho com drogas. O rapaz era significado por Marte, que estava em Câncer – algo bem apropriado, porque a Lua é o regente natural de todas as substâncias entorpecentes. Marte está na própria triplicidade: está confortável ali. Isso faz bastante sentido: se o rapaz está usando drogas, provavelmente gosta delas. Marte também está em queda: ele está sendo prejudicado por elas. A queda é um fator negativo muito mais forte do que o fator positivo representado pela regência de triplicidade, de forma que o prejuízo é bem maior que o prazer. Mas estamos falando de queda, com seu sentido de ruindade exagerada, em vez de detrimento: ele está sendo prejudicado, mas não tanto quanto a querente temia.

Eu normalmente uso alguns exemplos úteis quando, em palestras, estou explicando como a dignidade funciona. Imagine que você seja o dono de um cassino em Las Vegas. Você está no seu escritório, aproveitando a sensação boa que vem de estar sentado dentro da sua própria empresa bem sucedida, enquanto saboreia um Bourbon e um bom charuto. Você está no próprio domicílio, estando, portanto, capaz de manifestar suas melhores qualidades. Assim, quando o crupiê bate à sua porta e, tímido, explica que perdeu 50 mil dólares na roleta, você dá um sorriso compreensivo e joga a chave do cofre para ele. Na manhã seguinte, no entanto, você acorda e encontra uma cabeça de cavalo na sua cama. Você não é mais o regente seguro de tudo o que consegue ver; você não está mais no seu domicílio, mas chegou ao seu detrimento. Em desespero para salvar a própria pele, você não vai manifestar suas melhores qualidades. Assim, quando o crupiê explica que perdeu mais 50 mil dólares, você estala os dedos e o manda dormir com os peixes.

Ou imagine o estereótipo típico de uma sala libriana: tudo bem arrumado e limpo, com enfeites delicados e cada almofada estrategicamente disposta. Aí vem Marte, na figura de Charles Bronson. Nesta sala de estar, ele está num ambiente alienígena – está no próprio detrimento. A tensão de se sentir um peixe fora d'água provavelmente vai fazê-lo se comportar mal, exibindo o pior da sua natureza marcial.

Isso não quer dizer que Marte seja uma coisa ruim. Se você fosse um aldeão mexicano, cercado por vilões, ficaria muito feliz de ver Marte, na pessoa de Charles Bronson, seus seis amigos e um destino, surgindo no horizonte em seu auxílio, com as armas em punho. Ali, Marte está no seu ambiente correto e pode se comportar da melhor forma possível. Você e seus amigos aldeões ficariam bem menos felizes se vissem Margot Fonteyn e seu *corps de ballet* surgindo no horizonte e vindo em seu auxílio – mesmo que Vênus seja considerada benéfica.

7

Dignidade acidental

O técnico de um time de futebol deve escolher entre dois jogadores para a partida de domingo. Os dois têm muita dignidade essencial: são bons jogadores. O técnico não pode levar em consideração somente as habilidades deles: ele deve pesar outros fatores. Um deles sabe que um bom desempenho pode levá-lo à seleção; ele está empolgado. A mãe do outro morreu na semana anterior; ele está se sentido para baixo. Um está começando a sentir o peso da idade e está cada vez mais lento. O outro tomou um chute forte na semana anterior e ainda não se recuperou. Estes fatores são dignidades e debilidades *acidentais*. É essencial que eles sejam considerados na análise.

Imagine: eu sou o homem mais bondoso do mundo – tenho muita dignidade essencial. Estou, infelizmente, trancado numa solitária – debilidade acidental. Não importa o quanto eu seja bom, esta debilidade acidental me impede de manifestar esta bondade, da mesma forma que fatores acidentais ajudam os jogadores a darem seu melhor, ou os atrapalham. Em princípio, a dignidade essencial nos diz se este planeta significa alguma coisa boa ou má; a dignidade acidental nos diz se esta coisa, boa ou má, tem poder para agir. Há um planeta exatamente no meio-céu (muita dignidade acidental): ele tem muita força para agir, está no banco do motorista. Em seu próprio signo, ele sabe dirigir. No seu detrimento, ele não sabe dirigir, mas, estando no meio-céu, ainda está ao volante.

Na prática, esta distinção entre as qualidades essenciais e acidentais pode ficar borrada, mas começar por este princípio e o adaptar conforme o necessário nos mantém no caminho certo.

Falando de forma geral, quanto mais dignidade acidental um planeta tem, mais capacidade de agir ele tem; quanto mais debilidades acidentais ele tem, mais fraco ele está e menos força ele tem para agir. Dignidades ou debilidades específicas, no entanto, podem ou não ser relevantes ao assunto em questão. Meu amigo tem uma perna quebrada, uma debilidade acidental séria. Se minha pergunta for "Será que ele me empresta algum dinheiro?", esta debilidade é irrelevante. Se minha pergunta for "Será que ele vai jogar tênis comigo?", é muito relevante.

◆ Evite importar a idéia de poder de agir – ou de falta dele – para contextos em que ela não seja adequada, que são a maior parte dos contextos. Se estou perguntando "Vou ganhar a medalha de ouro?", ter poder para agir é importante; se eu estiver perguntando "Como vai estar o tempo amanhã?", o conceito é irrelevante. Mesmo com "Eu vou conseguir este emprego?", a realidade da situação normalmente é que o poder para agir é irrelevante; além de chegar na entrevista na hora marcada e pentear o cabelo, não há muito o que eu possa fazer. Ou no caso de "Quando a carta vai chegar?"; não importa o quanto de dignidade acidental seu significador tenha, a carta não tem poder para agir. O mapa reflete a realidade. Se algo não faz sentido na realidade, não vai fazer sentido no mapa. ◆

As considerações acidentais podem ou não ser cumulativas. O bom-senso vai dizer se elas são cumulativas na questão em consideração. Se o nosso jogador de futebol, que está ficando mais lento com a idade, é o mesmo cuja mãe morreu, essas debilidades podem se somar uma com a outra. Mas se minhas calças são seguras por um cinto, elas não ficam mais seguras se eu acrescentar um par de suspensórios.

LISTA DE DIGNIDADES E DEBILIDADES ACIDENTAIS

Em que casa o planeta está?
Ele está no próprio júbilo?
Ele está retrógrado?
Ele está rápido, lento ou estacionário?
Ele está combusto, sob os raios do Sol, oposto ao Sol ou cazimi?
Ele está sitiado ou sitiado por raios?
Ele está em algum aspecto próximo?
Ele está em algum dos nodos?
Ele está em Regulus, Spica ou Algol?
A Lua tem alguma luz? Sua luz está aumentando ou diminuindo?
A Lua está fora de curso?
A Lua está na via combusta?

Você, em breve, vai notar essas coisas quase sem pensar. Por agora, no entanto, use esta lista de forma metódica.

A lista de considerações acidentais seria inesgotável, porque cada questão fornece sua própria lista do que é favorável e do que não é. Se a pergunta for "Será que eu vou virar uma cantora de ópera?", encontrar o meu significador em um signo mudo é uma debilidade acidental. Se for "Será que eu vou virar um bom mímico?", isso poderia ser uma dignidade acidental. Eu forneço, abaixo, uma lista de considerações úteis. Discuto, também, algumas outras que podem ser ignoradas sem problemas, para dar uma visão abrangente e porque você vai topar com elas em outros livros. Essa lista é normalmente impressa com números, dando a cada consideração uma pontuação. Eu omiti essa pontuação por causa da obsessão que os astrólogos têm com aritmética. Dê a um astrólogo dois números e ele imediatamente vai lhe dar a soma. Isso não ajuda em nada. Tudo o que esses números fazem é dar um guia geral à força relativa dessas dignidades e debilidades, que é o que eu fiz abaixo. Inserir os números na tabela só traz mais confusão que o necessário.

Posição nas casas

Isso é importante e deve sempre ser levado em consideração. O princípio geral é "casas angulares, forte; casas sucedentes, médio; casas cadentes, fraco". Mas as casas III e IX, embora cadentes, são consideradas – somente para esse fim – como sucedentes honorárias, enquanto a casa VIII, embora sucedente, é tão fraca quanto a casa VI ou XII.

Relacionar as casas, em ordem de força, é preciosismo demais; os ângulos têm todos mais ou menos a mesma força, bem como as casas sucedentes (com seus membros honorários). De forma simplificada:

> * Casas angulares são fortes;
> * As casas VI, VII e XII são fracas;
> * As demais são neutras.

A exceção a esta regra é quando a questão nos dá uma boa razão para o planeta estar na casa. Por exemplo, se eu perguntar "Será que vou recuperar o dinheiro que emprestei?" e encontrar o regente da casa I na casa oito (a segunda a partir da sétima: o dinheiro da outra pessoa), ele não está fraco aqui. Esse é o lugar adequado para ele, porque estou pensando em assuntos de casa oito.

Um planeta em uma casa angular ganha mais força quanto mais perto estiver da cúspide. Se um planeta estiver em uma casa, mas em signo diferente da cúspide (ou seja, a cúspide está em 25° de Áries e o planeta está em 04° de Touro) é como se houvesse uma camada de isolamento entre o planeta e a casa. Ele não está tão fortalecido como estaria se estivesse naquela cada e no mesmo signo da cúspide. Não exagere esse efeito, no entanto: um planeta em um signo angular, mas em cúspide diferente, ainda está mais forte do que um em uma casa sucedente.

Lembre-se que um planeta a menos de mais ou menos cinco graus da cúspide da casa seguinte e no mesmo signo que a cúspide é considerado como estando nesta casa.

◆ Perceba que, na maior parte do tempo, não faz diferença em qual casa um planeta esteja. É como no teatro: às vezes, é importante que o ator esteja neste lugar determinado – sob a sacada, por exemplo, ou sobre um alçapão; mas na maior parte do tempo, não importa onde ele esteja, ele só precisa estar parado em algum lugar. A mesma coisa acontece com os planetas no mapa. ◆

Júbilo

Essa consideração é muito menos importante, mas ainda vale a pena observar. Cada planeta tem seu júbilo em uma das casas. Mercúrio na primeira, a Lua na terceira, Vênus na quinta, Marte na sexta, o Sol na nona, Júpiter na décima primeira, Saturno na décima segunda. É como se ele percebesse que a casa é um local agradável para passar o tempo. Uma vez que ele gosta de estar ali, se sente bem consigo mesmo ali, tem um pouco mais de força para agir. Ele também tem mais chance de agir de acordo com sua própria natureza – Mercúrio vai fazer coisas mercuriais; Marte vai fazer coisas marciais. Essa idéia é muito próxima do conceito de dignidades essenciais.

◆ Na maior parte das perguntas, o júbilo pode ser ignorado sem riscos. Ele é útil principalmente em horárias nas quais tenhamos que decidir qual de dois planetas está mais forte, como em perguntas sobre competições ("Vamos vencer este jogo?"). Mesmo nestes casos, outros testemunhos normalmente vão ser fortes o suficiente para que o júbilo não seja importante. ◇

Retrógrado

Exceto pelo Sol e pela Lua, todos os planetas parecem, em algum momento, estar andando para trás no céu: estão retrógrados. Se um significador está retrógrado, isso deve ser levado em consideração. A retrogradação pode ou não ser uma aflição; se for, é uma aflição séria.

Em muitas perguntas, a retrogradação é exatamente o que esperamos ver: "Será que eu terei meu emprego antigo de volta?"; "Será que eu vou voltar com a Britney?"; "Será que o gato vai voltar para casa?": em qualquer circunstância envolvendo algum retorno ou volta a alguma coisa, o significador estar retrógrado é completamente adequado; então, a retrogradação não é uma debilidade. Mesmo se o retorno não for o que procuramos, mas fizer sentido no contexto, isso vale ("Quando eu vou encontrar um namorado/marido?", com o aspecto feito a um planeta retrógrado: "Você vai voltar com um ex").

Este é um exemplo do que eu chamaria *lei da explicação suficiente*. Se o contexto de uma pergunta explica uma debilidade, ela não é uma debilidade.

Se não houver nenhum retorno favorável dado pelo contexto, a retrogradação é um problema. O planeta está indo na direção contrária, contra a natureza. Essa debilidade é poderosa e, sendo contra a natureza, as coisas dificilmente terminam bem. Veja: o planeta tem muita dignidade essencial, então ele é um dos mocinhos. Ele está no meio-céu, então com muita dignidade por casa: tem uma arma e muita munição. No entanto, está retrógrado: com a melhor intenção do mundo, ele está atirando na direção contrária.

Se o planeta acabou de ficar retrógrado, pode ser importante considerar o que ele fez antes e vai voltar a fazer, ou o que ele ia fazer, mas desistiu e se afastou. Dê uma olhada para onde ele esteve e para onde ele não foi; no entanto, preste atenção: na retrogradação, um planeta vai fazer uma conjunção ou oposição ao Sol; se o planeta que você está investigando estiver se aplicando a uma conjunção ou oposição ao Sol, não examine suas ações além desse aspecto.

Estar direto normalmente é relacionado como uma dignidade. Não é: é o estado normal das coisas, a retrogradação é que é uma aberração.

◈ Preciso enfatizar de forma veemente o que afirmei acima, porque sei o quanto os alunos relutam em abandonar a idéia que a retrogradação seja sempre uma Coisa Ruim. A retrogradação pode ser boa, má ou indiferente, dependendo do contexto e de que o planeta esteja se afastando (ou ao que ele esteja se aproximando). O desembarque dos aeroportos está cheio de cenas de alegres retrogradações; em outro exemplo, se meu carro estiver descendo ladeira abaixo até um desfiladeiro, ficar retrógrado é uma idéia excelente. Se eu estiver, no entanto, retrogradando para a prisão de onde eu acabei de escapar, não vou ficar muito feliz. ◈

Estação

Um planeta passando do movimento direto para a retrogradação ou da retrogradação ao movimento direto passa pela estação, chamada de *primeira estação* quando o planeta está para ficar retrógrado e *segunda estação* quando está voltando ao movimento direto. Elas são chamadas assim porque o movimento aparente do planeta diminui até zero, o deixando estacionário no céu. Isso é extremamente importante.

A estação é um momento de grande fraqueza e vulnerabilidade para um planeta. Somente as circunstâncias extenuantes mais fortes conseguem fazê-lo agir nesses momentos. A primeira estação é comparável a um homem se sentindo tão doente que decide cair de cama: ele se sente mal e vai ficar pior. A segunda estação é comparável a um homem que se recupera de uma doença, levantando do leito pela primeira vez. Ele se sente mal, provavelmente pior do que quando caiu doente, mas ele está melhorando. No entanto, essa comparação não faz jus ao quanto a segunda estação é ruim.

Ao analisarmos a estação, é vital olharmos as condições circundantes. Talvez o planeta esteja retrogradando para evitar a oposição com Saturno: isso poderia mostrar que a pessoa significada por este planeta está fazendo uma jogada inteligente para evitar algo ruim. Talvez isso ocorra no fim de um signo: será que o planeta está evitando a perda de dignidade, ou está quase ganhando dignidade, mas não consegue? Muitas vezes, o movimento retrógrado vai levar um planeta de volta a um signo do qual ele acabou de sair: isso também pode ser relevante à nossa investigação. O que a mudança de recepção na mudança de signo nos diz?

◈ Assim como vimos na retrogradação, o contexto é da maior importância para decidirmos se a estação é boa, ruim ou indiferente. Quando o nível do rio perto de onde eu moro começou a subir, eu abri uma horária para ver se a barragem seria levada pela água. O significador da barragem estava estacionário. Excelente! Se ele não estiver se movendo, ele não está indo a lugar nenhum: não vai ser carregado pela água. No contexto, a estação foi algo que aumentou bastante a força do planeta, porque não se mover era exatamente o que ele deveria estar fazendo – era exatamente onde sua força estava. ◈

Velocidade

O Sol sempre se move a mais ou menos a mesma velocidade (ou seja, percorre a mesma quantidade de graus do zodíaco por dia). A velocidade da Lua flutua ao redor da sua média. Os outros planetas diminuem até velocidade zero na estação e se movem mais rápido que a velocidade média em outros momentos. Isso pode ser muito importante.

Quanto mais rápido o planeta estiver se movendo, mais força ele terá para agir. Essa é uma questão de momento, como nas aulas de física: um carro a 100 km/h faz muito mais estrago do que um a 30 km/h.

"Como é que eu sei se um planeta está rápido ou lento?" Eu acredito que você tenha seguido meu conselho e desligado a página "útil" no seu programa de computador, que apresenta estas informações junto com muitas outras. Você pode clicar no seu mapa e avançá-lo por um dia para ver o quanto seu planeta se moveu em um dia, ou olhar as efemérides para ver o quanto o planeta se moveu entre o meio-dia de ontem ao meio-dia de hoje. As *Raphael's Ephemeris*[20] têm uma tabela muito útil, com os movimentos diários de todos os planetas até Marte.

Os movimentos diários médios dos planetas são:

Lua	13°11′
Mercúrio	00°59′
Vênus	00°59′
Sol	00°59′
Marte	00°31′
Júpiter	00°05′
Saturno	00°02′

Isso é expresso em graus e minutos (de arco, não de tempo). 60 minutos = 1 grau. O movimento médio do Sol, Mercúrio e Vênus é ligeiramente menor que um grau por dia. Mas isso é o seu movimento direto diário, contando seus períodos retrógrados como negativos. Um planeta pode estar se movendo mais rápido, mas na direção retrógrada. Quando mais lento o planeta se mover, com relação à sua própria média, menos capacidade ele terá de agir. Um planeta rápido e retrógrado tem capacidade de agir, mas da forma errada: nosso caubói está empolgado com o tiroteio... que vai acontecer na direção contrária.

Não há lugar para excesso de precisão aqui: um planeta deve estar muito mais rápido ou lento do que a média para que isso valha a pena ser levado em consideração. Alguns minutos por dia podem fazer uma grande diferença para Júpiter, que é lento, mas não são nada para a Lua. O Sol nunca está muito rápido ou lento. Para os outros planetas, esta tabela nos dá um guia básico; no entanto, a compilação desta tabela foi a primeira vez que eu precisei pensar nos limites de "rápido" e "lento", então não use ela como uma definição rígida.

	Rápido(a) quando acima de:	Lento(a) quando abaixo de:
A Lua	13°30′ por dia	12°30′ por dia
Mercúrio	01°30′ por dia	01°00′
Vênus	01°10′	00°50′
Marte	00°40′	00°30′
Júpiter	00°10′	00°05′
Saturno	00°05′	00°02′

[20]   "Efemérides de Raphael", efemérides publicadas, em inglês, anualmente por Foulsham & Co.

Isso, é claro, está intimamente relacionado com questões sobre velocidade: "Será que eu vou vencer esta corrida?"; "Será que vão processar rápido a transação?"; em alguns casos, um planeta lento pode ser exatamente o que queremos ("Será que vou ter alguma vantagem atrasando este caso?").

A exceção à regra "quanto mais rápido, mais forte" é Saturno. Andar rápido é contrário à natureza pesada de Saturno e, portanto, para ele, devemos contar isso como uma fraqueza. Isso não quer dizer que seu movimento lento normal seja necessariamente benéfico. Normalmente, ele mostra coisas que estão emperradas de um modo ou de outro. Por exemplo, quando Saturno andava devagar no signo fixo de Touro, recebi diversas horárias médicas sobre retenção, física ou psicológica.

◆ Embora o explicado acima esteja correto, dar ao assunto tanta atenção exagera a importância da velocidade. Em quase todos os mapas, o fato de os planetas estarem rápidos ou lentos não tem importância. Em uma pergunta do tipo "Devo comprar este cavalo de corrida?", ela é, obviamente, muito importante, mas esses contextos são raros. ◆

Combustão

Ela tem importância enorme e pode decidir um julgamento sozinha. "Será que meu time ganha deles?", com o regente da sétima casa (o time deles) combusto: seu time ganha. Fim do julgamento, não há aflição maior a um planeta que essa.

Tecnicamente, um planeta a menos de oito graus e meio do Sol está combusto, mas a gravidade da combustão varia: um planeta a oito graus do Sol e se separando está muito menos afligido do que um que esteja a dois graus do Sol e se aplicando a ele. Atenção: para estar combusto, o planeta precisa estar no mesmo signo que o Sol.

Além de ser totalmente destrutiva, a combustão também mostra que a coisa ou pessoa significada pelo planeta combusto não pode ver nem ser vista. Isso pode dar um sentido positivo à combustão: a resposta para "Será que eu consigo fazer isso ou aquilo sem ter que solicitar uma permissão?", com o significador do querente combusto, é "Sim. Ninguém vai conseguir ver você: você pode fazer o que quiser".

Se o seu significador estiver combusto, um objeto perdido vai, muitas vezes, vir à luz quando, em tempo real, o planeta que o significa deixar a combustão.

Se este planeta não pode ver, a pessoa que ele significa não consegue ver a luz da razão. O querente cujo significador estiver combusto não vai absorver o veredicto do astrólogo. Essa verdade lamentável se repete em mapa após mapa.

◈ A casa que o Sol rege pode nos permitir identificar o que está obscurecendo o discernimento do querente. Lilly nos dá, inadvertidamente, um exemplo disso na análise da sua própria pergunta sobre a compra de umas casas[21]. Seu significador está combusto. O Sol rege a casa onze, que é a quinta a partir da VII. O que está afetando seu discernimento? A linda filha do vendedor, que o enrolou para que ele pagasse muito mais do que as casas valiam. ◈

Algumas vezes se diz que Marte, que é, como o Sol, quente e seco, não é afetado pela combustão. Sim, ele é afetado. A idéia com a combustão é que não é seguro chegar perto do rei (a menos que você esteja junto do seu coração); não é menos perigoso para o soldado (Marte) do que para Ana Bolena (Vênus).

Se a conjunção com o Sol for o testemunho que daria um "Sim" à questão, a combustão pode ser ignorada: o pobre do Sol nunca conseguiria uma conjunção, se isso não fosse verdade.

O debate de sobre como a combustão afeta um planeta em seu próprio domicílio (ou seja, Vênus combusta em Touro) é antigo. Considere este caso exatamente como se fosse uma recepção mútua: o planeta tem poder sobre o Sol ao dispor dele; o Sol tem poder sobre o planeta por combustão. A combustão não fere o planeta: no entanto, a idéia de não conseguir ver nem ser visto continua.

◈ A mesma coisa vale para a combustão no signo da exaltação do planeta (por exemplo, Vênus combusta em Peixes). ◈

Embora a combustão seja extremamente destrutiva, há uma grande diferença entre a combustão com o planeta se aplicando ao Sol e a combustão quando o planeta está se separando. "Será que vou sobreviver a esta doença?", com planeta combusto e se aplicando: talvez não. Se separando: o pior já passou.

Estar livre da combustão normalmente é relacionado como uma dignidade. Não é; esse é o estado normal das coisas, a combustão é que é uma aberração.

◈ Shakespeare nos dá um ótimo exemplo da idéia que a combustão torna as coisas invisíveis. O rei tinha uma queda por uma mulher casada, que não

---

[21] *Lilly*, capítulo XXXVIII.

queria nada com ele; ele fez com que o pai da mulher tentasse usar sua influência com ela. Entre outros argumentos, o pai diz a ela que ela não deve temer perder sua reputação, porque, se ela estiver perto do rei, os raios da majestade são tão brilhantes que ninguém conseguiria vê-la (*Edward III*, 2.1. 399-401). ◈

Cazimi

No centro da combustão existe um minúsculo oásis chamado *cazimi*, ou *no coração do Sol*. Para ser cazimi, um planeta tem que estar a menos de 17 graus e meio da posição do Sol – embora determinar meio minuto seja preciosismo demais. Se, por um lado, a combustão é a pior coisa que pode acontecer a um planeta, cazimi é a melhor: um planeta cazimi é comparável a um homem elevado à poltrona ao lado do rei. Se você é o favorito do rei, está no seu coração, você tem muito poder. Para estar cazimi, o planeta deve estar no mesmo signo que o Sol.

Não pense "este planeta está combusto, mas vai ficar cazimi, então tudo vai ficar bem". A combustão é destruição completa: não há como passar por ela para ficar cazimi. A exceção a este princípio é quando estivermos fazendo uma eleição com o mapa horário e o planeta que quisermos fortalecer estiver combusto (veja o capítulo 27).

Sob os raios do Sol

Além da combustão existe uma área menos prejudicial, na qual o planeta está *sob os raios do Sol, sob os raios,* ou *sub radiis*. Ela se estende do fim da combustão até que o planeta esteja 17 graus e meio do Sol. A força desse efeito também varia, assim como com a combustão: estar a nove graus do Sol e se aproximando da combustão é uma aflição séria; a 16 graus do Sol e se separando é trivial.

Um planeta não precisa estar no mesmo signo que o Sol para estar sob os raios do Sol.

"Mas porque essas dimensões exatas?" A posição do Sol marcada em um mapa é a do seu centro, mas ele tem um disco visível. O tamanho aparente deste disco varia, é claro, mas o diâmetro de 35′ é a norma; esse diâmetro é um guia útil de distâncias na observação do céu: o diâmetro do Sol e da Lua é de mais ou menos meio grau.

Como o disco tem um diâmetro de 35′, seu raio é de 17′30″. Desta forma, um planeta a menos de 17 graus e meio da posição do Sol está dentro do disco do Sol (pelo menos, por longitude. Ele pode estar acima ou abaixo dele em latitude, o que não importa para nós). Por extrapolação, podemos pular uma unidade, de minutos de arco para graus; assim, qualquer coisa a menos de 17°30′ do Sol está sob os raios. A combustão é simplesmente metade desta distância.

◈ Embora um planeta possa estar sob os raios do Sol em um signo diferente do signo em que o Sol está, se eles estiverem separados por mais de oito graus, em um signo diferente, o efeito é tão trivial que pode ser ignorado.

A combustão pode evitar ver ou ser visto; estar sob os raios do Sol, não. ◈

Oposição ao Sol

A área de oito graus, mais ou menos, de cada lado da oposição exata ao Sol também é um local de muita aflição, não tão séria quanto a combustão, mas não muito longe dela. Aqui não há o equivalente ao cazimi.

Sitiamento

Se um significador estiver localizado entre dois planetas maléficos ele está sitiado. Para onde ele olhar, há algo ruim: está entre a cruz e a espada. Se o planeta estiver localizado entre dois planetas benéficos, ele ainda está "sitiado", mas neste caso os sitiadores estão competindo entre si para dar presentes caros: o planeta está entre duas coisas boas. Como sempre, devemos prestar atenção na condição dos planetas: estar preso entre Marte e Saturno em Capricórnio, onde ambos têm muita dignidade, não é tão ruim; estar preso entre Júpiter e Vênus em Virgem, onde os dois estão debilitados, é destrutivo.

Quanto mais próximo os planetas do sitiamento estiverem um do outro, mais forte é seu efeito. Se eles não estiverem no mesmo signo, os efeitos são triviais, a menos que estejamos vendo uma daquelas circunstâncias raras em que todos os planetas – ou todos os planetas relevantes – estejam em fila com os maléficos (ou os benéficos) sitiando a fila nas duas extremidades.

Um planeta sitiado pelos maléficos, mas que receba um aspecto de um benéfico, recebe algum consolo no meio dos seus problemas: OK, estou sitiado, mas o armário está cheio de caviar e a TV ainda está funcionando. Estar sitiado pelos benéficos e receber um aspecto de um maléfico significa que tem alguma coisa manchando a promessa de felicidade: eu tenho sorvete e bolo, mas estou com dor de dente.

Sitiamento pelos raios

Em vez de estar sitiado corporalmente por dois planetas, o significador pode fazer um aspecto a um grau no meio deles. Por exemplo, Vênus em 5 de Peixes, Júpiter em 8 de Peixes. Um planeta em 6 de Peixes estaria num sitiamento positivo bem forte: um planeta em 6 de Escorpião não está sitiado corporalmente, mas seu trígono vai para um ponto entre Vênus e Júpiter; ele está sitiado pelos raios. Isso funciona mais ou menos como o sitiamento, só que muito mais fraco.

Aspectos

Um planeta que receba um aspecto próximo ou em conjunção próxima com outro planeta é afetado por esse planeta, para melhor ou pior. Os textos antigos relacionam contatos deste tipo com Júpiter e Vênus como sendo fortalecedores e com Marte ou Saturno como sendo debilitantes. Isso não é sempre assim: como já vimos, Júpiter e Vênus, nas suas debilidades essenciais, não ajudam em nada e Marte e Saturno com dignidade essencial não são prejudiciais. Até essa frase precisa ser qualificada, porque também temos que considerar qual é o papel destes planetas no mapa: a morte, por exemplo, pode ser significada por um Júpiter forte, mas o fato de Júpiter estar muito dignificado não vai deixar a pessoa menos morta. Além disso, estando o planeta que faz o aspecto forte ou fraco, também temos que considerar as suas recepções com o significador: por exemplo, Júpiter em Câncer está forte, é um Júpiter muito bom; mas está no detrimento de Saturno, então, se ele estiver fazendo um aspecto com Saturno ele não será de muita ajuda para ele. Vamos tratar de recepções com mais detalhes no capítulo 8.

Um exemplo claro deste princípio seria uma horária de uma competição: "Será que meu time ganha do time dele?" Num mapa destes, temos somente dois significadores, o regente da casa I para o meu time e o regente da sete para o time dele. Se o regente da um receber um aspecto de Saturno em Áries, um Saturno bem mau, meu time estaria afligido. Se o regente da sete recebesse um aspecto de Júpiter em Câncer, o time dele estaria fortalecido. Neste contexto, não é necessário descobrir o que Saturno e Júpiter significam: em algumas questões poderia ser preciso, embora nem sempre seja possível fazê-lo com confiança.

Existe uma regra geral em astrologia: quanto mais perto, mais forte. Quanto mais perto o aspecto estiver da perfeição, maior será o efeito que ele terá; mas também temos que considerar a força do planeta fazendo o aspecto. Uma oposição de Saturno na casa X, na qual ele tem muita dignidade acidental, terá mais efeitos do que uma oposição de Saturno na casa VI, onde ele tem pouca.

Em termos de efeito geral em um planeta, podemos ignorar quaisquer aspectos que estejam separados por mais de três graus: além disso, qualquer efeito é trivial. Normalmente, no entanto, lemos os aspectos como mostrando eventos futuros, ou em algumas vezes passados; neste caso, eles podem ser relevantes, independente do quanto os planetas envolvidos estejam distantes.

◆ Fui muito generoso com os "três graus", aqui. Com relação a essa influência para melhor ou pior de um determinado aspecto, sem a necessidade de ele ficar exato, ou seja, sem a necessidade de mostrar um evento, sua separação não pode ser maior que um grau, aproximadamente, para ter algum efeito importante. Se estivermos falando de uma conjunção, dois ou três graus, no máximo. ◆

Os nodos

Os nodos da Lua são os dois pontos, diretamente opostos um ao outro, nos quais o caminho aparente da Lua ao redor da Terra cruza o do Sol.

Os nodos não emitem aspectos, nem podem recebê-los. Eles só afetam planetas por conjunção. Um planeta conjunto ao nodo norte é assistido, fortalecido ou aumentado; um planeta conjunto ao nodo sul está afligido, enfraquecido ou diminuído. O contexto vai deixar claro qual desses significados é o relevante. Em algumas situações, podemos pensar "Este significador está se separando do nodo sul: alguma coisa desagradável aconteceu recentemente a essa pessoa"; em outros, vamos ler a proximidade com o nodo sul como evidenciando que o significado pelo planeta está sendo diminuído.

Exemplo: vamos supor que eu pergunte "Será que vou ganhar dinheiro apostando nos cavalos hoje?" e encontre um aspecto aplicativo entre o regente da oitava casa (a segunda a partir da casa sete: o dinheiro do meu inimigo) e o meu próprio significador: sim, vou. Se o regente da casa oito estiver conjunto ao nodo norte, vou ganhar muito dinheiro; se ele estiver conjunto ao nodo sul, eu ainda vou ganhar, mas não muito. O regente da oito, que é o dinheiro que vou ganhar, é aumentado pelo contato com um e diminuído pelo contato com o outro.

Se um dos nodos cair em uma casa relevante à questão, ele pode afetar a casa. O nodo norte em uma casa é bom para os assuntos dessa casa, ou mostra que o querente vai se beneficiar dela. O nodo sul em uma casa prejudica seus assuntos, ou mostra o querente tendo perdas nos assuntos desta casa. O efeito é muito mais marcado se o nodo estiver próximo da cúspide.

Exemplos: "Será que vou conseguir o emprego?", com o nodo norte na casa X (a casa dos empregos)? Isso não aumenta as probabilidades de o querente conseguir o emprego, mas mostra que vai ser bom para ele se conseguir. "Eu devo empregar esse pedreiro?", com o nodo sul na casa seis (casa dos servos): "Não!".

Lembre-se, no entanto, que os nodos são um par: um está sempre oposto ao outro. Isso significa que raramente podemos usar as posições dos dois por casa, ou caímos na armadilha de pensar que, se mamãe é boa, papai deve ser automaticamente malvadão; se meus animais pequenos me beneficiam, meus animais maiores me prejudicam: o contexto vai nos mostrar em que lado do eixo dos nodos – se é que em algum – devemos prestar atenção.

Tenha cuidado: evite arrastá-los sem necessidade para a sua análise, não existe uma sala de estar no mapa, no qual eles possam dar uma relaxada sempre que não estiverem envolvidos no drama; os nodos vão aparecer em todos os mapas, mas, na maioria deles, não têm nada para nos dizer. Se um deles cair em uma casa que nos interesse, devemos prestar atenção; se os nodos caírem em casas que não nos dizem respeito, não há a necessidade de quebrarmos a cabeça, imaginando o que essa ou aquela casa pode significar. Simplesmente os ignore.

Embora os nodos não emitam nem recebam aspectos, muitas vezes podemos notar um significador em quadratura com os nodos (ou seja, exatamente entre eles). Isso parece mostrar que a pessoa está dividida entre duas opções de ação diferentes, normalmente sem achar nenhuma das duas atraente. No entanto, isso descreve a classificação que o querente faz da situação, não há nada ativamente maléfico nesta posição. O planeta *não* está afetado por estar em quadratura com os nodos. A idéia veiculada em alguns livros modernos de que o grau dos nodos em qualquer signo é um "grau de fatalidade" não tem fundamento.

Temos a escolha de usar o nodo médio ou o verdadeiro (a posição aproximada ou a posição exata). Sempre que pudermos escolher, é melhor usarmos a posição exata. A maior parte dos programas permite ajustar o tipo de nodo da sua preferência.

◆ O debate sobre o efeito dos nodos vem desde os tempos mais remotos. "Nodo norte bom, nodo sul mau" ou "Nodo norte aumenta, nodo sul diminui"? Quer dizer, se um planeta bom estiver no nodo sul ele é aumentado, ficando mais fortemente bom, mas se um planeta ruim estiver no nodo norte ele também é aumentado, se tornando mais fortemente mau? Lilly é adepto do simples "nodo norte bom, nodo sul ruim", embora a maioria das opiniões esteja contra ele. O ponto de encontro desses pontos de vista aparentemente diferentes é a fisiologia humana. Como podemos observar com facilidade, coisas boas têm um efeito de dilatação e expansão, enquanto coisas ruins diminuem e contraem. Se você ficar em dúvida, mantenha seu foco firmemente voltado para o contexto da pergunta. Quase sempre, você vai perceber que, num determinado contexto, bom/mau vai fazer muito mais sentido que expandir/contrair, ou o contrário.

Vamos supor que tenhamos Saturno em Áries – Saturno ruim, ou infeliz – na segunda casa e conjunto ao nodo sul. Como interpretamos isso? Se o que nos interessa é a condição de Saturno, podemos dizer que este Saturno ruim está afligido pelo nodo sul. Na maior parte dos contextos, esta localização na casa dois seria irrelevante. Se o que nos interessa é a condição da casa dois, diríamos que ela está afligida tanto por um Saturno ruim quanto pelo nodo sul. Não poderíamos interpretar isso como a casa estando afligida por um Saturno ruim, mas de forma limitada (ou seja, o poder de Saturno em afligir a casa diminuído por sua conjunção com o nodo sul).

Algumas vezes, você vai ver a Tabela de Dignidades (página 58) impressa com o nodo norte e o nodo sul tendo exaltações. Isso é alguém tentando mostrar serviço e preenchendo alguns espaços vazios da tabela e pode ser ignorado. A natureza dos nodos não está sujeita a mudanças, então não há importância possível em eles estarem exaltados. Nem em eles estarem diretos ou retrógrados (que é sua direção normal de movimento).

O nodo sul pode, algumas vezes, ser bem vindo. Se a pergunta for "Eu vou conseguir perder peso de verdade com esta dieta?", a conjunção do regente da casa um com o nodo norte, com sua significação de contração, seria um testemunho positivo bastante forte. ◈

A Lua

Geralmente, quando mais luz a Lua tiver – quanto mais perto estiver de ficar cheia – mais forte está e, portanto, mais capacidade tem de agir. Ela também está mais forte quando sua luz estiver *aumentando* (ela estiver se movendo de lua nova para cheia) do que quando estiver *diminuindo* (se movendo de cheia para nova). No entanto, quando ela estiver cheia, está fraca (veja o ponto sobre oposição ao Sol, acima); assim, sua posição ótima é por volta da separação do trígono com o Sol: ali, ela tem muita luz e ela ainda está aumentando. Este ponto é importante se a Lua é o planeta cujo aspecto está mostrando o evento em questão.

"Como é que eu sei se a luz da Lua está aumentando?"; olhe para o Sol no mapa que você está analisando. Qual é a menor distância: a separação no sentido horário do Sol à Lua, ou a anti-horária? Se a distância horária for a mais curta, a Lua está se aproximando do Sol, se movendo de cheia para nova, e, portanto, sua luz está diminuindo. Se a distância anti-horária for mais curta, ela está ficando cheia (indo na direção da oposição com o Sol) e sua luz, então, está aumentando.

◆ A aplicação imediata a uma oposição com o Sol (ou seja, a Lua cheia) é normalmente um testemunho negativo menor; exceto neste caso, no entanto, a quantidade de luz que a Lua tem e ela estar ganhando ou perdendo luz quase nunca têm alguma relevância. A menos que o contexto faça com que a quantidade de luz ou visibilidade do que quer que a Lua signifique passe a ser importante, estes termos podem ser ignorados. ◇

Fora de curso

Dizem em Hollywood que Quentin Tarantino se inspirou, para fazer *Cães de Aluguel*, na visão de astrólogos discutindo o significado de *fora de curso*. Esse é um conceito bem simples e não precisa necessariamente incluir derramamento de sangue.

A Lua está fora de curso se não for fazer nenhum aspecto perfeito antes de sair do signo em que está. Se ela fizer o aspecto logo depois de sair do signo – em 00° do signo seguinte, talvez – ela *está* fora de curso agora; vai deixar de estar fora de curso assim que mudar de signo. Em princípio, qualquer planeta pode estar fora de curso, mas o termo só tem significação prática para a Lua. Um aspecto com a parte da fortuna, ou com qualquer outra parte árabe, não evita que a Lua esteja fora de curso.

Se a Lua em um mapa horário estiver fora de curso, temos uma indicação geral de que não vai acontecer muita coisa. Por exemplo, se a questão fosse "Será que eu devo emigrar?", uma Lua fora de curso sugere que o querente provavelmente não vai se mudar, sendo uma boa idéia ou não. A Lua fora de curso pode fornecer, por si só, a resposta a uma questão, de forma favorável ou desfavorável. "Vou perder meu emprego?"; "Vou ganhar na loteria?"; nos dois casos, uma Lua fora de curso daria a resposta "não, nada vai acontecer".

Uma Lua fora de curso nem sempre dá a resposta final, no entanto. Como qualquer outro testemunho individual, ele pode ser contrabalançado. Se os significadores principais estiverem fortes e fazendo aspecto, o evento ainda pode acontecer.

A Lua também está fora de curso se ela tem uma distância muito grande para percorrer antes de fazer seu próximo aspecto, mesmo que esse aspecto chegue à perfeição dentro do próprio signo. Por exemplo, se a Lua estiver em 04° de Touro, se separando de um sextil com Vênus em 03° de Câncer. Seu próximo aspecto só vai acontecer quando ela chegar em 22° de Touro. A Lua pode ser considerada, aqui, como fora de curso. Isso normalmente mostra um período de estagnação antes que o querente consiga se resolver a agir. Não há uma distância estabelecida, aqui, apenas "um bom pedaço do signo". Isso não tem nada a ver com os planetas estarem dentro ou fora de orbes. A minha sugestão é considerar 15° como o mínimo.

Algumas vezes há um motivo claro para uma Lua fora de curso mostrar que nada vai acontecer. Um querente havia se candidatado a um emprego, imaginando que a pessoa que ocupava o cargo estava saindo. A pessoa era significada por uma Lua fora curso em um signo fixo: ela não estava indo a lugar algum. Ela não saiu, então a candidatura não deu em nada. Em muitas situações, o motivo por trás de nada acontecer é a inatividade do querente. Como a Lua é normalmente o co-significador do querente, ela fora de curso pode mostrar esta falta de vontade de agir. "Será que ela vai casar comigo?"; "Não, se você não pedir".

Algumas vezes, a Lua percorre o signo inteiro sem fazer nenhum aspecto. Quando isso acontece, ela está *feral*, como uma fera selvagem. Essa é uma versão enfática da Lua fora de curso: pouca coisa pode surgir a partir dessa situação.

◆ No jargão astrológico comum, "A Lua está fora de curso" parece funcionar como uma explicação completa de por que alguma coisa – quase qualquer coisa – não aconteceu do modo esperado. Não é! O que foi exposto acima é mais restrito que grande parte do que já foi escrito sobre o assunto, mas ainda assim superestima a importância do termo. A menos que a Lua tenha um papel específico no drama e a falta de ação da pessoa ou coisa que ela significa evite que alguma coisa aconteça – como no meu exemplo sobre se candidatar a um emprego – ela estar fora de curso é, no máximo, um testemunho menor.

A afirmação de Lilly de que, quando a Lua está fora de curso, "*things go hardly on*" ("as coisas acontecem dificilmente, em inglês") é normalmente entendida errado. A palavra "hardly" mudou de significado desde a época de Lilly. A idéia de que nada vai acontecer vem desse significado no inglês moderno, de "raramente". Para Lilly ele significava, literalmente, "dificilmente", o advérbio que vem de "hard", difícil: de forma difícil, dura. As coisas vão acontecer com dificuldade. É claro que, se as coisas acontecem com dificuldade, as pessoas normalmente desistem, então na prática os dois sentidos podem convergir, mas não é o que Lilly queria dizer.

Quando a Lua está bem no fim de um signo – em, por exemplo, 28 ou 29 graus – o conceito de fora de curso passa a ser irrelevante. A idéia de estar fora de curso é que a Lua não está fazendo nada; mas quando ela está num grau tão adiantado, vai fazer alguma coisa: vai mudar de signo. ◈

A via combusta

A expressão significa "estrada queimada"; é a faixa do zodíaco entre 15° de Libra e 15° de Escorpião. Ela só afeta a Lua, que não gosta nem um pouco de estar ali. A Lua não está mais fraca por estar ali, mas fica mais incomodada. O significado da via combusta é importante em questões nas quais as emoções do querente sejam importantes: a passagem da Lua por esta área mostra um período de turbulência emocional desagradável. Observe a posição da Lua, com relação à via combusta: ela está prestes a entrar nela? Está presa no meio da via combusta? Prestes a sair? Ou seja, "Vou ficar feliz se eu der um pé na bunda dele?", com a Lua em 13° de Libra, na entrada de uma área de agitação emocional desagradável: "Não" (embora só isso não nos dê o julgamento completo).

"Por que este pedaço do zodíaco?" A idéia da via combusta está conectada com os rituais antigos de purificação relacionados à menstruação. Ela está entre 15° de Libra e 15° de Escorpião e não em qualquer outro lugar no zodíaco por causa da relação da Lua (o princípio feminino) aqui com a exaltação do Sol (o princípio masculino) em Áries. As idéias de que a via combusta teria sido determinadas pelas posições antigas de estrelas fixas da natureza de Marte e Saturno em Libra e Escorpião são claramente incorretas.

Estrelas fixas

As estrelas fixas são discutidas no capítulo 11. Com relação à avaliação geral da força, ou fraqueza, de um planeta, só existem três estrelas de grande importância. Elas são Regulus (29° de Leão), Spica (23° de Libra) e Caput Algol (26° de Touro). As estrelas fixas não emitem nem recebem aspectos: estamos interessados somente nas conjunções. Se um significador ou uma cúspide de casa relevante, especialmente o ascendente, estiverem a menos de dois ou três graus da conjunção com uma dessas estrelas, eles serão afetados das formas seguintes:

* *Regulus* concede grande poder para realização material. Ela não traz, necessariamente, felicidade, mas traz, com certeza, sucesso.

* *Spica* é normalmente favorável. Ela não tem o desejo de poder visto em Regulus, mas é uma estrela muito mais feliz. Ela é extremamente protetora, sendo uma indicação de que mesmo que as coisas não funcionem do modo desejado, as conseqüências não serão ruins.

* *Caput Algol* traz dificuldades. A indicação mais comum é a de perder a cabeça, literal ou metaforicamente, com resultados ruins. Exemplo: um querente perguntou "Eu me apaixonei pelo homem da tevê. Existe um futuro para a nossa relação?"; seu significador principal estava conjunto a Caput Algol.

◈ As estrelas fixas, na verdade, se movem, embora muito mais lentamente que qualquer planeta. Regulus já está em 0° de Virgem. ◈

PONTOS MENORES

Vou incluir os pontos seguintes apenas porque eles podem ser encontrados em outros textos. Alguns deles têm alguma utilidade (muito) ocasional, no refinamento do julgamento, mas, lembrando da nossa regra de ouro ("Quanto mais simples, melhor"), eles podem ser ignorados. Sempre vamos ter testemunhos de importância muito maior, podendo desconsiderá-los sem medo de errar.

Oriental e ocidental

Significam "a leste" e "a oeste". Esses termos se referem à posição de um planeta com relação ao Sol. Se o planeta ascender antes do Sol ele, fica visível na parte leste do céu antes da alvorada: ele está *oriental*. Se ele ascender depois do Sol, ele ainda vai ser visível na parte oeste do céu depois que o Sol tiver se posto, estando, assim, *ocidental*.

"Como é que eu sei se um planeta está oriental ou ocidental?" Olhe para o Sol no mapa que você está analisando. Qual é menor, a distância no sentido horário do Sol até o planeta em questão, ou a distância no sentido anti-horário? Se a distância no sentido horário for menor, o planeta está oriental. Se a distância no sentido anti-horário for menor, ele está ocidental. Veja o mapa da página 99. Vênus, Urano, Netuno e Plutão estão orientais; todos os outros planetas estão ocidentais. A luz da Lua está aumentando e ela logo estará cheia.

Um planeta oriental será mais óbvio em suas ações. Se a questão for "Eu sou melhor no palco ou nos bastidores?", essa consideração poderia ser útil; mas mesmo aí encontraríamos testemunhos mais importantes e isso poderia ser ignorado. Que Marte, Júpiter e Saturno sejam favorecidos quanto estão orientais e Mercúrio e Vênus sejam favorecidos quando ocidentais é algo relacionado somente a mapas natais, nos quais a distinção entre oriental e ocidental é importante.

A luz da Lua, quando está ocidental, está aumentando, e está diminuindo quando ela está oriental. Isso é importante e já foi discutido acima.

Hayz

Planetas, assim como os animais, são noturnos ou diurnos. O Sol, obviamente, é diurno; seu lugar, de dia, é no alto do céu. A Lua é noturna: seu lugar é no alto do céu durante a noite. Júpiter e Saturno também são diurnos; Marte e Vênus são noturnos. Se Mercúrio estiver oriental, ele é diurno; se estiver ocidental, ele é noturno.

Se um planeta diurno estiver acima da Terra (nas casas VII a XII) em um mapa diurno, ou abaixo (nas casas I a VI) em um mapa noturno, ele está em *halb*, bem como um planeta noturno que esteja acima da Terra à noite ou abaixo de dia. Halb é uma consideração tão pequena que sempre pode ser ignorada: ela é praticamente insignificante quando comparada com outros testemunhos.

O Sol, Marte, Júpiter e Saturno são masculinos; a Lua e Vênus são femininas. Mercúrio toma a natureza (nessa ordem de preferência) do planeta em quem está em conjunção próxima, em aspecto próximo, ou seu dispositor. Um planeta está em seu *hayz* se estiver em halb e também num signo de seu próprio gênero[22]. Os signos masculinos são Áries, Gêmeos, Leão, Libra, Sagitário e Aquário; os signos femininos são Touro, Câncer, Virgem, Escorpião, Capricórnio e Peixes.

Exemplos: Saturno em Áries está em seu hayz se estiver acima da Terra de dia, ou abaixo de noite; Vênus em Escorpião está em seu hayz se estiver acima da

---

[22] Lilly e outros autores que se baseiam exclusivamente nele afirmam, erroneamente, que um planeta noturno deve estar acima da Terra de dia e debaixo dela de noite. Lilly (*Astrologia Cristã*, pág. 113) segue o astrólogo francês Dariot, que apresenta a versão correta, mas de forma tão confusa que é fácil perceber porque Lilly entendeu tudo errado (ver Claude Dariot, *A Brief and Most Easie Introduction to the Judgment of the Stars*, tradução para o inglês de Fabian Wither, Londres, c. 1583, republicado por Ascella, Nottingham, n.d., pág. 19; no entanto, Lilly usava uma tradução publicada em 1598). A versão correta é explicada de forma clara em Abu'l-Rayhan Muhammad Ibn Ahmad Al-Biruni, *The Book of Instructions in the Elements of the Art of Astrology*, tradução para o inglês de R. Ramsey Wright; Luzac, Londres, 1934; reimpresso por Ascella, Nottingham, n.d., parágrafo 496.

Terra de noite ou abaixo de dia. O mais complicado é Marte, que é masculino e, ao contrário dos outros planetas masculinos, noturno: ele precisa estar em um signo masculino e abaixo da Terra de dia, ou acima da Terra de noite.

Vale a pena prestar atenção no hayz em um mapa natal, mas ele pode ser ignorado em horária. No entanto, se a quantificação de alguma coisa estiver muito complicada ("Quanto foi que o último chefe desviou?"), você pode considerar que o hayz aumenta um pouco esta quantidade.

Latitude

A eclíptica é o caminho aparente do Sol ao redor da Terra. Os outros planetas todos seguem este mesmo caminho; mas eles sobem e descem com relação a ele, passeando pelo céu. Imagine que haja uma estrada no céu, pela qual os planetas se deslocam: o Sol anda sempre em uma linha branca no centro desta estrada, enquanto os outros planetas vagueiam de lado a lado. Este vaguear de lado a lado é chamado de variação na latitude celeste.

No hemisfério norte, que é considerado o padrão desde o nascimento da astrologia, a latitude norte eleva um planeta no céu, enquanto a latitude sul o abaixa. Quanto mais alto ele estiver, menos da atmosfera terrestre seus raios precisam penetrar para chegar até nós; assim, mais brilhante ele parece. Por isso, a latitude norte aumenta, e a sul diminui. A diferença é pequena, mas se estivermos estimando quantidade, isso pode ser jogado no bolo. Se quisermos descrever alguém, um planeta com muita latitude norte será mais alto e mais corpulento; com muita latitude sul, mais baixo e esguio.

Não podemos determinar a latitude de um planeta simplesmente olhando para o mapa. A maior parte dos programas astrológicos tem uma opção de mostrar a latitude em algum lugar; algumas tabelas de efemérides, como a *Raphael*, relacionam a latitude diária. Se você não conseguir encontrá-la, não se preocupe, você não está perdendo nada importante.

Graus deficientes, azimene, etc.

Lilly dá uma tabela de graus que são, entre outras coisas, *profundos, azimene, esfumaçados* ou *vazios*[23]. Esses graus se baseiam nas posições de estrelas fixas, que, embora sejam relativamente fixas, se movem, mesmo que muito devagar. Mesmo nos dias de Lilly, essa tabela já estava desatualizada, tendo sido passada de texto

[23] *Lilly*, p. 116

para texto sem que ninguém pensasse em atualizá-la ou soubesse quando ela foi montada pela primeira vez. É possível que esses pontos tenham algum valor – se alguém conseguir descobrir onde eles estão. Até que isso aconteça, o melhor é esquecê-los[24].

Aumentando em número

Lilly menciona essa dignidade muitas vezes, embora o modo com que ele o faz sugira que seja uma expressão pronta cujo sentido ele não conhece. "Aumentar em número" não significa, como algumas vezes se explica, que o planeta esteja passando por graus de número crescente, como de 26° para 27° de Áries: isso é a mesma coisa que estar direto. A expressão se refere ao movimento do planeta no seu epiciclo, no modelo de movimentos planetários segundo Ptolomeu. À medida que os astrólogos passaram a confiar nas efemérides para determinar as posições dos planetas, o conhecimento de como calcular isso foi sendo esquecido. Muito antes da época de Lilly, ninguém se importava com isso; nós também não precisamos nos importar.

Outros pontos

Existem considerações ainda menores, mas, a menos que você seja um leitor excepcionalmente ávido dos textos antigos, nunca vai chegar a encontrá-los. Se os astrólogos não transmitiram esses pontos para a posteridade, é porque eles sabiam que eles não eram importantes; se você encontrar um termo que não esteja relacionado aqui, não vai precisar dele em horária.

---

[24] Veja Abraão Ibn-Ezra, *The Book of Reasons*, Século XII, tradução para o inglês por Meira B. Epstein, Berkeley Springs, 1994; págs. 69-70. Epstein sugere que Ibn-Ezra esteja se referindo a tabelas feitas por volta de 568 a.C, embora eu suspeite que elas sejam ainda mais antigas.

8

Recepções

Em um filme de detetive, não basta provar que o suspeito teve a oportunidade de cometer o crime: nosso herói também precisa demonstrar que havia um motivo. O mesmo acontece no mapa horário. Para que possamos entender perfeitamente a situação descrita no mapa e para obter conclusões corretas a partir dele, precisamos compreender as motivações das diversas pessoas envolvidas.

Horárias baseadas em eventos giram em torno da ação – e as pessoas não agem sem motivo. Horárias baseadas em situação, muitas vezes, são respondidas integralmente por uma análise das intenções e das motivações ("O que ele sente, de verdade, por mim?"). É vital, portanto, sabermos como descobrir a motivação, as intenções e os valores dos nossos atores no mapa. Este conhecimento é descoberto pelo estudo das recepções.

As informações de que precisamos são retiradas da Tabela das Dignidades. Na avaliação de quanta dignidade um planeta tem, só queremos descobrir se ele está em alguma de suas próprias dignidades ou debilidades. Quando estamos investigando as recepções, precisamos analisar todas as dignidades e debilidades em que ele está.

Os textos usam uma linguagem confusa para as recepções, falando de planetas "recebendo" uns aos outros, ou "concedendo a virtude" de um para outro. É muito mais fácil dizer simplesmente "Vênus está no signo de Júpiter", ou "Marte exalta Saturno".

Vamos analisar a tabela de novo, coluna por coluna, imaginando que nosso significador seja a Lua, em 03° de Áries, em um mapa diurno. Ela está num signo de Marte (primeira coluna). Ela está na exaltação do Sol, ou exalta o Sol (segunda coluna). Está na triplicidade do Sol (porque se trata de um mapa diurno). Ela está, ainda, no termo de Júpiter e na face de Marte. Por último, está no detrimento de Vênus e na queda de Saturno.

"O que isso no diz?". Na grande maioria dos contextos, a recepção pode ser vista como gostar ou amar. **O significador – neste exemplo, a Lua – gosta, em diferentes graus, dos planetas em cujas dignidades ele está.** Traduzindo, vimos que, neste exemplo, a Lua ama Marte e o Sol. Ela gosta um pouco mais do Sol,

Signo	Regente	Exaltação	Triplicidade Dia	Triplicidade Noite	Termo					Face			Detrimento	Queda
♈	♂	☉ 19	☉	♃	♃ 6	♀ 14	☿ 21	♂ 26	♄ 30	♂ 10	☉ 20	♀ 30	♀	♄
♉	♀	☽ 3	♀	☽	♀ 8	☿ 15	♃ 22	♄ 26	♂ 30	☿ 10	☽ 20	♄ 30	♂	
♊	☿		♄	☿	☿ 7	♃ 14	♀ 21	♄ 25	♂ 30	♃ 10	♂ 20	☉ 30	♃	
♋	☽	♃ 15	♂	♂	♂ 6	♃ 13	☿ 20	♀ 27	♄ 30	♀ 10	☿ 20	☽ 30	♄	♂
♌	☉		☉	♃	♄ 6	☿ 13	♀ 19	♃ 25	♂ 30	♄ 10	♃ 20	♂ 30	♄	
♍	☿	☿ 15	♀	☽	☿ 7	♀ 13	♃ 18	♄ 24	♂ 30	☉ 10	♀ 20	☿ 30	♃	♀
♎	♀	♄ 21	♄	☿	♄ 6	♀ 11	♃ 19	☿ 24	♂ 30	☽ 10	♄ 20	♃ 30	♂	☉
♏	♂		♂	♂	♂ 6	♃ 14	♀ 21	☿ 27	♄ 30	♂ 10	☉ 20	♀ 30	♀	☽
♐	♃		☉	♃	♃ 8	♀ 14	☿ 19	♄ 25	♂ 30	☿ 10	☽ 20	♄ 30	☿	
♑	♄	♂ 28	♀	☽	♀ 6	☿ 12	♃ 19	♂ 25	♄ 30	♃ 10	♂ 20	☉ 30	☽	♃
♒	♄		♄	☿	♄ 6	☿ 12	♀ 20	♃ 25	♂ 30	♀ 10	☿ 20	☽ 30	☉	
♓	♃	♀ 27	♂	♂	♀ 8	♃ 14	☿ 20	♂ 26	♄ 30	♄ 10	♃ 20	♂ 30	☿	☿

porque está em sua triplicidade. Tem uma afeição pequena por Júpiter; seu afeto por Marte sofre, além disso, um aumento bem minúsculo. Ela não suporta nem Vênus nem Saturno.

O conceito de gostar ou amar pode parecer limitado, em termos de contextos nos quais ele seria relevante, mas na verdade não é. Imaginemos que eu esteja perguntando quando meu salário vai chegar. Se eu descobrir que o salário me ama (seu significador está em uma dignidade maior do meu significador), me sinto um pouco mais empolgado: se ele me ama, quer ficar comigo. A ciência tradicional considerava muitos do fenômenos que a ciência moderna explica de forma diferente em termos de amor, uma palavra que tinha uma aplicação muito maior do que sua aplicação comum hoje. Um pedaço de ferro, por exemplo, ama o ímã.

As recepções variam em sua natureza, da mesma forma que as dignidades:

Domicílio

O planeta ama o planeta que rege o signo em que ele está. Ele o vê como ele é na verdade e o ama, de forma simples e direta. A Lua (ou qualquer outro planeta) em 03° de Áries ama o que quer que Marte signifique.

Exaltação

Um planeta literalmente exalta o planeta em cuja exaltação ele estiver; ele o põe num pedestal. A exaltação carrega o mesmo sentido de "exageradamente bom" que ela tem quando pensamos em dignidade. Assim, quem quer que a Lua signifique no nosso exemplo vê o que quer que o Sol signifique como sendo super bom. Esse é um sentimento bastante familiar: é exatamente o que sentimos ao nos apaixonarmos pela primeira vez – vemos o objeto do nosso amor como um ser maravilhoso, fechando os olhos para seus pés de barro. Essa é a idéia por trás de "um hóspede honrado na casa de outra pessoa": o hóspede é tratado como se fosse a pessoa maravilhosa que devia ser; não tratamos nossos hóspedes honrados de acordo com seus merecimentos reais.

Não podemos superestimar esse exagero: ele não significa que a pessoa que está sendo exaltada seja, de forma nenhuma, má; ele só significa que ela está sendo vista de uma forma idealizada. A recepção por exaltação é comum em horárias feitas no início dos relacionamentos. A exaltação, como seria de se esperar, tende a não durar muito: a atmosfera maravilhosa rapidamente se dissolve.

Um querente me perguntou sobre uma vaga à qual havia se candidatado. Seu significador estava na exaltação do emprego (Júpiter, regente da casa I, estava em Peixes, a exaltação de Vênus, que era a regente da dez neste mapa). A querente exaltava o emprego. Perceba – este ponto é importante – que isso não diz nada sobre as qualidades do trabalho: precisamos investigar o próprio regente da dez. Mas isso nos diz que, não importa o quanto o emprego seja bom, é muito pouco provável que ele atinja as expectativas infladas da querente.

Este sentido de exagero pode ser uma parte importante da análise, não só para sugerir cautela aos amantes enfeitiçados. Imaginemos que o nosso querente exalte a pessoa que ele está pensando em processar: ele imagina que o outro sujeito seja mais forte do que é na realidade. Podemos, então, olhar para o significador do outro sujeito para descobrir exatamente o quanto ele é forte.

◆ Como os exemplos acima ilustram, a recepção por exaltação dificilmente satisfaz as expectativas iniciais. Em perguntas sobre se é aconselhável iniciar uma sociedade com alguém, parece quase obrigatório que o querente tenha essas expectativas exageradas, vendo o sócio em potencial como uma combinação da sétima cavalaria com o mágico de Oz. Da mesma forma, quando uma astróloga começando a profissão me perguntou sobre sua carreira, os significadores dos clientes exaltavam o significador dela. Em si, isso poderia significar que eles a consideravam maravilhosa. Muito bem! No entanto, o quadro geral mostrava que eles *esperavam* que ela fosse maravilhosa – uma expectativa que provavelmente ninguém consegue satisfazer. ◈

Triplicidade

Se o domicílio é parecido com amor e a exaltação com a paixão, a triplicidade é parecida com a amizade: gostosa e confortável, mas sem muito entusiasmo. Na maior parte das questões sobre relacionamentos, os nossos querentes esperam por muito mais que isso, mas na maioria dos contextos ela serve muito bem. "Vou gostar desse emprego?", com o regente da casa I (querente) na triplicidade regida pelo regente da X (o emprego): "Sim. Não será o melhor emprego do mundo, mas você vai se sentir bem o bastante".

Por causa do exagero implícito na exaltação, às vezes é melhor ter o apoio de alguma outra recepção. No nosso exemplo, a Lua exalta o Sol e também está na sua triplicidade: então há algo sólido nos sentimentos da Lua pelo Sol, por baixo da paixão fugaz.

◈ Eu me arrependi de ter feito essa comparação com a amizade. Ela não deve ser tomada de forma literal. Eu só queria dizer que a recepção por triplicidade tem uma determinada força, que não chega nem perto da força da recepção por domicílio ou por exaltação, da mesma forma que a amizade tem uma determinada força, mas não é nem de longe tão forte quando o amor ou a paixão. Ela pode se manifestar literalmente como amizade ou não. ◈

Termo e face

Na explicação das dignidades, vimos como essas duas são mais a ausência de uma negativa do que um testemunho positivo: são melhores que nada. Também é assim na recepção. A Lua, aqui, está no termo de Júpiter: quem quer que a Lua signifique tem um interesse menor em quem quer que Júpiter signifique. Isso é melhor que a indiferença, mas não muito. "Ela vai sair comigo?", com o significador dela no termo ou face do querente: "Sim, vai... se o namorado dela estiver fora da cidade, a geladeira estiver vazia e não tiver nada de interessante na TV". A face significa um grau ainda menor de interesse que o termo.

Eles podem ser importantes, no entanto, quando são cumulativos. "Será que ele me ama?", com o significador dele na triplicidade e no termo regidos pelo planeta dela: talvez não seja *le grand amour* que ela estava esperando, mas se ela deseja um relacionamento, essa opção pode valer a pena;

Detrimento

Estar no detrimento de um planeta é o oposto de estar no seu domicílio, então isso mostra ódio. A Lua aqui está no detrimento de Vênus: quem quer que a Lua signifique tem uma visão bastante clara do que Vênus é – e a detesta.

Queda

Ela é o oposto da exaltação e, portanto, tem um sentido de exagero semelhante, significando repugnância, em vez de ódio. Da mesma forma que é comum vermos os amantes exaltando um ao outro em mapas feitos no início dos relacionamentos, é comum encontrá-los um na queda do outro em mapas feitos quando a relação está indo para o buraco; a queda descreve bem o asco exagerado que os cônjuges sentem um pelo outro nesses momentos.

◈ Como a queda é o oposto da exaltação, às vezes faz sentido interpretá-la como desapontamento. Se Romeu está na queda de Julieta, ele está desapontado com ela. ◈

Nada

Não há um termo técnico para um planeta que não está em nenhuma dignidade, nem debilidade, de outro planeta. Isso mostra indiferença total ao que quer que o planeta signifique. Mas isso nem sempre é o fim da história: as motivações nem sempre são diretas. Talvez ela não o ame, mas queira seu dinheiro (seu significador no signo ou na exaltação do regente da II).

Ambivalência

Existem muitas posições na tabela nas quais o planeta esteja em alguma dignidade e em alguma debilidade de outro planeta. Por exemplo, qualquer planeta em Câncer está tanto na triplicidade quanto na queda de Marte; um planeta em 04° de Leão está no detrimento de Saturno, mas também no seu termo e na sua face. Como nós já vimos quando analisamos as dignidades, isso não é contraditório, mas reflete as ambigüidades que são parte da nossa experiência diária de relacionamentos com as pessoas e que devem ser compreendidas para podermos pintar um quadro preciso da situação. Por exemplo: ela abomina o marido, mas aprecia o fato de que ele seja um bom pai para seus filhos: ele odeia a mulher, mas gosta do conforto caseiro que ela fornece.

A metáfora do amor ou ódio normalmente funciona bem, mas há alguns contextos nos quais os conceitos de regência, dominação ou influência podem fazer mais sentido. Por exemplo, em mapas sobre triângulos amorosos, é comum encontrarmos os significadores da amante e da esposa traída nos domicílios um do outro: isso não quer dizer que elas se amem, mas mostra a política da situação, quem tem poder sobre quem. Em algumas circunstâncias, estar no signo de outra pessoa mostra exatamente estar em sua casa (signos são casas celestes).

◈ Algumas vezes faz mais sentido interpretar a recepção por detrimento ou queda como sofrimento em vez de ódio. "O meu emprego na usina de produtos químicos está me prejudicando?", com o regente da dez no detrimento do regente da casa um: sim, está. ◈

Um exemplo de recepções

Acompanhe a situação usando a tabela acima. Vamos supor que a querente seja significada por Marte. Ela está sendo cortejada tanto por Johnny Depp quanto por Leonardo di Caprio, significados pelo Sol e por Saturno, respectivamente.

Vamos imaginar que o seu significador, Marte, esteja em 15° de Leão, num mapa diurno. Qual deles ela prefere?

Em 15° de Leão, ele está no domicílio e na triplicidade do Sol. O que é o Sol? Depp. Ela ama Johnny.

Em 15° de Leão, ele também está no detrimento de Saturno. O que é Saturno? Di Caprio. Ela odeia Leonardo di Caprio.

NOTA: Isso nos diz *somente* como os sentimentos dela estão, não se eles são correspondidos.

O que eles sentem sobre ela? Imaginemos que o Sol esteja em 04° de Escorpião e Saturno esteja em 01° de Aquário.

O que Johnny Depp (o Sol) sente por ela (Marte)? Em 04° de Escorpião, ele está no signo, na triplicidade, no termo e na face dela: ele está completamente obcecado por ela.

O que di Caprio (Saturno) sente por ela? Em 01° de Aquário, Saturno não está em nenhuma dignidade de Marte: ele é indiferente a ela.

Hum. Porque ele estaria, então, cortejando a querente? O que tem valor para ele? Saturno está no domicílio, triplicidade e termo de Saturno. O que é Saturno? Di Caprio. Então, o que Di Caprio ama? Ele mesmo. Ele pode considerá-la um troféu, em vez de ter afeição real por ela. Uma situação que não é incomum, especialmente em mapas sobre relacionamentos.

Mas veja! Em Aquário, Saturno está no detrimento do Sol. O que é o Sol? Depp. Di Caprio odeia Johnny Depp. Talvez esse seja o motivo para cortejar a querente: ele quer irritar Depp, roubando a garota pela qual ele está apaixonado.

Observe que, como mostrado aqui, a recepção negativa pode mostrar as motivações e é tão importante quanto a recepção positiva. Como vimos aqui, as recepções maiores normalmente nos tão todas as informações necessárias. Dificilmente precisamos mexer com as recepções menores.

◆ Nem todas as recepções são necessariamente relevantes. Vamos supor que Júpiter seja um dos nossos significadores principais. Se outro significador principal estiver num signo regido por Júpiter, isso vai ser, na maior parte das horárias, um ponto importante na análise. Se ele está no domicílio de Júpiter, o planeta também vai estar no detrimento de Mercúrio. Isso não significa, necessariamente, que Mercúrio esteja envolvido no drama. Depois que os papéis principais já tiverem sido identificados, pense bem antes de introduzir novos personagens. Faça isso só se for necessário para entender o que está acontecendo. ◆

Recepção mútua

Até agora vimos as recepções. As diferentes dignidades e debilidades em que Marte cai nos dizem sobre as intenções da pessoa que Marte significa. Se Marte estiver em alguma dignidade ou debilidade de Vênus e Vênus também estiver na dignidade ou debilidade de Marte, trata-se de uma recepção *mútua*. Essencialmente, isso é tudo o que a recepção mútua é: uma recepção correspondida de alguma forma.

Essa reciprocidade não precisa ser pela mesma dignidade ou debilidade (Marte está no domicílio de Vênus, Vênus no domicílio de Marte); ela pode ser por qualquer combinação de dignidades ou debilidades. Marte está no domicílio de Vênus: ele a ama. Vênus está na exaltação de Marte: ela é louca por ele também. Vênus está somente na face de Marte: seu amor não é correspondido – ela é quase indiferente a ele. Vênus está no detrimento de Marte: este amor é mais do que simplesmente não correspondido, ela positivamente o odeia. Também podemos ter reciprocidade ambivalente: Marte está no domicílio de Vênus, Vênus na triplicidade e queda de Marte. Ele a ama; existem algumas qualidades de que ela gosta nele, mas, de forma geral, ela o abomina. Como esses exemplos mostram, a consideração das recepções em particular que os planetas têm um pelo outro nos vão dizer quais são os sentimentos entre essas duas pessoas.

Recepções negativas (por detrimento ou queda) são normalmente ignoradas. Não faça isso! Elas são extremamente importantes. O mapa abaixo exemplifica como elas funcionam. A recepção mútua por dignidade nos mostra que os dois planetas gostam um do outro. Se eles gostam um do outro, eles vão querer ajudar um ao outro. Ou seja, a recepção mútua fortalece os planetas. A recepção mútua negativa os enfraquece.

Não podemos, no entanto, dar nenhum valor determinado ao quanto um planeta é fortalecido, porque isso varia, de acordo com a força da recepção e de acordo com a força *dos dois* planetas.

Quanto mais forte as dignidades em que os planetas se receberem, mais eles se fortalecem. Planetas nos domicílios um do outro gostam muito um do outro e, portanto, vão correr para oferecer ajuda; planetas nas faces um do outro podem dar uma mão, de má vontade, se não tiverem outra escolha. Se Marte estiver no domicílio de Vênus e Vênus estiver na face de Marte, Marte quer muito ajudar Vênus; Vênus está muito menos entusiasmada em ajudar Marte. Mas se Vênus estiver somente na face de Marte, ela pode relutar em deixá-lo ajudá-la; quanto menor for a dignidade da recepção, menos o planeta quer aceitar ajuda, além de poder ajudar pouco, também. Não tem nada abstrato com isso, isso é experiência humana simples. Se eu estou preso numa situação embaraçosa, eu posso deixar tranquilamente meu melhor amigo me ajudar, mas relutar mais em deixar um mero conhecido saber das minhas necessidades.

Para se fortalecerem de forma perceptível pela recepção mútua, os dois planetas precisam estar fortes. Eles precisam estar fortes em dignidade essencial – os mocinhos ajudam mais que os vilões. Eles precisam estar fortes acidentalmente, ou perdem a capacidade de ajudar, ou – isso é importante – serem ajudados.

Vejamos. A recepção positiva mútua é como a amizade. Eu posso ter uma forte amizade com alguém (recepção mútua forte), mas se ele for um mau elemento (estiver no seu próprio detrimento) ele não vai me ajudar numa hora de necessidade. Ou ele pode ser uma pessoa adorável (em sua própria dignidade maior), mas não tem a capacidade de mostrar sua amizade com ações (debilidade acidental), como, por exemplo, se eu estivesse pedindo dinheiro emprestado e ele quisesse emprestar, mas não pudesse, porque não tivesse nenhum dinheiro sobrando. Ou, eu posso estar tão fraco que não consiga ser ajudado: eu peço ao meu amigo para me emprestar dinheiro para pagar meu aluguel. Ele faz, mas eu vou para o bar mais próximo e bebo o dinheiro todo. Seu dinheiro não me ajudou, por causa da minha própria fraqueza.

Mesmo que Marte em Touro e Vênus em Áries tenham recepção mútua por domicílio, isso não ajuda muito: ambos os planetas estão muito fracos, tanto para ajudar quanto para serem ajudados. A recepção aparentemente mais fraca por triplicidade entre Marte em Capricórnio e Vênus em Peixes é muito mais útil (se não houver diferenças de dignidade acidental) porque ambos os planetas estão exaltados, estando os dois capazes tanto de ajudar quanto de serem ajudados.

Se você já leu outros livros modernos, talvez tenha encontrado a idéia que planetas em recepção mútua podem trocar de lugar, ou seja, se Marte estiver em Touro e Vênus em Áries, podemos considerar como se Marte estivesse em Áries e Vênus em Touro. Isso se baseia em um erro gritante de interpretação de Ptolomeu, não faz sentido nenhum (eu posso ser amigo de alguém, mas não vou viver na casa dele, nem ele na minha) e deve ser ignorado.

Existe outra idéia, a de que planetas peregrinos não podem estar em recepção mútua. Claro que podem. Um planeta peregrino é como um vagabundo, sem lar; a recepção mútua é como a amizade. Um sem-teto pode ter amigos. Ele pode não ser de muita ajuda para eles, mas essa amizade ainda é melhor que nada.

Recepções em ação

Está na hora de vermos outro mapa. Estou pulando vários passos, eu sei; ainda há muitos pontos nesta análise que serão explicados somente nos próximos capítulos. Por ora, preste atenção principalmente na investigação das recepções; mais tarde, volte a esse mapa para os outros pontos, depois que tiver avançado mais no livro. Minha sugestão é que você leia a análise várias vezes, seguindo da forma mais atenta possível com o que você já aprendeu até agora e tentando entender os outros

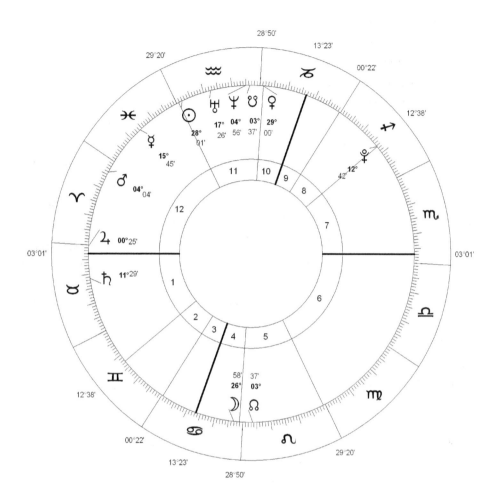

Ele me amava de verdade? 17 de fevereiro de 2000, 09:12, GMT, Londres, Grã-Bretanha

pontos. Trabalhe com o mapa, usando sempre a tabela das dignidades: você vai aprender mais trabalhando ativamente essas análises do que só lendo sobre elas.

A querente me escreveu dizendo que ela havia casado muito jovem, somente por que havia engravidado. Ela conheceu outro homem, que "me disse coisas maravilhosas sobre mim". Ela então descobriu que ele estava dormindo com outra mulher. Ele não queria dormir com essa outra mulher, mas ela o estava chantageando. "Ele realmente me amava? Há um futuro para a nossa relação?"

O mapa foi aberto para o momento e o local em que li sua carta. Ela, como querente, recebe o ascendente e seu regente, Vênus. Como querente, ela ainda tem a Lua como sua co-significadora. Como estamos olhando uma questão sobre

relacionamentos – e só porque estamos olhando uma questão sobre relacionamentos – também daríamos Vênus de significadora a ela, por ser a regente natural
das mulheres; mas ela já é Vênus.

Sendo uma pergunta sobre relacionamentos, olhamos para a casa sete. Há
dois tipos de pessoas de casa sete envolvidos na situação: o marido e o amante.
Os dois não podem ser significados pelo mesmo planeta, o regente da sétima,
então temos que escolher. Pegue a pessoa sobre quem a pergunta foi feita, que,
neste caso, é o amante: ele recebe o regente da casa VII (Marte) e – somente em
uma questão sobre relacionamentos – o Sol, porque ele é homem.

Seu significador principal, Marte, está na casa doze, assim como o Sol, seu
segundo significador, porque qualquer planeta a menos de cinco graus de uma
cúspide conta como estando na casa seguinte se estiver no mesmo signo que a
cúspide. Com os dois significadores na casa XII, a casa das coisas escondidas do
querente, podemos descartar qualquer idéia de a chantagem ser verdade.

O que ele pensa da nossa querente? Para determinar isso, devemos ver se
algum dos seus significadores está em alguma dignidade ou debilidade de algum
dos significadores dela. Nem Marte nem o Sol estão em qualquer recepção com
a Lua. O Sol não está em nenhuma recepção com Vênus. Marte está no detrimento de Vênus: ele a odeia.

◆ O correto deveria ser "Nem Marte nem o Sol estão em qualquer recepção
relevante com a Lua". O "relevante" sumiu durante a composição do livro.
O Sol, significando o amante como Homem, está na face da Lua, mas isso é
trivial: nós precisaríamos de um termômetro bastante sensível para distinguir
entre a indiferença completa e o nível de interesse mostrado pela face. ◆

Mas ela não está perguntando sobre sua atitude com relação a ela agora; ela
está perguntando sobre qual era a sua atitude no passado. Temos que olhar para
o passado, o que fazemos voltando os planetas no tempo, mandando-os de volta
na direção da qual vieram.

Marte, em 04° de Áries, acabou de mudar de signo. Ele entrou no detrimento
de Vênus há pouco tempo: faz pouco tempo que ele começou a odiá-la. Antes
disso, ele estava em Peixes. Qual era sua atitude com relação a ela nessa época?
Em Peixes, Marte exalta Vênus: ele a adorava!

Durante todo o tempo em que Marte esteve em Peixes, ele a exaltava, então,
sim, ele realmente já a amou: seus elogios exagerados eram totalmente since-
ros. No entanto, a exaltação tende a durar pouco e, quando a bolha estourou,

ele não passou somente de apaixonado para indiferente, mas começou a odiá-la, sem dúvida, por ela não conseguir corresponder às suas ilusões gloriosas. Esta mudança de atitude é mostrada pela mudança de recepção, por Marte ter se movido de Peixes para Áries.

Quando eu digo "durante todo o tempo em que Marte estava em Peixes", não estou me referindo ao trânsito em tempo real de Marte por este signo. Aqui, a passagem de Marte por Peixes pode ser considerada como "por um bom tempo".

Com a prática, você vai começar a pressentir como um mapa vai ser antes de abri-lo, a partir das informações dadas na pergunta. Assim que ouvimos as palavras "ele costumava dizer coisas maravilhosas sobre mim", podemos ter certeza que vamos encontrar exaltação no mapa.

"Há algum futuro para a nossa relação?" Embora possamos sentir que essa história de chantagem faz essa pergunta ser redundante, é importante que respondamos a pergunta feita e a respondamos usando o mapa, não nossos próprios pressupostos e preconceitos. Pelo que vimos até agora, as coisas não parecem boas: ele a odeia. Marte não vai retrogradar e voltar a exaltar Vênus: depois que a bolha da exaltação estourou, ela pode ser substituída por algo mais duradouro, mas não pode ser reconstruída. Mas seu outro significador, o Sol, está prestes a entrar em Peixes, onde ele passa a exaltar Vênus. Talvez haja esperança.

O que ela sente por ele? Vênus está em Capricórnio, a exaltação de Marte. Ela ainda está obcecada por ele. Tanto Vênus quanto a Lua significam nossa querente, mas de formas diferentes: cabeça e coração. O regente da primeira mostra a querente enquanto ser pensante e, às vezes, corpo; a Lua está mais relacionada às suas emoções. A oposição entre elas, aqui, mostra de forma esquemática o conflito entre a cabeça e o coração, o que é comum neste tipo de mapas. As pessoas tendem a não perguntar sobre relacionamentos quando estão felizes.

A Lua, seu coração, está na triplicidade e na queda de Marte (o amante). Suas emoções ainda estão voltadas para ele; mas isso é sobrepujado pela repugnância: ela deve estar bastante magoada.

◈ A interpretação da recepção por queda como desapontamento faria sentido aqui: o coração dela está desapontado com ele. ◈

Vênus está no último grau de Capricórnio. Ela está prestes a mudar de signo, o que vai fazer com que as recepções mudem. Esta mudança de recepção mostra que suas inclinações vão mudar – como ocorreu com seu amante, que se moveu de Peixes para Áries. Como é que suas inclinações vão mudar? Ela vai parar de exaltar Marte. Assim que ela entrar em Aquário, não vai estar em nenhuma dignidade ou debilidade de Marte: ela vai ficar indiferente a ele.

A Lua também vai mudar de signo. Ela vai sair desta ambivalência angustiada de estar na triplicidade e queda de Marte para entrar em Leão, onde ela também vai perder todo o interesse em Marte. Ou seja, ela vai, muito rapidamente, perder todo o amor que tinha por ele. Há algum futuro para a nossa relação? Não; principalmente, porque em breve ela não vai mais querer.

Essa foi a breve resposta às perguntas do cliente. Podemos querer completar a imagem em mais detalhes, olhando um pouco mais profundamente. O que mais está acontecendo aqui?

Podemos ver que Saturno tem um papel importante neste mapa. Vênus e o Sol estão em signos regidos por Saturno; Marte está na queda de Saturno; a Lua está no detrimento de Saturno. Quando Vênus muda de signo e para de exaltar Marte, Saturno vai ficar ainda mais importante para a querente: nos primeiros graus de Aquário, Vênus vai estar no domicílio, na triplicidade e no termo de Saturno. O que Saturno significa, que vai de uma hora para a outra ficar tão mais importante para ela, assim que ela parar de exaltar seu amante?

Em mapas sobre casos amorosos, quando há mais dois tipos de pessoas de casa VII, se o amante recebe o regente da casa sete como seu significador, Saturno pode ser considerado como significador do cônjuge traído. Se o querente está exaltando o amante, o cônjuge normalmente é percebido como "o grande maléfico", que frustra sua felicidade possível. Será que isso encaixa no mapa?

Há um planeta fraco (peregrino) na primeira casa. Isso é uma aflição para o querente. O que está afligindo o querente? Saturno: o marido.

◈ "Pode normalmente ser considerado como significador..." seria melhor. Essa identificação não pode ser pressuposta, mas deve se ajustar ao mapa. Se algum outro planeta se ajustar melhor que Saturno, use-o. ◈

Vênus está no domicílio de Saturno. Isso poderia significar que o querente ama seu marido. Mas se seu coração está ocupado exaltando alguém, não há espaço suficiente para amar outra pessoa. Então, aqui, faz mais sentido interpretar isso como o marido tendo muita influência sobre a querente, ou a regendo, ou mesmo considerando a posição de forma literal: ela está na casa dele.

Saturno está no domicílio de Vênus. O marido a ama. Ele está na exaltação da Lua. Então, o que o marido realmente, do fundo do coração, quer? A coisa que ele exalta: o coração da querente.

O que o coração da querente pensa dele? A Lua está no detrimento de Saturno: seu coração o odeia. E também no termo de Saturno: seu coração identifica algumas qualidades boas nele.

Veja que a divisão entre a cabeça e o coração da querente, mostrada pela oposição Vênus/Lua, faz todo o sentido em sua disposição, tanto com relação tanto ao amante, quanto ao marido.

Quando Vênus tiver mudado de signo, perdendo interesse no amante, ela vai ficar muito mais dominada por Saturno. A forte recepção mútua entre esses dois planetas vai ficar ainda mais forte. Isso pode querer significar um fortalecimento da sua relação com o marido. Perceba que não precisamos ver um aspecto entre ela e ele para mostrar isso, porque a relação já existe; não precisamos demonstrar que vai ocorrer um evento. Perceba também que, embora ela esteja se tornando mais interessada no marido (passando do domicílio e termo de Saturno para domicílio, triplicidade e termo de Saturno), ela não vai de uma hora para a outra passar a exaltá-lo (os dois planetas que a significam entram em signos onde nada é exaltado), como seria de se esperar.

A Lua, enquanto isso, entra em Leão, que também é o detrimento de Saturno: seu coração ainda o odeia.

◆ Ela também vai estar no termo e na face de Saturno. Ela está no termo de Saturno agora, mas não em sua face. Então, seu coração vai sentir um minúsculo aumento com relação aos pontos positivos que ela vê nele. ◈

Por que sua disposição com relação a esses dois homens vai mudar? A nossa disposição não muda sozinha, não acordamos um belo dia e descobrimos que amamos uma pessoa e odiamos outra. Há um gatilho que dispara essas mudanças. A mudança nas atitudes é mostrada pela mudança nas recepções (aqui, realizada pela mudança de signo). O gatilho é mostrado pelo aspecto que acontece logo antes da mudança nas recepções.

Qual aspecto ocorre logo antes que Vênus e a Lua mudam de signo? A oposição Lua/Vênus. Ela deve ser o gatilho – o motivo para a mudança. O que esse aspecto significa?

Sim, podemos interpretá-lo como sua oposição cabeça/coração chegando a um clímax, mas isso não nos ajuda muito. Ainda ficamos perguntando o porquê.

Quando um significador está localizado exatamente na cúspide de uma casa, normalmente há um motivo. É quase como se o mapa o pusesse ali para chamar a nossa atenção, para dizer "ei, olhe ali!" A Lua está exatamente na cúspide da quinta casa – a casa dos filhos. A Lua é a regente desta casa, então pode estar desempenhando seu papel secundário como sua regente. A Lua é a regente natural de crianças e está no signo fértil de Câncer. A Lua se aplicando a Vênus pode estar mostrando a querente ficando grávida. Por oposição: ela não vai ficar feliz com isso. Mas é isso que vai concentrar sua mente (Vênus) no seu casamento. Mesmo que seu coração (a Lua) ainda odeie seu marido. É provavelmente durante a gravidez que a posição de Júpiter, regente natural da fertilidade, tão proeminente no ascendente, encontra o seu significado.

"Mas afinal, quem é o pai?" O aspecto que mostra ela engravidando (a Lua se opondo a Vênus) ainda não aconteceu, então o evento está no futuro. Se o aspecto fosse separativo (talvez com a Lua a 29° de Câncer, se separando da oposição de Vênus em 28° de Capricórnio), poderíamos julgar que isso já tivesse acontecido, ou seja, que ela já estivesse grávida. Então, ela ainda não está grávida; o namorado a odeia; ela ainda está na casa do marido; o mapa não mostra nenhum outro suspeito: o marido deve ser o pai.

Nós pudemos observar, de passagem, as intenções do namorado com relação ao marido: o Sol é regido por Saturno; Marte está na queda de Saturno. Como acontece com a cabeça e o coração do nosso querente, os dois significadores do amante o significam de formas diferentes. O regente da casa VII (Marte, neste caso) é ele enquanto pessoa, como ser pensante/sensível. O Sol, atribuído a ele por ser homem, o significa como animal do sexo masculino. Quando estou dando alguma palestra, para divertir a platéia, eu me refiro à divisão entre o significador principal, a Lua (se estamos considerando o querente) e o Sol como cabeça, coração e calças. Isso pode ser pouco sutil, mas deixa a distinção clara o suficiente. Se nossa querente não tivesse Vênus como sua significadora principal por ser regente da casa I, nós a daríamos a ela por ser a significadora das mulheres; neste caso, ela a significaria como o instinto animal da mulher. Como ela é a regente da um, tem um papel duplo aqui.

Assim, o Sol, a masculinidade do namorado, é regida pelo marido (Saturno). Sem dúvida: a existência do marido provavelmente significa que ele não consegue exercer sua masculinidade tantas vezes quanto gostaria. Sua pessoa pensante/sensível abomina o marido (Marte está na queda de Saturno), o que não é tão surpreendente, porque ele exalta sua própria masculinidade (exalta o Sol) que é regida pelo marido. Assim, o namorado está se sentido frustrado pela existência do marido da nossa querente, e está ressentido.

Você deve ter notado que as mudanças iminentes de signo vão gerar alguma recepção positiva entre a querente e seu amante: o Sol vai entrar em Peixes, onde ele vai exaltar Vênus, enquanto a Lua vai entrar em Leão, onde ela será regida pelo Sol. Sua masculinidade (o Sol) vai começar a exaltar Vênus, que pode ser interpretada, aqui, provavelmente como significando nossa querente enquanto mulher, enquanto suas emoções (a Lua), ainda odiando o marido, vão passar a ser regidas pela masculinidade do querente (o Sol). Como já vimos que a relação entre a querente e seu namorado não vai continuar, podemos interpretar isso como uma boa dose de nostalgia frustrada que os dois vão levar consigo, olhando para trás com carinho e lembrando de uma paixão que não conseguiu se realizar direito.

9

Aspectos

Algumas perguntas horárias são sobre o estado das coisas: "Eu estou grávida?"; "Como vai estar o tempo na minha viagem?"; "Ele me ama de verdade?". Essas horárias podem ser respondidas simplesmente investigando a condição dos significadores relevantes. Grande parte das questões, no entanto, são sobre se, ou quando, alguma coisa vai acontecer. Para estas horárias, não basta considerarmos a condição dos significadores, mas temos também que ver se ou não eles vão se conectar uns com os outros. Se eles se conectarem, há, ao menos, uma oportunidade para que o evento aconteça. Se não, não há.

Se eu perguntar "Ela vai casar comigo?" – embora seja, com certeza, uma pergunta melhor respondida se feita à pessoa com quem se quer casar do que com o astrólogo – encontrar uma forte recepção entre meus significadores e os dela é encorajador: nós nos amamos. Mas se não houver um aspecto unindo os nossos planetas, não interessa o quanto nos amemos, não haverá casamento.

Grande parte das perguntas está relacionada com o futuro, então estamos procurando aspectos *aplicativos*: aspectos que ainda não foram feitos, mas serão feitos no futuro. Algumas questões são sobre o passado ("Será que o pedreiro roubou meu bracelete?"): neste caso, estamos interessados em aspectos *separativos*, aspectos que já aconteceram.

Estamos interessados apenas em *aspectos maiores*: conjunção, trígono, quadratura, sextil e oposição. Eles também são conhecidos como aspectos *ptolemaicos*, porque Ptolomeu escreveu sobre eles no *Tetrabiblos*, o livro sobre astrologia mais influente jamais escrito. A conjunção, tecnicamente, não é um aspecto, mas para todos os fins práticos pode ser tratada como se fosse; então, por uma questão de simplicidade, ela será considerada um aspecto aqui.

"Por que a conjunção não é um aspecto?" A palavra "aspecto" vem do latim e quer dizer olhar. Um olhar, neste sentido, é considerado como um raio de luz que passa dos olhos de uma pessoa para os olhos de outra. Na conjunção, os dois planetas estão como se fossem um, e você não consegue olhar para os seus próprios olhos. Assim, a conjunção não é um aspecto.

Não há lugar para os chamados *aspectos menores* em horária, ou em qualquer outro ramo da astrologia. "Ah, mas Lilly os menciona"; bom, mas nunca dá utilidade nenhuma a eles. Quando ele estava escrevendo, eles eram a novidade do momento. Agora que não estão mais na moda, podem ser ignorados com segurança.

Os aspectos só podem acontecer se os signos que os planetas ocupam estiverem, eles mesmos, fazendo o mesmo aspecto. Touro está em trígono com Capricórnio; então, um planeta em 29° de Touro está em trígono com um planeta em 29° de Capricórnio. Ele não está em trígono com um planeta em 00° de Aquário. Ele provavelmente vai fazer um aspecto com ele em breve, ou esteve em um aspecto com ele há pouco, sendo que uma dessas opções pode ser relevante para a nossa análise; mas ele não está fazendo aspecto com ele agora.

Para descobrir se um planeta vai fazer um aspecto com outro, é essencial saber qual planeta está se movendo mais rápido. Como vimos na explicação das dignidades acidentais, o movimento médio diário dos planetas é:

Lua:	13°11′
Mercúrio:	0°59′
Vênus:	0°59′
Sol:	0°59′
Marte:	0°31′
Júpiter:	0°05′
Saturno:	0°02′

Quando eu digo "é essencial saber qual planeta está se movendo mais rápido", eu quero dizer "qual planeta se move mais rápido agora". Isso nem sempre é a mesma coisa que "qual planeta se move mais rápido normalmente". Você vai precisar consultar sua tabela de efemérides. Por exemplo, no momento em que escrevo isso, Marte se aplicou a um aspecto com Vênus – o que só foi possível porque Vênus acabou de mudar de direção e estava tão lenta que Marte conseguiu alcançá-la. Olhando somente para o mapa, sem consultar as efemérides, poderíamos assumir que Vênus estaria se separando de Marte e, portanto, qualquer análise baseada nestes dois planetas estaria errada. Normalmente há pelo menos um planeta fazendo alguma coisa estranha, então, é *essencial* consultar sempre as efemérides. Se você não fizer isso, seus julgamentos estarão normalmente errados.

É vital saber o que os planetas vão fazer, não só o que parece que vão fazer!

Os planetas não mudam subitamente de direção enquanto estão correndo a toda velocidade no seu sentido normal. Eles diminuem gradualmente de velocidade até parecerem estacionários e, em seguida, começam a andar na direção oposta, acelerando gradualmente.

Se você está abrindo os mapas com um programa de computador e não tem uma tabela de efemérides, pode verificar a velocidade com que um planeta está se movendo avançando o seu mapa no tempo para a mesma hora no dia seguinte: a diferença das posições planetárias vai mostrar o movimento diário de cada planeta neste momento.

Essa lista acima é do movimento direto médio dos planetas. Para nós, vai ser muito mais útil saber a velocidade normal de cada planeta, independente da direção em que estiver. Não é necessária nenhuma grande precisão, aqui: um guia simples, facilmente memorizável, é suficiente para nossos fins. Grave esta lista:

Lua:	13 graus
Mercúrio:	Um grau e meio
Vênus:	Um grau e um pouquinho
Sol:	Um grau
Marte:	Meio grau
Júpiter:	Quase parado
Saturno:	Quase parado

Se você comparar esta lista com a do movimento médio direto, acima, você vai perceber que, embora Mercúrio e Vênus estejam normalmente se movendo mais rápido que o Sol, seu movimento médio direto é o mesmo. É como se o Sol fosse um homem levando seus cachorros para passear. Ele anda de forma constante, enquanto os cachorros disparam, correndo nas duas direções, mas todos chegam de volta em casa ao mesmo tempo.

Veja bem: se a Lua estiver em 10° de Áries, se aplicando a uma conjunção com Vênus em 20° de Áries, Vênus não vai ter se movido muito antes que a Lua a alcance. A Lua leva menos de um dia para percorrer esses 10° graus; durante este tempo, Vênus terá se movido mais ou menos um grau. O aspecto vai ficar exato em 21° de Áries. Se estivéssemos falando de Mercúrio em 10° de Áries, a situação seria bem diferente. Sempre que Mercúrio se move um grau e meio na direção de Vênus, ela se afasta um grau e um pouquinho. Leva um bom tempo até Mercúrio alcançar Vênus; ele não vai fazer uma conjunção exata com ela antes que ela deixe Áries.

◈ Muito importante: se o seu software tiver a função que avança o mapa ao longo do tempo, não use! Ela só gera confusão. Sempre trabalhe somente com o mapa como foi aberto. O que você está fazendo, na verdade, usando esta função, é criar uma multidão de novos mapas. Temos apenas um mapa: o do momento para o qual a questão foi feita.

Agora vá nas Preferências no seu software e selecione a exibição do mapa sem as linhas dos aspectos; Elas também só geram confusão. ◈

Aspectos

A maior parte dos leitores sabe como identificar um aspecto, tanto no mapa quanto nas efemérides, então eu deixei essas informações em um apêndice para aqueles que estão vindo totalmente crus para a astrologia. Se você não tem certeza se sabe identificá-los, pare agora e estude o Apêndice 3.

Em horária estamos interessados principalmente em aspectos exatos. Exato quer dizer exato. Se o aspecto não for levado à perfeição, mesmo que seja por um minuto de arco, ele não é exato e o evento que ele indicaria não vai acontecer. Por exemplo, se a conjunção de Vênus com Marte em 22°17′ de Leão mostrasse o galã conseguindo casar com a mocinha, mas Vênus ficasse retrógrada em 22°16′ de Leão, impedindo a perfeição do aspecto, o casamento não aconteceria.

Para mostrar o evento de que se pergunta, precisamos de um aspecto exato entre os significadores principais. Um planeta que não seja um significador principal fazendo um aspecto com um que seja mostra outras influências na situação, sem mostrar um evento. Esses aspectos têm que ser próximos, mas não precisam ser exatos. Eles podem normalmente ser ignorados, como no nosso exemplo do casamento: um dos noivos estar preocupado com impostos não é, normalmente, algo crucial para o julgamento. Mas, por exemplo, se a questão for "O meu time vai vencer o jogo?", e o significador do meu time estiver com uma quadratura próxima de Saturno, isso vai ter um efeito: meu time está enfraquecido. Mantenha esta influência a um máximo de três graus de separação para este tipo de análise: qualquer coisa além disso é trivial.

Os textos antigos usam as palavras *plático* e *partil* na discussão dos aspectos. Eu vou explicá-las para você saber o que elas significam, mas não há necessidade de usá-las depois disso. Um excesso de termos técnicos só traz confusão. Um aspecto partil é um no qual os planetas estão no mesmo grau dos respectivos signos. Vênus em 21°05′ de Touro está em trígono partil com Marte em 21°22′ de Capricórnio: ambos estão em 21°. Se Vênus estivesse em 20°59′ graus, ela não estaria em trígono partil com Marte, porque não estaria a 21° graus, mesmo um estando a menos de um grau do outro. Um grau, como o nome indica, é um degrau: ou se está num ou no outro; não há uma área de transição entre eles.

O termo "partil" é supérfluo, no entanto. Os planetas estão no mesmo grau. E daí? Para nos dar um evento, eles precisariam estar em aspecto exato, não simplesmente dividir um grau. Para mostrar influência, uns dois ou três graus entre eles já seria o bastante.

Um aspecto plático é um aspecto que não é partil. Assim como estamos extinguindo o termo "partil", podemos jogar "plático" fora também.

A natureza dos aspectos

Esqueça todas as idéias que você possa ter recebido sobre alguns aspectos serem "bons" e outros "maus". É a natureza dos planetas envolvidos e suas intenções uns com relação aos outros que nos mostram isso, não a natureza dos aspectos em si.

Conjunção

Planetas distantes 0 graus um do outro. Quando dois planetas estão conjuntos, eles são como se fossem um. A palavra vem do latim e é um termo comum para dois corpos se unindo como se fosse um. Será que isso é algo desejável? O amor mais carinhoso e o estupro mais violento são, ambos, dois corpos unidos: não é a união em si – a conjunção – que é desejável. Somente o estudo das dignidades dos planetas envolvidos e, especialmente, as recepções entre eles vão dizer se a conjunção é um resultado desejável. O mapa pode mostrar que eu estou conjunto com a mulher dos meus sonhos ou conjunto com a fila do desemprego: os dois exemplos são conjunções.

Trígono

Planetas distantes 120 graus um do outro. Trígonos podem ocorrer somente entre planetas da mesma triplicidade: signos de fogo estão em trígono com signos de fogo, signos de água com signos de água, etc. Isso significa que sempre há um terreno comum entre os planetas em trígono. Assim, eles mostram coisas acontecendo de forma fácil. "Fácil" e "bom" não são sinônimos! Se os freios do meu carro falharem, eu vou facilmente descer o morro e cair no rio. São a natureza dos planetas (bons ou malvados) e as recepções (suas intenções com relação um ao outro) que vão dizer se este contato fácil é desejável ou não.

Quadratura

Planetas distantes 90 graus um do outro. As quadraturas unem as coisas com dificuldade ou com atraso. As coisas ainda podem, apesar disso, ser boas. "Ela vai casar comigo?", com nosso planeta se unindo por uma quadratura ainda pode mostrar um "sim", mas talvez eu precise pedir sua mão duas vezes, ou talvez haja algum atraso na organização da cerimônia. Em muitas situações, atrasos e dificuldades são o esperado – "Será que vou receber a minha devolução do imposto de renda?" "Vou conseguir vender esta casa?" – então uma quadratura pode ser um resultado excelente. A chave aqui, como sempre, está nas dignidades e nas recepções.

Sextil

Planetas distantes 60 graus. O sextil é a raspa do tacho, quando falamos de aspectos. Ele é, de longe, o mais fraco de todos, mas, normalmente, é o suficiente. Embora o sextil seja um aspecto fácil, como um trígono peso-leve, eu tenho mais fé em uma quadratura com boas recepções. Mas não exagere essa fraqueza; só tenha um pouco mais de cuidado quando for verificar se os planetas estão fortes o bastante para agir e se eles desejam agir.

Oposição

Planetas distantes 180 graus. A oposição une as coisas para, em seguida, separá-las de novo, ou as une com um gasto tão grande de esforço que o resultado não vale a pena. Ou, ainda, ela os une com arrependimento. William Lilly dizia que se "Ela vai casar comigo" tiver os significadores se unindo por oposição, os noivos vão se casar, mas vão viver "disputando e discutindo aos gritos por toda a vida". No mundo moderno, disputas e discussões aos gritos são motivos de divórcio. "Vou conseguir o emprego?", com uma oposição entre os regentes da casa I e X: sim, mas você vai desejar que não tivesse conseguido, ou não vai ficar muito tempo nele.

Se você olhar para as recepções, é fácil ver porque isso ocorre. Se dois planetas estiverem em oposição, seus valores são totalmente opostos um ao outro. Se um ama o que quer que Júpiter signifique, o outro o odeia: se um exalta o que quer que Saturno mostre, o outro o abomina.

São a condição dos planetas e suas disposições com relação aos outros – as dignidades e recepções – que mostram se um aspecto é bom, não a natureza do aspecto em si.

Vamos dar uma olhada em alguns exemplos. Sempre que estou dando uma palestra nos EUA, meus anfitriões me convidam para um cassino indígena, pensando que essa seria uma vingança apropriada pelos excessos cometidos pela Inglaterra nos tempos em que os Estados Unidos eram nossa colônia. Vamos supor que eu abra uma horária para saber se vou ganhar algum dinheiro:

* Há um trígono aplicativo entre o regente da 1 (eu) e o regente da oito (o dinheiro das outras pessoas): eu ganho, com facilidade.

* Há uma quadratura entre o regente da 1 e o da 8. Eu ainda ganho, mas dá bem mais trabalho. Talvez eu tenha que jogar durante horas; talvez haja muitos períodos de ganho e de perda antes que eu consiga ter lucro de verdade.

* Há uma oposição entre o regente da I e o da 8. Eu ainda ganho dinheiro (regente da I em contato com regente da XIII), mas talvez eu ganhe só uma ninharia – que nem cubra o custo de ir ao cassino. Ou, talvez, eu ganhe, mas perca tudo no caminho para o carro.

* Há um aspecto com o regente da oito, que está na própria exaltação e conjunto ao nodo norte. Oba! O aspecto mostra que eu vou ganhar; a força do regente da oito (o dinheiro das outras pessoas, que o aspecto já mostrou que vai vir para mim) mostra que eu vou ganhar muito dinheiro.

* Há o mesmo aspecto, mas o regente da oito está no próprio detrimento e em quadratura com Saturno. Eu ainda vou ganhar dinheiro (aspecto), mas muito pouco (fraqueza do regente da oito).

Esse tipo de consideração pode ser uma parte importante da análise. "Será que é melhor tentar a aposta/investimento arriscados com alto ganho, ou a opção mais segura com baixo retorno?"; a resposta está aqui.

Quadraturas viram trígonos

Não, não viram! Lilly e outros autores sustentam que, entre alguns signos, uma quadratura pode ser considerada como se fosse um trígono. Isso não faz sentido: se os signos fossem flexíveis assim, a Lua não se oporia ao Sol na Lua Cheia, os nodos não seriam opostos um ao outro, e por aí vai.

O problema que ele enfrentava era explicar porque algumas quadraturas davam resultados mais felizes do que alguns trígonos. O que ele não tinha era uma compreensão boa das dignidades e das recepções, o que deixaria claro o porquê desses resultados. Ir visitar meu melhor amigo com alguma dificuldade é mais legal que encontrar facilmente alguém de quem não gosto. A chave é compreender as dignidades e recepções. Nunca é demais enfatizar sua importância.

ASPECTOS NÃO PODEM ACONTECER SE OS PLANETAS ESTIVEREM NO SIGNO ERRADO

Se você veio do mundo da astrologia moderna, deve estar acostumado a considerar que um planeta em 29° de Áries está conjunto a um planeta em 01° de Touro, ou em trígono com um planeta em 02° de Virgem. Isso não é verdade. Nunca. De jeito nenhum. Não interessa o quando você gostaria que isso fosse verdade.

Pense na conjunção. Como já vimos, a conjunção quer dizer dois corpos se tornando um. Os signos, para usar seu nome correto, são casas celestes. Se você acha que seu corpo consegue se tornar um com o corpo de outra pessoa enquanto um estiver numa casa diferente do outro, é porque nunca tentou.

Pense num trígono. Ele une planetas que estão em signos do mesmo elemento. É por isso que ele é harmonioso. Vamos supor que eu seja um contador e trabalhe num escritório num prédio grande. Existe outro contador em um escritório no fim do corredor e temos um bom relacionamento: quando um de nós tem um problema complicado nos livros, simplesmente vai até o outro para pedir ajuda. Podemos não ser os melhores amigos um do outro, mas temos algo importante em comum: a mesma triplicidade – ambos somos contadores.

O escritório ao lado da sala do outro contador é alugada por um dentista. Se eu levar aquele problema complicado para ele, ele não vai ser de nenhuma ajuda. Não interessa o quanto ele esteja perto da parede do escritório, ele ainda é um dentista. Estando a poucos graus da parede não o transforma em um contador.

É isso o que acontece com os aspectos.

É possível que um aspecto fique exato bem no começo do signo seguinte. Exemplo: a Lua em 28° de Áries se aplica a Marte em 02° de Touro. Não há conexão entre eles agora. Nenhuma. Isso *não* é um aspecto; mas *vai ser* um aspecto.

Esse aspecto pode mostrar algo acontecendo depois de uma mudança; mas temos que identificar essa mudança, conforme mostrada pela mudança de signo e de recepções, para podermos considerar este aspecto como mostrando o evento desejado.

Exemplo: "Será que ela vai sair comigo?", com o aspecto entre você e ela acontecendo somente depois que seu planeta mudou de signo. Dependendo do que as recepções mostram, isso poderia significar "Sim, vai – mas só depois que você conseguir um emprego". A mudança de signo mostra uma mudança nas circunstâncias, e/ou uma mudança de intenções.

Isso precisa estar limitado a poucos graus do signo seguinte. Se o aspecto não ficar perfeito em menos de, digamos, 3 ou quatro graus do signo seguinte, a coisa não vai acontecer.

Muitas vezes, o aspecto não acontecer antes do signo seguinte nos dá um "Não". Esse é um exemplo de *frustração* (ver abaixo). "Que horas o rapaz do conserto vai chegar hoje?" O aspecto acontece, mas só depois de uma mudança de signo: "Ele vem, mas não hoje".

Não importa qual planeta se aplica a qual. Se a questão for "Será que a minha mãe vem me visitar?", um "sim" pode ser mostrado pelo significador dela se aplicando a um aspecto com o meu, ou o meu significador se aplicando a um aspecto com o dela. Quem vai para quem é mostrado pela própria pergunta e, se for necessário, pelas recepções.

Destros e sinistros

Você vai encontrar em diversos textos planetas emitindo "um trígono destro", ou uma "quadratura sinistra". Destra e sinistra são sinônimos de direita e esquerda; esses termos estão relacionados à direita e à esquerda de alguém parado no centro do mapa e olhando para fora.

Um aspecto destro é feito na direção da mão direita desta pessoa; isso quer dizer que ele é emitido na ordem inversa à ordem dos signos. Exemplo: um planeta em 04° de Gêmeos faz um sextil destro com um planeta a 04° de Áries.

Um aspecto sinistro é feito na direção da mão esquerda desta pessoa, o que significa que é feito segundo a ordem dos signos. Um planeta em 04° de Gêmeos faz um sextil sinistro com um planeta em 04° de Leão. Não há nada "sinistro" – no sentido moderno mais comum da palavra – nisso.

Todos os aspectos são vias de mão dupla. Se A se aplica a um trígono destro com B, B se aplica a um trígono sinistro com A.

Estes termos não têm importância prática. Eu só os mencionei porque você pode encontrá-los em outros livros. A idéia de que um é mais forte que o outro pode ser ignorada, porque não vamos ter diversos aspectos que precisemos comparar e porque os aspectos são vias de mão dupla.

Perfeição indireta

Um evento pode ser mostrado por um significador fazendo um aspecto com o segundo significador, ou por um terceiro planeta conectando os dois significadores; são as chamadas *translação* e *coleta de luz.*

Translação de luz

Vamos supor que queiramos conectar Mercúrio e Júpiter. Mercúrio está em 10° de Câncer e Júpiter em 12° de Leão. Eles estão em signos adjacentes, então não pode haver aspecto entre eles. Se a Lua estiver em 11° de Touro, ela vai ter acabado de se separar de um sextil com Mercúrio e vai estar se aplicando imediatamente a uma quadratura com Júpiter. Ela carrega ou translada (que significa carregar) a luz de Mercúrio para Júpiter, fazendo o evento ocorrer. O envolvimento de um terceiro planeta fazendo a conexão normalmente implica o envolvimento de uma terceira pessoa na situação.

A translação de luz pode acontecer de várias formas, todas elas, variações sobre o tema básico de um planeta rápido se conectando a dois planetas mais lentos. Podemos ter a situação, como no exemplo acima, de um planeta rápido ter se separado do aspecto ao planeta mais lento e estar se aplicando a um aspecto a outro planeta mais lento.

O planeta mais rápido pode, talvez, não ter feito o primeiro desses aspectos, então ele conecta com um dos significadores e depois vai se conectar com o outro. Isso é comum em situações nas quais a ação que desencadeia o resultado ainda não aconteceu ("Se eu me candidatar a esse emprego, vou conseguir?").

Podemos ter a situação em que o planeta A vai fazer um aspecto com o planeta B e o planeta B vai fazer um aspecto com o planeta C. Isso é uma reação em cadeia ligando o planeta A ao planeta C.

Exemplos de translação:

* Marte em 10° de Áries, Vênus em 15° de Áries. Vênus está se separando de Marte, isso não parece bom; mas a Lua em 08° de Áries vai fazer uma conjunção com Marte e em seguida com Vênus, refazendo o aspecto e realizando o evento.

* Júpiter em 08° de Leão, Saturno em 12° de Peixes. O Sol em 07° de Escorpião se aplica em quadratura a Júpiter e em seguida a um trígono com Saturno, transladando a luz de Júpiter a Saturno.

Coleta[25] de luz

Os dois significadores se aplicam a um aspecto com um terceiro planeta mais lento. É como se este terceiro planeta estivesse com os braços abertos, coletando a luz dos dois significadores e os unindo. Eu quero sair com a menina mais bonita da escola, mas não tenho coragem de falar com ela. Nós dois fazemos um aspecto com o diretor malvado, que nos deixa de castigo depois do horário de aulas, nos unindo. O diretor malvado coletou nossa luz.

Exemplos de coleta:

* Marte em 05° de Touro, Vênus em 06° de Áries. Sem aspecto entre eles; mas os dois se aplicam a Júpiter em 08° de Câncer, que, portanto, coleta a luz dos dois, unindo Marte e Vênus.

* Mercúrio em 24° de Peixes, a Lua em 22° de Libra. Os dois se aplicam a Saturno em 26° de Gêmeos, que coleta sua luz.

É possível teoricamente que tenhamos uma coleta na qual um dos significadores já tenha feito seu aspecto com o planeta coletor (eu já estou de castigo; só falta a menina bonita entrar na lista negra do diretor). Eu não consigo lembrar de ter visto isso num mapa, mas esteja aberto à possibilidade.

A translação e a coleta de luz podem ocorrer por qualquer aspecto ou por conjunção. Elas podem ser proibidas ou frustradas como qualquer outro aspecto

---

[25]   N. do T.: Este termo também é conhecido como "coleção de luz"; que é uma tradução incorreta do inglês.

(veja abaixo). Como qualquer outro aspecto, os envolvidos aqui precisam ser levados à perfeição: exato quer dizer exato.

Na translação, o planeta transladando a luz deve estar se movendo mais rápido do que os outros dois planetas. Na coleta, o planeta coletando deve estar se movendo mais devagar. Não há nenhuma significação especial para este fato: simplesmente, a translação e a coleta seriam impossíveis de outro jeito.

Ao contrário do que se diz em alguns textos, não há nenhuma quantidade determinada de recepção necessária para fazer com que a translação e a coleta de luz funcionem. O que precisamos é que a recepção que houver faça sentido no contexto. Exemplo: se meu amigo vai perguntar ao Bill Gates se ele me empresta algum dinheiro (transladando luz de mim para ele), Bill Gates gostar do meu amigo pode ser mais útil do que ele gostar de mim. Se meu amigo vai perguntar à Susie se ela quer sair comigo (transladando luz entre mim e ela), os sentimentos de Susie por mim são muito mais importantes do que os sentimentos dela pelo meu amigo. É a mesma coisa com as recepções. Normalmente, é mais importante que os dois significadores tenham recepção do que um deles tenha recepção com o planeta que os conecta.

◈ Você vai ler em alguns textos que, para que a translação ou coleta de luz aconteçam, é preciso que os planetas sendo conectados estejam em signos nos quais não consigam formar um aspecto direto um com o outro. Isso não é verdade e contradiz exemplos dados nos mesmos textos de onde essa idéia foi, em tese, retirada. É comum encontrarmos translação ou coleta refazendo um aspecto que já foi feito (veja o mapa na página 239, por exemplo) ou acelerando um aspecto que aconteceria mais cedo ou mais tarde. ◈

Impedimento de aspectos

Algumas vezes, aspectos que parecem que vão ocorrer não acontecem. Também em astrologia, do prato à boca perde-se a sopa.

Proibição

Um planeta proíbe um aspecto quando fica no meio dele. Isso acontece de três modos.

* A está se aplicando a B quando tropeça em C. Exemplo: a Lua está em 08° de Touro, se aplicando a um trígono com Saturno em 12° de Capricórnio,

quando colide com Júpiter em 10° de Virgem. Eu tenho um encontro com a Julie, mas eu tropeço no regente da casa seis: fico doente e não consigo ir.

* A está se aplicando a B, mas C faz um aspecto com B primeiro. Exemplo: Vênus está em 12° de Libra se aplicando a uma quadratura com Marte em 15° de Câncer, mas, antes que esse aspecto fique exato, Mercúrio, em 14° de Virgem, faz um sextil exato com Marte. Eu tenho um encontro com a Julie, mas outro sujeito chega antes de mim e a carrega.

* A está se aplicando a B, mas antes que este aspecto fique exato, C faz um aspecto com A. Exemplo: Vênus, em 12° de Libra, se aplica em uma quadratura com Marte em 15° de Câncer, mas antes que isso aconteça, a Lua, em 10° de Libra, faz uma conjunção com Vênus. Eu tenho um encontro com a Julie, mas logo antes de eu sair para o encontro, Jane me liga e me diz que quer voltar comigo e eu desisto de ir.

◆ As proibições também funcionam de forma retrospectiva. Vamos supor que a pergunta seja "Romeu já beijou Julieta?"; Vênus (Romeu) está em 10° de Áries. Marte (Julieta) está em 05° de Áries. Vênus se separando de uma conjunção com Áries mostra "Sim, ele já beijou". Vamos supor, no entanto, que Saturno esteja em 08° de Áries. Se formos voltando com Vênus até que ela faça uma conjunção com Marte, ela bate em Saturno primeiro. Isso proíbe a conjunção passada com Marte. No nosso contexto, a conjunção não aconteceu. Então, não, ele não a beijou.

Importante: são os aspectos do significador que nos interessam. Se queremos que A e B façam um aspecto, o fato de que em tempo real C faz aspecto com D é irrelevante. Isso não tem nada a ver com o aspecto no qual estamos interessados, então ele não o proíbe. C o proibiria somente se fizesse um aspecto com A ou B antes que seu próprio aspecto ficasse exato. Só – muito – raramente vamos estar interessados no tempo real. ◆

Frustração

Isso na verdade é um exemplo especial de proibição. A está se aplicando a B, mas antes que o aspecto fique exato, B faz um aspecto com C. Exemplo: Vênus, em 08° de Aquário, se aplica em um sextil a Marte em 12° de Áries, mas antes que o aspecto se concretize, Marte faz uma conjunção com Júpiter em 14° de Áries.

Eu quero pedir a Julie em casamento, mas antes que eu o faça, ela fica noiva de Alphonse.

Também podemos considerar normalmente como frustração o caso de B entrar no signo seguinte antes que A consiga concretizar o aspecto.

Refreamento

Em inglês, "refrenation" é um termo jurídico antigo para quebra de contrato. A se aplica a B, mas antes que o aspecto fique exato, A fica retrógrado, de modo que o aspecto não se concretiza. Exemplo: Mercúrio em 17° de Sagitário se aplica a Júpiter em 19° de Virgem, mas em 18° de Sagitário Mercúrio volta a ser retrógrado, sem fazer o aspecto. Julie aceitou meu pedido, mas na manhã do casamento ela volta ao pleno domínio das suas faculdades mentais e foge. Não importa o quanto os planetas estejam próximos, se eles não formam um aspecto exato, o evento não vai acontecer. Um planeta ficando retrógrado normalmente mostra a pessoa mudando de idéia.

Atenção: todos estes pontos funcionam por conjunção ou por qualquer aspecto. Quando você ler a descrição que Lilly faz deles e ver que ele fala de "aspectos corporais", ele quer dizer aspectos de corpo a corpo, em vez de aspectos somente de orbe a orbe, ou seja, ele quer dizer que os aspectos têm que ser exatos. "Aspecto corpóreo" não quer dizer conjunção.

Não se estresse com esses termos técnicos. Tudo o que estamos dizendo, aqui, é "ou podemos unir os nossos significadores de forma plausível, ou não". O contexto é a chave. O mapa nos dá uma imagem da situação: se a conexão no mapa faz sentido na vida, ela vai funcionar. A pedra de toque é sempre "O que faz sentido, neste contexto?".

Esses impedimentos nem sempre impedem. Pense no exemplo acima, no qual a minha colisão com o regente da seis mostra que eu vou ficar doente e não vou ao encontro. Talvez eu esbarre no regente da casa seis, mas me entupa de remédio e vá ao encontro de qualquer forma. O impedimento vai evitar que o evento aconteça ou não dependendo de três fatores:

* a força dos diversos planetas
* as recepções
* o contexto – ou, em outras palavras, o bom senso.

Qual é a força dos planetas envolvidos? Se eu estou forte e a doença é fraca, posso ser muito bem capaz de suportá-la. Será que o planeta impedido está forte o suficiente para superar o impedimento?

Quais são as recepções? Elas mostram inclinações e, portanto, mostram o quanto o planeta impedido quer superar a obstrução. Estou loucamente apaixonado pela moça do meu encontro, ou só estou saindo porque não tenho nada melhor para fazer? Quanto mais o planeta quer concretizar o aspecto, mais ele vai tentar superar o impedimento.

Qual é a situação? É sempre útil conseguir identificar o que o planeta que impede o aspecto está fazendo, embora isso nem sempre seja possível. Isso pode ser tentado olhando-se as casas que ele rege e oferecendo possibilidades para o querente validar ou recusar, até que se encontre uma que pareça plausível. Quanto mais compreendemos a situação, mais podemos dizer se o impedimento vai ser eficaz ou não. Por exemplo: um rapaz vai se encontrar com uma moça. O seu encontro se resume a dez minutos numa lanchonete ou é uma noite romântica na qual ele já investiu bastante tempo e dinheiro? A doença significada pelo regente da seis pode impedir o primeiro evento mesmo se for leve, mas teria que ser muito mais forte para impedir o último.

Principalmente em questões de longo prazo, aspectos que poderiam ser impeditivos podem ser considerados como eventos que acontecem ao longo do caminho, mas que não são obstáculos. Em uma pergunta geral como "quando eu vou morrer?", esse encontro com o regente da VI poderia mostrar uma doença, mas que não vai impedir que eu morra em algum momento.

Quanto mais formos capazes de entender a situação, o que só podemos fazer fazendo uma análise cuidadosa do mapa, mais podemos sugerir modos de evitar os impedimentos. Aqui, a horária vai além de ser só uma previsão. "Sim, ela está esperando que você a peça em casamento; mas você precisa ser rápido, porque ela está ficando cansada de esperar e tem um outro sujeito interessado nela". "Sim, você vai conseguir o emprego. Não falte à entrevista, mesmo tendo ficado doente".

◆ Vamos ver outro exemplo. Eu planejei ir até o centro da cidade, mas a estrada está bloqueada. Minha viagem foi proibida. Eu posso estar muito feliz por causa disso: "Eba, eu não preciso visitar Igor, meu tio esquisitão, no fim das contas!"; neste caso, não tenho nenhum interesse em remover a proibição ou desviar dela. Eu poderia usar outra estrada ou pegar o trem, evitando a proibição. No mapa, isso poderia ser mostrado por um segundo aspecto me conectando à coisa de que se pergunta, mas que não esbarre planeta que proíbe o primeiro.

Ou talvez meu irmão tivesse uma escavadeira que conseguisse remover a árvore que está bloqueando a estrada. Isso pode ser mostrado por uma translação de luz me conectando ao meu objetivo, evitando, mais uma vez, o planeta que proíbe o aspecto. Quando estivermos tentando identificar o que a proibição é e o que pode ser feito com relação a ela, lembre-se do princípio básico: o mapa não é uma abstração, é um reflexo da realidade da situação. ◈

Bonatti diz que uma conjunção não pode ser proibida por um aspecto[26]. É fácil de demonstrar que pode, mas com certeza é mais provável que uma conjunção supere a proibição. Como discutimos acima, considere a força dos planetas e as recepções, junto com a realidade da situação, para decidir se a proibição vai proibir.

Os aspectos da Lua raramente proíbem, a menos que ela esteja regendo uma casa que dê sentido à proibição. Se Capricórnio estiver ascendendo no mapa para "Será que eu vou conseguir esse emprego?", Câncer vai estar na cúspide da sétima casa e, assim, a Lua vai significar os rivais na luta pelo emprego. Se a Lua estiver proibindo um aspecto entre o regente da I e o regente da X, então, essa proibição faria sentido: meu rival consegue o emprego.

◈ "Uma conjunção ou oposição por antiscion pode proibir?" Depende do contexto. Quanto mais certos estivermos do que a conjunção ou oposição por antiscion significa, melhor poderemos decidir se ela proíbe ou não. ◈

Note que um benéfico pode proibir da mesma forma que um maléfico. "Será que eu vou conseguir esse emprego?"; meu planeta está se movendo na direção do planeta do emprego, mas um Júpiter forte entra no caminho. Analisando o mapa, descubro que isso significa que ganhei na loteria. Isso é muito bom, mas ainda impede que eu consiga o emprego.

Talvez você tenha notado que a proibição e a translação de luz podem ser muito parecidas uma com a outra. O contexto e as recepções vão mostrar qual é qual. Imagine: eu estou no pátio da escola, suspirando por Nancy, a menina maravilhosa. Eu peço ao meu amigo para ir lá e dizer que eu estou a fim dela. Ele atravessa o pátio até a Nancy. Será que ele está passando a minha mensagem, ou seja, transladando a luz de mim para ele, ou será que ele está tentando cantá-la, proibindo meu aspecto com ela? Sua ação física de atravessar o pátio é exatamente a mesma nos dois casos. Olhe para o planeta do meu amigo e suas recepções.

---

[26] *Bonatus*, aforismo 31.

Será que ele é um amigo honrado que gosta de mim mais do que da Nancy, ou é moralmente fraco e louco por ela?

Na maior parte das horárias, estamos interessados somente com o próximo aspecto que um planeta faz, ou, às vezes, os próximos dois aspectos se houver translação de luz. Não empurre os planetas através dos aspectos ("A Lua se aplica a uma quadratura com Marte, depois a uma conjunção com Saturno, depois a um trígono com Vênus, depois..."). É muito pouco provável que esses aspectos mais distantes sejam relevantes ao assunto.

Isso quer dizer: Mantenha o foco!

◈ Meus alunos normalmente têm dificuldade em entender essa parte, então eu repito: não mova os planetas aspecto após aspecto! A menos que haja uma translação de luz, o primeiro aspecto que o planeta faz vai proibir qualquer outro aspecto subseqüente. A proibição significa exatamente o que parece: para nós, esse aspecto subseqüente não aconteceu.

Também não podemos mover os planetas para trás e para frente através dos signos. Exceto em casos muito raros, nos quais sabemos que o evento de que se pergunta deve acontecer (como discutido, por exemplo, na página 233), podemos mover um planeta para o próximo signo somente se ele estiver, atualmente, nos últimos três ou quatro graus do signo presente e somente para os três ou quatro primeiros graus do signo seguinte. Da mesma forma, podemos mover um planeta de volta para o seu signo anterior somente se ele estiver, neste momento, nos primeiro três ou quatro graus do signo atual e somente para os últimos três ou quatro graus do signo anterior. ◈

Orbes

Este é outro termo técnico que deve ser explicado porque você vai encontrá-lo nos textos, mas que não tem utilidade prática. *Orbe* é provavelmente um dos conceitos mais superestimados da astrologia tradicional.

A teoria é que cada planeta tem uma orbe ao seu redor. Ela funciona como uma aura ou campo de força, mas se estende não só ao corpo do planeta, mas também aos pontos a que os planetas emitem seus aspectos. Assim, se a orbe de um planeta tem 10 graus, ela inclui 10 graus ao redor do planeta, 10 graus ao redor da sua quadratura, do seu trígono, do seu sextil e da sua oposição.

A palavra "orbe" se refere ao diâmetro deste campo de força, com o planeta no seu centro. O raio do campo de força é chamado de *moitie* ("metade" em francês) ou metade. A distância que a orbe se prolonga em cada direção é sua *moitie*. Essa metade é, obviamente, o que nos interessa, não a orbe, da mesma forma que, quando estamos falando de um boxeador, estamos preocupados com o seu "alcance", que é a distância que ele consegue socar com cada mão, não com o quanto ele consegue se esticar com os braços estendidos.

Em teoria, quando o limite da moitie de um planeta toca o limite da moitie de outro planeta, eles estão em aspecto por orbe. Exemplo: se o planeta A tem uma orbe de 10 graus, metade dela é de cinco graus. Se um planeta B tem uma orbe de oito graus, metade disso será quatro graus. Quando os planetas estão a exatamente nove graus de distância (a soma das duas metades: 5 + 4), eles se tocam por orbe – como se tivéssemos dois boxeadores, um tocando a ponta da luva do outro, com o braço completamente estendido.

"O que isso significa?" Nada. Absolutamente nada. É por isso que você não precisa se preocupar com isso.

"Por que isso não quer dizer nada?" Em primeiro lugar, orbes não chegam a um limite bem definido e simplesmente acabam. As auras dos planetas não são exatamente como os braços dos boxeadores que podem atingir exatamente uma certa distância e nada a mais. A aura gradualmente fica mais fraca, até a insignificância. É por isso que Lilly dá duas listas diferentes dos tamanhos das orbes dos planetas, dizendo que ele usa a que ele lembrar na hora, e é por isso que eu não estou dando nenhuma dessas listas aqui: é uma lista do que não existe[27]

Quaisquer dois planetas no mesmo signo têm algum efeito um no outro, independentemente da distância entre eles. Quaisquer dois planetas em signos que façam aspecto têm o mesmo efeito. Eles se *observam*. Isso tem um papel bastante limitado em horária, mas tem muita importância em astrologia natal – é provavelmente o conceito mais subestimado em astrologia tradicional. É parecido com a visão periférica: dois planetas podem estar a grande distância um do outro em graus, mas se estiverem em signos que se observam (literalmente, em signos que conseguem ver um ao outro) é como se estivessem no campo de visão periférica um do outro. Isso pode parecer pouco, mas todo motorista sabe que estamos bastante conscientes do que está nos limites do nosso campo visual.

Em horária, estamos preocupados principalmente com os planetas em aspecto exato uns com os outros. Exato quer dizer exato – então, orbe e moitie não têm lugar aqui. Algumas vezes, estamos preocupados com planetas próximos uns dos outros, que influenciem um ao outro. Mas a separação máxima para que isso seja digno de nota, seja por conjunção ou aspecto, é por volta de três graus, muito

---

[27]   *Lilly*, pág. 107.

menos do que a teoria do orbe e da moitie prevê. Ou seja, de qualquer jeito, as orbes são inúteis.

Existem autores que consideram o ponto no qual as moities se encontram como um tipo de ponto inicial: se os planetas não estiverem dentro desta distância quando o mapa for aberto, eles não podem fazer um aspecto. É claro que podem. Esta idéia não tem respaldo em lugar nenhum dos textos antigos e é contrária à razão: é o equivalente de dizer que nada pode passar do limite da minha visão periférica para minha visão central.

Atenção: quando os astrólogos modernos falam de orbes, eles normalmente as ligam aos aspectos, em vez de aos planetas ("um sextil tem uma orbe de X graus") e eles querem dizer o raio do campo de força, não seu diâmetro. A "orbe" moderna é igual à "moitie" tradicional.

Agora que você já sabe o que orbes são, pode esquecê-las por completo.

Aspectos retrógrados

Os textos normalmente falam de forma negativa de aspectos feitos quando um planeta está retrógrado – ou (principalmente) quando os dois planetas estão. No entanto, normalmente o contexto mostra um bom motivo para a retrogradação. Isso é comum quando a pessoa significada pelo planeta retrógrado está voltando, de forma literal ou metafórica. Se a questão for "Será que eu vou voltar com meu namorado antigo?", os significadores se unindo por um aspecto com um deles retrógrado faria sentido no contexto.

Aspectos entre dois planetas retrógrados são raros. Se houver um contexto que sustente a idéia de ambas as partes estarem voltando (chefes e funcionários voltando à mesa de negociação, por exemplo), isso também não teria indicações negativas. Sem um contexto desses, no entanto, devemos considerá-los como andando contra a ordem natural das coisas, com o sentido de que as coisas não vão acabar bem.

Aspectos separativos

Como já vimos, eles mostram coisas que aconteceram no passado. Mas e se os significadores que estamos esperando que façam um aspecto aplicativo (algo acontecendo no futuro) estão, na verdade, se separando de um aspecto um com o outro?

A análise vai depender do contexto. Em muitas questões isso pode ser considerado como "Você chegou o mais perto possível dessa coisa, não vai chegar mais perto que isso". Se a coisa em questão é a mulher dos sonhos do querente, isso não é uma resposta favorável. Se a coisa em questão é a morte, o querente vai ficar encantado.

Às vezes, o contexto indica que o aspecto separativo já acionou uma cadeia de eventos, ou seja, se nada estranho acontecer aos significadores no futuro, podemos julgar que as coisas estão se desenrolando bem e que vão continuar a produzir o resultado desejado. Se a questão é "Eu vou casar com o Fred?" quando o casamento já foi arranjado, um aspecto separativo poderia mostrar que os preparativos já foram feitos. Se não houver nenhum obstáculo acontecendo no mapa, o casamento vai acontecer conforme planejado. Se a questão fosse "Será que eu vou casar com o Fred, que conheci duas horas atrás?", um aspecto separativo seria um "Não" definitivo.

Posição

Em algumas questões, não precisamos de um aspecto. Você vai encontrar muitos exemplos disso nos capítulos de interpretação do mapa. Isso é comum em questões sobre o estado de coisas, em vez de sobre um evento específico: "Estou grávida?" – o regente da casa V (o bebê) na casa I fornece uma imagem bem clara do bebê dentro da querente: "Sim, está". "Onde está o livro?"; o livro perdido está onde ele está, independente do que possa estar acontecendo a ele. A posição do significador nas casas vai mostrar a sua localização.

Há outros contextos nos quais somente a posição vai dar a resposta a uma análise de uma horária sobre um evento. "Vou vencer essa partida de tênis?" com o regente da casa VII logo dentro da primeira casa: meu oponente está em meu poder; sim, eu vou vencer.

Mas na maior parte dos contextos, a posição mostra desejo ou medo, em vez de um evento. "Ela vai casar comigo?"; meu significador na cúspide da casa VII não é um testemunho forte de um sim. Ele mostra que eu quero que ela case comigo e, assim, o casamento é mais provável do que se eu não quisesse, mas ele mostra só isso. "Será que eu consigo esse emprego?", com o regente da I na cúspide da X, eu realmente quero este emprego e, assim, eu tenho um pouco mais de chance de conseguir do que se eu não quisesse; mas é só isso. Não quer dizer "sim".

Se outro testemunho no mapa mostra um "Sim", o movimento dos significadores à cúspide pode mostrar quando isso acontece.

Da mesma forma, "Será que eu vou conseguir este emprego?". Com o regente da casa dez na cúspide da um não mostra um "Sim". O que um planeta no ascendente normalmente mostra é que isso está pesando na mente do querente. A idéia do emprego, ou de conseguir um emprego, pesa nos ombros do querente.

Encontrar o significador do querente dentro da casa relevante (em vez de sobre a cúspide da casa) ainda mostra somente desejo ou preocupação. Por exemplo, "Será que vou sobreviver a essa doença?", com o regente da um na oitava casa mostra que o querente está preocupado com a morte, estando ele para morrer ou não. Encontrar o significador da coisa desejada dentro, em vez de sobre, a cúspide da casa do querente é muito mais positivo. "Vou conseguir este emprego?", com o regente da dez dentro da casa I: as coisas estão boas – você tem o emprego no bolso. Isso não é certeza absoluta de um "sim", mas é um testemunho positivo forte. Ele mostra que o emprego quer o querente, o que é muito mais encorajador do que o querente querer o emprego.

Se, no entanto, o evento é conhecido ou presumido, a aplicação a uma cúspide pode mostrar o evento acontecendo e nos dizer quando. "Quando a vovó vai chegar?", com o significador da vovô se aplicando à casa I confirma que ela está a caminho e, pelo número de graus que o significador dela precisa viajar para chegar à cúspide da I, mostra o momento da sua chegada.

Planetas se movem, cúspides de casa e partes árabes ficam paradas. Então, planetas se aplicam a cúspides ou partes; cúspides e partes não podem se aplicar a planetas.

10

Antiscia

Na primeira vez que li sobre os antiscia, a idéia me pareceu tão bizarra que eu tinha certeza que alguém tinha inventado isso do nada. Logo percebi que estava enganado. Estas criaturinhas são uma parte essencial da análise dos mapas. Se você não as usar, suas análises vão estar consistentemente erradas. Preste atenção!

A teoria

"Antiscion" vem do grego e quer dizer "sombra". Cada grau do zodíaco tem seu grau em antiscion; assim, qualquer coisa neste grau tem seu antiscion nessa posição. Estamos interessados normalmente em planetas, portanto o antiscion é a localização "da sombra" desse planeta.

Esqueça qualquer significado junguiano de "sombra": isso não faz sentido nenhum aqui. "Reflexo" talvez seja uma palavra melhor para isso. É como se o planeta tivesse uma posição alternativa no seu grau de antiscion. Ele funciona ali exatamente como funcionaria no grau onde está corporalmente, com a exceção de que os contatos por antiscion normalmente têm um sentido de "escondido". "Será que eu vou casar com a Kylie?", com nossos significadores se aplicando a uma conjunção: "Sim, você vai". Se eles estiverem se aplicando por conjunção por antiscion: "Não, mas você vai ter um caso com ela".

O CÁLCULO

Se você já sabe calcular o antiscion, pode pular essa caixa de texto.

Imagine uma reta entre os pontos de solstício (00° de Capricórnio e 00° de Câncer). Imagine que esta reta seja um espelho. O antiscion de qualquer grau e de qualquer coisa neste grau é a sua posição vista neste espelho. Ou seja, se algo estiver a 02° de um lado desta reta (por exemplo, em 02° de Câncer, ou seja, dois graus a partir do 0° de Câncer), seu antiscion vai estar em 02° graus do outro lado da reta (28° de Gêmeos: dois graus voltando a partir de 0° de Câncer).

Este reflexo a partir do eixo entre os pontos dos solstícios mostra que esta idéia está enraizada na realidade – não é só um produto da imaginação fértil de alguém. Há uma conexão direta entre os graus que estão à mesma distância de cada lado dos solstícios. Abra a tabela de efemérides no solstício de verão para qualquer ano (Sol em 0° de Câncer). Pegue um número entre 1 e 180. Conte este número de dias para o futuro e para o passado, ao longo do ano. O grau do Sol no segundo dia vai ser o antiscion do grau do primeiro dia. Isso significa que nos dois dias o tempo entre o nascer e o pôr do Sol vai ser exatamente o mesmo.

Cada signo se reflete em outro signo:

♈	se reflete em	♍
♉		♌
♊		♋
♋		♊
♌		♉
♍		♈
♎		♓
♏		♒
♐		♑
♑		♐
♒		♏
♓		♎

Assim, qualquer coisa em Áries tem seu antiscion em Virgem; qualquer coisa em Touro tem seu antiscion em Leão. Aprenda esta tabela.

Depois que você souber em qual signo o antiscion de alguma coisa está, você precisa descobrir o seu grau neste signo. Grau original + antiscion = 30. A soma do grau em que o planeta está com o grau do seu antiscion é igual a 30. Ou seja, para encontrar o antiscion, devemos pegar o grau original e subtrair de 30. Vamos ver o exemplo de novo: se um planeta está a dois graus depois de 0° de Câncer, ou seja, está em 02° de Câncer, tem seu antiscion em 2° graus antes de 0° de Câncer, que é em 28° de Gêmeos. 28 + 2 = 30.

Não se preocupe! Mesmo que você ache que não leva nenhum jeito para a matemática, isso não é complicado. Todos os signos têm 30 graus. Cada grau consiste de 60 minutos. 60 minutos = 1 grau.

Em vez de pensar sobre cada signo como 30 graus, considere que eles tenham 29 graus e 60 minutos. É a mesma coisa (porque 60 minutos é a mesma coisa que um grau), mas torna as contas mais fáceis.

Siga este exemplo:

Vamos dizer que Marte esteja em 22°35' de Touro. Qual é o seu antiscion?

Se Marte estiver em Touro, seu antiscion deve estar em Leão (usando a tabela acima).

Em qual grau de Leão?

Marte está em 22°35' de Touro.

Subtraia isso se 30 graus.

Para ficar mais fácil, use 29 graus e 60 minutos.

$$\begin{array}{r} 29°60' \\ 22°35' - \\ \hline 07°25' \end{array}$$

Ou seja, o antiscion de Marte em 22°35' de Leão está em 07°25' de Leão.

É fácil verificar isso, porque o grau inicial + o antiscion tem que ser igual a 30.

$$\begin{array}{r} 07°25' \\ 22°35' + \\ \hline 29°60' \end{array} \text{ que é} = 30°00'$$

Vamos fazer outro exemplo.

Qual é o antiscion de 14°35' de Áries?

Usando a tabela acima, qualquer coisa em Áries tem seu antiscion em Virgem.

Em qual grau de Virgem? Retire 14°35' de 29°60'.

$$\begin{array}{r} 29°60' \\ 14°35' - \\ \hline 15°25' \end{array}$$

Assim, o antiscion de 14°35' de Áries é 15°25' de Virgem.

O erro mais comum aqui é terminarmos o processo com grau inicial + antiscion = 31 graus. Assim, até que você se acostume com esse cálculo, sempre verifique se ele está correto, adicionando o antiscion calculado ao grau inicial para ter certeza de que sua soma dá 30. Se você seguir a minha sugestão de usar 29°60' em vez de 30°, você não vai cometer esse erro.

Se isso parece que é muito trabalho, acredite em mim: não é. Em muito pouco tempo, você vai se acostumar a, em uma única olhada no mapa, ver se o antiscion de algum dos significadores está fazendo alguma coisa interessante. Depois de um pouco de esforço no começo, você vai perceber que a verificação dos antiscia vai passar a acontecer de forma automática. Você não precisa fazer todo o cálculo, basta pensar "O regente da casa I está em 19° de Gêmeos. Existe alguma coisa em mais ou menos 11° de Câncer ou Capricórnio?"; se não houver – pode esquecer. Se houver, aí você pode calcular de forma exata a posição do antiscion.

Contrantiscia

Se um planeta estiver em 25°42′ de Gêmeos, seu antiscion vai estar em 04°18′ de Câncer. O ponto exatamente oposto ao seu antiscion, 04°18′ de Capricórnio, é seu *contrantiscion*. O contrantiscion está em oposição direta ao antiscion.

Você precisa conhecer esta palavra, porque ela vai aparecer em outros livros, mas eu sugiro fortemente que você mesmo não a use. Chamá-lo de oposição por antiscion é melhor; é isso que ele é e isso torna o significado mais claro. Vivemos muito bem sem termos técnicos supérfluos.

Exemplo: vamos supor que o meu significador esteja em 03°17′ de Leão. Seu antiscion está em 26°43′ de Touro. Se houver um planeta em 26° de Escorpião, ele se opõe ao meu significador por antiscion. Ou, se você quiser, está no meu contrantiscion.

Em mapas natais, outros aspectos aos antiscia podem ter importância menor. Em horária, eles podem ser ignorados. Preocupe-se só com a conjunção e oposição.

Se esta é a sua primeira introdução aos antiscia, pare agora e descubra onde estão os antiscia no seu mapa natal. Você provavelmente vai descobrir que tem alguns aspectos novos e importantes, sobre os quais você não sabia nada.

Como usamos os antiscia?

Se a conjunção ou oposição vai mostrar um evento, ela deve ser exata, da mesma forma que um aspecto corporal. Não tente mover o antiscion, você vai se enrolar todo, especialmente se estiver lidando com o antiscion de um planeta retrógrado. Marque o antiscion do mapa e veja se o planeta que está se aplicando vai até ele.

◈ Quando ambos os planetas estiverem diretos, e A se aplicar ao antiscion de B, B também vai se aplicar ao antiscion de A. Quando um planeta estiver retrógrado, o movimento relativo dos planetas pode gerar confusão. Pode parecer que ambos estão se aplicando e se separando, dependendo de onde marcarmos o antiscion de A ou B. Simples: calcule o antiscion do planeta retrógrado e use o movimento do planeta direto para decidir se o aspecto está se aplicando ou se separando. ◈

Se o antiscion do planeta A estiver conjunto ao planeta B, o antiscion do planeta B vai estar conjunto ao planeta A. Isso é automático, não se empolgue com isso. "Veja só, o antiscion de Marte está em Vênus e, uau, o antiscion de Vênus está em Marte!"

Algumas vezes, não estamos procurando o aspecto para mostrar um evento. Se dois planetas estiverem conjuntos ou opostos por antiscion, eles vão se influenciar mutuamente. Por exemplo, se o regente da X for o novo emprego sobre o qual estou perguntando e Saturno em Áries se opuser a ele por antiscion, eu sei que alguma coisa ruim está afligindo este emprego de uma forma escondida (por antiscion). Para que esta influência seja importante, os planetas precisam estar próximos, alguns graus de distância no máximo. Se este Saturno malvado estivesse na cúspide da casa X por antiscion, a análise seria a mesma: meu emprego é afligido de forma escondida.

Como este exemplo mostra, o antiscion de um planeta funciona como se o próprio planeta estivesse neste lugar, com as exceções:

* estamos interessados somente com a conjunção e a oposição
* os antiscia normalmente têm um sentido de coisa escondida
* os antiscia têm menos propensão a proibir outros aspectos.

Eu já analisei e julguei horárias baseado apenas em antiscia. Duas coisas que não são mostradas por antiscia são morte e gravidez.

Use as dignidades essenciais como mostrados por sua posição corporal, não a posição do antiscion. Se Júpiter estiver em 23°07′ de Câncer, seu antiscion está em 06°53′ de Gêmeos. Quando estiver analisando seu antiscion, considere Júpiter como exaltado (por sua posição corporal em Câncer), não como em seu detrimento (que é onde está seu antiscion, em Gêmeos). Os antiscia podem ganhar ou perder força acidental, no entanto. Em uma horária de disputa esportiva, o significador de um time caiu exatamente em um ângulo: isso é bastante positivo, e o time venceu. Eu não acredito que os antiscia sejam afetados por estarem em conjunção com estrelas fixas, mas posso ser convencido do contrário.

◈ Não, não posso ser convencido do contrário. Ignore antiscia sobre estrelas fixas. ◈

Se um antiscion cair exatamente sobre a cúspide de uma casa, isso mostra que essa pessoa – se o planeta for o significador de alguém – tem um interesse nos assuntos dessa casa, ou que a casa é afetada, para melhor ou para pior, por qualquer coisa que o planeta significar. Isso ocorre *somente* se ele cair exatamente na cúspide: se o antiscion estiver perdido no meio da casa, seu efeito sobre esta casa pode ser ignorado. Exemplo: se eu perguntar "Ela vai casar comigo?" e o antiscion do meu significador cair na cúspide da casa oito (a segunda a partir da casa sete: o dinheiro da outra pessoa), isso sugere que eu tenho um grande interesse no dinheiro dela. Se o antiscion do meu significador estivesse alguns graus dentro desta casa, ele não teria este significado.

Exemplo analisado

O evento deste mapa é mostrado por um antiscion, apenas[28]. A querente tinha uma relação por e-mail e telefone com um homem. Ela não tinha notícias dele havia já algumas semanas e ele não respondia, nem retornava as suas ligações. Ela perguntou "Por que ele não me liga mais? Será que eu vou ter notícias dele? Quando?" Algumas das técnicas discutidas aqui são explicadas mais tarde neste livro; siga o que você conseguir agora, depois volte a esse mapa, quando já houver estudado a seção prática.

O querente é mostrado pelo regente da casa I, que é Vênus, e a Lua. Como essa é uma questão de relacionamentos, nós também daríamos Vênus a ela por ser uma mulher, mas ela já está com ela.

Como ela está? Eca! Vênus está no próprio detrimento, na casa XII. Ela não está feliz e tem pouco poder de agir: nós sabemos disso, porque ela tem que esperar que ele ligue.

A posição da Lua normalmente diz em que o querente está pensando, especialmente se esta localização estiver enfatizada de alguma forma – como aqui, estando próxima a uma cúspide. Isso age como uma caneta marcadora, chamando

---

[28]   Há um outro exemplo no *R. A. Applied*, págs 26-28.

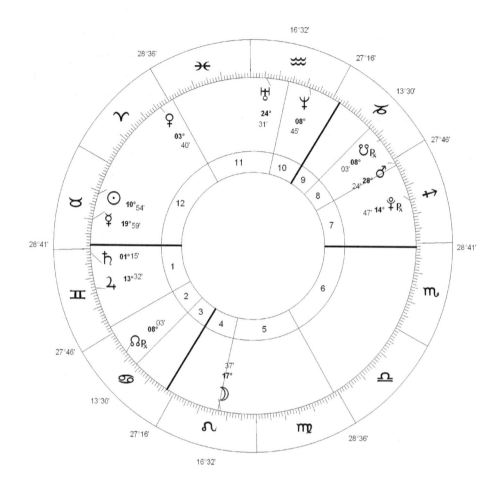

Por que ele não me liga mais? Primeiro de maio de 2001, 18:21, BST, Londres, Inglaterra.

a nossa atenção para a Lua. Em que ela está pensando? Provavelmente, em se divertir (casa V). É bastante improvável que ela esteja pensando o outro grande assunto da casa V, filhos, porque a Lua está num signo estéril.

Seu namorado é mostrado pelo regente da casa VII, que é Marte e – somente em uma questão de relacionamento – pelo Sol, porque ele é um homem.

Será que ela gosta dele? Para isso temos que descobrir suas inclinações, o que fazemos examinando as recepções dos seus planetas. Examine a tabela da página 91. Vênus está no domicílio e na face de Marte (ele) e na exaltação e na triplicidade do Sol (ele). A Lua está no domicílio e na triplicidade do Sol. Sim, ela gosta bastante dele!

Nota: Vênus está no signo regido pelo regente da casa VII e no seu próprio detrimento. Se Vênus estivesse perto da cúspide da casa VII, em, talvez, 24° de Escorpião, ela também estaria num signo regido pelo regente da sete e no próprio detrimento; mas isso seria uma situação muito mais saudável. Nesse caso, ela teria ido até o lado dele do mapa, e o regente da I sempre vai estar no próprio detrimento na cúspide da casa sete. Se ela estivesse em 24° de Escorpião, poderíamos julgar "Ela o ama (no domicílio dele) e por causa disso está vulnerável (no próprio detrimento) – como sempre estamos quando amamos alguém". Neste mapa, no entanto, o regente da I está no *outro* signo regido pelo regente da casa VII. Ela não foi até o outro lado do mapa. A implicação aqui é que ela está infeliz e, portanto, o ama, uma dinâmica bastante diferente.

Os seus sentimentos são correspondidos? Veja as recepções dos planetas para encontrar quais são suas disposições. O Sol está no domicílio e na triplicidade de Vênus e na exaltação e face da Lua. O Sol está muito a fim dela. Em 28° de Sagitário, no entanto, Marte não tem interesse nenhum nela: ele não está em nenhuma dignidade nem debilidade nem de Vênus nem da Lua. Assim, embora o Sol esteja muito a fim dela, Marte está completamente indiferente. Talvez essa seja uma pista do porque ele não está ligando.

O regente da casa sete e o Sol, ambos, significam o homem; mas eles o significam de modos diferentes. O regente da sete é ele enquanto pessoas pensante e sensível; o Sol é ele enquanto animal do sexo masculino. Então, sua natureza animal é fortemente atraída para ela. Isso não está, necessariamente, relacionado só ao sexo; ele também abrange a necessidade normal de encontrar um parceiro. Como pessoa, no entanto, ele não tem nenhum interesse por ela. Interessado ou não, com seus significadores na casa oito e na casa 12, ele não está numa boa posição para agir.

Marte está especialmente incapaz de agir. Sua condição aqui não parece tão ruim: ele tem alguma dignidade essencial (termo) e está prestes a entram em Capricórnio, onde está exaltado. Mas as aparências enganam. Você *precisa* saber o que os planetas estão fazendo – não só o que eles parecem que estão fazendo. Você *precisa* consultar sempre as efemérides. Marte está na primeira estação: praticamente parado, se preparando para retrogradar. Ele não chega na terra prometida de sua exaltação. A estação é um momento de grande vulnerabilidade.

Assim, Marte (o namorado enquanto pessoa pensante/sensível) está numa posição bastante vulnerável. Por quê? O planeta estando tão perto da cúspide da casa nos direciona para a resposta. Na cúspide da segunda casa a partir da sua própria casa I (que é a casa VII do querente), ele está preocupado com o próprio dinheiro. Como está o seu dinheiro? Veja o regente dessa casa, Júpiter. Está no próprio detrimento. Seu dinheiro está uma porcaria.

Então, vemos que o seu namorado está atolado (Marte não se move) em preocupações financeiras, que é o motivo pelo qual ele não ligou para ela, mesmo que ainda possamos garantir à querente que ele ainda está muito interessado nela.

Será que eles vão se falar? Para responder "Sim" a isso, precisamos de um aspecto. A Lua (ela) se aplica a Marte (ele); mas este aspecto é proibido por Mercúrio: a Lua quadra Mercúrio primeiro. Mesmo se isso não ocorresse, nós gostaríamos muito de unir um dos seus planetas com o Sol (a parte dele que gosta dela) em vez de com Marte (a parte que não gosta).

O Sol está em 10°54′ de Touro. Onde está seu antiscion?
Da tabela, vemos que Touro tem seu antiscion em Leão. Hum... é onde a Lua está. Isso pode ser interessante. Mas em Leão onde?

$$
\begin{array}{r}
29°60′ \\
10°54′ - \\
\hline
19°06′
\end{array}
$$

O antiscion do Sol está em 19°06′ de Leão. Mantenha o antiscion parado, deixando que o planeta se aplique a ele: a Lua se aplica imediatamente a uma conjunção com o Sol. Ótima notícia, porque (analisando as dignidades essenciais pela posição inicial, não pelo antiscion), eles têm uma recepção mútua forte; ele vai dar notícias.

Quando? Com a Lua em 17°37′ de Leão, ela precisa se deslocar um grau e meio para atingir o antiscion do Sol em 19°06′ de Leão. Assim, ele vai ligar em 1 e ½ alguma coisa. Um e ½ o quê? "Anos" não é uma opção relevante para essa pergunta; para a nossa querente magoada, "anos" e "nunca" seriam a mesma coisa. Como ele não ligava fazia alguns dias, "horas" provavelmente seria uma unidade de tempo muito pequena. O que no deixa com dias, semanas ou meses.

Seguindo a fórmula de signo + casa[29], 1 e ½ graus em um signo fixo e em uma casa sucedente nos daria semanas. Mas podemos usar somente a fixidez do signo, o que nos daria a unidade maior de tempo, meses. O julgamento dado foi que ele ligaria, possivelmente em uma semana e meia, sendo mais provável em um mês e meio. Ele ligou para ela em um mês e meio.

Veja que o fato de ele ligar para ela foi mostrado *apenas* pelo antiscion. Se tivéssemos ignorado isso, teríamos errado. Essas criaturinhas são importantes!

---

[29]   Veja o capítulo treze para mais detalhes sobre como determinar o momento dos eventos

11

Estrelas fixas

◈ As estrelas fixas são extremamente importantes em astrologia natal, mas raramente são relevantes em horária. Até mesmo o tratamento breve dado neste capítulo devota mais atenção a elas do que elas merecem e, descobri ao longo do tempo, leva os alunos a usarem-nas demais. Como sempre, mantenha as coisas simples: se você tem dúvidas sobre se deve usar uma estrela numa análise, é melhor deixá-la de fora.

Eu limitaria seu uso a ocasiões nas quais o contexto dê uma importância clara, específica, à natureza daquela estrela. Por exemplo, o cônsul romano Regulus foi morto ao voltar para a África. Se a pergunta fosse "Eu devo ir para a África?", o regente da casa um sobre a estrela Regulus não necessariamente seria uma previsão de morte, mas seria um "Não!" bem claro. ◈

As estrelas fixas são o que normalmente chamamos de "estrelas", em comparação com as "estrelas errantes", ou planetas. Em uma noite clara – ao menos, se você não morar em uma cidade grande – é fácil ver que há um grande número delas no céu. Mais ou menos cem delas têm alguma importância na prática astrológica, mas dessa centena, só algumas poucas devem ser observadas em astrologia horária. As estrelas fixas ficam mais importantes à medida que subimos na escala astrológica: elas são úteis em astrologia natal; são inestimáveis em astrologia mundana; as perguntas horárias, por outro lado, estão num nível muito baixo para serem dignas da sua atenção.

As estrelas que podem ter uma importância maior na análise horária são:

Algol	que está em	26° de ♉
Alcyone		29° de ♉
Albebaran		09° de ♊
Regulus		29° de ♌
Vindemiatrix		10° de ♎
Spica		23° de ♎
Antares		09° de ♐

Estas posições são precisas o bastante e são exatas para o ano em que escrevo, que é 2005. Apesar de serem "fixas", as estrelas se movem, embora muito mais devagar do que os planetas: mais ou menos um grau a cada 72 anos. Depois de 2010 você já pode considerar Regulus como estando em 00° de Virgem. Se um significador, ou cúspide, estiver a poucos graus de uma dessas estrelas (restrinja isso a um grau para Vindemiatrix), isso pode ser importante – se a estrela tiver um significador relevante no contexto da questão.

Estamos preocupados *somente* com conjunções a estrelas fixas: sem aspectos. Planetas ou estão em estrelas ou não estão: não pense (em horária) em planetas se movendo para estrelas. Exemplo: se a pergunta fosse "Será que eu consigo segurar meu casamento?", o regente da casa VII em Vindemiatrix seria uma indicação de que o cônjuge da querente quer o divórcio. Se o regente da casa VII estiver a cinco graus de uma conjunção com Vindemiatrix, isso não quer dizer que o cônjuge vai querer o divórcio no futuro. Estes movimentos devem ser ignorados. A exceção a esta regra geral é quando estamos usando horária para eleger um momento para agir[30]. Neste caso, um planeta se dirigindo para Regulus, por exemplo, pode mostrar o momento mais propício.

Ignore conjunções a estrelas fixas por antiscion.

Algol

Caput Algol, a cabeça da Medusa. Esta é a estrela mais infeliz de todas. Em horária, a idéia geral com ela é a de perder a cabeça. Isso pode ser literal, mas mantenha a vontade de escrever uma tragédia grega longe das suas análises horárias. Sim, esses eventos mais sangrentos acontecem, mas tendem a ser raros, especialmente se a questão for "Será que eu consigo este emprego?", ou "Eu consigo comprar este apartamento?"; a perda da cabeça pode, normalmente, ser encarada de forma metafórica.

Exemplo: a querente estava em dúvida se uma babá que ela estava pensando em contratar ia conseguir desempenhar bem suas funções. O significador da babá estava em Caput Algol, confirmando inteiramente os temores da querente: a babá poderia perder a cabeça.

Algol está em Touro, então a Lua e Vênus vão ter muita dignidade essencial se estiverem localizadas junto dela. Neste exemplo, o significador da babá era a Lua. Muita dignidade, então ela era um pessoa decente; ainda assim, não ia conseguir desempenhar direito suas funções.

---

[30] Veja o capítulo 27.

Alcyone

Esta é a estrela principal do aglomerado conhecido como as Plêiades, ou as irmãs que choram. Choro é a idéia principal aqui: arrependimento; as coisas não vão terminar bem.

Como todos os aglomerados, as Plêiades afligem a visão, o que pode ser uma indicação de que qualquer significador que estiver conjunto a Alcyone não pode ver direito, ou está iludido.

Aldebaran

O Olho Sul do Touro. Esta é a estrela mais brilhante da constelação de Touro (mesmo que agora, medindo em longitude zodiacal, ela esteja na parte do Zodíaco chamada de Gêmeos)[31]. Ela está associada com o equinócio da primavera, o começo do ano; a idéia, aqui, é de início, de um começo positivo.

Exemplo: se a pergunta fosse "Devo procurar por um novo emprego?", encontrar Aldebaran no ascendente seria uma indicação de que é hora de começar um novo ciclo, então "Sim, um novo emprego seria adequado".

Regulus

Cor Leonis, o Coração do Leão. Esta é a estrela mais brilhante na constelação de Leão. Qualquer estrela que estiver no "coração" da sua constelação é o epítome da idéia que a constelação expressa. Ou seja, Regulus é a parte mais leonina de Leão, o "Super-Leão". Ela é muito auspiciosa para ganhos materiais e, em horária, sua significação é normalmente limitada a isso. Ela não é necessariamente feliz, mas traz sucesso.

Se a pergunta for "Eu vou conseguir essa promoção?", encontrar o significador do querente em Regulus seria um testemunho positivo bastante forte. Se a questão for "Ela me ama?", ou "O gato vai voltar para casa?", um significador em Regulus não vai acrescentar nada na nossa análise.

---

[31]   Uma discussão sobre as distinção entre os signos do zodíaco e as constelações que recebem os mesmos nomes está apresentada em *Real Astrology*, capítulo 5. Por agora, o ponto importante é que os signos e as constelações são diferentes e não podem ser confundidos.

Vindemiatrix

A coletora de uvas. A fabricante de viúvas. Esta estrela tem uma forte associação com divórcio e separação. Então, se a pergunta for "Há um futuro nessa relação?", Vindemiatrix no ascendente seria um testemunho imediato de "Não".

Ela também está associada com a história do Aprendiz de Feiticeiro – como mostrado, por exemplo, no filme *Fantasia*, da Disney. Superestimar as próprias capacidades; assumir poderes que não se consegue controlar. Ações estúpidas feitas só porque são estúpidas, fazer algo idiota mesmo sabendo que é idiota. "Devo abrir uma escola espiritual?", com o significador do querente em Vindemiatrix: "Só se você quiser prejudicar a si mesmo e aos outros".

Spica

O espigão da virgem. Esta é a estrela mais brilhante da constelação de Virgem. Ela está associada com Nossa Senhora, sendo extremamente protetora. Spica ascendendo não é necessariamente uma garantia de que tudo vá acontecer conforme o esperado, mas mesmo se as coisas não derem certo, você vai ficar bem no fim: ela vai tomar conta de você.

Spica pode ser afortunada, trazendo recompensas, mas ela não tem o sentido de ganho material que Regulus tem. Ela é, no entanto, a estrela mais feliz das duas.

Antares

Cor Scorpionis, o Coração de Escorpião. Da mesma forma que Regulus é a parte mais leonina de Leão, esta é a parte mais escorpionina de Escorpião (mesmo estando, atualmente, localizada em Sagitário). Essa é a estrela sobre a qual Blake dizia:

> *Tyger, tyger burning bright*
> *In the forests of the night.*[32]

Ela é muito poderosa, mas – como seria de se esperar para o Super-Escorpião – não é a mais benéfica das estrelas.

Estando diretamente oposta a Aldebaran, a estrela do equinócio da primavera, Antares está associada com o equinócio do outono. Da mesma forma que Aldebaran está ligada a inícios e a começo de ciclos, Antares está relacionada a fechamentos e fins de ciclos. Isso nem sempre é negativo. Vamos supor que a questão seja

---

[32] "Tigre, tigre que flamejas/nas florestas da noite", na tradução de Ângelo Monteiro.

"Eu devo me aposentar mais cedo?", Antares no meio-céu (ou no ascendente) seria uma indicação de que o ciclo está se fechando e é hora de seguir em frente.

Outras estrelas

Outras estrelas podem ter importância em contextos específicos. Vamos supor que uma mulher pergunte "Eu devo entrar para o exército?" e o regente da X esteja conjunto a Bellatrix ("a guerreira"), isso seria um testemunho importante. Mas, para lidar com todas essas possibilidades aqui, o capítulo sobre as estrelas fixas seria maior que o resto do livro, o que exageraria muito a importância geral das estrelas na análise horária. Eu tenho planos de escrever um livro, no futuro, sobre estrelas fixas; enquanto isso, eu diria que há mais risco em superestimar a importância das estrelas do que há em ignorá-las. Não se preocupe, não saber o significado delas não vai impedir que você faça análises sólidas: sempre vai haver outros testemunhos.

Para uma investigação mais aprofundada das estrelas fixas, eu recomendo o livro *Fixed Stars and Constellations in Astrology*[33], de Vivian Robson. Ele se baseia em fontes tradicionais, embora bastante diluídas. Na estudo do livro é bom ignorar todas as suas referências a Alvidas e Wilson. Com relação a horária, também ignore suas notas específicas para cada um dos planetas em conjunção com estrelas. Em astrologia natal, ser específico assim faz sentido: podemos dizer "Seu Saturno está conjunto a Regulus, então...", mas em horária não existe "seu Saturno", que é uma faceta de você, mas o "seu significador", que é tudo de você: não é "seu Saturno está em Regulus", mas "você está em Regulus". Portanto, atenha-se aos significados gerais das estrelas.

A lista de estrelas de Robson informa as suas posições para 1920. Para atualizá-las, você precisa acrescentar "um grau e um pouquinho" à posição que ele fornece. As estrelas têm seus movimentos individuais próprios, além da progressão geral de um grau a cada 72 anos (50" por ano). Estes movimentos individuais são minúsculos, mas são suficientes para tornar esses cálculos de um grau a cada 72 anos imprecisos[34]. Não há benefício nenhum, por outro lado, em computar essas posições com precisão de minutos. Em 2015, podemos aumentar

---

[33]   Londres (?), 1923; disponível em uma nova edição pelo site Astrology Center of America (www.astroamerica.com)

[34]   Você provavelmente já viu na tevê programas mostrando como os formatos das constelações mudaram ao longo de milhares de anos: isso é esse movimento individual em ação.

o "um grau e um pouquinho" para "um grau e meio". Ao estudar os mapas de Lilly, retire quatro graus das posições de Robson, 5 das posições que mencionei acima.

Se você envolver outras estrelas nas suas análises, talvez porque já esteja familiarizado com elas, tome cuidado para não considerá-las de forma literal demais. Algumas vezes o contexto vai exigir uma interpretação literal, como na guerreira do exemplo acima. Normalmente isso não ocorre; portanto, considere-as como descritoras. Uma estrela no ascendente de um mapa horário pode ser vista como a ilustração na capa de um romance: ela não nos revela os detalhes da trama, mas dá uma indicação geral do tema do livro. Se você quer os detalhes, leia o livro – ou, no nosso caso, analise o mapa. A história vai ser contada pelo mapa, olhando para a capa ou não.

Exemplo: eu fui orientado pelo veterinário a esterilizar minha cadela. Eu abri um mapa para ver se essa era a opção mais sensata. As estrelas fixas têm sempre a natureza de um ou mais planetas. Todos os significadores relevantes neste mapa tinham estrelas da natureza de Vênus/Saturno conjuntas a eles: limitação (Saturno) do seu sistema reprodutivo feminino (Vênus); mas isso não me disse nada que eu já não soubesse pela natureza da pergunta.

A alma da horária é uma análise rápida e eficiente. Você não precisa da maioria das estrelas fixas para isso. Você pode ficar tentado a explorar sua utilidade de todas as formas, mas é muito melhor trabalhar com as ferramentas simples e produzir um resultado seguro. Em horária, menos é realmente mais. Gravar essa máxima no coração a fogo é uma lição mais importante do que aprender os inúmeros detalhes da legião das estrelas fixas.

As estrelas principais que afligem os olhos, de forma física ou metafórica, são:

A nebulosa de Andrômeda	que está em	27 de ♈
Capulus		24 de ♉
As Plêiades		29 de ♉
As Híades		5 de ♊
Ensis		23 de ♊
Praesepe		7 de ♌
Copula		25 de ♍
Foramen		22 de ♎
Aculeus		25 de ♐
Acumen		28 de ♐
Spiculum		0 de ♑

Facies	8 de ♑
Manubrium	14 de ♑

Exceto quando mencionado acima, eu sugiro que você ignore essas estrelas, a menos que a pergunta o direcione especificamente para eles ("Eu estou ciente de todos os fatos aqui?"; "Essa operação no olho é uma boa idéia?").

12

Partes Árabes

Eu costumava usar muito as partes árabes em horária. Agora, uso cada vez menos, porque percebi que elas não nos dizem nada de grande importância na maior parte dos mapas – e em horária não estamos preocupados com importância pequena. No entanto, há algumas circunstâncias nas quais vale a pena dar uma olhada em uma delas. Na maior parte das perguntas, no entanto, uma parte árabe não vai nos dar a resposta principal; então, resista à tentação de calcular partes cada vez mais obscuras, na esperança de que uma vá subitamente transformar a sua análise. Isso não vai acontecer.

Uma parte árabe é um ponto no mapa que fornece informações sobre um assunto específico. Há milhares dessas partes, calculadas para qualquer coisa, de abricós à morte de reis, passando pela facilitação de casamentos fraudulentos. Elas são calculadas tomando-se a distância entre dois pontos (normalmente, dois planetas) e prolongando-se essa distância a partir de um terceiro ponto (normalmente o ascendente). A mais valiosa e mais usada delas é a *parte da fortuna*. Ela é calculada medindo-se a distância entre o Sol e a Lua e então prolongando-se essa distância a partir do ascendente. Se o Sol estiver em 10° de Touro e a Lua a 25° de Touro, há 15° graus entre o Sol e a Lua: assim, a parte da fortuna vai estar 15° depois do ascendente no sentido anti-horário.

A maior parte dos programas de computador vai apresentar uma lista de partes árabes para qualquer mapa. Mas se você ainda estiver usando as páginas de software que fornecem essas e outras informações, você não está prestando atenção. Pode parar! O cálculo das partes não é difícil, mas o exercício envolvido pode ser o suficiente para impedir que você as use quando não forem necessárias.

Mais importante: o modo com que as partes são apresentadas nos programas de computador está errado. O que eles fornecem é uma lista de todas as partes que estiverem em aspecto próximo com um planeta do mapa. Se a parte as lentilhas estiver conjunta com Saturno, ela vai aparecer na lista – mesmo que a pergunta seja "Será que ele vai casar comigo?" e não houver nada relacionado a lentilhas na situação. O fato de alguma parte aleatória estar conjunta a algum planeta é irrelevante. Isso não quer dizer que a parte seja importante neste mapa.

O uso correto das partes é: decidir em qual parte estamos interessados, calculá-la e ver o que ela e – mais importante – seu dispositor estão fazendo. Eles podem ou não estar em aspecto com um planeta.

O CÁLCULO

Se você já sabe como calcular, pode pular esta caixa de texto.

Todas as nossas medidas em graus (06° de Áries, 17° de Câncer, etc.) são medidas de longitude celeste. Elas nos dizem a posição de um planeta A em relação à eclíptica. Um planeta em 12° de Touro está no segundo pedaço de 30° do zodíaco (o pedaço que chamamos de Touro) e está 12 graus dentro deste pedaço de 30 graus.

Quando medimos a distância de um planeta a outro, contando quantos graus existem entre eles, estamos medindo sua distância em longitude celeste. Mas pensar algo como "a distância entre eles é de 3 signos e 17 graus" é grosseira e pode levar a muitos erros. É mais fácil trabalhar com longitude absoluta. Essa é a distância entre alguma coisa e 00° de Áries, mas expressa somente em graus, não em signos e graus. O planeta do nosso exemplo, em 12° de Touro, está a 42 graus de *longitude absoluta*. Para chegar até ele, a partir de 00° de Áries, precisamos percorrer os 30 graus que constituem Áries e mais 12 graus de Touro: 42 graus ao todo.

A longitude absoluta do grau 0 de cada signo é:

♈	0	♎	180
♉	30	♏	210
♊	60	♐	240
♋	90	♑	270
♌	120	♒	300
♍	150	♓	330

Memorize esta tabela.

Assim, um planeta em 14° de Leão tem uma longitude absoluta de 120 graus (0° de Leão) + 14 graus = 134 graus. Um planeta em 8° de Peixes tem 330 graus (0° de Peixes) + 8 = 338 graus.

O procedimento de encontrar a distância entre planeta 1 e planeta 2, depois somar essa distância ao ascendente (ou a algum outro ponto) pode ser expressada de forma mais simples como Asc + planeta 1 – planeta 2.

Vamos supor que queiramos calcular a posição da parte da Fortuna em um mapa no qual o Sol esteja em 17°34′ de Leão, a Lua em 4°52′ de Libra e o ascendente esteja em 22°36′ de Virgem.

A fórmula para a parte da fortuna é Asc + Lua – Sol.

> **Asc** está em 22°36′ de Virgem.
> 0° de Virgem é 150 graus, + 22°56′ = 172°36′
> **A Lua** está em 04°52′ de Libra.
> 0° de Libra é 180 graus, + 04°52′ = 184°52′
> **O Sol** está em 17°43′ de Leão.
> 0° de Leão é 120 graus, + 17°34′ = 137°34′

> **Asc + Lua:** 172°36′
>   184°52′ +
>   ─────────
>   356°88′

Note o número da coluna dos minutos: 88 minutos. Só existem 60 minutos em um grau, mas ignore esse detalhe aritmético aqui. Se evitar mudar os minutos em graus (deixando-os aqui como 88), você garante que vai conseguir subtrair a terceira parte da fórmula sem problema. Trate cada lado da soma como uma adição separada, mesmo que isso resulte em um número maior que 100 na coluna dos minutos. Isso vai manter você longe dos erros comuns a esse cálculo.

> **Asc + Lua:** 356°88′
> **– Sol:**   137°34′ –
>   ─────────
>   219°54′

Ou seja, a parte da fortuna está em 219°54′ de longitude absoluta.
Veja a tabela de longitudes absolutas para encontrar o maior número que seja menor que 219°34′.
É 210, que está em 0° de Escorpião.
Então, Fortuna está em Escorpião.
Retire esses 210 da longitude absoluta de 219°54′:

$$219°54'$$
$$\underline{210°00' \; -}$$
$$9°54'$$

Assim, a parte da fortuna está em 9°54' de Escorpião.

Nota: você pode adicionar ou subtrair 360°00' a qualquer momento durante o cálculo para deixar a soma mais fácil. Se você descobrir que o número que tem que subtrair é maior do que o número que você conseguir somando os outros dois, adicione 360° ao número que você conseguiu com a soma. Se o número final for maior que 360°, tire 360° dele. Se o seu total final der um número de minutos maior que 60, subtraia 60 dele e adicione um grau ao número de graus.

Vamos fazer mais um. Vamos supor que queiramos encontrar a parte da renúncia e demissão, cuja fórmula é Saturno + Júpiter – Sol. Vamos imaginar que Saturno esteja em 17°54' de Áries, Júpiter em 04°58' de Touro, o Sol em 20°17' de Sagitário.

Saturno + Júpiter: 17°54'
                              $\underline{34°58' \; +}$
                              51°112'   observe a coluna dos minutos

                              51°112'
   – Sol: $\underline{260°17' \; -}$ não podemos fazer isso, então
                  somamos 360°00'

                              51°112'
                            $\underline{360°00' \; +}$
                            411°112'   agora podemos subtrair o Sol

                              411°112'
                            $\underline{260°17' \; -}$
                            151°95'

Assim, a parte tem 151°95' de longitude absoluta.

Isto é em graus e minutos, no entanto, não graus e decimais. Então, devemos ajustar a coluna dos minutos: 95 minutos = um grau e 35 minutos.

Então, 151°95′ = 152°35.

Qual é o maior número menor que este na tabela?

150. Assim, a parte está em Virgem.

$$\begin{array}{r} 152°35′ \\ 150°00′\ - \\ \hline 2°35′ \end{array}$$

Ou seja, a parte está em 02°35′ de Virgem.

Como a prática em breve vai mostrar a você, este cálculo é muito mais fácil do que parece à primeira vista. Eu tenho diversos alunos que dizem ser negações em matemática, mas que aprenderam a fazer isso sem muita angústia.

Usando as partes

Um princípio geral é que as partes não fazem nada, só sofrem. Elas não fazem aspectos (uma parte é só um ponto no espaço; ela não tem luz e, assim, não pode fazer aspecto); elas recebem aspectos. Vamos supor que Júpiter esteja em uma quadratura exata com a parte do casamento: o que quer que Júpiter signifique está causando dificuldades no casamento; isso não mostra que o casamento tenha qualquer efeito sobre Júpiter.

Dito isso, algumas partes, em algumas circunstâncias, podem agir como se estivessem fazendo aspectos. Se o meu significador se aplicar a uma oposição com a Parte da renúncia e demissão, este é um testemunho de que posso perder o meu emprego. O que a parte está fazendo é marcando o momento de um evento, como a sinalização marca um local na rodovia, em vez de mostrar o evento em si. Se a sinalização me diz que faltam 160 km para a cidade, posso decidir parar para jantar; isso não quer dizer que a placa me fez parar para jantar. Mas essa distinção é quase um jogo de palavras; no mapa, a ligação entre a parte e a ação pode ser considerada como direta.

Se você vai usar um aspecto com a parte para mostrar um evento, considere somente a conjunção e a oposição. Outros aspectos são menos confiáveis para mostrar um evento, a menos que haja testemunhos congruentes fortes no resto do mapa.

Considere a força das partes como se elas fossem um planeta: elas são afetadas por combustão, aspectos de planetas, e por aí vai. Tome cuidado ao avaliar a força usando a posição por casas: se a parte do trabalho a ser feito está na casa doze, isso quer dizer que ela está fraca, ou indica trabalho com animais grandes?

Atenha-se ao ponto. Não introduza partes a menos que elas sejam diretamente relevantes ao contexto. Se a questão for "Quando eu vou casar?" a parte da morte em conjunção com o regente da casa sete não significa que você vá casar com um psicopata. Isso não significa, na verdade, nada: ela não é relevante e não deve ser usada. Se a questão for "Estou com uma doença terminal. Eu vou me casar antes de morrer?", a parte da morte pode ser relevante.

Casas derivadas

Se você está derivando as casas, calcule as partes com as casas derivadas. Se estou perguntando "Será que ser bailarina é realmente o desejo do coração da minha filha?", não adianta olhar para a parte da vocação radical. Não é a minha vocação que está em questão, é a dela. Assim, temos que calcular a parte usando as casas derivadas, usando a casa X da minha filha, não a minha.

Parte da Fortuna

Embora essa seja a parte mais importante da astrologia natal e apareça automaticamente no mapa da maior parte dos programas de computador, seu papel em horária é limitado. Ela dificilmente nos diz alguma coisa que não seja mostrada em outro lugar.

A fórmula para a Fortuna é Asc + Lua – Sol. É prática comum inverter essa fórmula para mapas noturnos (Asc + Sol – Lua). Eu enfaticamente recomendo que você não faça isso: use a fórmula padrão de dia e de noite. Grande parte dos programas permite que você escolha se quer inverter a fórmula de noite ou não.

A parte da Fortuna mostra o tesouro do querente – o que quer que isso seja no contexto da questão. Então, se ela estiver exatamente sobre a cúspide de uma casa, isso pode mostrar que os assuntos dessa casa são importantes para o querente. "Quando eu vou casar?", com a Fortuna na casa V, isso pode sugerir que o "tesouro" da querente é ter filhos. A parte precisa estar a um ou dois graus da cúspide para ter esse significado.

Da mesma forma que a parte da fortuna é o tesouro do querente, ela pode significar a coisa perdida em uma questão sobre objetos perdidos, mas normalmente isso não acontece: ela está bem no fim da nossa lista de possíveis indicadores.

Ela pode ter um papel em perguntas sobre dinheiro. Quanto mais geral a pergunta é, mais provável é que ela tenha este papel. "Como é que minhas finanças vão estar pelos próximos meses?", com um Júpiter forte fazendo um trígono com a parte da Fortuna: muito bem! Em uma questão mais específica, como "Eu vou ganhar dinheiro comprando este apartamento para alugar?", esse testemunho, mesmo tão positivo, teria no máximo uma importância secundária. Para a parte principal da análise, investigue a casa dada pela questão (neste caso, a casa V: a segunda a partir da quatro, o lucro da propriedade).

Como princípio geral, se você notar que algo está acontecendo com a parte da Fortuna, como por exemplo um aspecto exato, pode valer a pena dar uma olhada, embora não seja muito provável que isso tenha muita importância. Você não precisa procurar por isso em especial ("Vamos ver o que está acontecendo com a parte da Fortuna").

◆ Eu segui os textos antigos com reverência demais aqui, especialmente nos comentários sobre dinheiro. Não há nunca, de forma alguma, tanto em horária quanto em astrologia natal, uma conexão direta entre a parte da fortuna e a fortuna material. Nossos predecessores ilustres muitas vezes alegam que exista, especialmente em análises de assuntos de casa dois, mas isso é um equívoco grave sobre a natureza da parte da fortuna, causado pela necessidade do astrólogo em ter mais uma coisa para jogar na mistura, para conseguir, de alguma forma, um veredicto favorável ao cliente. Se eles conhecessem asteróides, com certeza teriam inundado suas analises com eles.

Eu não consigo lembrar de nenhuma análise horária que tenha feito na qual a parte da fortuna tenha mostrado nada de importante. Lilly dá exemplos de mapas que mostram o contrário, mas o estudo cuidadoso de suas análises mostra que ele estava errado. Veja, por exemplo, os mapas em *Christian Astrology*, capítulos LXIII e LIV. Eu vou discutir esses mapas em mais detalhes em *Horary Practice*. ◆

Parte do casamento: Asc + Desc – Vênus

Esta parte tem um papel importante em muitas questões de relacionamento. Eu a uso mais que todas as outras partes juntas.

Esta parte nos conta sobre a qualidade do relacionamento entre duas pessoas e sobre as disposições que elas têm com relação a ele. Ela também nos diz, metaforicamente, sobre a intenção do relacionamento para com elas: se as recepções mostram que esta parte odeia um dos parceiros, o relacionamento prejudica essa pessoa.

◈ Eu poderia ter sido mais claro aqui. As recepções são lidas a partir do dispositor da parte, não pela parte em si. Veja a nota acrescentada abaixo. ◈

Ela não está relacionada somente com o casamento formal. Sendo calculada a partir do ascendente e do descendente, ela está relacionada somente com a relação entre as pessoas significadas pelas casas I e VII. Se o regente da VII é o amante da querente, que é casada, a parte do casamento descreve sua relação com o amante, não seu casamento.

Considere o seguinte exemplo:

Regente da I é Marte em 19° de Virgem, mostrando o querente.
Regente da VII é Vênus em 12° de Gêmeos, mostrando a mulher do querente.
A parte do casamento está em 05° de Virgem.
O mapa é noturno.

Será que os cônjuges se amam?
Verifique as recepções para descobrir (capítulo 8).
Marte está na face de Vênus. Vênus está na face de Marte.
Ou seja, há uma recepção mútua entre eles, mas somente por face. Essa é uma recepção muito fraca – quando muito, uma fagulha de afeto.
Marte também está na queda de Vênus: o querente abomina a sua mulher.
Mas Marte e Vênus partilham um forte interesse em Mercúrio: Marte está no domicílio e na exaltação de Mercúrio; Vênus está no próprio signo e triplicidade.
O que quer que Mercúrio signifique tem uma grande importância para os dois. O que é Mercúrio?
A parte do casamento está em 05° de Virgem, então Mercúrio é o seu dispositor.
Mercúrio significa o casamento.
Então, vemos que, embora os parceiros não gostem um do outro, os dois valorizam seu casamento. Isso é comum, especialmente em mapas do tipo "O nosso casamento vai sobreviver?". Também é comum, nestes casos, encontrar que o

dispositor da parte do casamento é, ele mesmo, disposto pelo regente da casa V:
o que é importante para o casamento? Os filhos.

Em perguntas sobre relacionamentos, se você encontrar que as duas partes têm
um forte interesse em um planeta ainda não identificado, você normalmente vai
descobrir que esse planeta dispõe a parte do casamento. É como se houvesse três
entidades distintas envolvidas: o marido, a esposa e o casamento em si.

O dispositor de uma parte árabe significa a coisa. O dispositor da parte
do casamento significa o casamento; o dispositor da parte da cirurgia significa
a cirurgia; o dispositor da parte do trigo significa o trigo do querente. Isso é
importante: é isso que permite que nós descubramos as inclinações das pessoas
envolvidas com relação a esta coisa, enquanto a condição do dispositor vai nos dizer
pelo menos tanto quanto a condição da própria parte sobre a condição da coisa.

Alguns exemplos do que isso pode nos mostrar:

* "Eu tenho futuro com o Bob?", com os significadores da querente sem interesse algum no regente da 7 (Bob), mas nas dignidades maiores do dispositor
  da parte do casamento. "Você parece não gostar tanto assim do Bob. O mapa
  sugere que você quer é um relacionamento e ele é só o sujeito que calhou
  de estar disponível".

* "Quando eu vou encontrar um marido?", com o regente da I tendo entrado
  há pouco tempo no signo regido pelo dispositor da parte do casamento.
  A querente acabou de decidir que quer casar. Isso é comum em questões
  sobre casamentos arranjados.

* "Ela vai me deixar?", com o regente da casa sete em 29° do signo regido pelo
  dispositor da parte do casamento. Ela está prestes a, ao menos, perder todo
  o interesse no casamento e provavelmente está indo embora, fisicamente
  falando. Se isso vai acontecer ou não vai ser mostrado por outros testemunhos.
  Talvez, no entanto, seu planeta esteja em estação, começando a retrogradar
  antes de mudar de signo: "Ela está pensando seriamente em deixar você,
  mas vai mudar de idéia".

* "O nosso casamento vai ser longo e feliz?", com o dispositor da parte do
  casamento localizado no início de um signo fixo e tendo muita dignidade
  essencial: "ele vai ser longo (signo fixo) e feliz (forte essencialmente)".

* "A minha mãe vai aprovar a nossa relação?", com o regente da X (mamãe) na queda do dispositor da parte do casamento. "Não!".

* "Vamos ter filhos?", com a parte do casamento e seu dispositor em signos férteis: forte testemunho de um "Sim".

O que a parte do casamento não faz é dar a resposta para "Quando eu vou casar?"; o momento não vai ser dado por um aspecto de um dos parceiros à parte do casamento ou ao seu dispositor. Precisamos de um aspecto entre as duas pessoas. A parte mostra a relação, não o evento do casamento.

◈ Como eu disse, o dispositor de uma parte significa a coisa, então o dispositor da parte do casamento significa a relação entre essas duas pessoas. Não há importância nenhuma em quaisquer das dignidades ou debilidades nas quais a parte esteja. Nunca podemos pensar "a parte exalta Marte" ou "a parte está no detrimento de Saturno". Todas as recepções envolvendo uma parte devem ser interpretadas a partir do seu dispositor, não da posição da parte em si. Se, por exemplo, o dispositor da parte do casamento estivesse na queda do regente da casa um, diríamos que a relação desaponta o querente. Se a parte mesma estivesse na queda do regente da casa um, não diríamos nada. Isso é assim porque as recepções são uma via de duas mãos, mas não é possível que um planeta esteja na dignidade ou debilidade de uma parte. Veja a tabela das dignidades na página 58. Há planetas nela, mas não partes: um planeta não pode estar na exaltação de uma parte nem no detrimento de uma parte, mas somente na dignidade ou debilidade de um outro planeta. ◈

Parte do casamento das mulheres: Asc + Saturno – Vênus
Parte do casamento dos homens: Asc + Vênus – Saturno
Parte do parceiro de casamento: Asc + Desc – Regente da casa VII

Eu só mencionei essas partes para que você não fique confuso quando encontrá-las em outro lugar. Elas são relevantes somente para casamentos arranjados e, embora eu tenha feito muitas horárias sobre este assunto, eu nunca percebi nenhuma utilidade para elas neste caso, também. Reserve-as para análises natais. As duas primeiras partes invertem suas fórmulas de noite, então o casamento das mulheres de dia é o casamento dos homens de noite e vice-versa.

Parte do divórcio: Asc + Desc – Marte

Há uma idéia de que a fórmula para esta parte seja a da parte do casamento invertida. Isso está errado: o divórcio não é o contrário do casamento.

Não é surpresa nenhuma se um dos cônjuges, ou os dois, forem encontrados nas dignidades maiores do dispositor desta parte em questões nas quais o divórcio seja uma opção real. Um parceiro pode exaltá-lo, considerando o divórcio a solução para todos os problemas; o outro pode estar na sua queda, o odiando e abominando a idéia.

Ao contrário da parte do casamento, ela está relacionada a um evento específico, portanto, um aspecto a ela pode nos dar esse evento e nos dizer quando. O significador se aplicando a uma conjunção com a parte do divórcio: "Você vai se divorciar" (desde que os outros testemunhos concordem, é claro); significador se aplicando a uma oposição à parte do divórcio: "você vai se divorciar, mas vai se arrepender".

"O nosso divórcio vai afetar as crianças?", com o regente da V e o dispositor da parte do divórcio um no detrimento do outro: "Pode apostar! Eles odeiam o divórcio e o divórcio os odeia".

Não calcule esta parte a menos que a pergunta estabeleça que o divórcio é uma opção séria! Não interessa onde a parte esteja localizada, se o divórcio não for uma opção, ela não vai ser relevante; é como se ela fosse um ator representando Hamlet que vagasse pelo palco durante uma produção de *Otelo*. Não importa o quanto ele seja convincente no improviso, ele está na peça errada e deve ser ignorado. Isso vale para todas as partes.

◈ Eu não uso mais esta parte. Ninguém está interessado em divórcio. As pessoas podem dizer "eu quero o divórcio", mas não é isso o que querem dizer. O que eles querem dizer é "eu não quero mais ficar casado". ◈

Parte da renúncia e demissão

Essa parte é uma raridade, sendo calculada a partir da posição de três planetas: Saturno + Júpiter – Sol. Investigue esta parte em perguntas do tipo "Vou manter meu emprego?".

Como a parte do divórcio, ela está relacionada com um evento; então, um aspecto a esta parte pode nos dar este evento. Se a pergunta fosse "Eu devo renunciar?", o planeta do querente se aplicando a uma oposição à parte da renúncia e demissão poderia sugerir "parece que é uma boa idéia agora, mas você vai se arrepender".

Suponha que o dispositor da parte da renúncia esteja sobre o ascendente: a idéia de ser demitido está pesando sobre o querente. Em si, no entanto, esse testemunho só nos diz que a idéia está pesando sobre ele, ela não mostra ele sendo demitido.

"Será que as partes são precisas?". Bom, no momento em que as votações se encerraram na eleição geral britânica em 1° de maio de 1997, a Lua (significadora natural do povo, ou do eleitorado) estava exatamente – no mesmo minuto de arco – sobre a parte da renúncia e demissão do mapa natal do partido conservador, que era o que o eleitorado estava demitindo.

Parte da vocação: MC + Lua – Sol
Parte da fama: Asc + Júpiter – Sol

Embora elas sejam mais úteis em análises natais, pode valer a pena dar uma olhada nelas em horárias de questões vocacionais. A parte da vocação é a mesma coisa que a parte da fortuna, exceto por ser prolongada a partir do meio-céu, em vez de ser do ascendente. Como ela é baseada na parte da fortuna, eu não recomendo reverter sua fórmula em mapas noturnos. A parte da fama reverte sua fórmula de noite.

Embora seja muito difícil que ela tenha este significado em alguma horária, a parte da fortuna é a alma; é por isso que ela tem essa idéia de ser o tesouro do querente, a "pérola de grande valor". A vocação é o que a alma é chamada a fazer, daí a parte da vocação ser o mesmo arco da parte da fortuna, mas a partir do meio-céu (casa X), que mostra a nossa ação. Essa parte pode nos dar informações sobre as vontades mais íntimas do cliente sobre a direção da ação.

"Eu vou morrer se meu pai me forçar a virar contador!", com Mercúrio se opondo à parte da vocação: sim, a gente entende o porquê. A contabilidade está oposta à natureza da alma do cliente. A parte da vocação em um signo fértil na casa V: "talvez você deva ficar em casa cuidando dos filhos". É comum uma ênfase forte na segunda casa: "Você precisa parar de viver de brisa e ganhar algum dinheiro, para o bem da sua alma".

A parte da fama também é chamada de parte do trabalho a ser feito. Esse é provavelmente um nome melhor para ela, porque ela não necessariamente nos torna mais famosos, mas carrega o sentido de "um homem tem que fazer o que um homem tem que fazer". Isso está num nível mais material que a vocação.

Se aquela é o chamado da alma, essa é "Você está neste lugar, neste momento e tem essas habilidades: isso é o que precisa ser feito".

Parte da morte

Há diversas formulas para essa parte. As duas que eu mais uso são asc + casa 8 – Lua e casa 8 + Saturno – Lua. Isso não quer dizer que outras fórmulas estejam erradas, mas duas já são o bastante.

Tenha cuidado ao usá-las. A morte é um evento importante na vida: não precisamos raspar o tacho dos testemunhos para descobri-la. Não use um aspecto à parte da morte como único testemunho de que alguém vá morrer.

Em perguntas diretamente sobre a morte, não uso mais essas partes. Se a pessoa vai morrer isso vai ser mostrado por outros testemunhos (aspectos ao regente da casa VIII, por exemplo). Eu nunca vi um mapa no qual a morte tenha sido mostrada somente, ou primariamente, por uma parte. Se você não for rígido aqui, os seus mapas vão ter mais mortos que um filme policial de Hong Kong.

Use essas partes em perguntas nas quais a morte seja uma figura sombria à espreita nos bastidores: será que ela vai entrar em cena? Um exilado político pergunta "É seguro eu voltar ao meu país?", com as partes da morte, ou seus significadores, bem no meio da ação: "muito arriscado". Isso não é um testemunho claro de "Não, você vai morrer"; mas é o suficiente para sugerir cautela.

A mesma coisa se dá com "Será que eu devo fazer essa operação?". A parte da morte no meio-céu (dominando o mapa) ou no mesmo grau que a parte da cirurgia nos dá a resposta "não, é muito arriscado". A parte, em si, não vai mostrar que a morte vai lhe carregar, mas pode mostrar que você está mais perto dela do que o recomendado.

Parte da cirurgia: Asc + Saturno – Marte

Ela inverte de noite, ou seja, em mapas noturnos ela é Asc + Marte – Saturno. Na maior parte das horárias sobre cirurgia, podemos escolher Marte, o regente natural das cirurgias, como seu significador. Se Marte for o significador do querente ou da doença, precisamos de outra opção, que a parte pode fornecer. Mesmo se pudermos usar Marte, vale a pena calcular esta parte para ver o que ela nos diz.

Atenção! Mesmo no melhor dos casos, cirurgias não são legais; não espere ver planetas felizes em aspectos amigáveis. O significador da doença regido pelo dispositor desta parte é bastante encorajador: a cirurgia tem poder sobre a doença. A doença regendo a parte da cirurgia é bastante ruim.

As pessoas perguntam, às vezes, sobre cirurgias a laser nos olhos. A parte da cirurgia, ou seu dispositor, em uma estrela que aflige os olhos (veja a página 141) seria uma indicação negativa. Veja também as relações entre a parte e seu dispositor com o Sol e a Lua, os regentes naturais dos olhos.

A inversão da formula dessa parte nos dá a *parte da doença*. Essa é uma opção para o significador de uma doença, mas temos opções melhores. Eu sugiro deixar essa parte somente para a análise natal.

Partes de mercadorias

Trigo, azeitonas, algodão, uvas: essas e muitas outras mercadorias agrícolas têm suas próprias partes. No passado longínquo, uma parte substancial do ofício do astrólogo envolvia perguntas sobre o melhor momento para vender a colheita, ou para plantar isso ou aquilo. Essas partes são inestimáveis para decidir esse tipo de pergunta – embora, no mundo moderno, essas questões sejam muito raras. Júpiter forte em trígono com a parte do milho, Saturno fraco opondo-se à parte do trigo: plante milho no ano que vem. O regente da oito (segunda casa a partir da sete, o dinheiro das outras pessoas) se aplicando a uma conjunção à parte dos pepinos a dois graus de separação: leve seus pepinos para o mercado daqui a dois dias e você vai ganhar um dinheirão.

Esse livro é um manual, não uma enciclopédia; então, não vou relacionar todas essas partes aqui. Se você receber uma pergunta deste tipo – e entre as milhares de horárias que eu já fiz, só consigo lembrar de uma – procure em Al-Biruni, que fornece uma lista abrangente das partes[35]. Se você precisar da parte de uma mercadoria que ele não tiver relacionado, estude o modo como as fórmulas das outras partes são construídas e insira o regente natural da mercadoria em questão, fazendo as substituições necessárias.

Outras partes

Se você sentir a necessidade de incorporar outras partes ao seu mapa, procure suas fórmulas em Al-Biruni. Na tabela dele, a aritmética é Posição 3 + Posição 2 – Posição 1. Mas se você sentir a necessidade de incorporar outras partes nos seus mapas, é porque provavelmente você não entendeu os fundamentos da astrologia

---

[35]   Al-Biruni, op. cit., parágrafos 476-479.

horária. Vamos construir a casa antes de pendurar adereços bonitinhos ao redor. Você não precisa deles! As técnicas extras nunca vão compensar a falta de estudo dos fundamentos. Então, trabalhe um pouco mais os fundamentos.

◆ Na primeira linha deste capítulo, escrevi que uso as partes cada vez menos. Com a exceção da parte do casamento, que pode ser útil, praticamente não as utilizo mais. Como as estrelas fixas, elas são muito importantes em astrologia natal, mas têm pouca utilidade em horária. Se você perceber que está as usando mais do que num ou outro mapa isolado, você as está usando demais. Quanto mais simples, melhor! ◆

13

Determinando o momento

Prepare-se! Essa é a parte complicada. Os querentes não só querem saber se as coisas vão acontecer; eles têm o hábito de também querer saber quando elas vão ocorrer; temos que ser capazes, então, de datar as nossas previsões.

É possível fazer isso, com grande precisão: eu já previ corretamente eventos com exatidão de menos de um minuto; mas é tolice fazer isso para os clientes. Impressiona, mas não tem nenhum fim prático. Às vezes a determinação do tempo é clara, tão clara que pode ser tão fácil quanto qualquer outra coisa que já vimos. Muitas vezes, no entanto, ela envolve pesar considerações e possibilidades.

O método

Vamos imaginar que você tenha aberto uma horária e determinado que um evento vá ocorrer. "Sim, isso e aquilo vão acontecer". Este evento é normalmente mostrado por um aspecto. É normalmente este aspecto que nos dá o momento do evento.

Às vezes, temos que olhar em outro lugar para determinar o momento do evento, ou porque o aspecto que nos dá o evento não fornece um momento que possa ser verdadeiro, ou porque o evento é mostrado por algo que não seja um aspecto. Volte ao mapa sobre o gato perdido no capítulo 1. O evento – o retorno do gato – foi mostrado não por um aspecto, mas por Júpiter estar retrógrado. Júpiter não fez nenhum aspecto significativo, então, outra coisa teria que mostrar o momento da volta do gato. Neste caso, foi a Lua se aplicando a um aspecto com o ascendente.

O aspecto apropriado, uma vez identificado, pode nos mostrar o momento de diversas formas.

Todas as determinações temporais são referidas ao momento para o qual a horária é aberta. Este é o "momento zero".

Usando eventos passados

Se isso estiver disponível para nós, esse é o método mais confiável e mais preciso para a determinação. Ele depende do mapa mostrar para nós um evento do passado. Vamos supor que a pergunta seja "Quando eu vou casar de novo?" e sabemos que a nossa querente se divorciou três anos atrás. O mapa mostra o seu significador se separando de Marte, o regente natural do divórcio. Se ele se separou de Marte cinco graus atrás, sabemos que na escala do mapa, 5 graus = 3 anos. Assim, se o seu significador se aplicar a um aspecto com o regente da casa sete, significando o próximo marido, em 10 graus, o julgamento é simples: "Você vai casar de novo em 2 x 3 anos = 6 anos". É como se o mapa tivesse sua própria escala de calibração, como as escalas de mapas cartográficos[36].

Signo e casa

Infelizmente, poucos mapas mostram eventos passados. Ou, como, em princípio, eu imagino que todos eles mostrem, poucos mostram com clareza suficiente para que possamos utilizá-los. Temos, então, que encontrar outros métodos. É aqui que as coisas começam a ficar complicadas.

A determinação do tempo, por motivos que eu não compreendo, é uma área de horária na qual os estudantes oferecem a maior resistência a absorver conhecimento. Preste atenção! Isso funciona.

Temos o nosso aspecto. Se temos um aspecto, vai haver um número de graus entre o planeta que está se aplicando está agora e onde ele vai estar quando o aspecto se concretizar. A menos que esse seja um daqueles mapas nos quais podemos utilizar um evento no passado para determinar o momento, este número é o número de unidades de tempo (horas, dias, anos, etc.) entre o momento da questão e o momento do evento.

Tome o número de graus que o planeta que está se aplicando deve percorrer antes de completar o aspecto. Vamos supor que o aspecto seja o Sol em 10° de Touro se aplicando a Marte em 14° de Leão. Quanto o Sol deve percorrer para fazer o aspecto perfeito?

A resposta não é 4 graus.

Marte não vai ficar parado esperando que o Sol o alcance. Ele também está se movendo.

---

[36]   O mapa discutido em *The Real Astrology*, páginas 4-7, dá um exemplo disso.

O que nos interessa não é a distância que o planeta que está se aplicando deve percorrer para chegar à posição em que o outro planeta está no mapa agora.

O que nos interessa é a distância que o planeta que está se aplicando deve percorrer para completar o aspecto. Para saber que distância é essa, você precisa consultar suas efemérides.

Meus estudantes podem facilmente ser reconhecidos nas ruas por terem as palavras CONSULTE AS EFEMÉRIDES marcadas na testa. Essa marcação é dolorosa, então, por favor, preste atenção aqui. *É onde o aspecto se concretiza que importa.*

O Sol, partindo de 10° de Touro, se aplicando a Marte em 14° de Leão, completa, se Marte estiver na sua velocidade média, o aspecto quando estiver em 17° de Touro, não 14°. O Sol vai ter que percorrer sete graus para o aspecto ficar exato, não quatro.

São estes sete graus que são importantes.

Então, pergunte-se

* Onde esse aspecto se concretiza? (usando suas efemérides)
* O quanto o planeta que está se aplicando vai percorrer para chegar a esse ponto?

Já identificamos o número de graus. Isso nos diz quantas unidades de tempo vão se passar antes do evento. Agora, temos que encontrar qual unidade de tempo é relevante. Será que são horas, dias, semanas, meses ou anos? Se você já leu Lilly, percebeu que ele só faz confusão aqui. Em primeiro lugar, ele dá duas escalas temporais contraditórias; depois, amarra as duas a unidades fixas. A sugestão de que, por exemplo, casas angulares = anos não ajuda em nada. Se a pergunta for "Quando meu namorado vai ligar?", anos não é um conceito relevante. Ponha Lilly de lado e ouça bem.

Toda pergunta tem sua própria escala, que normalmente vai ter uma possibilidade curta, uma média e uma longa. Para a adolescente apaixonada perguntando "Quando meu namorado vai ligar?", as opções podem ser minutos como unidade curta, horas como média e dias como longa. Para a querente mais velha que pergunta "Quando eu vou conhecer o homem da minha vida?", anos podem ser a opção mais longa, com meses sendo a média e semanas, a curta. As três unidades são sempre consecutivas, não podemos ter "minutos, meses e anos".

"Mas essa escala fixa limita a possibilidade do que o mapa pode nos dizer". Não. Podemos ter a perfeição do aspecto em menos de um grau, de modo que a nossa decisão de que anos, meses ou semanas seja o intervalo mais razoável para "Quando eu vou conhecer o homem da minha vida?" não amarra as asas de Cupido. O aspecto sendo completado em menos de um grau na nossa opção mais rápida pode significar "Nesta tarde!".

Sim, a escolha da seleção correta de unidades temporais (rápida/media/lenta) é, às vezes, algo a ser discutido; mas menos vezes do que se poderia pensar. Normalmente, ele é bem óbvia. Em casos de dúvida, lembre-se que a separação máxima teórica de um aspecto é pouco menos que 30 graus (um planeta em 00° de um signo completando um aspecto com um planeta aos 29° do mesmo signo). Isso nos dá um máximo de pouco menos de 30 para qualquer unidade temporal. Por exemplo, "horas" pode ser improvável como unidade mais rápida se estamos pensando somente em algumas horas, mas pense em um máximo de 29 horas – mais que um dia – e você vai ver que as possibilidades disponíveis são maiores.

Quando você tiver escolhido o intervalo de variação de unidades (curta, média e longa), decida qual delas é a unidade correta considerando o signo e a casa nas quais o planeta que está se aplicando está. Ignore o signo e a casa nas quais o planeta ao qual ele se aplica está. Estamos interessados *somente* no planeta que está se aplicando. *Somente* o planeta que está se aplicando. Os alunos normalmente resistem a isso e continuam levando em consideração a casa e o signo do planeta que recebe o aspecto. Se você pensa que eu estou exagerando neste ponto, lembre--se que falo por experiência própria como professor. Somente, somente, somente!

Quando o planeta que está fazendo o aspecto estiver em um signo fixo, temos a unidade de tempo mais longa; em um signo cardinal, a unidade mais curta e em um signo mutável, a unidade média, das três opções que decidimos ser as mais razoáveis para a questão.

Isso é bastante simples. Fica mais complicado quando introduzimos as casas, porque há uma contradição embutida. Por sua própria natureza, casas angulares correspondem aos signos fixos e, portanto, indicam a unidade temporal mais lenta. As casas cadentes – como se poderia esperar de uma casa que está, literalmente, "caindo" – nos dão as unidades mais rápidas; as casas sucedentes nos indicam a unidade média. A combinação da casa e do signo nos dá, por exemplo, longa + longa, que indica a unidade mais lenta, ou curta + curta, que indica a unidade mais rápida. Qualquer outra combinação nos dá a unidade do meio.

Sim, o sistema é fortemente enviesado em favor da unidade do meio. Isso provavelmente diz algo sobre a natureza das coisas; mas se o mapa quer nos mostrar que a unidade correta é a mais lenta, ou a mais rápida, ele continua podendo fazê-lo.

Agora, a contradição: casa angulares, por sua própria natureza, são lentas. Mas um planeta em uma casa angular tem bastante dignidade acidental. Dignidade acidental aumenta o poder de agir de um planeta. Então, se um planeta quer agir, ele tem muita chance de conseguir e, portanto, é provável que aja com rapidez. Então, casas angulares são rápidas.

A chave, aqui, é a palavra "querer": o problema da volição. Se as coisas estão se desenrolando num processo natural, qualquer coisa que estiver em uma casa angular vai se desenrolar de forma lenta. Se a coisa ou pessoa que este planeta que está em casa angular significar estiver em posição de agir, dentro do contexto de uma questão, e se (e somente se) as recepções indicarem que ele quer agir, ele vai agir rápido. Essa contradição (aparente) inerente é o motivo para Lilly fornecer duas tabelas aparentemente contraditórias.

Exemplos: eu pergunto "Quando o cheque vai chegar?" e encontro o significador do cheque em uma casa angular. Não há nada que o cheque possa fazer para apressar sua própria chegada. A questão da volição é irrelevante. A casa angular sugere uma unidade lenta.

Por outro lado, quando mulheres indianas fazem a pergunta "Quando eu vou conhecer o homem com quem vou me casar?", é comum encontrar seus significadores em casas angulares. Depois de tomarem a decisão que é hora de se casar, há muito o que elas podem fazer para acelerar o processo, ao contrário de Bridget Jones, que é obrigada a esperar que o Cupido se intrometa na sua vida. Se estes significadores angulares nos derem um aspecto aplicativo, e se (como o fato de ela estar pagando uma pergunta horária nos faz suspeitar) as recepções mostrarem que a moça quer o casamento, podemos tomar a angularidade como mostrando uma unidade rápida, *porque ela tem poder e quer usá-lo.*

O contrário também é verdade. Para coisas que se desenrolem naturalmente, como uma maçã que cai de uma árvore, as casas cadentes mostram coisas acontecendo rápido. Mas se a volição for importante para a questão, a pessoa significada pelo planeta cadente tem pouco poder de agir; assim, estar cadente vai desacelerar as coisas.

Memorize esta tabela:

	Mais curta	*Média*	*Mais longa*
Signo:	Cardinal	Fixo	Mutável
Casa:	Cadente	Sucedente	Angular
Mas:	a volição pode tornar a casa angular rápida e a cadente lenta.		

Exemplos: "Quando eu vou conseguir um emprego melhor?" Anos devem ser nossa unidade mais longa, então meses seria a média e semanas, rápida. O planeta do querente está numa casa sucedente, em um signo cardinal e se aplica a um aspecto em 6 graus. Nossa resposta vai ser "em 6 alguma coisa". Sucedente = médio; cardinal é rápido. Isso não é rápido + rápido, o que daria nossa unidade mais rápida (semanas); nem lento + lento, que daria nossa unidade mais lenta (anos): então, deve ser a unidade média. Então, você vai conseguir um emprego melhor em seis meses.

"Meu apartamento está à venda. Quando eu vou conseguir vender?" Dias, semanas e meses seriam as unidades mais prováveis. O significador do comprador (regente da casa VII) se aplica a um aspecto em 5 graus. Ele está em um signo fixo e em uma casa angular. Lento + lento. Isso daria cinco meses, nossa unidade mais longa. No entanto, lembre-se da volição! Ele está angular, ou seja, o comprador tem muita força para agir. Será que ele quer agir? Veja as recepções: "Ah, bom – as recepções mostram que ele está ansioso por comprar". Ele quer comprar e tem condições de comprar, então podemos tratar esta angularidade como sinônimo de rapidez. Rápido (angular com volição) + lento (fixo) nos dá a unidade média: cinco semanas.

Mesmo com a natureza variável das casas angulares, isso não é tão complicado. Na maior parte dos mapas, isso é tudo o que você vai precisar para datar com precisão os eventos, mas não em todos os mapas: há algumas variações.

Embora eu tenha enfatizado bastante que o que nos interessa é a distância que o planeta que esteja se aplicando deve percorrer até o aspecto ser exato, e embora isso seja quase sempre verdade, existem alguns mapas nos quais devemos tratar o planeta que recebe o aspecto como se estivesse parado. Eu dei o exemplo acima: "O Sol, partindo de 10° de Touro, se aplicando a Marte em 14° de Leão, completa, se Marte estiver na sua velocidade média, o aspecto quando estiver em 17° de Touro, não 14°. O Sol vai ter que percorrer sete graus para o aspecto ficar exato, não quatro. São estes sete graus que são importantes". Algumas vezes, no entanto, nós vamos usar os quatro graus que o Sol tem que percorrer até o ponto em que Marte está agora, ignorando o fato que Marte também esteja se movendo. Vamos fazer isso quando:

* Considerar o segundo planeta como se movendo daria um momento que não seria possível dentro da realidade da questão;

* Temos dois testemunhos de determinação de tempo no mapa, mas tratar o planeta que recebe o aspecto como se estivesse parado faz ambos os testemunhos concordarem (ou seja, fazem ambos preverem o evento no mesmo momento).

Em alguns mapas, consideramos somente o signo do planeta que esteja fazendo o aspecto, não sua casa. "Quais mapas?" Nos mapas em que consideramos somente o signo do planeta que está fazendo o aspecto, não sua casa. Eu gostaria de citar uma regra, mas nunca encontrei uma. Eles só parecem "mapas de considerar somente os signos". Com a experiência, você vai treinar o olho para eles. Pode ser que a grande maioria deles tenha um planeta no signo fixo, dando, portanto, a unidade mais longa. Essa é, pelo menos, a minha impressão; mas trate essa sugestão com cuidado. Veja o mapa na página 133 para um exemplo.

Até agora, nós consideramos que o número de graus corresponde ao número das unidades de tempo. Normalmente, essa é toda a precisão necessária. Podemos ajustar este número para sermos mais detalhistas. Se o planeta que está se aplicando estiver se movendo muito mais rápido ou muito mais lento do que sua velocidade normal, ele vai demorar mais ou menos tempo para percorrer o mesmo número de graus. Podemos, se quisermos, ajustar o número de unidades para cima ou para baixo da mesma forma. Não exagere no preciosismo aqui; o planeta precisa ser *significativamente* mais rápido ou mais lento do que o normal para que isso valha a pena ser considerado. Alguns minutos de arco por dia é muita coisa para Júpiter, mas não faz diferença nenhuma para a Lua.

Eu tenho previsões datadas com um grau completamente desnecessário de precisão, calculando cuidadosamente a proporção exata pela qual o planeta está mais rápido ou mais lento do que a média: mas não há necessidade alguma disso. "Um pouco" é um ajuste preciso o suficiente. Se esforçar para dizer à sua cliente que ela vai encontrar o homem certo às dez horas e três minutos do dia 28, numa segunda-feira, só satisfaz ao nosso ego. "Lá pelo fim do mês" é toda a precisão que precisamos. Use seu bom-senso: se o evento vai acontecer no fim da semana, é razoável predizermos o dia; se vai acontecer daqui a vinte anos, selecionar o ano já é preciso o bastante. Resista à tentação de se exibir. Se você prever "Você vai se casar em três anos" e a cliente se casar três anos depois, você vai ser considerado um grande astrólogo. Se você prever "você vai se casar no dia 17 de agosto, daqui a três anos" e ela se casar no dia 18, você vai ser conhecido como o astrólogo que errou.

Atenção: se o planeta que está se aplicando estiver se movendo mais rápido ou mais lento do que o normal, isso vai afetar *apenas* o número de unidades de tempo, não a escolha das unidades. Se decidirmos que o tempo vai ser 6 semanas, o ajuste disso pela velocidade do planeta pode mudar isso para cinco ou sete semanas, mas não seis dias ou seis meses.

Signos bicorpóreos deixam as coisas mais lentas. Isso também vai afetar somente o número de unidades temporais, não sua natureza. "Um pouco" mais lento é toda a precisão que precisamos. Na prática, nem é nem necessário considerar esses fatores, principalmente pelo trabalho que eles dão.

Se o aspecto for a um planeta retrógrado, de modo que os dois planetas estejam se aplicando um ao outro, o evento pode acontecer mais rápido do que o número de graus poderia sugerir. Mais rápido quanto? De novo, "um pouco". Nestes casos é melhor usar o número de graus para dar um limite superior, qualificador por um "provavelmente, antes disso".

Se o mapa utilizar dois aspectos indicando que o evento vá acontecer, esses aspectos normalmente vão, como seria de se esperar, mostrar o mesmo momento. "Bem próximo" é bom o bastante. Se um mostrar 12 unidades e o outro mostrar 3, uma correlação de 12 semanas = 3 meses é próxima o suficiente para aumentar a confiabilidade da nossa previsão.

Desconsidere o tempo real. É um erro comum dos alunos, mesmo depois de serem duramente espancados, se agarrar à idéia de que, se as efemérides mostram que o aspecto vai acontecer na terça-feira que vem, o evento mostrado pelo aspecto vai acontecer na terça. Não, não vai! O que as efemérides mostram é o tempo a partir da nossa percepção, que é uma ilusão; o que os planetas mostram é a imagem mais próxima que podemos ter do que o tempo realmente é. Use os métodos simbólicos de determinação de tempo, conforme discutimos acima.

Quando o tempo segundo as efemérides é relevante é quando a nossa questão é sobre indicações gerais sobre grandes períodos de tempo, ou quando queremos ver além dos limites imediatos impostos pela questão, para ver o que pode acontecer por um período maior de tempo. Fazemos isso normalmente para assegurar ao querente que nem tudo está perdido.

Exemplos: vamos supor que a pergunta seja "Você pode me dar algumas indicações gerais sobre os meus negócios pelos próximos meses?" e encontramos que os negócios do cliente são significados por Júpiter, que vai entrar no seu próprio domicílio em três meses. Podemos julgar que as coisas vão começar a melhorar por volta dessa data. Minha experiência é que o querente normalmente vai comentar "ah, sim – é logo depois da grande convenção", ou algo parecido; essas indicações vão se mostrar exatas.

Ou, vamos supor que a questão seja "Será que este é realmente o homem dos meus sonhos?" e o mapa nos diz claramente "Você ficou maluca?". Talvez seja bom dar uma olhada mais para a frente, vendo que em alguns meses, o significador do querente sai do seu detrimento e entre em alguma recepção mútua interessante, e acrescentar: "No entanto, no fim do outono você vai estar se sentindo muito melhor com você mesma, e ser, assim, capaz de entrar num relacionamento que seja mais recompensador, em vez de se agarrar a uma pessoa claramente inadequada por desespero, como você está fazendo agora". Ou alguma coisa parecida.

Quando estamos investigando o que acontece a longo prazo, a passagem de um planeta por um signo inteiro mostra uma das unidades de tempo natural, normalmente um mês ou um ano. Assim, se, por exemplo, os negócios do querente forem significados por Vênus, em 28° de Leão, em uma questão sobre perspectivas a longo prazo, nosso julgamento pode ser (se os outros testemunhos concordarem): "Você pode achar que tem o mundo a seus pés agora (Vênus em Regulus), mas vai passar por um período ruim (em Virgem). No ano seguinte (passagem por Virgem), vão aparecer muitas possibilidades (Vênus na própria triplicidade) que nunca se concretizam (Vênus em queda). De modo geral, a parte ruim durante este período vai ser bem maior que a parte boa; mas depois disso (Vênus entrando em Libra) tudo vai cair no lugar certo. Então, aperte os cintos e segure as pontas até lá[37]. Não investigue depois de um ou dois signos; fazendo isso podemos ver tudo acontecendo para todo mundo.

Essa espiada no futuro deve ser feita de forma esparsa. É uma tentação comum, para os novatos em horária, acompanhar a corrida dos planetas ao redor do mapa, como se ele fosse um tabuleiro de Banco Imobiliário; o melhor é resistir a esse impulso. Em quase todos os mapas, estamos interessados somente com o próximo aspecto do planeta e nada além disso.

Lilly nos dá vários exemplos nos quais um trânsito "em tempo real" foi importante. Assim, quando Mercúrio se aplica a Júpiter, ele não julgava "São quatro graus até o aspecto exato: isso vai acontecer em quatro semanas", mas "Minhas efemérides mostram este aspecto acontecendo na próxima terça-feira em 03:56; isso vai acontecer neste momento"[38]. Não tentem isso em casa, crianças, por favor!

Se você realmente quiser mexer com essas coisas, deixe-as para questões secundárias. Exemplo: decidimos que nosso querente vai casar com sua namorada em

---

[37]   Veja o mapa médico na página 128 do *RA Applied* para um exemplo disso.

[38]   Veja um exemplo em *Lilly*, páginas 385-8.

seis meses, baseando-se nos seis graus que o aspecto entre eles leva para ficar exato. Percebemos que os dois planetas estão em dignidades maiores do regente da quarta casa, mostrando que o pai dela tem uma opinião de peso neste assunto. Também percebemos que às 11:52 do dia 28, numa terça-feira, o planeta do nosso querente transita pela cúspide da casa doze, com uma relação mútua entre o regente da doze e o significador do pai da namorada. Como a casa XII é a casa dos animais maiores que um bode, aconselhamos o nosso querente que às 11:52 do dia 28 vá ao mercado, onde vai conseguir comprar o camelo certo para persuadir o pai de sua amada a permitir que eles se casem.

Ainda no assunto "trânsitos", vamos lidar com a idéia de que, se algo no mapa horário fizer uma conjunção com algo na natividade do querente, o mapa é "radical", ou mais real, de alguma forma. Eu faço uma pergunta sobre amor e descubro que na horária, Vênus está exatamente no meu ascendente natal. Isso faz com que o mapa seja "radical"? Claro que não. Isso mostra que Vênus está transitando pelo meu ascendente e eu, é claro, estou pensando em amor. Nada mais que isso. Não podemos esquecer que o sistema com o que estamos lidando, aqui, é congruente: tudo se encaixa, da forma mais intricada e extraordinária. Vênus no meu ascendente pode significar que eu estou pensando em assuntos amorosos – um fato que pode parecer óbvio, por eu estar indo me consultar com um astrólogo e perguntar "Será que ele me ama?" – mas isso não nos diz nada sobre se esse amor é recíproco. Estas considerações só servem para confundir a questão. Todos os mapas são "radicais" e o melhor a fazer é manter a natividade do querente bem longe das suas horárias. Juntas, elas podem produzir aberrações.

Um caso especial, no qual o movimento em "tempo real" dos planetas pode ser importante, ocorre em perguntas sobre objetos perdidos. No mapa para isso, normalmente percebemos que o significador do objeto está combusto: não se pode vê-lo. Se o mapa, como um todo, indicar que ele vai ser recuperado, podemos pegar nossas efemérides, anotar o momento exato no qual o planeta sai da combustão e julgar "você vai encontrar o objeto perdido nesta data". Isso pode evocar a imagem estranha de milhares de pessoas ao redor do mundo levantando as mãos de alegria ao encontrar suas coisas perdidas exatamente às 08:22, horário de Londres, mas isso parece funcionar com o grau razoável de confiabilidade que esperamos.

Quando uma data é mencionada de forma específica na pergunta, ela é normalmente importante, então vale a pena verificar as posições planetárias na data, em comparação com o mapa horário. Como regra geral, se limitarmos o querente a algumas palavras, elas sempre serão importantes, mesmo que sejam poucas: se essas poucas palavras estiverem relacionadas com o tempo, vale a pena prestar atenção nelas.

Uma querente estava desesperada para que seu filho fosse aceito em uma escola, o que parecia cada vez mais improvável. Suas ambições de matriculá-lo em uma escola privada o excluíram das opções aceitáveis de escolas públicas quando ele foi recusado pela escola privada que ela gostaria, por motivos que ela acreditava serem fracos. O menino tinha um exame de admissão em outra escola e um recurso contra a recusa inicial da escola desejada; as datas das duas coisas foram mencionadas. Como é que ele se sairia?

Seu significador, o regente da casa V, era Júpiter. As escolas eram significadas pela casa nove e seu regente, a Lua. O exame era no dia 18 de maio. Por trânsito, a Lua, regente da casa nove, estava na casa V do mapa horário neste dia. Esse testemunho é positivo, mas não havia recepção mútua com o regente da cinco. Nesta escola, o menino passou tranquilamente, mas sem bolsa. O recurso na outra escola estava marcado para ser analisado em 10 de agosto. Neste dia, o significador do menino, Júpiter, transitava pela casa nove, onde, por estar em Câncer, ele estava exaltado – ou seja, o menino estava lá na escola e era objeto de alta consideração. Ele vai conseguir a bolsa? Sim. E assim aconteceu.

Da mesma forma, se a pergunta contiver um intervalo temporal dado, isso também vai se refletir no mapa. Podemos considerar que o fim do percurso do planeta relevante pelo signo em que ele está seja o fim do intervalo. Se eu perguntar "Vou ganhar na loteria este ano?" e encontrasse meu significador se aplicando a uma conjunção com o regente da casa onze (dinheiro do céu) logo depois de sair do signo atual, o julgamento seria "Não; mas vou ganhar no ano que vem".

Por último, ainda existem aquelas perguntas maravilhosas que só admitem uma unidade temporal possível. "Quando isso vai acontecer hoje?" é a mais comum delas. "Minutos" normalmente não é uma opção, porque sabemos que o evento não pode acontecer dentro de 29 minutos. "Dias" é impossível, porque estamos interessados apenas no dia de hoje. "Horas" é nossa única opção. Oba!

A regra de ouro em assuntos de determinação temporal, como em qualquer ramo da astrologia, é que não precisamos ser perfeitos. Podemos dizer "pode ser que isso ocorra em três dias; mas, pesando todas as evidências, é mais provável que ocorra em seis".

◈ Alguns pontos explicados acima não receberam a ênfase necessária. Em primeiro lugar, se a volição é importante no cálculo do tempo, lembre-se que objetos inanimados não têm volição. Não interessa em qual casa ela esteja, ou o que suas recepções possam sugerir, não há nada que uma carta possa fazer para acelerar sua própria chegada. Em segundo lugar, não podemos assumir a volição só porque a pergunta foi feita. Pode parecer óbvio que, se a querente pergunta "Quando eu vou me casar?", ela queira se casar, mas nem sempre é assim. Não é tão raro que a resposta, depois de olhar o mapa, seja "Você não quer realmente se casar, não é?"; "Não, para falar a verdade, não". Temos que estabelecer a volição a partir do mapa, não a partir dos nossos pressupostos. ◈

◈ Nas raras ocasiões em que o planeta cujo movimento mostra o momento correto esteja se movendo por mais de um signo ou casa, use sempre a unidade de tempo mostrada pelo signo e casa em que ele está agora. Não tente modular esse cálculo, pensando, por exemplo "São seis unidades longas mais quatro médias".

Atenha-se a unidades reais de tempo, como horas, dias e semanas. Você jamais diria "Vou fazer isso em três quinzenas". O mapa também não vai dizer.

O momento nem sempre é mostrado em termos de tantos dias, meses ou anos. Ele é apresentado, algumas vezes, como "depois que isso e aquilo acontecerem". Isso é perfeitamente aceitável. "Quando eu vou encontrar um novo homem?"; "Quando você parar com sua obsessão pelo anterior". "Quando vou conseguir um emprego melhor?"; "Quando você estiver melhor qualificado". ◈

14

Qual é a pergunta e quem está perguntando?

Talvez a parte mais importante da análise horária seja feita antes de abrir o mapa: determinar qual pergunta está realmente sendo feita.

As perguntas normalmente vêm cobertas de detalhes irrelevantes. Retirar essa camada de confusão e chegar ao núcleo do assunto exige habilidade. Voe provavelmente já passou pela experiência de estar assistindo um filme e de repente pensar "Ei! Isso é *Romeu e Julieta* disfarçado!" ou "Isso é *Branca de Neve*, mas ambientada na Nova Iorque do século XXI!". O que você percebeu foi que os núcleos das tramas eram os mesmos que os de *Romeu e Julieta* ou *Branca de Neve*. A mesma coisa acontece com horária: existem algumas perguntas básicas, que aparecem repetidas vezes com disfarces diferentes.

* Ela me ama?
* Vou conseguir este emprego?
* Vou vencer?
* Estou enfeitiçado?
* O rei vai ser deposto?
* Vou conseguir o presente do rei?
* Vamos chegar a um acordo?

Mantenha os ouvidos abertos e você vai reconhecer rapidamente essas perguntas quando elas aparecerem. Deixe-se levar por detalhes irrelevantes e você vai terminar respondendo uma questão que não foi feita.

Da mesma forma, nem sempre é tão fácil quanto parece saber quem está fazendo a pergunta. Existem as perguntas diretas, feitas pela pessoa envolvida. Existem as perguntas diretas feitas por outra pessoa. Até aí, tudo bem.

Além disso, existem as questões feitas por alguém que funciona como um telefone, passando a mensagem de uma outra pessoa. Vamos supor que Erika deseje me fazer uma pergunta, mas não falamos a mesma língua. Ela tem uma amiga que fala inglês e pede a essa amiga que faça a pergunta por ela. A amiga não está fazendo uma pergunta dela mesma sobre a Erika, mas está simplesmente transmitindo a pergunta dela para mim. Devemos ignorar, na análise, a amiga, tratando a pergunta exatamente como se fosse a própria Erika que a estivesse fazendo, ou seja, quem recebe a primeira casa é a Erika, por ser a querente.

Esta distinção tem que estar clara:

* a amiga faz sua própria pergunta. "Minha amiga Erika vai se casar com o Rudolph?"
* a amiga transmite a pergunta da Erika. "Eu vou me casar com o Rudolph?"

No primeiro exemplo, Erika recebe a casa onze; no segundo, ela recebe a casa um.

Por último, existem as perguntas que surgem durante uma conversa, sobre as quais não se sabe com clareza quem está perguntando de verdade. Estou conversando com um amigo meu, sobre seu futuro profissional. A questão "Quando eu vou conseguir um emprego melhor?" surge; mas quem está perguntando? Meu amigo ou eu? Meu amigo está só articulando a pergunta que eu pus na sua boca? Tenha cuidado com essas situações, especialmente se você estiver pressionando todo mundo que você conhece por horárias, para praticar o que aprendeu. Isso é a vantagem da prática profissional: o pagamento sempre deixa claro quem é o querente.

◈ Há um risco, quando se lida com perguntas de amigos e familiares, de termos informações demais. Quanto mais você pensa que sabe sobre a situação, mais difícil é ver além dos seus preconceitos e analisar o mapa de forma objetiva. O risco é ainda maior com as próprias perguntas: quando você for analisar o mapa daquele assunto que estava rodando na sua cabeça por algumas semanas, a capacidade de ver algo além do roteiro que você ensaiou de forma tão meticulosa exige uma objetividade que poucos de nós temos. ◈

Algumas pessoas gostariam de restringir com mão de ferro o alcance das perguntas horárias. "Você não pode perguntar isso, é muito trivial!"; "Você não pode perguntar isso, é muito importante!"; entre o que é trivial e o que é importante, pouca coisa sobrevive.

Com algumas poucas restrições, podemos perguntar sobre qualquer coisa. Trivial? Quem sou eu para dizer a você que seus interesses são triviais e sujeitá-los à tesoura da censura cósmica? Talvez, no grande esquema das coisas, "Quem vai ser o próximo presidente?" tenha mais importância que "Onde está o gato?", mas, na verdade, é minha curiosidade de mero espectador no primeiro caso que é trivial; saber onde o Bichano está com certeza não é. Comparadas com a ascensão e queda dos impérios, nossas maiores preocupações não são nada – no entanto, a salvação é ganha ou perdida em um instante; ou seja, nenhum assunto, mesmo de um único instante, é trivial.

Algumas pessoas argumentam que não podemos fazer perguntas "importantes", como "Quem vai vencer esta eleição?", porque muitas pessoas estão fazendo essa pergunta ao mesmo tempo e a mesma pergunta não pode ser feita mais de uma vez. Vamos analisar a afirmação "A mesma questão não pode ser feita mais de uma vez".

Isso é verdade; mas não é verdade no sentido com que as pessoas falam. Um fato fundamental da astrologia é que cada instante é diferente do outro. ESTE instante é diferente DESTE instante. Cada um é diferente; o que acontecer em um momento vai ser exclusivo desse momento. Sem isso, não temos astrologia. Assim, não é que seja indesejável fazer duas vezes a mesma pergunta – é impossível. Mesmo que a questão tenha as mesmas palavras, ela não é a mesma.

Também não há nenhum motivo para alguém não fazer a mesma pergunta a mais de um astrólogo. Médicos podem dar uma segunda opinião; astrólogos também. A verdade é um animal corajoso, não foge se mais de uma pessoa olhar para ela. Cada pergunta isolada sobre o mesmo assunto é como se fosse um corte transversal da mesma situação, como se um zoólogo fizesse um corte transversal de um verme para analisar no microscópio. Cortes diferentes, mas do mesmo verme, ou seja, a mesma resposta. Se cinqüenta pessoas, ou cinco mil, perguntarem "Quem vai vencer a próxima eleição?", o Cosmos, que é um mecanismo infinitamente sutil, vai encontrar cinqüenta modos, ou cinco mil, de mostrar a mesma resposta. Não importa quantas pessoas examinem os fotogramas do filme *E o vento levou*, Rhett Butler sempre vai embora no fim.

Uma querente pode perguntar o que parece ser a mesma pergunta em diferentes estágios de uma situação. O comum é "Eu devo chutá-lo pra fora de casa?" ser a primeira pergunta, seguida por "Será que eu realmente devo chutá-lo?" e depois "Será que vou ficar bem se o chutar?". Estes mapas consecutivos estão relacionados uns com os outros exatamente da mesma forma que os mapas natais de membros da mesma família. Os mesmos padrões aparecem e, normalmente, pergunta após pergunta, a querente caminha na direção de uma posição na qual se sinta capaz de tomar uma decisão, seja ela qual for.

Outros querentes vão fazer perguntas semelhantes sobre situações diferentes ("Será que eu vou conseguir um emprego com esse teste?"; "Vou conseguir um emprego com o teste de amanhã?"); os poucos primeiros mapas vão dar resultados claros. Depois de algum tempo, no entanto, os mapas se tornam cada vez mais monótonos, como se o cosmos estivesse perdendo interesse na situação e dissesse "Se você não entendeu até agora, eu não vou continuar falando". Normalmente, esses mapas vão começar a mostrar eventos menores que vão acontecer neste dia ("Ei, olha só, o seu pai vai visitar você!"), mas que dizem pouco sobre a situação do emprego. É possível que isso mostre que o querente (ou o astrólogo) esteja perdendo o interesse por causa das questões repetidas, ou que a natureza da questão verdadeira esteja mudando à medida que o querente vai perdendo as esperanças de um teste bem-sucedido. Neste último caso, o querente não está pedindo informações, na verdade, mas esperando que a consulta faça mágica. Isso não vai acontecer.

Perguntas como essas são quase mecânicas; perguntas mecânicas são um limite real para o que pode ser perguntado. Tem que haver uma fagulha de interesse real na pergunta, mesmo se ela for "trivial" e não for de vida ou morte. Não há essa fagulha de interesse genuíno em, por exemplo, "Será que o número 01 vai sair na loteria desta semana?" "Será que o número 02 vai sair na loteria desta semana?"; etc.

Por último, existem aquelas perguntas infantis, como "Horária funciona?" e "A Bíblia é realmente a palavra de Deus?"; um momento de reflexão deve deixar claro porque essas perguntas não podem ser feitas.

Questões suplementares são normais. "Quando eu vou casar? Será que vamos ter filhos? Ele vai se dar bem com minha família? Ele vai ter um bom emprego?" Elas podem ser investigadas no mesmo mapa; mas é melhor desencorajar perguntas sobre assuntos diferentes ("Quando eu vou casar? Quando vou conseguir um emprego melhor? Onde está o gato?"). Às vezes, os querentes têm duas ou três dúvidas que o preocupam. Então, se for realmente necessário, essas perguntas podem ser respondidas pelo mesmo mapa; mas perguntar muitas questões não relacionadas sugere que nenhuma delas é o problema real. É melhor pedir ao querente que reflita no que é mais importante e só então pergunte o que realmente deseja saber.

◆ Tenha cuidado com perguntas que não peçam informações, mas algum tipo de permissão celeste para fazer o que o querente esteja a fim de fazer. Elas são muito comuns em relacionamentos com problemas, porque o querente quer ouvir "Sim, as estrelas confirmam: ele realmente é horrível e você deve chutá-lo". Uma pergunta como, por exemplo, "Devo pedir o divórcio?" tem tudo a ver com a moralidade pessoal do querente e nada a ver com nada que possa ser encontrado num mapa astrológico. Eu não acho que dar permissão celeste seja parte do trabalho de um astrólogo e julgo mais útil encorajar o querente a refazer a pergunta de forma que permita uma resposta objetiva, como "Porque o casamento está dando errado?", ou "Ele pode melhorar?", ou "Tem alguma coisa que eu possa fazer para melhorar a situação?". ◈

A hipótese nula

Sempre tenha em mente, ao julgar mapas, qual é a "hipótese nula" – o que acontece quando nada acontece. Se eu perguntar "Ela vai se casar comigo?" cinco minutos depois de a ter conhecido, haveria a necessidade de um testemunho forte para termos um "Sim". Se não houver testemunhos deste tipo, a resposta será "Não". Por outro lado, se eu acordo na manhã do nosso casamento e faço a mesma pergunta, teria que haver um testemunho muito forte de algo dando errado para que a resposta seja "Não". Na ausência de um testemunho assim, as coisas vão se desenrolar conforme o planejado: a hipótese nula é que o casamento vá continuar. No primeiro exemplo, se nada acontecer não haverá casamento; no segundo, se nada acontecer para interrompê-los, os eventos vão continuar se desenrolando como planejado e o casamento vai acontecer. A mesma coisa acontece em outros assuntos.

As Considerações antes da Análise

Esse é outro daqueles tópicos que devemos abordar só porque você vai encontrá-los em outro lugar.

Antigamente, quando o astrólogo trabalhava para o rei, aborrecer o seu empregador com um veredicto desagradável poderia ser letal. Distorcer a análise para fornecer uma resposta agradável não era uma opção muito melhor, porque os eventos demonstrariam bem rapidamente que o veredicto estava errado. O astrólogo precisava de um modo diplomático de afastar perguntas indesejáveis; assim, uma lista de "considerações antes da análise" foi desenvolvida. Essa lista é abrangente o suficiente para garantir que haja uma desculpa para não analisar qualquer mapa que possa pôr o astrólogo em perigo.

Se um rei, daqueles a quem nem a própria mãe amasse, perguntasse "A princesa do país vizinho me ama?", o astrólogo poderia abrir o mapa, seguro de que encontraria Saturno na casa sete, ou o regente da casa sete debilitado, ou menos que três graus (algumas listas exigem cinco) ou mais de 27 graus de um signo no ascendente, ou outra coisa qualquer. Isso permitia que ele explicasse "Perdão, vossa Majestade, eu adoraria poder analisar este mapa, mas não posso. Vede, aqui: meu manual me proíbe".

A única dessas considerações que era mais que uma mera desculpa vazia para impressionar monarcas ignorantes era a sobre o número de graus do signo que está no ascendente. Se tivéssemos um grau muito precoce ou muito tardio, o ascendente estaria próximo de uma mudança de signo. Como o ascendente representa o querente, é crucial que o astrólogo saiba qual signo está ascendendo, ou ele vai usar o planeta errado para significar o querente e chegar a um julgamento incorreto. Hoje em dia, isso não é mais um problema: a marcação do tempo é tão precisa que sempre sabemos qual signo está ascendendo. No passado não era assim – Lilly reclama dos céus nublados impedindo que ele tivesse mais do que uma vaga idéia do horário correto.

A única consideração que não era uma desculpa não é mais válida. As considerações que eram desculpas não são mais necessárias – a menos que você seja empregado por um rei mal-humorado (neste caso, eu sugiro que você use qualquer desculpa inventada na hora e diga que ela é transmitida pela tradição oral secreta na qual você foi treinado). Assim, você pode esquecê-las.

Existem astrólogos que dão importância extrema a essas considerações, discutindo longamente sobre se o mapa é "radical" – no sentido de ser "apto a ser julgado". Esses astrólogos usam uma tradução especial do famoso dito hermético, que para eles é "O que está acima, às vezes, quem sabe, parece com o que está abaixo". Todos os mapas podem ser analisados. A astrologia não para de funcionar.

Eu não vou relacionar as considerações aqui: minha experiência com os alunos é que, depois que as considerações entraram na cabeça, quase nunca é possível retirá-las completamente. É melhor não deixar que entrem; você não vai sentir falta delas.

15

Perguntas de casa I

Perguntas relacionadas somente à casa um são raras. O herói que recupera os sentidos e pergunta ao primeiro astrólogo que encontra "Onde estou?" seria um exemplo, mas ainda não me procuraram para esse tipo de questão.

Uma atriz me perguntou se ela teria mais sucesso desistindo do seu nome artístico e voltando a usar seu nome de batismo. O nome da pessoa é um assunto da casa um; então, o regente da primeira casa significava seu nome. Ele estava retrógrado, voltando, o que era condizente com sua idéia de voltar a usar o nome de batismo. Será que essa será uma decisão acertada?

Vamos supor que o planeta dela fosse Vênus, em 02° de Gêmeos, voltando para o próprio domicílio. Voltar a faria ficar muito mais forte: "Sim, volte a usar o nome de batismo". Vamos supor que o planeta dela fosse Vênus, que tivesse acabado de ficar retrógrada, em 28° de Áries: ela estava prestes a entrar no próprio domicílio, Touro, ficando muito mais forte, mas ia voltando, sem entrar em Touro: "Não, a mudança vai ser prejudicial. Continuar na direção em que você está agora vai lhe trazer fama".

Os testemunhos também poderiam ser dados por fatores acidentais. Talvez seu planeta estivesse retrogradando do Nodo Sul e se aplicando a um Júpiter dignificado: mudar o nome é a melhor opção. Retrogradando a partir da casa I, para a casa XII, cadente: a mudança é prejudicial e vai retirá-la das vistas do público.

O BARCO EM QUE NAVEGO

Se eu estou olhando o meu carro e perguntando "Será que ele consegue me levar até Glasgow?", estou vendo meu carro como se fosse o que Lilly chama de "o barco em que navego", ou seja, a casa I. Assim também é com "Será que meu vôo vai chegar em segurança?". A analogia é com o corpo (casa I), visto como um veículo da alma. Se eu pergunto "Será que alguém vai comprar meu carro?", estou considerando o carro como uma posse móvel, não como um veículo: então, ele é mostrado pela minha segunda casa. Na primeira pergunta, seu papel é o de um veículo; na segunda, seu papel é o de uma posse, que por acaso é um veículo.

Eu não preciso estar no barco no momento de fazer a pergunta; nem, na verdade, estar nele de forma alguma. Se eu perguntar "Será que o meu navio pirata vai atracar em segurança?", o navio é casa I, mesmo que eu nunca tenha posto meus pés nele. É como se minha alma tivesse enviado meu corpo para realizar uma tarefa para ela.

Essas análises são simples: observe o regente da casa I, veja se algo ruim vai acontecer com ele. Para acidentes graves, os suspeitos mais óbvios são aspectos de Marte ou Saturno debilitados, ou do regente da casa oito; combustão; conjunção com o Nodo Sul. Aflições menores, como aflições de Vênus ou Júpiter debilitados, seriam complicadas, mas não desastrosas. A ausência de aflições prometeria uma viagem segura.

APARÊNCIA FÍSICA

A descrição da aparência do querente a partir do mapa pode parecer uma das operações astrológicas mais inúteis que existem, especialmente se o querente e o astrólogo estiverem no mesmo local. Lilly usava essa técnica:

* Quando o ascendente estava em graus muito iniciais ou muito tardios de um signo
* Quando ele precisava convencer o cliente das suas habilidades.

No primeiro desses casos, se o regente da casa I descrevesse de forma adequada o querente, que estaria sentado à sua frente no momento, era uma confirmação de que ele havia aberto o mapa com o signo ascendente correto e poderia analisá-lo sem medo. Com os métodos modernos de marcação do tempo, não precisamos mais dessa confirmação. Para o segundo caso, embora seja satisfatório ver as reações dos clientes ao ouvir sobre suas marcas e cicatrizes escondidas, eu não aconselho realizar essas ginásticas mentais para convencer o cliente das suas habilidades. Imagine que alguém diga a um cirurgião "Eu não tenho certeza de que essa operação no coração que você fez foi bem feita; tem como você tirar minha vesícula, só para eu ver que você sabe o que está fazendo?"

Assim, não há necessidade de descrever o querente. No entanto, às vezes nos pedem uma descrição de outra pessoa, normalmente, o futuro cônjuge, às vezes um ladrão. Neste caso, pegue a descrição do significador principal da pessoa. Modere as características básicas do planeta usando seu regente e outras dignidades maiores do signo em que ele está. Não há lugar para precisão aqui: tenho pesadelos com a possibilidade de dizermos ao cliente que o seu próximo marido vai ter 1,91m de altura e descobrir que ela recusou o pretendente perfeito porque ele media 1,93.

Há um problema com a determinação racial da aparência. Podemos seguir as regras astrológicas e descrever que o homem é sardento com cabelos ruivos cacheados, mas, se ele for japonês, a chance de acertarmos é baixa. Cabelos, pele e cor de olho são determinados, em primeiro lugar, etnicamente; eu não conheço nenhum modo de encontrar a qual grupo étnico uma pessoa pertence só olhando o mapa. Vamos supor que a Miss Primavera Inglesa nos peça para descrevermos seu futuro marido; nossa descrição de "cabelos negros e compleição escura" pode bem se encaixar com o rapaz japonês com quem ela acaba se casando, mas o contexto normal desse tipo de pergunta é uma mulher indiana ou paquistanesa que vai casar com alguém do mesmo grupo étnico. Nessas situações, o mapa parece tomar "cabelo preto" como a opção padrão, sem se sentir na obrigação de envolver Saturno na descrição.

As descrições gerais abaixo são tudo o que precisamos:

Saturno: Alto e magro. Pode significar cabelo e pele mais escuros.

Júpiter: Grande, tanto em altura quanto na constituição; carnudo, especialmente se em signos de água.

Marte: Baixo, musculoso, constituição sólida.

Sol: Alto e bem composto, mas não tão grande quando Júpiter. Cabelos longos.

Vênus: Baixo, corpo suave (em contraste com os músculos de Marte)

Mercúrio: Altura média ou pouco acima; magro; cabelo liso.

Lua: Carnudo, não alto. Normalmente maior quando crescente do que quando minguante.

Vamos supor que o significador da pessoa seja Marte em 04° de Libra. Marte é baixo, e está regido por Vênus, que também é baixa. Ele está em uma dignidade maior de Saturno (em 04° de Libra, ele está na exaltação e no termo de Saturno), o que aumenta um pouco a altura. Isso só qualifica nosso testemunho básico de Marte, no entanto; isso pode fazer com que ele seja mais alto, mas nunca vai fazer com que ele seja alto. Ele vai ter altura mediana com relação à média da sua etnia, talvez um pouco maior. A influência de Saturno também vai deixá-lo mais magro. Marte está no próprio detrimento, então não vai ser tão musculoso quanto Marte normalmente significa; tanto Marte quanto Saturno são esguios, então ele não vai ser musculoso, mas de forma esguia e elegante, sem aparência molenga. Se Marte estivesse em Touro, também no seu detrimento, a outra dignidade maior (além de Vênus) seria a da Lua. Em Touro, Marte também não seria tão musculoso quanto o normal, mas ele seria maior e mais carnudo do que Marte em Libra (influenciado por Saturno). Marte num signo de Vênus, bem como Vênus num signo de Marte, certamente significa uma pessoa atraente.

Essa descrição é suficiente. "Você vai reconhecê-lo pelo dragão tatuado no braço esquerdo" soa bem num romance, mas o objetivo da astrologia não é fazer o astrólogo se sentir um gênio.

Aspectos próximos ao significador principal podem mostrar detalhes da aparência: uma quadratura com Marte, por exemplo, mostra uma cicatriz visível; um aspecto mais fácil com Marte pode mostrar manchas na face; mas eu sugiro que esses detalhes sejam reservados apenas para confirmar o que o querente diga sobre a pessoa. Se o querente diz "O suspeito de ser o ladrão tem uma cicatriz enorme no queixo", podemos olhar o mapa, perceber a quadratura com Marte e responder "Sim, isso se encaixa perfeitamente; pode trazê-lo para o interrogatório".

Uma conjunção com as estrelas fixas relacionadas na página 131 mostra algum problema com os olhos, embora, numa era de lentes de contato e cirurgia a laser, isso seja menos útil na descrição do que era antigamente.

Embora os planetas mostrem uma escala fixa de aumento de idade, indo de bebês (Lua) até os mais idosos (Saturno), para fins de descrição, eles devem ser considerados como comparativos. Se o marido da querente for significado pela Lua, isso mostra que ela vai se casar com alguém mais jovem que ela, não um bebê. Saturno mostra que a querente vai casar com alguém mais velho, mas não necessariamente ancião. O Sol, Vênus e Marte podem todos, neste contexto, ser considerados como da mesma idade.

Se você sentir que não pode viver sem verificar as marcas e cicatrizes do querente, isso deve ser feito na primeira pergunta sincera. Não é razoável esperar que as estrelas mostrem a mesma configuração de sinais corporais sempre que um cliente antigo pede uma horária. Primeiro, olhe o signo ascendente. Qual parte do corpo ele significa (veja a página 54)? Deve haver uma cicatriz ou marca ali. O grau do signo que estiver sobre o ascendente vai mostrar onde, naquela parte do corpo, a marca está: no grau 0°, ele estará no alto da parte, em 29° graus ele estará na parte inferior.

Considere a cúspide da casa seis e a posição da Lua da mesma forma, por signo e grau, mostrando mais duas marcas. Um planeta debilitado na primeira casa mostra uma marca na face; onde ela vai estar na face é mostrado pelo seu grau. Aspectos próximos ao ascendente de Marte ou Saturno vão mostrar marcas de acordo com o signo e grau do planeta – mas considere apenas aspectos bem próximos. Se o significador estiver acima da Terra, a marca vai estar na frente, ou na área visível daquela parte do corpo; se estiver abaixo da terra, ela estará escondida. Se o regente do planeta que significar a marca estiver num signo masculino, ela estará na direita; se num signo feminino, estará na esquerda.

Lilly diz que essas regras não somente convenciam os seus clientes, mas que tiveram um papel muito importante em convencer a ele mesmo da veracidade da astrologia[39]. Nas raras ocasiões em que as usei, elas pareciam funcionar bem o bastante.

◈ Eu me baseei demais em Lilly neste trecho sobre as marcas e cicatrizes do querente. A idéia de que possamos ver essas marcas no mapa, seja horário ou natal, é um conto de fadas: não deve ser levado a sério. Pense bem: na época de Lilly, a varíola era endêmica em Londres. Uma grande parte dos seus clientes tinha cicatrizes na face. Eles não se amontoavam no seu consultório assim que Marte entrasse na primeira casa, nem houve nenhum realinhamento dos planetas para se ajustar à proporção muito menor de clientes de horária que possuem cicatrizes na face, hoje em dia.

Em muitos dos mapas analisados em *Christian Astrology*, Lilly dá descrições físicas das pessoas envolvidas. Isso é impressionante à primeira vista, mas, quando se analisa mais de perto, essas descrições tinham muito mais a ver com Lilly racionalizando o que via do que com astrologia. Por exemplo, no mapa no capítulo LX, ele atribui o cabelo escuro ("triste") do homem a um aspecto com Saturno. Ele ignora o aspecto, mais próximo, com Marte, que significaria cabelos ruivos. Não espere que o mapa mostre a aparência física, a menos que a questão especificamente peça isso. ◈

---

[39] *Lilly*, página 148.

16

Perguntas de casa II

PERDIDOS, ROUBADOS E EXTRAVIADOS

Encontrar um objeto perdido abrindo um mapa é espetacular. Não encontrar é um modo excelente de perder a credibilidade, bem rápido. Minha taxa de sucesso com essas perguntas é muito menor do que as com horárias em geral. O problema está em traduzir o simbolismo do mapa para a vida. Na maior parte das questões, temos um conjunto limitado de possibilidades – "Sim, ele vai casar com você" ou "Não, não vai", para termos um exemplo de simplicidade extrema – mas um objeto perdido pode estar em qualquer lugar. Como estamos lidando, normalmente, com locais que nunca vimos antes, temos poucas informações com que trabalhar para decidir o que cada planeta representa. Marte em um quarto pode representar a lareira, em outro pode ser o armário das armas. Muitas vezes me pego olhando o mapa, vendo exatamente onde os objetos estão em termos astrológicos e sabendo que a localização seria óbvia – se eu soubesse onde estão. O que, é claro, eu não sei.

Quando estivermos localizando um objeto, temos que estar 100% certos: em muitas outras perguntas temos mais espaço para manobrar. Explicar ao cliente "você quase encontrou" não causa uma impressão muito boa.

Eu adoraria poder explicar o Método Infalível Frawley, com uma garantia de 100% de sucesso, mas não posso. O que eu tenho, o Método Falível Frawley, da forma que vou explicar aqui, funciona bem o bastante. Ele vai fazer com que você encontre alguns objetos com uma precisão impressionante; e vai falhar com outros, da forma mais frustrante. Como com tudo em astrologia, no entanto, devemos comemorar o que podemos fazer, não lamentar pelo que não podemos.

Significadores principais

O objeto vai ser mostrado pela casa dois ou pela quatro, se for inanimado, ou pela casa seis ou doze se for animado.

Com um objeto inanimado, podemos escolher entre a casa dois, das nossas posses móveis e a quatro, a casa dos tesouros enterrados. O tesouro não precisa ter sido enterrado de propósito; pode ser aquele documento que você largou na mesa e alguém enterrou sob uma pilha de revistas. Alguns textos dão muita ênfase à distinção entre objetos perdidos (casa dois) e postos em local errado (quarta). Os autores que conseguem fazer uma distinção tão clara entre perder alguma coisa e deixá-la no lugar errado têm mentes mais sutis que a minha. Também não precisamos, na prática, invocar a distinção entre objetos perdidos e tesouros enterrados. Quaisquer que sejam as circunstâncias da perda, analise os regentes da casa dois e quatro, e use o que descrever melhor o objeto.

Exemplo: "Onde estão minhas chaves?", com o mapa mostrando Câncer na cúspide da casa dois e Virgem na quatro. Mercúrio, regente de Virgem, é o regente natural das chaves: ele vai ser o significador.

Se o querente estiver perguntando sobre o objeto perdido de outra pessoa, de modo que você precise derivar as casas, sempre use a segunda casa da pessoa; não importa se ela parece descrever o objeto ou não. "Onde está o relógio da minha filha?": o regente da casa seis (casa dois a partir da quinta) vai significar o relógio.

Se o objeto for significado pelo mesmo planeta que o querente, use o planeta em questão para o objeto. Nessas perguntas, o ponto mais importante é a localização da coisa, sua relação com o querente é secundária.

Se você estiver procurando por um animal perdido, use a casa seis se ele for menor que um bode, a doze se for maior. Nosso interesse é em distinções genéricas, ou seja, casa cinco para uma criança perdida, seis para um funcionário perdido. Dizem que a casa sete é a casa dos fugitivos; é mais confiável usar a casa específica para o indivíduo e usar a casa sete somente para cônjuges desaparecidos ou para "uma pessoa qualquer".

Outros significadores

A Lua é o regente natural de todos os objetos perdidos, especialmente os animados. O melhor, no entanto, é continuar com o significador principal, como explicado acima, enquanto for possível: usar dois planetas para determinar a localização do objeto só vai deixar você confuso. Na maior parte dos mapas de objetos perdidos, não precisamos levar a Lua em consideração. Como significadora secundária, ela é útil para determinar o momento em que o objeto vai ser encontrado, quando o significador principal não tiver fazendo nenhum aspecto. Para um exemplo disso, veja novamente o mapa do gato, no capítulo um.

Sim, isso quer dizer que a Lua pode significar tanto o objeto quanto o querente, às vezes os dois no mesmo mapa. Isso não é tão confuso quanto parece, porque ela representa cada um deles em estágios diferentes da análise.

Algumas vezes, o regente natural do objeto pode ser usado, regendo a casa relevante ou não. Faça isso se o mapa estiver chamando a sua atenção para o planeta, ou, se, analisando tanto o planeta quanto o signo em que ele estiver, ele descrever perfeitamente o objeto. Um cliente perguntou "Onde estão minhas pistolas?" e o mapa mostrou Marte (arma) em Virgem (signo de Mercúrio, arma pequena; signo bicorpóreo, mais de uma arma pequena) exatamente sobre o ascendente.

A parte da fortuna, que mostra o tesouro do querente, em qualquer sentido que encaixe no contexto da pergunta, pode às vezes ser útil. Eu sugiro que você a ignore a menos que esteja realmente perdido. Mesmo assim, você vai conseguir julgar de forma mais fácil perseverando com o significador principal.

◈ A parte da fortuna pode ser ignorada. Dois pontos que eu gostaria de enfatizar: se há um planeta no mapa que descreva de forma exata o objeto, use-o, mesmo que ele não seja regido pela casa dois ou quatro. Use somente o significador principal do objeto para localizá-lo: a Lua pode confirmar a recuperação e mostrar o momento da recuperação, mas não vai mostrar onde a coisa está, a menos que seja o significador principal. ◈

Ele vai ser encontrado?

Se o objeto não for ser encontrado, não há muito sentido em tentar descrever onde ele esteja, não importando o quanto o querente peça que você o faça.

O testemunho mais forte de recuperação é um aspecto aplicativo entre o objeto e o querente, ou entre o objeto e o regente da casa dois (se o objeto for significado por outra coisa), que mostre ele voltando para as mãos do querente. Aqui podemos ver os dois papéis da Lua: encontrar a minha vaca perdida pode ser mostrado pela Lua (querente) se aplicando ao regente da 12 (vaca), ou pela Lua (regente natural dos objetos perdidos) se aplicando ao regente da um (querente). Esteja aberto a qualquer das duas possibilidades.

A Lua se aplicando ao seu próprio regente é um bom testemunho de recuperação

Ter pelo menos um dos luminares (o Sol e a Lua) acima do horizonte (eixo ascendente/descendente) é útil. Isso é bem literal: se não há luz, não podemos ver para encontrar nada.

◆ Perceba: "é útil". Isso não é um testemunho definitivo de recuperação; é a ausência de um testemunho negativo, em vez de um forte positivo. ◇

Se o regente da I estiver combusto, o querente não consegue ver. Se o objeto estiver combusto, ele não pode ser visto; mas a combustão não dura para sempre; um sinal especialmente positivo de recuperação é quando o planeta já fez a conjunção com o Sol e está saindo da combustão.

O significador do objeto perto de um ângulo aumenta a probabilidade de recuperação, mesmo sem um aspecto; a mesma coisa acontece com uma localização clara: nestes casos, nem vale a pena procurar um aspecto. "Onde está o ursinho de pelúcia?"; "Na casa cinco, no quarto das crianças". Com esse tipo de informações, podemos simplesmente levantar e procurar, sem perder tempo caçando aspectos.

Alguns testemunhos medianamente encorajadores são a casa um ou a dois assistidas pela presença de Júpiter ou Vênus fortemente dignificada, ou com o nodo norte.

◆ Se isso tiver alguma importância, é tão pequena que pode ser ignorada sem problemas. ◇

Lilly diz que se o significador do objeto estiver no próprio detrimento ou queda, o objeto vai estar danificado ou só vai ser recuperado em parte. Eu já vi isso acontecer, mas não acho que valha para todos os casos.

◆ Na maior parte dos casos, testemunhos de recuperação e datação da recuperação são supérfluos. Se podemos ver onde o objeto está, normalmente podemos ir lá pegá-lo. Se sabemos onde ele está, não vale a pena perder tempo procurando testemunhos de que vamos encontrá-lo se olharmos lá. Como isso é supérfluo, os mapas muitas vezes não se incomodam em fornecer testemunhos deste tipo: mesmo depois, em retrospectiva, não é possível encontrá-los – ou, pelo menos, eu não consigo. A exceção é quando o gato some. A parte importante é sabermos se ele vai voltar para casa; onde ele está agora, normalmente, é irrelevante.

Marcação do tempo: se o aspecto que mostra a recuperação de um objeto perdido ficar exato em menos de um grau, ele pode ser interpretado, normalmente, como "mais ou menos agora", independente do signo ou da casa. ◇

Ele foi roubado?

Provavelmente não. Lilly dá uma grande lista de testemunhos que mostram que a coisa foi roubada[40]; se você aplicar todos os testemunhos de forma rigorosa, vai mandar muita gente à forca. A maior parte das coisas está perdida porque não conseguimos lembrar onde nós as pusemos; mas, assim que descobrirmos que elas se foram, pensamentos de roubo, ou pelo menos tentativas de pôr a culpa em alguém, nos assolam. O astrólogo sensato não deve encorajar esse tipo de coisa. Eu sugiro fortemente que você não envolva um ladrão, a menos que o querente mencione a possibilidade de roubo. Isso segue a regra comum: **não insira personagens na história a menos que isso seja extremamente necessário.** Imagine que você seja um roteirista de tevê e lembre-se que cada personagem novo que você introduzir é um ator novo, que vai ter que ser pago!

Existem três testemunhos que dão indícios de roubo:

* um aspecto separativo entre o suspeito e o objeto, mostrando que o suspeito teve contato com o objeto. A mesma coisa acontece com o significador geral de ladrões (ver abaixo);
* uma conjunção próxima entre o suspeito e o objeto, mostrando que o objeto está com o suspeito. Isso pode ser por antiscion.
* o objeto na casa do suspeito, especialmente se estiver dentro da cúspide.

Se houver qualquer dúvida sobre se o objeto foi roubado ou não, eu relutaria bastante antes de gritar "Pega ladrão!" sem um desses testemunhos.

Exemplos: "O pedreiro roubou meu bracelete?", com o regente da casa seis (o pedreiro) se separando de um aspecto com o planeta (regente da dois ou da quatro) que significa o bracelete. Sim, ele roubou. Sem um aspecto desses: não, não roubou. Atenção: tem que ser um aspecto separativo. Um aspecto aplicativo, que significa algo que ainda não aconteceu, não pode significar um roubo que já aconteceu. Lilly mostra um mapa sobre dinheiro roubado[41]. O regente da casa dois (o dinheiro do querente) está conjunto ao significador do ladrão por antiscion (o antiscion implica algo secreto ou escondido). Se o pedreiro e o bracelete estivessem conjuntos, por corpo ou por antiscion, isso mostraria que o pedreiro ainda teria o bracelete.

---

[40] *Lilly* páginas 331-6.
[41] *Lilly*, página 394.

Se o querente *sabe* que o objeto foi roubado, as coisas são diferentes. Não precisamos provar o fato do roubo. As perguntas feitas quando o roubo é certo são discutidas abaixo.

Onde está?

Depois que você identificou o significador do objeto, olhe para o mapa para descobrir onde ele está. Lembre-se: este planeta *é* o objeto perdido; onde ele está é onde o objeto vai estar.

O método mais confiável, sem dúvida, de determinar a localização é usando o significado das casas. Na minha experiência, esse é o único método que vale a pena ser usado. Funciona para as outras perguntas como funcionou com o gato perdido no capítulo 1 ("Onde está o gato?"; "Na casa do gato."). "Eu deixei as chaves na casa do meu amigo?", com o significador das chaves na casa onze (amigos): "Sim, elas estão com seu amigo". Um querente havia perdido uma pedra de um anel. O significador estava conjunto ao ascendente, mostrando que a pedra ainda estava muito (muito!) perto do querente. Ela tinha caído dentro do forro da sua jaqueta.

Há uma tentação muito grande de considerar o que o querente diz como se fosse verdade. Não caia nessa armadilha! Se o querente soubesse o que está acontecendo com o objeto, ele não estaria perdido. As afirmações do querente devem ser tratadas com muito cuidado. Lembre-se sempre: **A verdade está no mapa, não no que estão lhe dizendo.** Minha experiência é que as localizações mais comuns de objetos perdidos são:

* exatamente onde o querente diz que eles com certeza não estão
* com os filhos
* com o cônjuge.

Se o mapa corroborar uma dessas opções, ignore todas as afirmações em contrário.

Se o significador estiver na casa sete, nossa primeira escolha deve ser que o objeto está com o cônjuge. A casa sete é a casa do ladrão, então isso poderia significar que um ladrão está com ele, mas lembre-se dos comentários sobre roubo, acima. Há muito mais cônjuges do que ladrões no mundo. Ele também é a casa três a partir da casa cinco, sendo a casa dos irmãos do filho: o irmão mais novo. Sempre tente a opção mais óbvia primeiro, que nesse caso é o cônjuge; se isso não fizer o objeto aparecer, passe para o filho mais novo. Você não precisa acertar da primeira vez, isso é uma consulta, não um ato de mágica.

Peça que o querente lhe dê uma lista de suspeitos. Se o objeto estiver perdido em casa, quem vive lá? Se estiver fora de casa, onde é que ele esteve? O querente trabalha? Quem ele visitou? Você tem o direito de fazer essas perguntas.

Para o básico "Onde ele está", a Lua fora de curso é irrelevante. O objeto está em algum lugar, mesmo se este lugar estiver "destruído".

Na casa

Casa I: a porta da frente ou hall de entrada (a entrada do mapa); o lugar em que o querente fica em casa.

Casa II: a cozinha (a casa dois rege a garganta e, portanto, o que entra nela). O depósito ou despensa. O closet ou guarda-roupas. O quarto perto da entrada. **Qualquer casa pode ser interpretada como sendo o cômodo ao lado do cômodo significado pela casa adjacente.**

Casa III: em um escritório, seria a sala da correspondência. O centro de comunicação. Corredores, halls e locais de desembarque.

Casa IV: o salão informal da casa (em contraste com a casa X, o salão formal). O aposento da vovó. O porão (o fundo do mapa).

Casa V: o quarto das crianças ou berçário. O salão de jogos.

Casa VI: as dependências dos empregados e, assim, a área de serviço. O canil do cachorro.

Casa VII: o aposento do cônjuge.

Casa VIII: o toalete (a casa dois é por onde a comida entra, a oito é por onde ela sai). O banheiro (onde a sujeira é removida).

Casa IX: o quarto de estudos. A capela, o oratório, a sala de meditação. Um local de desembarque ou aterrissagem, ou corredor, no andar de cima (uma versão mais alta da casa três).

Casa X: o escritório. O salão formal da casa (quando Lilly chama essa casa de "o hall", ele quer dizer o salão maior onde você recebe visitas da realeza, não um corredor). O sótão (topo do mapa).

Casa XI: o quarto de hóspedes (onde seus amigos ficam).

Casa XII: a garagem (onde os cavalos ficam) ou estábulo. O depósito de lixo.

Acima do eixo ascendente/descendente pode significar o andar de cima, abaixo significa o andar de baixo.

Dentro do quarto

Depois que você decidiu em que cômodo o objeto está, olhe para os outros fatores da localização do planeta para mais informações.

O significador em um:

* Signo de terra: sobre, perto ou abaixo do chão.
* Signo de ar: em um lugar alto, talvez uma prateleira ou gancho. Em algum lugar iluminado. Na janela ou perto da tevê.
* Signo de fogo: em algum lugar quente. Perto das paredes.
* Signo de água: algum lugar úmido; em algum lugar confortável.
* Signos mutáveis podem mostrar que ele está dentro de algo – em uma caixa ou armário.

◆ A conexão entre signos de fogo e paredes é falsa e deve ser ignorada. A idéia é que as paredes são feitas de tijolos e os tijolos são feitos no fogo, mas do que a parede é feita e como o material é preparado não têm importância nenhuma. ◇

Um planeta na cúspide de uma casa ou na mudança de um signo dentro desta casa vai mostrar que o objeto está perto da porta. Perto da cúspide seguinte pode mostrar que o objeto está no lado oposto à porta.

Observe aspectos próximos a este planeta. Conjunto à Lua: perto do aquário; oposto a Saturno: de frente para o relógio.

Esse é, como eu disse acima, o maior problema na localização de objetos perdidos. Tudo no universo pode ser descrito por somente sete planetas. Podemos imaginar que a Lua significa um aquário; ele poderia ser um candelabro, um sofá branco, ou qualquer uma entre um milhão de possibilidades. Posto isso, conexões com Mercúrio às vezes mostram que ele está junto de livros ou bugigangas; conexões com Vênus, perto de roupas (especialmente roupas de mulher), colchas ou móveis macios. Eu nunca percebi indicações tão claras com os outros planetas.

Fora da casa

Estar em uma casa angular pode mostrar que o objeto esteja à mão ou próximo de onde deve estar. Em uma casa cadente pode estar bastante longe. Em uma casa sucedente, o objeto está numa distância intermediária. O contexto vai determinar quanto é "longe": "Onde está meu filho, que costuma vagar pelo mundo e de quem faz muito tempo que não recebo notícias?" deve ser um pouco mais longe do que "Onde está o gato?";

Dê prioridade para o significado natural da casa, no entanto. Se o objeto estiver na casa nove e soubermos que o querente está na faculdade, a coisa pode estar lá, mesmo que ela fique perto de casa.

Em alguns casos, não sabemos se o objeto perdido está dentro ou fora da casa. Estar na casa nove pode mostrar que ele esteja longe, talvez num lugar de casa nove (igreja, escola). Ou ele pode mostrar que esteja em casa em um lugar de casa nove: no quarto de estudos, ou perto de um oratório. Na casa dez: está no trabalho, ou no salão de festas da casa? Eu não sei de nenhum modo de distinguir qual dos casos é. Tente o mais provável; se não funcionar, tente a alternativa. Lembre-se: você não precisa acertar da primeira vez.

Existem muitos métodos de determinar a direção no mapa. O único método com alguma confiabilidade é baseado nas direções do espaço (norte, sul, leste e oeste) que formam a estrutura fundamental do mapa: o Sol ascende no leste (ascendente), viaja para o sul (meio-céu) para se pôr no oeste (descendente), voltando ao leste pelo fundo do céu, que é o norte. O meio-caminho entre norte e leste é, obviamente, nordeste. Introduzir os signos só confunde as coisas; pode parecer que isso refinaria a direção, mas na prática causa contradições. Norte com oeste é um refinamento; norte com sul é uma bobagem sem sentido. Atenção: lembre-se que, no mapa astrológico, ao contrário de um mapa cartográfico, o sul fica em cima.

Essa determinação da direção deve ser feita somente para fora de casa, localização de pessoas perdidas ou animais: não devemos usá-lo dentro de casa – a menos que a casa do querente tenha ala leste e ala oeste.

Se você está perguntando sobre a localização de outra pessoa, lembre-se que ao derivar as casas, o lar da pessoa quase sempre vai ser a casa um derivada (não a quarta) – como com o gato no capítulo I. "Onde está meu irmão?", com o regente da três (meu irmão) na casa três (a casa dos irmãos): ele está em casa.

O significador de Fido na casa doze é uma indicação de que ele possa estar confinado (a casa doze sendo a casa das prisões).

Roubo

Algumas questões de roubo têm um suspeito específico: "Será que o pedreiro roubou meu bracelete?", com a implicação que, se ele não roubou, o querente provavelmente o perdeu. Em outras, o ladrão é "uma ou mais pessoas desconhecidas".

Se há um suspeito específico, use o regente da casa da pessoa da forma mais comum, ou seja, regente da casa três para o vizinho, casa seis para o pedreiro. Se não há nenhum suspeito específico, as escolhas para o significador do ladrão, em ordem de preferência, são:

* um planeta que esteja peregrino, ou no próprio detrimento ou queda, *e* que esteja em um ângulo ou na segunda casa;
* o regente da casa sete;
* Mercúrio, o regente natural dos ladrões.

Se nós sabemos que o objeto foi roubado, não precisamos ter um aspecto separativo entre o ladrão e os objetos para provar isso.

Depois que tivermos os significadores do ladrão, podemos fazer uma descrição da forma padrão (veja a página 178). Se estivermos usando Mercúrio como regente natural dos ladrões, não podemos, é claro, usar Mercúrio para a descrição – nem todos os ladrões parecem mercuriais. Neste caso, use seu dispositor.

O significador em um signo bicorpóreo é uma indicação boa de que há mais de um ladrão.

Infelizmente, a menos que o ladrão seja conhecido do querente, não há muita utilidade em descrevê-lo.

◆ "Por que simplesmente não usamos o regente da casa sete como significador do ladrão?" Porque fazer isso exclui, na maior parte dos casos, a possibilidade de fazermos a única identificação que possa ser útil. A menos que haja uma lista muito curta de suspeitos, a descrição física do ladrão é inútil; mas o que podemos fazer de útil é confirmar ou desmentir que a coisa tenha sido roubada pelo pedreiro, pelo vizinho, ou pelo irmão da namorada, baseados na regência por casas do planeta que significa o ladrão. Se você usar o regente da casa sete como norma, vamos ficar sem possibilidade de identificação do ladrão, exceto a de que "o ladrão é... o ladrão".

A idéia de dar prioridade a um planeta peregrino é que não se trata de um vilão maquiavélico que tenha passado semanas planejando o grande golpe (planeta em detrimento ou queda), mas aquele sem compasso moral, que vai pegar sua bolsa com alegria se você deixá-la sobre a mesa. Essa interpretação da dignidade essencial não representa de forma adequada a situação, no entanto. Um planeta em exaltação poderia, neste contexto, mostrar alguém que se acha tão maravilhoso que os direitos dos meros mortais não lhe dizem respeito.

Além disso, o fato de o suspeito não ser um modelo de virtude não prova que ele é o ladrão. Lembre-se que o mapa é um reflexo da realidade e evite partir desse pressuposto. Por outro lado, usando o princípio "o papel, não o ator", não podemos pôr a culpa de tudo em Mercúrio! Quem roubou, então? Aquele cujas digitais estão na cena do crime. Que, nos termos do mapa, é o planeta que esteja se separando por aspecto do objeto, ou que esteja em aspecto exato com ele agora. Esse, e só esse, é o planeta que precisamos chamar para o interrogatório.

Lilly demonstra isso de forma inadvertida no seu exemplo de mapa de roubo no *Christian Astrology* (capítulo LXIII). Ele usa Mercúrio como significador do ladrão, porque ele é o único planeta peregrino em casa angular, e sua identificação provou-se correta. Mas isso foi um golpe de sorte. O que Lilly parece não ter notado é que o regente da casa dois, o dinheiro roubado do querente, está exatamente conjunto a Mercúrio por antiscion: o sr. Mercúrio está com o saque. É isso que identifica o ladrão. ◈

◈ Se soubermos *com certeza* que o objeto foi roubado, ele vai ser significado pelo regente da casa dois; não temos mais a opção do regente da casa quatro. O melhor seria um planeta que desse uma descrição bastante óbvia do objeto, mas isso é muito raro; se você ficar na dúvida, use o regente da dois, a menos que a coisa roubada seja animada. Neste caso, use o regente da seis ou da doze, como sempre.

"Mas se eu tivesse emprestado dinheiro para alguém, esse dinheiro não seria considerado mais como meu, mas da outra pessoa, sendo significado pela casa dois da pessoa, não pela minha. O objeto roubado definitivamente não é minha posse agora. Por que, então, ainda usamos a minha segunda casa para significá-lo?". Porque não fazer isso anularia, na maior parte dos casos, qualquer utilidade do veredicto do mapa. Não sabemos quem é o ladrão: esse é o motivo para a questão ser feita. Então, vamos usar a casa dois de quem? A única opção seria usar a casa dois a partir da sete, as posses do ladrão. O que quer dizer que o regente da sete significa o ladrão. "Então, quem é o ladrão? Ah, é o ladrão!". Isso não é nada útil. Usar a casa dois do querente para o objeto nos permite eliminar suspeitos ou incriminá-los, de acordo com quais significadores tiverem estado em contato com o regente da casa dois: "Não, não foi o pedreiro; mas o seu ex tem visitado sua casa, recentemente?". Roteiros diferentes para situações diferentes. ◈

◈ Tenha cuidado ao analisar perguntas sobre roubo. Embora possa haver um grande valor nessas análises, o que foi dito não pode ser desdito, então pense muito bem antes de acusar alguém. As palavras de Lilly carregam a sabedoria obtida através de muita experiência: *"A menos que seja para um grande amigo, eu odeio questões sobre ladrões, que normalmente trazem escândalo ao artista, com poucos homens acreditando que a pessoa do ladrão possa ser descrita por nenhuma arte legítima, porque, muitas vezes, a parte envolvida se engana, um homem sendo acusado no lugar de outro, e muitas infelicidades surgem daí. Se o artista descrever uma pessoa que tenha a alguma semelhança com a pessoa de quem desconfiam, eles confirmam completamente sua desconfiança, façamos o que quer que seja para contrariá-los. Eu sei que os sensatos já se beneficiaram muito com os nossos julgamentos, e que recuperaram seus bens para além de qualquer esperança, e que o contrário também se deu"*[42]. ◈

Onde está meu xale?

A querente, uma senhora idosa, costumava usar um xale preto bastante antigo, que ela havia pendurado em algum lugar, mas não conseguia lembrar onde. Regente da dois ou regente da quatro? Saturno, regente da casa quatro, descreve bem algo negro e antigo.

Onde está Saturno? Na casa cinco. Então, o xale está em algum lugar de lazer. Se os filhos da querente fossem suspeitos possíveis, a sugestão óbvia seria "a culpa é das crianças", mas esse não era o caso.

Descrevendo o lugar de lazer: Saturno está num signo de fogo, então um lugar de lazer com fogo. Um restaurante se encaixa bem.

OK – vamos dizer que esteja em um restaurante. Pode haver outras opções, mas essa parece razoável, então podemos trabalhar com ela para ver até onde ela nos leva. Precisamos, agora, descrever e localizar o restaurante. Então, vamos dar mais um passo para dentro do mapa. Saturno é o xale. Ele em Áries nos disse que o xale está num restaurante, então o regente de Áries *é* o restaurante.

Marte está exatamente sobre o meio-céu. Em um ângulo: perto da casa. A menos de um grau de um ângulo: muito perto de casa. Poderíamos considerar que a casa X significasse o trabalho da querente, mas ela é aposentada.

---

[42]   Englands Propheticall Merline, página 133.

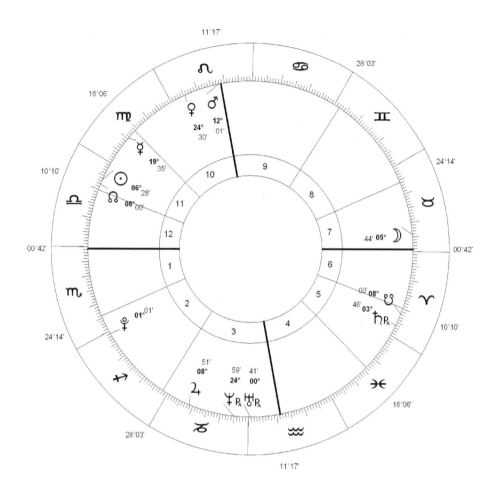

Onde está meu xale? 29 de setembro de 1996, 09:22, Londres, BST.

Áries nos disse que ele está em um restaurante. O planeta que rege Áries nos mostra onde este restaurante está. Ele faz isso pela sua posição – como se o próprio restaurante fosse um objeto perdido. O signo em que esse planeta está vai descrever o restaurante. Se Marte estivesse em Capricórnio, um restaurante indiano; em Câncer, um restaurante chinês; em Leão, francês ou italiano.

O xale estava num restaurante francês ou italiano, bem perto da casa da querente. "Ah, sim – há um restaurante francês bem perto de casa. Eu estava lá numa noite dessas". E foi lá onde o xale foi encontrado.

Aqui há um exemplo bem claro de um princípio geral em toda a astrologia tradicional: **Planetas *são*, signos *descrevem*. Planetas são substantivos, signos são adjetivos.**

Ponto importante: aqui, demos alguns passos sucessivos para dentro do mapa. Vamos supor que a situação fosse diferente. Vamos supor que Marte fosse o próprio significador do objeto perdido e a querente trabalhasse num escritório. Marte está na casa dez: ela o deixou no trabalho. Onde, no trabalho? Marte está bem perto da cúspide: perto da porta. Marte está num signo de fogo: há algum aquecedor perto da porta? Ou talvez ele esteja perto da parede.

"Qual é a diferença?" Se o significador nos diz que o objeto está em um lugar específico, não precisamos determinar a posição desse lugar. Então, podemos usar as outras indicações para mostrar a localização dentro desse lugar. Mas Saturno, no caso do xale, mostrava somente que ele estava num lugar de lazer. Isso nos dá um bom número de lugares possíveis, então temos que escolher um tipo dentro deste conjunto – ainda estamos procurando o lugar específico. Olhe para o mapa do gato de novo. O gato está na casa do gato. Só há uma casa do gato relevante para a questão: não precisamos investigar mais. Vamos imaginar que Marte fosse o objeto deste mapa, indicando que ele estivesse no escritório; só há um escritório, então não precisamos olhar mais longe. Da grande variedade de "locais de lazer", temos que escolher um, então precisamos limitar o conjunto, como mostrado acima.

Usamos o signo em que Saturno está para descrever o tipo de local de lazer: ele está num signo de fogo, então é um lugar onde há fogo, como, por exemplo, um lugar onde coisas são cozidas. Vamos imaginar que Saturno estivesse num signo de ar. Não podemos ser literais demais com isso: um balão de ar quente é um local aéreo de recreação, mas o mais provável seria um cinema ou teatro, um café, onde as pessoas se encontram para falar, talvez um clube de xadrez. Ar é a faculdade mental, então ele poderia descrever qualquer coisa que use essa faculdade. Da mesma forma, um lugar úmido de recreação poderia ser uma piscina, mas um bar seria mais provável. Adote esta regra geral: seja flexível.

DINHEIRO

Embora a casa dois seja a casa do dinheiro, quando as pessoas perguntam sobre dinheiro, elas não estão preocupadas exatamente com a casa dois. Elas não estão perguntando sobre seu próprio dinheiro, mas sobre o dinheiro de outra pessoa, o dinheiro que elas queriam ter. Onde vamos achar esse dinheiro no mapa depende do contexto da pergunta. De quem é o dinheiro?

Ele é normalmente da casa oito ou onze. Casa VIII, sendo a segunda casa a partir da sete, é o dinheiro dos cônjuges, dos parceiros comerciais, clientes, inimigos e de "uma pessoa qualquer". A casa XI, sendo a segunda a partir da dez, é o dinheiro do emprego, do padrão, ou do rei. Ele também é "dinheiro que cai do Céu". Então:

* "Quando vou receber meu salário?" – casa onze
* "Será que esse emprego paga bem?" – casa onze
* "Vou receber devolução do imposto?" – casa onze
* "Quando esse cliente vai me pagar?" – casa oito
* "Vou ganhar dinheiro nos cavalos hoje à noite?" – casa oito
* "Será que minha namorada tem algum dinheiro?" – casa oito
* "Vou ganhar na loteria?" – casa onze
E:
* "Será que consigo me sustentar com astrologia?" – casa dez (veja o capítulo 22)
* "Será que vou herdar o dinheiro do papai?" – casa cinco
* "Vou ter lucro comprando essa casa?" – casa cinco (veja o capítulo 18)

Vamos encontrar o caminho certo por esse labirinto, um passo por vez.

Ações

Esse é o tipo mais fácil, então vamos nos livrar dele primeiro. Existe um mito de que ações e títulos são assuntos da casa oito, por serem "dinheiro de outras pessoas". Não são: suas ações são o seu próprio dinheiro (casa dois) sob uma forma diferente. Quando você compra ações, seu dinheiro não passa a ser de outras pessoas, exatamente da mesma forma que ele não passa a ser de outra pessoa quando você o converte em moeda estrangeira. Ele permanece sendo o seu próprio dinheiro, que pode aumentar ou diminuir de valor.

Assim, perguntas sobre investimentos deveriam ser julgadas a partir do estado da segunda casa e da condição e ações do regente da casa dois. Uma mudança de signo normalmente é crucial aqui. "Será que devo mudar minhas economias de A para B?" O regente da casa dois está mudando de um signo fértil e entrando num signo estéril: "Não, suas economias não vão crescer". Regente da casa dois deixando um signo em que está peregrino e entrando em um em que está dignificado: "Sim, suas economias vão se beneficiar".

Como regra geral, para onde o regente da casa dois está indo mostra o futuro, *se a mudança for feita*. Assim, o regente da casa dois se aplicando ao nodo sul é um testemunho de mudança. Mas você precisa ser flexível, caso o mapa sugira algo diferente. Por exemplo, vamos imaginar que o regente da dois esteja perto do fim de um signo quando esbarra no nodo sul, e que no signo seguinte ele esteja dignificado. Podemos considerar seu encontro com o nodo sul no signo atual como o que vai acontecer caso a situação continue como está e seu movimento para o signo seguinte como a mudança potencial. Neste exemplo, o querente se beneficiaria com a mudança: fique parado e seu dinheiro vai sofrer (regente da dois conjunto ao nodo sul). O mapa nos deu um indicador primordial de mudança na mudança do signo.

Se o querente estiver perguntando sobre uma mercadoria específica, vale a pena olhar o regente natural dessa mercadoria. "Estou pensando em vender ouro e comprar ações de empresas 'ponto com'", com o Sol (ouro) quase conjunto a Saturno e Mercúrio (computadores) quase entrando em Virgem: "Compre ações 'ponto com'!". Tome cuidado, no entanto: isso só se aplica a horárias específicas. Isso não quer dizer que sempre que o Sol ficar conjunto a Saturno, o preço do ouro vá cair!

Se o seu querente quiser monopolizar o mercado dos pepinos ou de algum outro produto, você pode olhar também a parte árabe para a mercadoria em questão, considerando tanto a parte quanto seu regente.

Ser pago ou reembolsado

Precisamos ter clareza na determinação da origem do dinheiro. Isso normalmente é óbvio: se você trabalha para uma empresa, seu salário é mostrado pela segunda casa a partir da décima, que é a onze. Em algumas vezes, no entanto, é necessário pensarmos sobre a natureza do relacionamento de trabalho. Estamos falando de uma relação empregado/patrão, ou de um relacionamento com cliente? Por exemplo, se você decidir trabalhar como astrólogo, a pessoa que vem até você para uma consulta é seu cliente: casa sete. Para saber "Ele vai me pagar?", precisamos olhar para a casa oito para investigar o dinheiro dele. Isso também vale se o seu cliente for uma empresa. Se a empresa inclui você na folha de pagamento como seu astrólogo fixo, por outro lado, seu salário é casa onze. Isso também vale para qualquer trabalho que você faça para AstroMapas SA. Sua pergunta geral "Será que eu consigo me sustentar com astrologia" está relacionada à casa dez, porque ela é a casa dois da nove e, portanto, mostra o lucro do seu conhecimento (capítulo 22). Não use essa abordagem em pergunta nenhuma sobre um pagamento específico.

Se a questão estiver relacionada com a quantidade do pagamento, analise o regente da casa que significa o dinheiro, considerando suas dignidades essenciais e acidentais. Quanto mais forte for o planeta, maior é a quantidade. Também observe aflições ou assistências à casa em questão: por exemplo, Júpiter forte na sua cúspide é uma ótima notícia; Saturno fraco, não.

Nota: em qualquer questão relacionada somente com a *quantidade* de dinheiro, não precisamos de aspecto. Mas se houver um, precisamos considerar a sua natureza. A idéia de lucro assume que ele está vindo para nós; não seria lucro de outra forma. Isso também vale para o salário. Vamos supor que o regente da onze esteja forte e se aplique ao regente da casa I por quadratura: "o salário é bom, mas há muitos atrasos para recebê-lo, ou você precise ficar pressionando os patrões para receber".

Muitas vezes essas perguntas não são sobre a quantidade envolvida, mas sobre "quando" ou "se" o salário vai chegar. Aqui, nós precisamos de um aspecto: sem aspecto, sem chegada. Procure um aspecto entre o significador do dinheiro e o querente (regente da um ou a Lua) ou regente da dois. O regente da casa dois pode ser considerado como o bolso ou a conta do banco do cliente, então, um aspecto entre o dinheiro e o regente da casa dois mostra ele entrando no bolso do querente. Não interessa qual significador se aplica a qual: a pergunta pressupõe que o dinheiro esteja indo ao cliente.

Se você emprestou dinheiro para alguém, agora ele é dessa pessoa. Se você perguntar "ele vai pagar o que me deve?", é a casa dois da pessoa que nos interessa (ou seja, a casa dois a partir da três se eu tiver emprestado ao meu irmão; casa dois da onze se eu tiver emprestado ao meu amigo). Procure um aspecto entre o regente da casa e o regente da primeira, a Lua ou o regente da segunda casa. Se não houver aspecto que mostre o pagamento, um aspecto favorável entre os significadores do querente e da outra pessoa pode mostrar um acordo sendo feito. Cuidado com aflições graves ao significador do dinheiro da pessoa: você não vai ser pago, porque ele não tem dinheiro. Não interessa o quanto ele esteja forte, o significador dentro da própria casa não é notícia boa; ele tem muito dinheiro, mas vai ficar no bolso dele.

Apostas

Certa vez, eu enviei um artigo para uma revista astrológica dos EUA que incluía uma análise de uma horária sobre "Eu vou ganhar dinheiro nos cavalos hoje?". Eu recebi como resposta uma carta num tom bastante exaltado, reprovando a minha tolice de ter pensado numa horária deste tipo, porque é impossível saber se alguém ganhou ou perdeu. Como astrólogos são seres que estão muito acima de conceitos vulgares como ganho ou perda, eu sou obrigado a explicar isso: se você terminar o dia com mais dinheiro do que você começou, você venceu; se você terminar com menos, você perdeu.

Apostas são consideradas, normalmente, como uma atividade de casa cinco. No entanto, se alguém estiver fazendo uma pergunta sobre apostas, o importante é o lucro a ser obtido; eu nunca recebi perguntas do tipo "Eu vou me divertir nessa corrida de cavalos?". Diversão é assunto da casa cinco; lucro, não.

A aposta é uma competição entre você e o dono da casa de apostas, então ele é o seu inimigo (casa sete) e o dinheiro dele é a casa dois derivada, a oito radical. É o dinheiro dele que você quer; então, o sucesso vai ser mostrado por um aspecto entre o regente da oito e o regente da um, ou a Lua (se a Lua não for significadora nem do dono da casa de apostas nem do dinheiro dele), ou o regente da dois. Aqui também não importa qual planeta se aplica a qual.

Desde que haja um aspecto assim, a força do regente da oito vai mostrar quanto o querente vai ganhar, com relação à sua aposta. Isso pode ajudar a decidir sobre a aposta. Vamos supor que o querente tenha decidido apoiar um determinado time. A casa de apostas pode oferecer uma variedade de apostas para a vitória deste time, cada uma com cotas diferentes. Se o regente da casa oito estiver forte, mostrando um ganho bom, o querente pode arriscar a aposta mais ousada com cotas maiores. Se o regente da oito estiver fraco, ele deve se controlar e apostar na opção com cotas menores.

Nessas questões – e nas sobre investimentos – o querente precisa ser convencido a fazer o dever de casa primeiro. O mapa vai ser mais confiável se ele tiver feito algum esforço em selecionar as apostas sugeridas.

Loterias não são competições. Pelo menos, só são competições se o querente tiver desenvolvido um esquema para ludibriar a agência lotérica; aí ela vira uma horária do tipo "nós contra eles" que pode ser analisada a partir da casa oito, como visto acima. Loterias podem ser consideradas como o querente levantando as mãos para o céu para ver se a sorte cai nelas: dinheiro que cai do Céu. Assim, elas são analisadas a partir da casa onze. O regente da onze faz algum aspecto com o querente ou com o seu bolso? Se o querente estiver perguntando somente sobre uma bolada alta, o regente da onze teria que estar excepcionalmente forte para termos um "sim" como resposta.

Se o querente estiver perguntando sobre ganhar o prêmio em dinheiro com o próprio cavalo, veja a casa dois a partir da casa que significa o cavalo (lucro do cavalo). Ele é significado pela casa doze, então sua segunda é a casa um radical. Ignore o querente por um momento, dando o regente da um ao lucro do cavalo. O ideal seria que ele fosse um benéfico forte, assistindo a casa um ou dois (a primeira, agora vista como casa do querente) por posição. Se isso não acontecer, um aspecto entre o regente da um e a Lua ou o regente da dois vai mostrar o lucro.

Eu fiz uma horária uma vez sobre uma aposta em um jogo de futebol. O mapa mostrou o regente da dois se aplicando ao regente da um por oposição, o que não fazia sentido. Como é que o meu dinheiro poderia vir para mim? Ou meu dinheiro iria desaparecer, ou o dinheiro da casa de apostas viria para mim. Eu apostei, me roendo de curiosidade. O jogo foi abandonado na metade e todas as apostas foram devolvidas. Meu dinheiro voltou para mim – por oposição, porque eu tive o incômodo de ir até lá pegá-lo.

◆ Horárias sobre este assunto são discutidas de forma muito mais detalhada no meu livro *Sports Astrology*. ◆

O dinheiro do parceiro

Uma das questões preferidas da época de Lilly era "Será que o meu futuro côn-juge tem algum dinheiro? Será que eu consigo pôr as mãos nesse dinheiro?". O dinheiro do cônjuge é representado pela casa oito. Para descobrir quanto dinheiro existe, veja a condição do regente da oito e as aflições ou auxílios à casa oito. Para ver se o querente vai pôr as mãos no dinheiro, procure um aspecto ao regente da um, à Lua ou ao regente da casa dois. Analise os aspectos de acordo com a sua natureza: ou seja, por trígono ele vem fácil, por oposição ele vem com tanto esforço que a luta não vale a pena.

Exemplo: vamos supor que o regente da um esteja na exaltação do regente da oito. O querente pensa que há muito dinheiro e quer muito este dinheiro. Vamos supor que o regente da oito esteja no próprio detrimento. Há pouco dinheiro. O querente faz um trígono com o regente da oito. Pode não haver muito dinheiro, mas o querente pode pegar o quanto houver.

Isso pode ser uma consideração importante, quando estivermos avaliando possíveis parceiros de negócio.

O dinheiro do governo

Se o querente estiver perguntando por devolução de impostos, pensão, algum benefício social ou qualquer outro pagamento do governo, o dinheiro é visto pelo regente da onze (a casa dois a partir da dez: o dinheiro do governo). Procure um aspecto ao querente ou ao regente da dois para mostrar o recebimento do dinheiro; a força do regente da onze e da própria casa onze mostram o quanto de dinheiro vai vir.

A casa onze também mostra "presentes do rei": o favor que queremos da pessoa no poder. Para um pagamento de algum benefício social a que a pessoa faça jus, recepções com o regente da dez (o governo) podem ser ignoradas: o processo não depende de quem gosta de quem. Mas, por exemplo, para "Será que eu vou conseguir uma bolsa do ministério da cultura?" a disposição do conselho que concede a bolsa (regente da dez) é importante. O ideal seria encontrar esse significador exaltando o nosso querente. Os reis são pessoas ocupadas, provavelmente não têm tempo de exaltar todas as pessoas qualificadas a receber seus presentes, mas recepções negativas (por detrimento ou queda) seriam desencorajadoras. Quando mais especial é o dom (estamos falando da Ordem Nacional do Mérito, ou de uma medalha de participação?), mais forte é a recepção que devemos esperar.

Heranças

Elas são casa oito somente em termos gerais: dinheiro dos mortos. Para qualquer dúvida geral, no entanto, use a casa dois a partir da casa de quem quer que esteja deixando o dinheiro, que é visto como ainda sendo do falecido. Como sempre, procure um aspecto que mostre que ele está vindo e analise a força do planeta para ver quanto dinheiro vem. Esteja atento a aspectos do significador do dinheiro com outros planetas, ou recepções mútuas inconvenientes: eles podem mostrar que mais alguém esteja com as mãos no bolo. Identifique o planeta invasor pela casa que ele rege. Por exemplo, um aspecto do dinheiro com o regente da um é proibido pelo regente da seis: o dinheiro vai para a ONG Salve os Gatos.

É claro que é bom se a pessoa que estiver deixando o dinheiro gostar – ou pelo menos não odiar – o querente; por isso, leve em consideração as recepções com o planeta dessa pessoa e o que eles revelam sobre as disposições do falecido com relação ao querente.

Exemplo sobre ganhar dinheiro

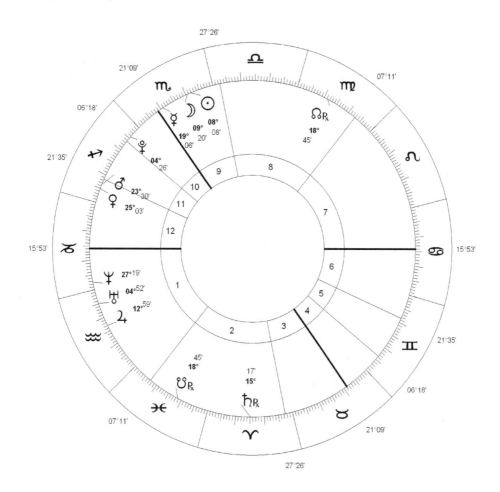

Devo comprar prata? 31 de outubro de 1997, 12:36, GMT, Londres, Inglaterra

Usando técnicas diferentes da horária, eu fiz uma análise astrológica de um jogo de futebol. Eu fiquei tentado a apostar no time que vi que venceria, então fiz a pergunta "Vou ganhar dinheiro apostando em X?"

O dinheiro da casa de apostas, que eu espero ganhar, é o regente da casa oito: Mercúrio. Existe um aspecto aplicativo entre Mercúrio e o regente da um (Saturno)? Não.

Existe algum aspecto aplicativo entre Mercúrio e a Lua? Sim, embora a quadratura com Júpiter possa ser uma proibição.

Existe algum aspecto aplicativo entre Mercúrio e o regente da casa dois (Júpiter)? Não, embora a Lua faça um aspecto primeiro com Júpiter, depois com Mercúrio, transladando a luz de Júpiter para Mercúrio.

Observe também que Mercúrio e Júpiter estão muito próximos por antiscion (o antiscion de Mercúrio está em 10°55′ de Aquário; o de Júpiter, em 17°01′ de Escorpião); mas um planeta está se separando do antiscion do outro.

Então, há dois testemunhos positivos. Em primeiro lugar, a Lua vai para Mercúrio e, porque os aspectos muitas vezes não proíbem conjunções, isso me une ao dinheiro. Em segundo lugar, a Lua pega Júpiter (meu dinheiro) e leva para Mercúrio (o dinheiro que eu quero).

Isso parece promissor, MAS: os dois testemunhos dependem da Lua e a Lua está combusta. Ela não tem poder para agir. Se é possível estar num estado mais fraco que a destruição completa, a Lua combusta está mais fraca que qualquer outro planeta combusto, porque o poder de agir da Lua sempre depende de ela ter luz, e quando ela está conjunta ao Sol ela não tem nenhuma.

Vou ganhar? Não. A fraqueza extrema da Lua não consegue fazer os testemunhos positivos funcionarem.

Esse julgamento foi, e vai ser para você, depois de alguma experiência, realizado em questão de instantes: uma olhada rápida no mapa. Eu ainda estava com o mapa aberto no computador quando um querente telefonou. Ele era um cliente antigo, que normalmente fazia perguntas simples de forma direta. Assim, passou muito pouco tempo entre eu ter aberto meu próprio mapa e eu ter ouvido e entendido a pergunta dele. O mapa era o mesmo.

Sua pergunta foi "Será que eu devo comprar prata?". Podemos analisar essas questões olhando o regente da casa dois, entendendo a pergunta como "Será que eu devo converter meu dinheiro em prata?", mas a palavra "prata" chama a nossa atenção para a Lua.

Como é que a Lua está? Eca! Está no signo da própria queda, combusta, tão perto do Sol que não tem luz nenhuma. Dificilmente ela poderia estar mais fraca.

A Lua *é* a prata; então, essa é uma boa hora para comprar prata? Sim! Ela está tão fraca que não poderia ficar mais fraca: essa seria, na pior das hipóteses, um investimento sem perdas.

A Lua estar começando a se separar do Sol é uma coisa importante. Embora ela não tenha luz nenhuma, ela está começando seu caminho de volta, começando a aumentar sua luz.

Este testemunho é suficiente para nos garantir o julgamento. Ele é confirmado pelo regente da casa dois, que está caminhando na direção de Peixes, seu próprio signo.

"Sim, compre prata!" O preço da prata aumentou dramaticamente nos meses seguintes.

Este mapa tem uma importância especial, uma vez que mostra duas questões que são, evidentemente, a mesma – "Será que vou ter lucro?" – analisadas usando o mesmo mapa, mas dando respostas opostas. Mesmo com toda a sua simplicidade, o método é infinitamente sutil.

17

Perguntas de casa III

VERDADEIRO OU FALSO?

Será que essas informações, fofocas ou rumores são verdadeiros?

Estamos procurando, aqui, testemunhos de que seja verdade. Se tivermos pouco ou nenhum deles, a hipótese nula é de que não seja. Uma Lua fora de curso indica que os rumores ou informações não vão dar em nada, verdadeiros ou falsos.

Para ser verdade:

* os ângulos do mapa devem estar em signos fixos
* o regente da casa um, o regente da casa três, a Lua e seu regente devem estar em signos fixos e casa angulares, ou pelo menos em signos fixos e casas sucedentes.

Veja as condições da casa três: uma aflição ali (como um Saturno debilitado na cúspide) poderia mostrar falsidade, mas tome cuidado: isso também poderia mostrar que o querente vai ser prejudicado pelas informações. O contexto normalmente vai deixar claro qual das duas é mais provável.

Com tantos testemunhos, dificilmente vamos ter um veredicto unânime. Uma decisão majoritária já resolve.

Tanto angularidade quanto fixidez significam solidez, então o que estamos fazendo aqui é batendo as informações contra o mapa para ver se elas são reais ou falsas.

◆ Hoje em dia, não aceito mais a idéia de que os signos em que os ângulos estão tenham alguma importância. Em nenhum outro tipo de pergunta nós levamos em consideração o fato de os ângulos ou cúspides relevantes serem cardinais, fixos ou mutáveis; não há motivo para abrirmos uma exceção aqui.

Perceba que para mostrar a verdade, os planetas relevantes precisam ser fixos *e* angulares, não fixos *ou* angulares. Também não vejo motivo para envolver o dispositor da Lua na análise; a idéia de incluir a Lua já é, no mínimo, altamente duvidosa. Pode-se argumentar que valha a pena incluir o regente da casa I, para verificar se o querente tem alguma noção da realidade, mas o testemunho mais importante, de longe, é o do regente da casa III. ◈

Será que esta previsão ou sonho é verdade?

Use os mesmos testemunhos mencionados acima, mas olhe a casa nove e o regente da nove, em vez do regente da três e o senhor da casa três.

Cuidado

Estas perguntas são raras: faça com que elas continuem assim! Você pode dizer "É verdade que eu vou casar com a Jane?"; "É verdade que eu vou conseguir este emprego?"; caia nesta armadilha e bem depressa você vai estar analisando todas as perguntas como se fossem assuntos de casa III. Existe a mesma armadilha com relação à casa XI, a casa das esperanças e desejos: "Será que eu vou conseguir meu desejo de casar com a Jane/conseguir este emprego?". Sempre pegue o caminho mais curto: o que parece ser uma pergunta do tipo "Será que é verdade?" pode normalmente ser analisada em outra casa. Se a querente pergunta "Eu ouvi um rumor de que meu namorado está me traindo, é verdade?", atenha-se ao principal: trata-se se uma pergunta de casa sete sobre o namorado dela, não uma pergunta de casa três sobre verdade ou falsidade. Mesmo que você tenha tido um sonho sobre se casar com sua namorada, em vez de perguntar "Será que meu sonho é verdade?", pergunte "Será que eu vou casar com ela?".

Ao longo da minha carreira, eu só analisei uma meia dúzia de perguntas do tipo "É verdade?". Eu me lembro agora de uma de um querente que queria receber uma recompensa por ter encontrado um garoto perdido e me perguntou se os rumores da localização do menino eram verdadeiros e minha própria pergunta sobre uma previsão improvável feita por um astrólogo famoso em um programa de véspera de ano-novo na tevê.

Posso confiar nele?

Analise o significador da pessoa, escolhido pela casa que rege, como sempre. Quanto mais dignidade essencial ele tiver, mais honrado ele é. A fixidez, aqui, não é necessariamente uma coisa boa. Se o planeta estiver no próprio detrimento e fixo, ele vai teimar na desonestidade.

Mercúrio é sempre astuto, mesmo quando dignificado. Ele é, por natureza, amoral, então, mesmo se estiver forte, ou se outro planeta tiver dignidade essencial por estar num signo de Mercúrio, provavelmente eles significam alguém que é honesto só enquanto for vantajoso. Se ele estiver em Gêmeos, ele pode negligenciar a verdade por brincadeira, se divertir com truques. Se ele estiver em Virgem, ele vai mostrar as letras miúdas do contrato para provar que sua desonestidade é honesta no fim das contas e que você é um tolo ainda maior por não saber disso.

◈ O mais comum é esta pergunta ser vaga demais para ser útil: posso confiar num ladrão – confiar que ele vá se comportar como um ladrão. Ela pode ser refeita em termos mais concretos: "Ele vai meter a mão no caixa se eu o deixar tomando conta da minha loja?"; "Será que ele vai apoiar a minha candidatura conforme prometeu?".

Em tese, quanto mais dignidade essencial o significador tiver, mais honrada a pessoa vai ser, mas tome cuidado: se o planeta estiver no próprio domicílio ou, principalmente, na própria exaltação, sua maior prioridade vai ser a própria pessoa. Isso pode vir acompanhado por um certo desdém com relação aos outros. ◈

CARTAS, TELEFONEMAS E VISITAS

A casa três radical raramente é relevante. Se a questão fosse "Ela recebeu minha carta?", poderíamos analisar um aspecto separativo (mostrando algo que já aconteceu) entre ela e o regente da casa três, a carta. O regente da casa três na casa um ou dois dela seria um testemunho de que ela tenha chegado: a carta está com ela ou em sua posse.

Normalmente, a questão é sobre a carta de outra pessoa: "Quando eu vou ter notícias dele?"; "Quando o livro que eu pedi vai chegar?". Use o regente da casa três de quem está enviando a carta para significá-la. Isso normalmente nos leva à casa nove, porque essas perguntas são normalmente feitas sobre namorados ou sobre as pessoas com quem o querente tem algum acordo comercial (como a compra do livro). Essas pessoas todas são mostradas pela casa sete e a terceira a partir dela é a casa nove. Depois que você localizou o significador correto, procure um aspecto aplicativo com: o regente da casa I, a Lua, ou o regente da casa dois. Um aspecto com o regente da casa dois mostra a carta chegando às mãos do querente. Determine o momento da chegada como sempre. Sem aspecto não há chegada.

Se você pediu um livro, o importante é a chegada do livro: o pacote do vendedor, a terceira casa a partir da sete. Com sua namorada, ou o telefonema da mamãe, o importante é o contato com a pessoa. Assim, um aspecto da pessoa (o regente da sete ou da dez) com o querente nos dá um "sim"; não há necessidade de identificar o telefonema em si como casa três derivada. Depois que compramos o livro, não queremos mais nenhum contato com o vendedor, então um aspecto aplicativo com o regente da casa sete, neste caso, não funciona.

Lembre-se que, depois que você tiver recebido a carta, ela não é mais a casa três de quem a enviou, mas a sua casa dois, suas posses.

Se a questão for "Quando essa pessoa vai chegar?", use o regente da casa da pessoa (a casa onze se for um amigo do querente, a seis se for o encanador) e procure um aspecto com – em ordem de preferência – o ascendente, o regente da casa um, a Lua, a cúspide da casa quatro (a casa do querente). Sem aspecto, sem visita. Essas perguntas normalmente têm uma escala temporal limitada, partindo do princípio, por exemplo, que a chegada vai ser em algum momento dessa tarde. Isso faz com que a determinação do momento da chegada fique muito mais fácil. Qualquer separação menor que um grau pode ser considerada como "agora", embora possamos determinar o momento com precisão de minutos. Nessas perguntas, minutos de arco podem ser considerados como minutos de tempo, então se o significador estiver a 35 minutos do ascendente, a chegada pode ser em 35 minutos.

Não interessa qual planeta se aplica a qual. Se o regente da casa um se aplicar ao visitante, em vez do visitante se aplicar ao regente da casa um, isso não significa que o querente precise sair para pegar a visita. Quem vai para a casa de quem é dado pela pergunta.

Aspectos ao ascendente mostram a visita *somente* se a chegada da pessoa for pressuposta na questão (como nos meus exemplos) ou forem confirmadas por outros testemunhos no mapa. Se a pergunta for "Será que eu vou ver meu amigo, de quem não ouço falar há muito tempo?", o significador se aplicando ao ascendente só significa que essa questão está pesando na minha mente; ela não quer dizer que ele vá bater na minha porta a qualquer momento.

◆ Seja claro sobre o que é importante. Se você estiver perguntando sobre o dinheiro que deve chegar pelo correio, a sua pergunta é "Quando o dinheiro vai chegar?", não "Quando a carta vai chegar?". É a casa dois do remetente, não a casa três, que nos interessa. Apesar do que eu escrevi acima, a mesma coisa vale para mercadorias, como, por exemplo, livros, que cheguem pelo correio. São as posses do vendedor que estão vindo para você, então é o regente da casa dois do vendedor, não da casa três, que nos interessa. Mesmo se você já tiver pago pelo produto, ele não é uma posse sua até que chegue, então ele não é mostrado pela sua própria casa dois. A casa dois é a casa das posses móveis: se você não está com ele, não pode movê-lo por aí.

Uma pergunta como "O que ele vai achar da carta que lhe mandei?" normalmente não é sobre a reação à carta ("Mas que papel bonito foi usado!"), mas sobre a reação à pessoa que a escreveu; deste modo, a carta em si é irrelevante para a análise. ◈

18

Perguntas de casa IV

COMPRA E VENDA DE IMÓVEIS

Vou conseguir comprar/vender esta casa?

Estes dois tipos de perguntas são analisados da mesma forma. O querente, seja ele comprador ou vendedor, recebe, como sempre, a casa um. O que queremos ver é um aspecto aplicativo entre o regente da um e o regente da sete. Esta questão é, na verdade, "Vamos fechar este acordo?", então nosso interesse são os regentes da um e da sete, em vez do imóvel em si, que é o regente da quatro.

Se a outra parte tem uma casa específica no mapa, use-a, em vez da casa sete. Se a questão for "Será que o meu irmão vai comprar minha casa?" ou "Será que eu vou conseguir comprar a casa do meu amigo?", use a casa três ou a onze.

Não importa qual seja o aspecto entre o comprador e o vendedor: poucos mapas sobre essas perguntas mostram algo mais otimista que uma quadratura. As oposições parecem ser a norma, mas sem suas conotações normais de arrependimento. Isso provavelmente reflete o esforço enorme necessário para concluir esses negócios. Observe as recepções. Uma recepção mútua entre os regentes da casa um e da sete é bastante encorajadora: os dois querem fechar a venda. A ausência de recepção normalmente não é problema; recepção negativa (por detrimento ou queda) é. Um vendedor cujo significador esteja na queda do significador do comprador vai relutar em vender para ele, embora a necessidade possa obrigá-lo.

As posições dos significadores e sua força mostram quem tem poder de decisão nas negociações. Neste contexto, existe uma distinção vital entre estar sobre ou dentro da cúspide de uma casa. **O planeta na cúspide tem poder sobre a casa, como um inimigo sitiando o portão do castelo; o planeta dentro da casa está em poder dessa casa, como um inimigo preso.** Assim, o regente da casa sete no ascendente mostra que a outra parte está com vontade de fechar o negócio (no signo do regente da um) e pode estar forçando a mão (o planeta no ascendente pode ser considerado também como algo que está pesando na mente do querente). O regente da casa sete logo dentro da casa um mostra que o querente tem a outra parte na palma de sua mão. O mais comum é encontrarmos o regente da casa um logo dentro da casa sete: o querente está desesperado e a outra parte sabe disso.

◈ Perceba, no entanto, que a questão da força quase nunca é relevante nestas perguntas. O comprador raramente tem o poder de forçar o vendedor a vender, e o vendedor dificilmente consegue forçar o comprador a comprar. Como o significador de uma das partes sobre a cúspide da outra parte mostra o entusiasmo dessa pessoa, ele pode ser um testemunho ruim. Se a questão for "Eu consigo convencer o vendedor a reduzir o preço?", o seu planeta na cúspide do vendedor é um testemunho negativo forte. Se você está tão interessado, qual é o incentivo que ele vai ter para reduzir o preço? ◈

Embora possa parecer lógico que o regente da casa quatro se aplicando a um aspecto com o regente do comprador mostre a propriedade sendo vendida, é um testemunho muito menos convincente do que os regentes da um e da sete se unindo. O regente da dez mostra o preço do imóvel. A união por aspecto entre ele e o vendedor é um testemunho tão pequeno que pode normalmente ser ignorado: resista à tentação de analisar um mapa somente com esse testemunho. Sem a conclusão do negócio, mostrado pelos regentes da um e da sete, nem o imóvel nem o dinheiro vão mudar de mãos.

◈ Eu subestimei a importância de um aspecto entre o regente da casa quatro e o comprador. Sempre procure primeiro um aspecto entre o regente da casa um e o da casa sete. Se não houver nenhum, mas houver um aspecto entre o regente da casa quatro e o comprador, provavelmente já é o suficiente. ◈

Um cenário comum: regentes da casa um e da sete se aplicam a um aspecto, mostrando que o vendedor (nosso querente, regente da casa I) vai vender seu imóvel. Antes de isso acontecer, há uma proibição. O que o planeta que se meteu no meio significa? Regente da casa oito: o dinheiro do comprador (a casa dois da sete: o dinheiro das outras pessoas). Ele está no próprio detrimento. O que vai impedir que o negócio seja fechado? O comprador não consegue juntar dinheiro.

Qualquer planeta não identificado fazendo um aspecto com o vendedor antes que os significadores do comprador e do vendedor concretizem seu aspecto pode ser considerado como outra pessoa vindo para comprar a propriedade.

Você não precisa procurar o corretor de imóveis. Se houver um aspecto entre os regentes da um e da sete, o envolvimento do agente é irrelevante; não precisamos pôr este personagem no palco. Se, no entanto, houver um planeta transladando ou coletando luz para unir os dois planetas, isso pode considerado como mostrando o corretor.

◈ Um aspecto aplicativo entre o vendedor e o regente da casa quatro não tem nenhum significado e pode ser ignorado, exceto se ele proibir um aspecto com o comprador. Aspectos põem coisas em contato; mas o vendedor já está em contato com a propriedade, senão ele não poderia vendê-la.

Tenha sempre em mente o estágio em que as negociações estão. Em estágios muito precoces, precisamos de testemunhos fortes para mostrar o negócio sendo feito. Em estágios bastante avançados, quando o acordo já foi fechado, mas o comprador preocupado pergunta "Isso vai dar certo?", tudo o que precisamos para dar um "Sim" é a ausência de testemunhos negativos relevantes (veja a página174). Vamos supor que num mapa, a cúspide da sete esteja em 10° de Áries. O regente da casa um em 9° de Áries não mostraria nada exceto a preocupação do querente com a transação; mas o regente da casa um em 29° de Peixes, prestes a se mudar para a casa do regente da sete, seria um testemunho forte: "Sim, você vai se mudar para lá".

Note que o imóvel é significado pelo regente da casa quatro, seja o querente seu comprador ou vendedor. Se ele estiver vendendo, o imóvel é o regente da casa quatro porque é sua propriedade; se ele estiver comprando, porque é sua propriedade em potencial. Tudo no mapa deriva da perspectiva do querente. A propriedade é potencial no mesmo sentido em que o regente da casa sete mostra a namorada em potencial ("Ela vai sair comigo?") e o regente da dez, o emprego em potencial ("Eu vou conseguir este emprego?").

"Mas isso não contradiz o que você disse sobre o pacote sendo enviado pelo vendedor nos acréscimos ao capítulo anterior?". Não, porque a pergunta sobre "Quando o pacote vai chegar?" não é sobre o que é potencialmente meu, mas sobre o que, na verdade, ainda é dele. A pergunta sobre a namorada, o emprego ou a casa quer saber se um potencial vai se realizar; a pergunta sobre o pacote é sobre quando uma coisa real vai chegar. ◈

A condição da casa

O regente da casa quatro significa o imóvel, então a sua condição vai mostrar o estado da propriedade. Regente da quatro no próprio signo: muito bom – o imóvel está em ótimas condições. Na sua exaltação, lembrando o sentido de exagero das qualidades que essa dignidade tem, a casa está em boas condições, mas talvez não tão boas quanto pareçam: cuidado com uma pintura de aparências feita para mascarar alguns problemas menores. Dignidades menores mostram condições menos boas. Se o regente da casa quatro estiver peregrino, a casa não está tão bem e – como os planetas peregrinos estão mais inclinados ao mal – pode estar se deteriorando. A menos que seja uma casa móvel, pois, nesse caso, o significador peregrino pode ser considerado como descrevendo a natureza do imóvel, sem implicações malignas.

Se o regente da casa quatro estiver no próprio detrimento ou queda, há muitos problemas. A natureza do signo vai indicar quais são os problemas:

* signos de ar: verifique o telhado e as janelas
* signos de água: verifique o encanamento e a drenagem
* signos de fogo: verifique o aquecimento, as paredes e o gesso
* signos de terra: verifique as fundações.

◆ Como observado com relação a objetos perdidos, na página 188 acima, a associação entre signos de fogo e paredes – e, por extensão, gesso – é falsa. O fato de as paredes – às vezes – serem feitas de tijolos e os tijolos serem feitos no fogo não quer dizer que signos de fogo signifiquem paredes. ◆

Procure outras aflições ao significador. Uma oposição a Saturno, por exemplo: a casa pode ser adorável, mas a fábrica em frente pode fazer com que a vida lá seja horrível. Planetas debilitados na casa quatro mostram outros problemas, identificados pela natureza do signo.

O regente da casa dez é o preço. Sua condição vai nos dizer se o preço está alto ou baixo. Se o querente for o comprador, pode ser importante sabermos que o preço está num signo fixo; não vale a pena fazer uma oferta menor. Por outro lado, se ele estiver no fim de um signo fixo, talvez valha a pena fazer uma oferta menor. Aqui também é importante levarmos em consideração a natureza da exaltação: ela sugere que o preço esteja inflacionado. No mercado imobiliário, isso pode ser inescapável, mas pode haver outros motivos para esse exagero – rumores de que a estrada de ferro vá passar pela cidade, ou que uma estrela do cinema tenha comprado uma casa por perto.

O que esperamos ver é um equilíbrio entre a condição da propriedade e a condição do preço. O ideal seria que qualquer desequilíbrio fosse a favor do querente. No entanto, pode haver um forte desequilíbrio contra ele, mas ainda assim haver motivos para que ele compre o imóvel: a casa pode estar caindo aos pedaços, mas a vovó vivia ali, ou ele está desesperado para se mudar para algum lugar perto do estádio do seu time. O mapa vai apresentar uma análise clara, para que o querente possa decidir se o desequilíbrio é aceitável ou não.

Exemplos:

* O regente da casa quatro em domicílio; regente da casa dez em domicílio. A casa é cara, mas vale cada centavo.
* O regente da casa quatro no próprio termo; o regente da casa dez em exaltação. A casa é razoável, mas o preço está inflacionado.
* O regente da quatro em detrimento; o regente da dez em detrimento. O lugar é uma espelunca, mas o preço baixo significa que talvez ainda valha a pena comprar.

Observe as recepções entre o regente da um e o regente da quatro. O regente da um na exaltação do regente da casa quatro: é como se o querente estivesse apaixonado pela casa. Não interessa o quanto a casa seja boa, dificilmente ela vai corresponder às expectativas. Se o querente estiver comprando a casa na qual seu poeta preferido tenha vivido, a exaltação é compreensível: ele valoriza a casa mais do que ela merece. O regente da casa quatro no detrimento da casa I: a casa odeia o querente, então não vai fazê-lo feliz.

A maior parte dos compradores gostaria de ver possibilidade de melhoras futuras no preço: observe a condição do regente da dez agora e a sua condição à medida que ele se move pelo zodíaco e a natureza do signo atual – signos fixos mostram ausência de mudança.

Se a casa estiver sendo comprada primariamente para lucro, seja para esperar valorizar e vender, seja para alugar, ele é mostrado pelo regente da casa cinco (a segunda a partir da quatro: o dinheiro da casa).

Se o querente estiver perguntando sobre um imóvel que ele pensa em comprar, dê uma olhada nos vizinhos. Estamos interessados nos vizinhos da casa que está sendo comprada, não os vizinhos atuais do querente; os vizinhos vão ser mostrados pela casa seis, que é a terceira casa a partir da casa quatro: os vizinhos da casa. Um querente perguntou se ela deveria se mudar definitivamente para sua casa de férias. O regente da casa quatro era o Sol em Libra, então a casa estava ruim (em sua queda). Ela era regida, ou dominada, por Vênus, que estava no próprio detrimento. Vênus regia a casa seis: a casa estava em queda (em Libra) porque estava dominada pelos vizinhos (Vênus), que estavam, eles mesmos, num estado horrível (em detrimento). A querente contou, mais tarde, histórias de arrepiar os cabelos sobre os vizinhos que aterrorizavam a pequena cidade.

◆ Quando você estiver avaliando a condição da propriedade, lembre-se da realidade da situação: as pessoas raramente compram a casa que querem; elas compram na verdade a casa menos pior que conseguem pagar. Não inclua detalhes sobre a condição do imóvel se o querente não perguntar. Se a questão for "Vamos fechar negócio?", o querente não precisa ouvir "Ah, mas o lugar não parece assim tão bom!". A menos que seja rico, provavelmente ele já sabe disso.

Se o querente quiser negociar o preço, lembre-se que o valor não tem vontade própria. O regente da casa dez pode nos dar algumas dicas, como acima, mas o regente da casa sete é muito mais importante: o vendedor. O regente da casa sete num signo fixo é um testemunho mais forte de que o preço não vá mudar do que o regente da casa dez num signo fixo.

Embora os textos usem a casa 10 para o preço, em muitas questões é mais adequado usarmos a casa cinco: o lucro do imóvel. Se o querente for o comprador, o preço normalmente será o regente da dez ("Eu consigo baixar o preço?"). Se o querente for o vendedor, perguntando "Será que eu consigo ganhar um dinheiro razoável com essa venda?", use o regente da casa cinco. A questão, neste caso, é sobre o lucro da casa.

Embora a casa três a partir da quatro possa ser os vizinhos da nova casa, tenha cuidado na interpretação disso. No exemplo acima, o regente da seis significava os vizinhos. Mas sem mais indícios para confirmar isso, ele poderia ser, por exemplo, os acessos à nova casa (sua casa três – viagens de rotina) que poderiam ser ruins a ponto de tornar a vida ali difícil. Ou muitas outras coisas. Lembre-se sempre que menos é mais. É melhor dizer "há uma aflição grande aqui, mas eu não tenho certeza do que é" do que tentar a sorte escolhendo uma idéia em especial. É fácil começar a escrever romances a partir de poucas dicas no mapa. Não faça isso! ◆

◆ Uma pergunta comum é "Eu devo comprar este imóvel ou aquele?", Se o querente favorecer uma das opções, use o regente da quatro para ela e outro planeta, escolhido pela descrição, para a alternativa. Compare, então, as condições de cada uma. Se o querente não tiver nenhum favorito claro, escolha todos os significadores pela descrição. Para fazer isso, pergunte ao querente o que tem de especial em cada uma das casas. Mantenha as respostas curtas! Se você mantiver os querentes na rédea curta, eles vão dizer as poucas palavras importantes que sejam relevantes para o mapa em questão. Por exemplo, se for uma escolha entre uma casa muito velha e a casa perto do rio, Saturno poderia significar a casa velha e um planeta a menos de dois graus de um signo de água a outra, perto do rio. O apartamento grande ou a cobertura: Júpiter para o grande e um planeta num signo de ar ou perto do meio-céu (topo do mapa) para a cobertura. Pessoas diferentes descreveriam as mesmas casas de formas diferentes. Uma pessoa poderia dizer "Essa casa é nova, a outra é velha", enquanto outra diria "Esta fica perto do rio, a outra, perto do meu trabalho", ou "Esta é grande e a outra é pequena". O mapa é uma criação do querente, então você pode ter certeza que os critérios descritivos que ele escolher vão ser pertinentes para o mapa. Não é raro que este pedido de descrição faça com que a investigação com a horária fique redundante. "Esta aqui é perto da praia, a outra é perto daquela fábrica... ah, já me decidi!"

Não tenha medo de fazer o querente trabalhar um pouco. Não aceite uma lista de uma dúzia de imóveis em potencial; faça com que o querente a reduza para um com dois ou, no máximo, três. ◈

Alugando o imóvel

Perguntas sobre aluguéis de imóveis devem ser analisadas da mesma forma que perguntas sobre compra e venda. É a mesma pergunta, no fundo: "vamos conseguir fechar o negócio?"; elas são analisadas usando-se as casas um e sete. Os escritores modernos seguem Lilly, que punha os inquilinos na casa seis, mas isso está errado. Na época de Lilly, o seu inquilino era subserviente a você; ele provavelmente trabalharia na sua terra e, caso tivesse direito a voto, votaria em quem você quisesse. Hoje em dia as coisas não são mais assim; um contrato de aluguel é feito entre duas partes que estão no mesmo nível. Perceba que não foi a astrologia que mudou, mas o significado da palavra.

◈ Eu encontro uma resistência considerável à minha afirmação de que inquilinos não são mais pessoas de casa seis. A situação hoje em dia não é igual à da época em que Lilly escrevia. Isso não é uma questão de opinião: é um fato histórico. Se eu alugar um apartamento hoje, tenho certeza que o proprietário do imóvel não vai mandar a mulher dele para cuidar de mim quando eu estiver doente, nem vai ouvir sermões na igreja dizendo que ele deve me alimentar no natal se eu tiver passando por maus momentos. Tratar inquilinos como assunto de casa seis é a mesma coisa que alimentar seu carro com palha. ◈

A única diferença entre uma questão sobre compra/venda e uma sobre aluguel aparece se os regentes da um e da sete se unirem por oposição. Isso pode ser aceitável em uma questão de compra e venda, mas promete arrependimento na relação de longo prazo que vai existir entre inquilino e proprietário.

"Devo alugar o imóvel para estas pessoas?" Considere a natureza e a condição do regente da casa sete: quanto melhor for a sua condição, mais eles podem ser confiáveis. Vamos supor que o regente da casa sete seja Júpiter em queda: um benéfico debilitado. Eles parecem normais, mas são sepulcros caiados. Observe se o regente da sete não está afligindo os regentes da quatro ou da cinco (os inquilinos prejudicando o imóvel, ou o lucro que vem dele).

Se a questão for "Devo vender minha casa ou alugá-la?", encontrar o regente da casa sete em um signo cardinal ou fixo sugere que a venda seja uma opção melhor: a dualidade implícita em um signo bicorpóreo sugeriria o aluguel. Se o regente da casa sete sugerir o aluguel, e isso parecer prejudicial, aconselhe o querente a vender, e vice-versa. Talvez o regente da casa dez (o preço) em uma pergunta sobre venda esteja fraco agora, mas sua força vá aumentar em breve: podemos aconselhar o querente a alugar o imóvel por algum tempo e vendê-lo quanto o mercado reaquecer.

◇ Como dito na minha revisão acima, ao analisar se é melhor vender ou alugar, é a casa cinco que é importante, não a dez. A preocupação é com o lucro do imóvel: casa dois a partir da quatro. ◇

Devo comprar a fazenda ou o negócio?

◇ Nesta seção como um todo, eu me baseei de forma literal demais em Lilly. Mea culpa. Numa questão dessas, a casa é o local em questão; a casa sete é a pessoa de quem você está comprando ou alugando o local. A questão é sobre o dinheiro a ser ganho com o lugar, então ele é casa cinco: a dois a partir da quatro, o lucro da propriedade. A casa dez é apenas o preço pelo qual você está comprando ou vendendo, então ela pode dar algumas dicas sobre se ele é alto ou baixo demais. A parte importante, no entanto, é o lucro: casa cinco. A idéia que de que a quatro seja "o fim do assunto" é completamente errada: ela é o local em questão.

A posição por casas do regente da um não tem importância por si só, exceto se ele estiver logo dentro da casa sete, o que mostra que o querente está numa

posição fraca para negociações. Isso, no entanto, não é de forma nenhuma necessariamente um "Não". É muito melhor que a casa quatro, ou, especialmente, a casa
cinco, esteja favorecida pela presença de um planeta afortunado do que a casa um.

Atenção: esta pergunta não é sobre o sucesso ou fracasso de uma carreira em
especial, mas sobre o lucro de um determinado imóvel. Assim, não estamos
falando de "Eu consigo me sustentar como cabeleireiro?" (veja o capítulo 23),
mas "Vale a pena alugar este salão em particular?". ◈

Se o querente estiver pensando em comprar ou alugar um lugar para trabalhar,
o mapa deve ser analisado de forma ligeiramente diferente do que se a pergunta
fosse uma pergunta normal sobre compra de imóvel. Estas perguntas partem
do princípio que o imóvel vai estar disponível se o querente se decidir por ele,
então não estamos procurando um aspecto entre as casas um e sete. Elas também
pressupõem que o local vá ser usado como local de trabalho de alguma forma:
"Devo comprar esta fazenda?"; "Devo alugar este estúdio de gravação?"; "Devo
comprar esta loja?".

O querente é casa um. O vendedor é casa sete. A casa dez mostra o lucro que
o querente vai ter assumindo o lugar. A quarta mostra o resultado final.

Encontrar o regente da casa um na casa um, ou em um signo que faça aspecto
de trígono ou sextil com o ascendente, é uma boa indicação de que o querente
esteja fazendo uma transação benéfica. Quanto mais próximo o regente da casa
um estiver do ascendente, ou de seu aspecto, e quanto mais dignidade essencial
ele tiver, melhor. Da mesma forma, um benéfico (mais uma vez: *qualquer* planeta com dignidade essencial) na primeira casa é um sinal positivo. Um planeta
qualquer debilitado na casa um é um mau sinal, a menos que esse planeta seja
o regente da casa sete. Se o regente da casa sete estiver no signo do ascendente,
ele sempre vai estar no próprio detrimento. Se ele estiver sobre o ascendente, ele
mostra que a outra parte está forçando as coisas para que o negócio seja feito; se
ele estiver abaixo do ascendente, mostra que o querente tem a outra parte nas
mãos, tendo, assim muita força para ditar os termos do acordo.

Considere a confiabilidade do vendedor. Se o regente da casa sete estiver no
próprio detrimento e na casa doze, caveat emptor! O regente da casa sete bastante debilitado, ou a casa sete afligida pela presença de um planeta debilitado, é
um aviso para que o querente verifique as letras miúdas do contrato: os termos
podem ser desfavoráveis.

Analise a condição da casa dez e do seu regente da forma costumeira. A casa
quatro mostra "o fim do assunto": será que o querente vai olhar para trás, daqui

a algum tempo, e lembrar disso como um bom negócio, ou vai se arrepender? Analise a partir das considerações normais, ou seja, se o regente da casa quatro for Júpiter dignificado, o acordo é bom; se for Saturno debilitado, vai ser ruim; Vênus forte na casa quatro, o acordo é bom, Marte fraco, ruim.

OUTRAS PERGUNTAS SOBRE VENDAS

Se a pergunta for sobre se o negócio vai ser fechado ou não, ela pode ser analisada exatamente como as perguntas sobre compra e venda de casa acima: queremos um aspecto aplicativo entre os regentes da casa um e da casa sete. Para vendas que não sejam de imóveis, se este aspecto for uma oposição ele nos diria que o acordo vai trazer arrependimento. Se a outra parte tiver uma casa específica no mapa ("Meu tio vai me vender o carro dele?"), use esta casa em vez da sete.

Muitas vezes, a questão não é sobre se o negócio pode ser feito, mas se ele deve ser feito. "Eu devo comprar este carro/barco/esta antiguidade?"; o objeto é mostrado pela segunda casa. Embora ele ainda não pertença ao querente, ela já é sua posse potencial, então podemos julgar a partir da segunda casa, da mesma forma que podemos julgar as perspectivas amorosas do querente com um parceiro em potencial usando a casa sete. A pergunta é sobre as posses móveis do querente (casa dois); ela pode ser traduzida, no fundo, por "Devo trocar parte das minhas coisas de casa dois (dinheiro) por outras coisas de casa dois (objeto desejado)?" O que o mapa nos mostra é a qualidade do objeto desejado.

Qual é a sua condição? Vamos supor que o carro de segunda mão que estou pensando em comprar esteja mostrado por Vênus em 28° de Peixes. Ela está, atualmente, na própria exaltação (bom, mas supervalorizado) e está prestes a entrar no próprio detrimento. Não compre! Como sempre, se o testemunho puder ser interpretado como descritivo, as debilidades podem, normalmente, ser ignoradas. Se eu estou pensando em ajeitar o carro para usá-lo em corridas, a sua entrada em Áries, signo cardinal de fogo, seria perfeitamente adequada.

Se a confiabilidade do vendedor estiver em questão, analise a casa sete. Quando mais dignidade essencial, mais podemos confiar nele.

◆ A confiabilidade das pessoas nem sempre é uma questão tão simples. Veja a adição na página 206. ◈

19

Perguntas de casa V

GRAVIDEZ

Estou grávida?

Hoje em dia, testes de gravidez são fáceis de achar em qualquer farmácia; assim, essa questão é muito mais rara do que já foi. O mais comum é "A minha cadela está grávida?". O método é o mesmo, derivando as casas se a investigação for sobre a cadela.

◆ Grande parte desta seção se baseia demais em Lilly e deve ser ignorada. Isto é verdade especialmente para os comentários sobre maléficos e benéficos e planetas fazendo aspectos ao ascendente, ou planetas em casas angulares.

Um testemunho fortemente positivo é um aspecto separativo entre o regente da casa um ou a Lua e o regente da casa cinco: a mãe esteve em contato com o bebê; mas lembre-se que proibições também funcionam retrospectivamente (veja a página 118): se um dos planetas tiver feito um outro aspecto desde o que mostrou a concepção, este vai ser proibido: no que nos diz respeito, ele não aconteceu. Um aspecto aplicativo entre a mamãe e o bebê é um "Não" definitivo. Se o contato deles for no futuro, ela não pode estar grávida agora. Perceba que isso não quer dizer "Não ainda, mas você vai ficar grávida em breve". O querente não está perguntando sobre o futuro; ela está perguntando somente sobre a situação atual.

O regente da casa cinco dentro da casa da mãe – o bebê dentro da mamãe – vai *quase* sempre nos dar um "Sim". Isso pode, no entanto, ser sobrepujado por fortes testemunhos contrários, como um aspecto aplicativo entre a mãe e o bebê.

O regente da casa cinco exatamente estacionário é um forte negativo. Um planeta em estação não está se movendo; se não está se movendo, não está vivo. Isso vale somente para estação exata.

Neste tipo de perguntas, não há importância no fato de o regente da casa cinco estar essencialmente debilitado ou retrógrado. ◆

O testemunho mais claro e forte é encontrar o regente da casa cinco na casa um, perto do ascendente. Isso nos dá uma imagem clara do bebê (regente da casa cinco) dentro da mãe, e é com certeza um "sim". Com uma imagem tão clara da situação, não precisamos de aspecto nenhum ligando a mãe e o bebê. O regente da um ou a Lua na casa cinco só mostra que a querente está pensando em gravidez; precisamos de testemunhos favoráveis para termos um "sim". Um aspecto próximo de um benéfico forte, ou um benéfico forte perto da cúspide da casa cinco seria suficiente.

O regente da casa um, da casa cinco, ou a Lua, em aspecto e com recepção mútua forte com um planeta em casa angular são testemunhos de um "Sim". O regente da um em trígono ou sextil próximo ao ascendente também ajuda.

Um maléfico próximo da cúspide da casa cinco, ou ao ascendente, é um testemunho negativo, a menos que o maléfico em questão seja o regente da casa um ou cinco. O regente da casa cinco combusto é um forte "Não".

◆ Com o senão de que se o Sol for o regente da casa um e o aspecto for separativo, o regente da cinco combusto seria um forte sim: a mamãe e o bebê estiveram em contato e, como sempre, podemos ignorar a combustão se o aspecto com o Sol for o que queremos (ver pág. 76, acima). ◈

Gravidez e morte são dois assuntos em que um antiscion não vai fazer o serviço de um aspecto corporal: não diga um "Sim" a uma pergunta sobre gravidez somente por causa de um antiscion.

Atenção: Embora estes testemunhos em signos férteis seja encorajador, eles estarem em signos estéreis não impede um resultado positivo. Os signos estéreis são mais importantes em questões gerais do tipo "Vou engravidar algum dia?" (veja abaixo).

◆ A questão de signos estéreis ou férteis pode ser ignorada. Se houver contato entre a mamãe e o bebê, mostrando a concepção, ela obviamente não é estéril. Se não houver este contato, ela pode até ser fértil, mas não está grávida, ao menos ainda. Essa diferenciação entre estéril e fértil é relevante somente na pergunta geral "Eu vou ter filhos um dia?".

O argumento sobre os antiscia, acima, é sólido. ◈

Muita atenção: encontrar o regente da cinco na casa oito *não* é um problema. Isso não quer dizer que a querente esteja carregando um bebê morto! Mas o regente da casa cinco entrando na casa oito pode ser um testemunho de que a querente esteja grávida e vá sofrer um aborto espontâneo.

◈ Um significador entrando na casa oito nunca é testemunho de que a pessoa vá morrer. Assim, o regente da cinco entrando na casa oito também não é testemunho de aborto espontâneo. ◈

Em qualquer pergunta sobre gravidez, se outros testemunhos mostrarem que a mulher está grávida, encontrar o nodo sul ou um maléfico debilitado na casa cinco da grávida significa potencial para aborto espontâneo. O potencial precisa de testemunhos que o corroborem, para que ele aconteça: não determine nada baseado apenas neste testemunho. O aborto é um evento, não um potencial, e, portanto, precisa de ação no mapa para acontecer.

◈ MUITO IMPORTANTE: Eu não consigo imaginar nenhuma situação na qual "Você vai perder o bebê" seja um veredicto que possa ser dado, mesmo que ele seja claramente mostrado no mapa. O que vemos nem sempre precisa ser dito. Ser humano é muito mais importante que estar certo. ◈

Ela está grávida?

Isso é analisado da mesma forma que acima, exceto pelo fato de o regente da casa cinco na casa um não nos dar, é claro, um sim: não estamos interessados na gravidez do querente. Esta pergunta é normalmente feita por um homem a respeito da mulher com quem ele dormiu pelo menos uma vez, o que a torna (neste contexto) uma pessoa de casa sete. Assim, o regente da casa cinco na casa sete mostraria um sim, da mesma forma que o regente da casa onze (a casa cinco a partir da sete, o bebê dela) na sete. Certa vez, num mapa deste tipo, os regentes da casa cinco e da onze estavam conjuntos na casa sete. Isso reforçava, é claro, o "Sim", mas não prometia gêmeos. Se eles estivessem em um signo bicorpóreo, talvez prometesse.

Se a questão não for sobre uma pessoa de casa sete, mas, por exemplo, a irmã ou mãe do querente, olharíamos para esta casa e a casa cinco a partir dela. A única circunstância na qual podemos ter duas casas mostrando o bebê seria quando um querente homem perguntar se uma mulher está carregando um filho seu: a cinco radical é "o meu filho", a cinco derivada é "o filho dela" (sem que isso signifique, de forma nenhuma, que ele não é do querente). Não envolva a casa onze derivada em perguntas feitas por alguém que não seja o pai.

Ao analisar os testemunhos que envolvam angularidade, são as casas angulares radicais que interessam: **as casas não passam a ser angulares por serem derivadas** (ou seja, a casa quatro a partir da três não é angular, num mapa sobre minha irmã).

◆ Como pode ser visto na adição da página 219, não há importância nenhuma no planeta estar numa casa angular nesse tipo de pergunta. ◆

Vou engravidar?

Minha experiência é que esta pergunta é feita, normalmente, por pessoas cogitando começar o tratamento de fertilidade; de vez em quando, aparece uma pergunta do tipo "Vou engravidar neste feriado?", ou coisa parecida.

Em princípio, não há nada mais fácil: procuramos um aspecto unindo a mãe (regente da casa um e a Lua) e o bebê (regente da casa cinco) do modo normal. O regente da casa cinco e um dos significadores do querente (ou os dois) em signos férteis (Câncer, Escorpião, Peixes) dá mais confiança ao julgamento. Mesmo se todos os três significadores estiverem em signos estéreis (Gêmeos, Leão, Virgem), um aspecto claro entre os planetas fortes ainda nos dá a gravidez. Como testemunhos de apoio, um benéfico na casa cinco, especialmente Júpiter em Câncer ou Peixes, ou o nodo norte, são úteis.

Procure aflições aos significadores ou à casa cinco, especialmente de Saturno. Saturno na quinta, especialmente se estiver próximo da cúspide, é um testemunho fortemente negativo (a menos que seja o regente da um; neste caso, esta posição reflete o interesse do querente no assunto). O regente da casa cinco combusto é um "Não" definitivo, a menos que o Sol seja o regente da um.

Lembre-se de um ponto básico: Júpiter e Vênus não são necessariamente úteis. O quanto eles vão ser benéficos depende da sua condição. Um cliente havia me perguntado sobre sua incapacidade de engravidar. Júpiter estava logo no início da casa sete, em Gêmeos. Estando no seu detrimento, ele aflige a casa em que está: o marido. Júpiter é o regente natural do esperma. No seu detrimento e num signo estéril: o marido tem uma contagem baixa de espermatozóides. Outro exemplo: Vênus em Virgem. Tem dignidade por triplicidade e debilidade por queda, num signo estéril: diversão, mas sem gravidez. É sempre bom lembrar ao querente que, como mesmo o melhor dos astrólogos pode errar, a previsão não é uma forma confiável de anticoncepcional.

◈ Se o homem perguntar "Vamos ter um bebê?", um aspecto entre o regente da casa cinco e o regente da casa um ou da casa sete (a mulher) vai nos dar um Sim. Se a mulher perguntar, um aspecto entre o regente da casa cinco e o da casa sete não é o bastante. ◈

Mapas de perguntas sobre o tratamento de fertilidade são, normalmente, bastante equilibrados e é preciso tato para lidar com o querente. Os mapas são bastante equilibrados porque a situação é bastante delicada: se o casal estivesse esbanjando fertilidade, a pergunta não seria feita. Muitas vezes o veredicto é "Parece que não; mas lembre-se que posso errar", ou "Não tem como dar um 'Sim' com 100% de certeza, mas vejo potencial suficiente para que vocês tentem, pode valer a pena".

Primeiro, investigue o potencial de fertilidade: verifique os regentes das casas 1, 5, 7, e 11, a Lua e o regente da Lua. Os regentes das casas sete e onze são considerados por serem como significadores do marido e do seu potencial de gerar bebês (embora, para perguntas diretas do tipo "Eu vou engravidar?", a união entre o regente da onze e o da um *não* signifique gravidez).

◈ Não há necessidade de envolver o dispositor da Lua. Há muita coisa supérflua nos textos antigos, com base na ideia de quanto mais testemunhos conseguirmos jogar numa análise, maior é a change de encontrarmos uma resposta agradável, independentemente de se há alguma importância nestes testemunhos. ◈

Eles estão em signos férteis ou estéreis? Os outros signos são neutros. Signos férteis são positivos, mas a ausência de signos estéreis é o bastante para dar esperança. Não considere os signos nas cúspides dessas casas: com tantas casas em jogo, o que provavelmente vamos encontrar é um espalhamento mais ou menos uniforme de signos férteis e estéreis aqui, mas os regentes das casas podem estar em qualquer lugar.

◈ A natureza do signo em uma cúspide nunca tem importância, em nenhum tipo de pergunta. Tudo o que o signo faz é nos mostrar qual planeta rege a casa. ◈

Analise, então, aflições ou assistências às casas 1, 5, 7 e 11, bem como aos seus regentes. Neste ponto, você pode ter chegado a um "não" claro; neste caso, pode parar. Se os testemunhos de infertilidade não forem tão fortes, vamos procurar um aspecto que mostre que a fertilidade potencial que houver vá se realizar. Não olhe a casa dez para o tratamento de fertilidade: a casa dez é o tratamento em mapas de doenças, mas não é relevante aqui. Se a gravidez for acontecer via tratamento de fertilidade, uma conexão entre a mãe e o bebê por coleta ou translação de luz é o mais comum. Não interessa qual planeta esteja fazendo a conexão, ou de qual casa ele seja o regente, ele ainda significa a gravidez. O envolvimento de um terceiro planeta na translação e coleta de luz reflete o envolvimento de um terceiro no tratamento de fertilidade.

Depois que tiver encontrado um planeta conectando a mamãe e o bebê, veja a sua natureza (planeta bom ou mau?), suas recepções com o regente da um e da cinco (ele está no signo da mamãe, querendo ajudá-lo, ou está na sua queda, a prejudicando?) e quaisquer outros testemunhos que possam estar afetando a casa cinco. O aspecto é o suficiente para mostrar a gravidez; estes outros fatores vão nos dizer o que acontece depois – especialmente, se a gravidez vai ser levada a termo.

Agora vem o passo mais importante: use a cabeça e, ainda mais importante, use o coração antes de falar com o querente. Você não pode mentir, mas nem tudo o que é visto precisa ser dito.

Eu vou conceber algum dia?

Da mesma forma que com perguntas do tipo "Eu vou casar algum dia?", temos que considerar a hipótese nula. Se a querente tiver vinte anos, a resposta é "Sim" a menos que o mapa mostre um "Não" claro. Se a querente tiver 50 anos, devemos dar "Não" como resposta a menos que haja um "Sim" claro.

Para o "algum dia", precisamos considerar somente o potencial, como vimos acima. Verifique os regentes da casa um, cinco, sete e onze, além da Lua e do regente da Lua.

◆ Como visto na adição acima, não há motivos para introduzir o dispositor da Lua na análise. ◆

Eles estão em signos férteis ou estéreis? Os outros signos são neutros. Signos férteis são positivos, mas a ausência de signos estéreis já dá esperança. Não considere os signos na cúspide dessas casas: são os signos em que os regentes das casas estão que nos interessam. Se houver um aspecto entre os regentes da casa um e o da casa cinco, melhor, mas para uma querente de vinte anos, algum sinal de fertilidade e a ausência de aflições maiores à casa V ou ao seu regente já é o suficiente para termos um "Sim".

Se a nossa querente tem cinqüenta anos, precisaríamos ver todos os nossos planetas importantes em signos férteis e um aspecto forte ligando os regentes da casa um e da casa cinco, sem nenhuma aflição séria.

Esta questão é normalmente acompanhada de um "quando", ou é formulada com um "quando", com o "Será que vou...?" implícito. No último caso, a menos que o "Sim" pule do mapa na forma de um aspecto, devemos determinar o "se" antes de irmos para o "quando". Depois que tivermos decidido que a querente vai conceber, sabemos que o momento vai estar determinado em algum lugar do mapa. Mapas bem comportados nos dão um aspecto claro para trabalharmos; mas nem todos os mapas são tão bem comportados assim. Isso pode exigir um pouco de esforço astrológico. Com um assunto de longo prazo como esse, podemos deixar que os planetas passem pelas proibições normais, como outros aspectos ou mudanças de signos. As únicas barreiras intransponíveis são períodos estacionários e conjunções com o Sol. Com esta liberdade, você vai encontrar um modo de unir o querente e o regente da casa cinco. Atenção: você pode fazer isso *somente* porque você já descobriu que a resposta principal para esta pergunta é "Sim". Depois de ter conectado a mamãe e o bebê, calcule o momento da gravidez do modo comum.

◈ Não caia na tentação de incluir o Sol, como regente natural do homem, e Vênus, como regente natural da mulher, em perguntas como essa. O seu uso serve apenas para nos ajudar a desenrolar o emaranhado psicológico que une duas pessoas (capítulo 21). Eles não são relevantes aqui. ◈

Número e gênero

Não exagere no preciosismo quando for prever o número de filhos que a querente vai ter. Isso é, como Lilly dizia, 'too scrupulous a quere' ("uma investigação meticulosa demais", em português). Nossas opções são: um; um ou dois; alguns; muitos. Isso já é preciso o bastante.

Analise os regentes das casas um, cinco, sete e onze, a Lua e o dispositor da Lua.

◈ Mais uma vez, como explicado na adição da página 223, não involva o dispositor da Lua neste assunto. ◈

Depois que você tiver decidido que haverá pelo menos um filho, qual é a força dos testemunhos de fertilidade? Todos esses planetas em signos férteis significam "muitos"; somente um planeta em signo fértil sugere apenas um filho. Se os planetas que mostram fertilidade estiverem acidentalmente fortes (muito fortes – não há necessidade de brincar com as palavras aqui), o número de filhos que eles podem significar aumenta. A angularidade é algo especialmente importante, aqui; mas vamos variar a idéia de "forte acidentalmente" para se adequar à pergunta. Por exemplo, vamos supor que o regente da casa I seja Júpiter em Câncer – uma das indicações mais férteis possíveis – e esteja próximo da cúspide da casa V: isso seria um testemunho poderoso de muitos filhos, mesmo que ele não esteja angular.

Observe que, apesar de Gêmeos e Virgem serem signos estéreis, eles também são bicorpóreos. Se a análise geral for que o querente vai ter filhos, eles podem significar mais de um.

Para o gênero, considere os mesmos planetas: eles são masculinos ou femininos? Os signos em que eles estão são masculinos ou femininos? Embora seja tentador ignorar o fato de a Lua ser feminina, por que ela está presente em todas essas avaliações, eu imagino que sua inclusão – o que dá uma vantagem inicial para as meninas – ajude a reduzir o desequilíbrio a favor dos meninos. Dê um peso maior a qualquer desses planetas que tiver uma boa força acidental.

O veredicto da maioria dá o sexo da primeira criança. Se houver uma opinião divergente importante, isso pode ser considerado como ditando o sexo do segundo filho – se você já tiver determinado que vá haver um segundo filho. Não precisamos ir além disso.

◆ Este método para determinar o sexo da criança ou das crianças não funciona. Não é que não funcione melhor que jogar uma moeda – funciona muito pior. A proporção entre meninos e meninas é mais ou menos de 50/50. Com apenas dois planetas femininos, no entanto, este método nos dá um desequilíbrio enorme em favor dos meninos. O motivo para isso é simples: em quase toda a história da astrologia, um modo fácil de um astrólogo pôr um sorriso no rosto do cliente era anunciar "É um menino!". Esse é um dos exemplos mais crassos da astrologia de contos-de-fadas da qual os textos antigos estão lotados.

Eu não sei de nenhum método que funcione. O que seria a solução óbvia – observar apenas se o regente da casa cinco está num signo masculino ou feminino – não funciona. No entanto, estou bastante satisfeito em não ter uma resposta a esta pergunta. Se nós levarmos em consideração que uma resposta que não se enquadre nos caprichos do querente pode resultar em não haver criança alguma, um silêncio discreto seria, de longe, a melhor opção. Por outro lado, da mesma forma que os testes de gravidez, essas respostas estão cada vez mais facilmente disponíveis em outros lugares.

Ainda neste assunto, há outras perguntas que os clientes vão tentar fazer. "O bebê que a minha mulher está carregando é meu mesmo?"; "Esse sujeito que me criou pelos últimos trinta anos é meu pai de verdade?"; "Ela é virgem mesmo?"; alguns dos meus alunos discordam veementemente de mim estes casos, mas até onde eu entendo, a resposta a essas perguntas é "Sim", sem a necessidade de abrir um mapa. Estas questões estão abaixo da dignidade humana. ◈

 Quando o bebê vai nascer?

Nesta pergunta, estamos procurando alguma mudança na condição do regente da casa cinco que ocorra dentro de uma janela temporal realista. A primeira coisa para procurarmos é uma mudança de signo, mostrando a situação do bebê mudando – é quase como se o bebê estivesse se mudando de casa. Mapas bem comportados mostram um testemunho deste tipo. Com mapas menos bem-comportados, o melhor que posso sugerir é coçar a cabeça e procurar mais um pouco por alguma indicação plausível de mudanças significativas. Devemos estar abertos a qualquer coisa que o mapa ofereça. A idéia mais comum é que o nascimento seja mostrado por um aspecto aplicativo entre a mãe e o bebê. Isso não faz sentido. Um aspecto faz coisas entrarem em contato, mas a mãe e o bebê já estão em contato mais próximo do que eles jamais estarão de novo. ◈

ADOÇÃO

O filho que o querente deseja adotar é casa onze: a casa cinco a partir da sétima, o filho de outra pessoa (a menos que seja o filho de alguém específico, como, por exemplo, o filho de uma irmã, que seria a quinta casa a partir da casa três). A pergunta mais comum é "Eu vou conseguir adotar essa criança?"; esperamos encontrar um aspecto entre os significadores do querente e o regente da casa onze.

Depois que a criança tiver sido adotada, ele é do querente. Qualquer pergunta sobre ela deve ser analisada a partir da casa cinco, exatamente como se ela fosse um filho natural.

20

Perguntas de casa VI e de casa VIII

PERGUNTAS MÉDICAS

A análise de perguntas médicas é um assunto muito vasto e sua investigação aprofundada iria exigir um livro maior que este. Tudo o que posso fazer aqui é dar uma visão geral do método, que vai ser suficiente para muitas investigações simples e apontar a direção correta ao leitor que se interessar por um tratamento mais completo deste tópico.

O primeiro ponto, vital, é que **embora a casa seis seja a casa das doenças, ela *não* significa a doença em uma pergunta médica.** Vamos supor que a questão fosse "Será que eu vou ganhar a medalha de ouro?' e o regente da casa um estivesse se aplicando a algum aspecto com o regente da casa dez (sucesso, vitória; a medalha), mas fosse proibido pelo regente da casa seis. O julgamento seria "Você iria, mas vai ficar doente antes". Uma pergunta dessas apresenta a doença como uma questão entre várias. No mapa de uma pergunta médica, ao contrário, o mapa todo está preocupado com esta pessoa doente sofrendo desta doença: o assunto da doença não está confinado a uma única casa. Portanto, não pule direto para a casa seis quando for escolher o significador da doença.

Prognóstico ou diagnóstico?

Perguntas médicas são de dois tipos: "O que está errado?" e "O que vai acontecer?". É a questão sobre o diagnóstico que é complexa demais para tratarmos aqui; mas eu posso indicar o método. Se você o seguir, vai conseguir identificar o planeta que significa a doença. Você pode, então, usar o livro *Astrological Judgement and Practice of Physick*, de Richard Saunders, para encontrar o diagnóstico[43].

Saunders foi um contemporâneo de Lilly, que o tinha em alta conta. Seu livro apresenta uma análise detalhada de cada planeta em cada parte de cada signo,

---

[43] Londres, 1677. Há uma boa edição moderna na série Astrology Classics [Clássicos da Astrologia] do Astrology Center of America.

descrevendo as doenças que estas posições mostram, sua causa imediata (o desequilíbrio corporal do qual os sintomas são uma manifestação) e o que pode ser
feito para tratá-los. Ele também dá um método sobre como abordar a pergunta
horária sobre doenças, que pode ser ignorado – siga o método de Saunders e
você vai errar quase o tempo todo. Use o método que eu explico aqui e depois
consulte Saunders para o diagnóstico.

Cuidado: Saunders, usando a classificação comum em medicina tradicional,
divide as doenças em quatro categorias, desde as doenças de primeiro grau, que
são as mais leves, às do quarto grau, que são as doenças "além da natureza",
normalmente fatais. Você com certeza lembra dos filmes nos quais os policiais
dão um "terceiro grau" em alguém: uma surra grave, mas não fatal. Estes graus
devem ser considerados dentro do contexto dado pela própria doença: se a gripe
do querente for descrita como "do quarto grau", isso significa que ela é uma gripe
ruim, não que o querente vai morrer dela.

Os métodos apresentados nos textos, incluindo o *Astrological Judgment* de Saunders, são confusos e falhos, muitas vezes; isso acontece, principalmente, porque
os autores misturam o método horário com o método para analisar um mapa de
decumbitura, sem nenhuma distinção entre os dois. Um mapa de decumbitura
é um mapa aberto para o momento em que o paciente cair de cama, ou quando
uma amostra de sua urina for enviada para o astrólogo/médico. A decumbitura
é muito mais complicada que horária e deve ser usada somente se você for o
médico tratando o paciente e se for visitá-lo algumas vezes por semana para
revisar o tratamento.

Eu aconselho enfaticamente humildade nestas perguntas. Fico estarrecido
com a facilidade com que alguns "astrólogos médicos" receitam prescrições,
mesmo não tento nenhum conhecimento de medicina além daquele obtido lendo
dois livros ou assistindo uma palestra de um fim de semana. Os médicos-astró-
logos do passado entendiam de medicina, além de astrologia. Só a astrologia não
é o bastante. ◈

O ponto de partida: estou doente?

Essa é, às vezes, a pergunta feita: "Estou fungando um pouco, será que vou ficar
gripado a ponto de estragar meu feriado?"; "Devo cancelar minha tentativa de
quebrar o recorde mundial?". Normalmente, essa pergunta é redundante: se a

pessoa não estivesse doente, não haveria pergunta a ser feita. De qualquer modo, esse é o nosso ponto de entrada em horária médica.

Olhe o regente da casa I, se o querente estiver perguntando sobre si mesmo, ou o regente da casa que significa a pessoa. Vou chamá-lo de regente da um nesta seção; faça os ajustes necessários se o querente estiver perguntando sobre outra pessoa. Qual é a sua natureza: quente e seca, fria e seca, quente e úmida ou fria e úmida? Então, olhe para o signo em que ele está: qual é a sua natureza? Se o planeta estiver em um signo que não corresponda exatamente à sua natureza, temos uma indicação de que a pessoa realmente não está bem. Outras indicações são se o planeta estiver debilitado, retrógrado, combusto ou afligido de alguma outra forma. Observe que um planeta pode estar em um signo de natureza contrária e mesmo assim regê-lo, como, por exemplo, Marte, quente e seco, em Escorpião, frio e úmido.

O significador da doença vai ser o planeta que estiver afligindo o regente da casa um. Ele vai ser o regente do signo no qual o regente da um estiver, se ele for um signo de natureza diferente da sua, ou se o regente da um estiver em detrimento ou queda. Se o regente da casa um estiver combusto, use o Sol, que é o planeta que o aflige: também vale a pena dar uma olhada no regente do signo em que os dois planetas estão. Se o regente da um estiver sofrendo com um aspecto adverso, use o planeta que faz o aspecto. Verifique, também, os planetas em aspecto próximo ao ascendente, especialmente se o problema estiver localizado na cabeça ou face.

O regente da casa um pode ele mesmo significar a doença, principalmente se estiver no signo que rege, mas tiver natureza contrária à dele, ou estiver retrógrado. Se estiver retrógrado, verifique também o regente do signo em que ele está.

Pode haver mais de um significador para a doença. Algumas vezes, isso mostra níveis causais diferentes ("Você está sofrendo de palpitação no coração, mas isso é exacerbado pelas suas preocupações financeiras"); às vezes há mais de um problema. Veja que qualquer planeta em qualquer condição pode ser um significador de doenças, não somente os vilões. Quando Júpiter estava passando por Câncer, eu vi muitos mapas nos quais ele era significador e a doença era marcada por um excesso de umidade.

Agora que você já tem o(s) significador(es) da doença, procure em Saunders o diagnóstico. Como ele escreveu no século XVII, Saunders não usava o mesmo modelo médico que um médico moderno, mas seu diagnóstico não é menos preciso por causa disso.

◆ Essa verificação de compatibilidade entre planeta e signo é feita *apenas* para o significador da pessoa doente. Em quase todos os casos, não estamos tentando determinar se a pessoa está doente de verdade ("Volte ao trabalho!"), mas somente seguindo a terminologia de Lilly para mostrar o significador da doença. Não há motivo para verificar se o significador da doença, da parte do corpo atingida, ou de qualquer outra coisa está em um signo compatível; somente o significador da pessoa.

Não há diferença entre um planeta que esteja num signo totalmente incompatível e outro que esteja num signo parcialmente incompatível. Se o signo for completamente incompatível (por exemplo, um planeta frio/seco em um signo quente/úmido), isso não significa que a doença seja mais grave do que se for parcialmente incompatível (por exemplo, um planeta frio e seco num signo frio e úmido). Essa incompatibilidade não nos diz nada sobre a natureza da doença. Tudo o que ela faz é nos apontar o planeta que significa a doença.

Não use a Lua como co-significadora do querente em perguntas médicas. Um planeta já é o bastante! Use dois e você vai começar a afligir as pessoas com muito mais doenças do que elas merecem.

Na consideração sobre as partes do corpo, use somente os regentes acidentais (ou seja, os regentes das casas relevantes), não os regentes naturais. Por exemplo, para o coração da pessoa, observe o regente da casa cinco, não o Sol. ◆

O que vai acontecer?

Se o significador da doença estiver num signo fixo, a doença vai ser duradoura; se em um signo cardinal, ela vai ser curta; se em um signo mutável, ela vai aparecer e sumir muitas vezes, ou vai ter dias melhores e dias piores. Qualifique isso pelo signo em que o significador da própria pessoa está, de acordo com os mesmos critérios.

◆ A quantidade de dignidade ou debilidade essencial que o significador da doença tenha não tem importância nenhuma. A doença é, por sua própria natureza, desagradável. Se ela for significada por Júpiter em Peixes, ela não vai ser a maior diversão da sua vida, nem vai ser especialmente ruim se for significada por um Saturno debilitado. ◆

Observe o que quer que esteja afligindo o significador da pessoa. Ele está se movendo na direção da aflição ou está se afastando dela? Por exemplo, se a doença estiver mostrada pelo significador estando em um signo incompatível, será que ele acabou de entrar no signo, ou está prestes a sair dele? Se ele estiver saindo, sua condição vai melhorar ou piorar? Se a aflição é um aspecto, ele é aplicativo (está piorando) ou separativo (melhorando)?

O significador está mudando de direção? Um planeta na primeira estação (retrogradando) pode ser comparado a um homem doente forçado a se deitar: ele está doente e vai piorar. Um planeta na segunda estação pode ser comparado a um homem que deixa o leito depois de uma doença: ele se sente debilitado agora, mas está melhorando.

◈ Se a pergunta for "Quando eu vou melhorar?", lembre-se que na maioria dos casos a recuperação é um processo gradual, não instantâneo como acender a luz. Vamos supor que a recuperação seja mostrada pelo significador mudando de signo em dez graus. O veredicto seria "10 dias (ou semanas, ou meses) e mais um pouquinho". O paciente vai ter voltado mais ou menos ao normal, mas a realidade da situação é que os sintomas finais normalmente durem mais um tempo, como hóspedes que ficam depois de sua estadia ter deixado de ser bem-vinda. ◈

Aflições de Marte são normalmente agudas. Aflições de Saturno são duradouras; mas leve em conta a natureza do problema: quebrar uma perna é uma ação marcial e rápida, mas a recuperação é lenta.

Estas indicações gerais se aplicam a doenças comuns, sem risco à vida. A minha experiência é que as pessoas com doenças comuns, sem risco à vida, têm menos probabilidade de se consultar com um astrólogo horário do que aqueles com doenças que podem ser fatais. Na maioria das investigações médicas, temos que começar decidindo se o paciente vai viver ou morrer. Então:

QUESTÕES SOBRE MORTE:

Vou analisar aqui todas as perguntas sobre morte, as que envolvem doenças e as que não envolvem.

Você pode decidir não lidar com questões sobre morte, mas precisa saber, mesmo assim, como elas são analisadas. Às vezes, as perguntas não precisam ser explicitamente sobre a morte para que ela esteja envolvida: em muitas circunstâncias, precisamos procurar testemunhos de morte para termos certeza de que ela não vai acontecer (por exemplo: um exilado político que pergunte "É seguro, para mim, voltar para casa?"). Embora a idéia de prever a morte possa parecer desanimadora, há muitas razões para as pessoas quererem sinceramente saber a resposta. As mais comuns são quando o querente tem que realizar os preparativos para o tratamento médico para um parente idoso ("Eu entro mais um pouco no cheque especial, ou vou precisar refinanciar a casa?") e quando o paciente está recebendo tratamento para uma doença potencialmente fatal.

Embora as técnicas de previsão de morte a partir de uma horária sejam totalmente confiáveis, lembre-se que você não é. Exceto em casos de doenças sérias, aconselho fortemente que você não preveja a morte, a menos que, se for possível, você verifique o mapa natal. Isso não evita totalmente as falhas, mas quer dizer que você vai ter que errar duas vezes para se enganar nesse assunto. "Mas para que me importar com a horária, se eu vou ter que olhar a natividade de qualquer modo?"; porque ela é um atalho valioso: em vez de procurar por anos de progressões, ela vai levar você diretamente para uma data provável.

Como sempre, seja realista com a precisão que você vai oferecer. Se a morte vai acontecer na semana que vem, é razoável que você dê o dia, ou pelo menos se vai ser no começo ou no final da semana. Se a morte vai acontecer daqui a vinte anos, dizer o ano já é precisão suficiente. Conseguir uma precisão maior mostra muita esperteza, mas o nosso objetivo não é demonstrar o quanto somos espertos.

Há duas perguntas principais neste assunto: a "Quando eu vou morrer?", mais geral, e a mais específica "Eu vou morrer?", se referindo à morte por causa desta doença da qual o querente está sofrendo agora.

Quando eu vou morrer?

O mais importante com este tipo de questões é que o evento é certo, então sabemos que deve haver a datação do momento em algum lugar no mapa. Isso quer dizer que podemos pôr de lado muitas das regras normais. Podemos ignorar as proibições: elas podem ser consideradas como eventos que acontecem pelo caminho. Podemos deixar que nossos significadores andem o quanto for necessário, signo após signo. Só existem duas barreiras que não podemos deixá-los passar:

* conjunção com o Sol
* estação.

A conjunção com o Sol é uma barreira intransponível. Na estação, a velocidade de um planeta desce a zero. Como, na determinação do momento correto, temos que ajustar o tempo se o planeta estiver muito mais rápido ou muito mais lento que o normal, um planeta a velocidade zero nos daria um tempo infinito. Isso pode agradar ao cliente, mas dificilmente vai ser a resposta correta.

Mapas bem comportados vão ter um aspecto aplicativo entre os regentes das casas um e oito. Como sempre, não importa qual se aplica a qual. Qualquer aspecto pode matar: não há diferença entre trígonos e oposições. Qualquer planeta pode matar: mesmo se o regente da casa oito for um benéfico extremamente dignificado, a pessoa ainda vai morrer. Eu ficaria muito relutante em determinar a morte apenas com um antiscion. A morte não pode ter o sentido de coisa escondida que os antiscia normalmente têm: mesmo se a morte for desconhecida para os outros, ela vai ser clara o suficiente para a pessoa que vai morrer.

O regente da casa um na cúspide da oito *não* é um testemunho neste tipo de pergunta: ele só mostra que o querente está pensando na morte. Da mesma forma, o regente da casa oito se aplicando a uma conjunção ao ascendente: isso só mostra que a morte está preocupando o querente, mas não mostra a morte dando uma ligada para ele. Mas eles podem ser considerados como testemunhos de morte e, desta forma, nos dar o momento em que ela vai acontecer, em perguntas nas quais a morte em pouco tempo é considerada como certa ("Me disseram que eu só tenho algumas semanas de vida; quando o fim vai chegar?"). No entanto, embora nessas circunstâncias o regente da casa um entrando na casa oito possa mostrar a morte, o regente da casa um já dentro da casa oito não significa nada: o querente não está morto ainda.

◈ Isso precisa ser enfatizado: o significador se aplicando à cúspide da casa oito nunca é testemunho numa pergunta do "se": "A pessoa vai morrer?". Ela pode ser um testemunho de marcação do momento na pergunta do "quando", mas isso acontece *somente* quando a morte for certa. ◈

Nos mapas em que não houver nenhum aspecto aplicativo entre o regente da um e o da oito (lembre-se: o aspecto tem que ser exato), temos que encontrar outro significador para um ou para o outro. Como só pode haver dois motivos para a falta de um aspecto – como vimos acima – basta encontrarmos um substituto para o planeta que estiver em conjunção ao Sol ou ficando retrógrado. Este é o significador que não está cooperando: mude este e mantenha o outro. Assim, se o regente da um ficar retrógrado antes de fazer um aspecto com o regente da casa oito, mantenha o regente da oito como significador da morte e encontre um substituto para o regente da um.

Se a Lua for, como normalmente é, co-significadora do querente, ela pode ser usada. Se isso também não for possível, o Sol é uma boa alternativa, devido ao seu papel de Senhor da Vida. Se o regente da casa oito for o que não puder ser usado, use Saturno, como regente natural da morte, ou o regente da parte da morte.

Existem diversas variações sobre a parte da morte. Eu uso ascendente + cúspide da oito – Lua e cúspide da oito + Saturno – Lua. Nenhuma dessas se reverte de noite. Não se deixe levar demais por essas partes, no entanto! Elas são úteis em emergências, quando o planeta não está cooperando e sabemos que deve haver uma morte. Em qualquer questão na qual a morte não seja certa, não use as partes como testemunhos: se a morte não está sendo mostrada pelos planetas, a pessoa provavelmente não vai morrer.

◈ A parte da morte deve ser usada somente como último recurso, quando a morte for certa e não houver mais nada, de forma alguma, que nos dê alguma marcação temporal possível. Use essa parte em outros momentos e você vai começar a matar seus querentes rápido demais. ◈

Se estiver derivando o mapa, porque o querente está perguntando sobre alguma outra pessoa, você deve considerar o regente da casa oito radical e o regente da derivada. Você normalmente vai ver que um ou outro deles está em ação, às vezes os dois.

Depois que você já descobriu o aspecto que mostra a morte, determine o momento do modo normal, levando em consideração a idade do querente. Esse é o momento em que o astrólogo cruza os dedos e espera pelo melhor: prever uma morte próxima não é agradável. Se, no entanto, você não estiver preparado para fazê-lo, você não deve analisar esse tipo de pergunta.

Eu vou morrer?

Embora haja muitas horárias estranhas, eu ainda não recebi "Será que eu vou morrer?" no sentido de uma pergunta geral, a longo prazo. Vamos lidar aqui com a morte por causa de uma doença em especial, ou de uma situação em particular ("É seguro, para mim, voltar para o meu país?") Eu vou tratar disso como se o querente estivesse perguntando sobre si mesmo e me referir sempre ao regente da casa um; se o querente estiver perguntando sobre outra pessoa, use o regente da casa adequada em vez dele. Lembre-se que **A Lua não vira co-significadora da pessoa sobre quem o querente está perguntando.**

◆ Também não use como co-significadora do querente, exceto quando, como na seção acima, a morte for garantida. ◇

Um aspecto aplicativo entre os regentes da um e o da oito é o testemunho principal de morte. Determine o momento da forma costumeira. Um aspecto separativo deve ser analisado de acordo com a situação. Presumimos que a morte não tenha acontecido ainda, ou a pergunta não teria sido feita, então esse testemunho é normalmente positivo: a pessoa entrou em contato com a morte; ainda está viva; vai sobreviver. A menos que haja outros testemunhos à frente. Se, no entanto, a pessoa estiver em coma, este aspecto separativo pode significar que a morte, em todos os sentidos importantes da palavra, já aconteceu. Veja um exemplo no mapa abaixo.

Mantenha os olhos abertos para translações ou coletas de luz.

Lembre-se que se o querente estiver falando de outra pessoa, você deve considerar os regentes tanto da casa oito radical quanto da casa oito derivada: qualquer um dos dois pode matar.

Estar se aplicando a uma combustão ou estar combusto e se aproximando do Sol é um testemunho de morte.

◆ Eu não considero mais a entrada em combustão como testemunho de morte. Já estar em combustão não pode ser testemunho, porque não há gradação na morte: ou você está morto ou não está. Não tem como estar um pouquinho morto, então não dá para ficar mais morto. ◇

Estar combusto e se afastando do Sol é um testemunho de que o pior já passou. Isso pode ser considerado um testemunho de sobrevivência, desde que o resto do mapa concorde.

Se a situação for bastante séria, qualquer deterioração da situação do significador principal pode ser considerada fatal. Em um mapa, a pessoa de quem se perguntou estava em coma, seu significador sendo a Lua em Câncer. Tudo parece bem: muita dignidade e um planeta frio e úmido em um signo frio e úmido; mas os testemunhos devem ser avaliados dentro do contexto da pergunta. A Lua estava no 30° grau de Câncer, prestes a deixar o signo e entrar em Leão, quente e seco, perdendo toda a sua dignidade. A condição da pessoa estava prestes a deteriorar de forma dramática. Ele estava em coma: quanto ele consegue piorar? Esse era um testemunho forte de morte.

Um ponto extremamente importante: a recepção mútua entre o significador da pessoa e o significador da morte salva. Como Lilly dizia, "depois do desespero, vai haver recuperação"[44]. Sim, isso funciona, mesmo com um aspecto aplicativo claro entre os regentes da casa um e da casa oito – embora isso só funcione com recepção pelas dignidades maiores. Esteja atento para o que acontece no mapa, no entanto: no exemplo do último parágrafo, a morte era significada por Júpiter em Câncer. Com o significador da pessoa sendo a Lua em Câncer, havia uma recepção mútua poderosa entre a pessoa e a morte; mas com o significador da pessoa mudando de signo e perdendo esta recepção mútua, a morte era certa.

"Com certeza, se a Morte e a pessoa se amam (recepção mútua), eles vão querer ficar juntos; assim, a pessoa vai morrer, certo?". Não. A idéia aqui é que a Morte e a pessoa são amigas; é como se a Morte deixasse as chaves das algemas sobre a mesa e virasse de costas, deixando que a pessoa escape.

◈ A recepção mútua entre a pessoa e a Morte só salva se a pergunta for "Vou ou não morrer?"; nos casos em que a morte é certa ("Quando eu vou morrer?"), ela não salva. ◈

A morte é um evento com alguma importância: você não vai descobri-la analisando um testemunho menor em alguma esquina escura do mapa. Se não houver um testemunho claro de morte, a pessoa vai viver.

Um aspecto próximo, especialmente uma conjunção, entre o regente da casa um e Vênus ou Júpiter em dignidades maiores é um sinal positivo – a menos que este planeta prestativo seja o regente da oitava casa ou signifique a doença.

O significador da pessoa perto da cúspide da casa sete é um testemunho de morte. Embora seja fortalecedor estar em um ângulo, por movimento primário (o movimento aparente dos planetas ao redor da Terra), um planeta no descendente está se pondo, que é uma indicação óbvia da morte. Isso é ainda mais verdadeiro se este significador for o Sol.

A cúspide da casa ou o planeta que significa a pessoa cair em Antares, com o seu sentido de fim de ciclos, é um sinal ruim.

◈ Estes últimos três pontos têm importância muito pequena. A morte é algo absoluto, precisamos de um veredicto absoluto. Uma opinião da maioria, obtida comparando testemunhos menores, não serve.

---

[44] *Lilly*, página 254.

Como a morte é um absoluto, sem possibilidade de qualificação, a dignidade essencial do regente da oito não tem relevância. Você está morto ou não; você não vai estar mais morto se o regente da oito estiver no próprio detrimento, nem menos se ele tiver dignidade.

Em muitos mapas, a determinação do momento da morte é clara (lembre-se: se não perguntaram sobre o momento, não sinta a necessidade de fornecer um!). Em outros, isso não é específico, mas é o suficiente para as circunstâncias. Por exemplo, quando o querente precisar reservar uma passagem de avião para visitar um parente agonizante, o mapa pode não dar um momento exato, mas dizer algo como "Muito em breve: vá visitá-lo agora!", ou "Não por agora, não há muita urgência aqui". Algumas vezes, no entanto, a determinação do momento da morte, da mesma forma que a determinação do momento do nascimento, vai permanecer escondida, mesmo analisando-se o mapa depois do acontecido. O nosso conhecimento é sempre parcial, mas para os mapas que parecem não oferecer nem mesmo a mais vaga sombra de uma pista decente, a minha melhor explicação é que parece que há algumas cartas que Deus não gosta de mostrar – em especial as relacionadas às entradas e saídas da vida. Eu não tenho nenhuma resposta melhor para isso. ◈

A minha amiga vai sobreviver?

O querente perguntou "Minha amiga foi hospitalizada. Ela está em coma. Os médicos não sabem o que há de errado com ela, mas imaginam que ela possa ter tido uma hemorragia cerebral. Qual é o problema? O que vai acontecer?"

O querente não está envolvido nesta questão, então vamos direto para a casa onze, a casa dos amigos. Seu regente, Mercúrio, significa a amiga. Vendo Mercúrio em Gêmeos, podemos pensar que a amiga está bem; mas isso não é verdade: embora Mercúrio esteja em um signo regido por ele, em uma pergunta médica ele está numa condição muito ruim. Mercúrio é um planeta frio e seco. Ele está num signo quente e úmido, um signo contrário à sua natureza. Ele está fora do seu elemento, em mal-estar, doente. A amiga não está bem. Até aí não há nenhuma novidade, é claro: ela está em coma.

Qual planeta está causando problemas a Mercúrio? Podemos olhar para o regente do signo em que Mercúrio está, o que nos leva de volta a Mercúrio. Não há motivo nenhum para o significador da doença não ser o mesmo que o significador do paciente; mas, aqui, temos um culpado mais provável, especialmente

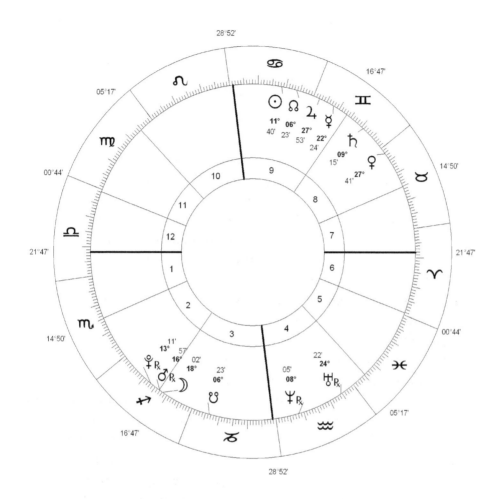

A minha amiga vai sobreviver? 3 de julho de 2001, 14:18, BST, Londres, Inglaterra.

considerando o aparecimento súbito da doença. Mercúrio acabou de se separar de uma oposição com Marte. Ele está peregrino e retrógrado, ou seja, é um tipo ruim de Marte.

O aspecto mais recente da Lua também pode ser levado em consideração. Seu último aspecto foi a esse Marte ruim. Confirmamos seu papel de significador da doença.

◈ Não há motivo algum para incluir o último aspecto da Lua. Lilly importou isso do método de análise de decumbituras. ◈

Marte nesta parte de Sagitário, segundo Saunders[45], "é quente e seco acima da natureza, consumindo e secando a umidade radical do corpo, extinguindo totalmente a vida do homem". Ele realiza essas ações infectando "o corpo e o sangue com muita cólera vermelha espessa, que é quente e muito seca". A cólera é o humor ígneo, a parte ígnea da constituição humana. Os médicos suspeitavam de uma hemorragia cerebral; se este Marte fatal estivesse na casa um da amiga (porque a casa um é a casa da cabeça), ele poderia muito bem mostrar isso: uma espécie de explosão de fogo no cérebro. Ele não está lá, está na casa cinco dela (a quinta casa a partir da casa onze), que é a casa do coração. Ela teve um ataque do coração. Isso foi confirmada no exame post mortem.

O que vai acontecer com ela? Ela está em coma, então nossa primeira pergunta deve ser "Ela vai viver ou vai morrer?". Como estamos olhando para a morte de alguém que não é o querente, temos que considerar o regente da oito radical e da derivada. Aqui, a casa oito derivada (a casa oito da onze; a casa seis radical) é regida por Marte. Mercúrio (a amiga) está se separando da oposição com ele. Se a pessoa doente estivesse sentada na cama, conversando, isso seria um sinal muito positivo: ela entrou em contato com a morte; ela ainda está viva; ela vai sobreviver. No contexto de alguém em coma isso pode ser entendido como se a morte, em qualquer sentido real, já tivesse acontecido.

A Lua se separa de Marte e se aplica a Mercúrio, transladando luz entre eles e refazendo o aspecto: a amiga vai morrer. O número de graus que a Lua precisa percorrer para concretizar a oposição nos diz o momento: ela vai ser declarada morta no fim daquela tarde. No – graças a Deus – pequeno número de horárias em que me pediram para analisar morte de pessoas em coma, um aspecto separativo sendo refeito por translação de luz era um testemunho típico dos médicos reconhecendo que a esperança se foi.

◆ A translação de luz pela Lua é válida. Isso não contradiz o meu acréscimo sobre ignorar o último aspecto da Lua, acima. Lá, se tratava do conselho de Lilly de olharmos o último aspecto que a Lua fez, porque é a Lua. Aqui, não estamos olhando para a Lua porque ela é a Lua, mas porque ela é o planeta que translada a luz de Marte para Mercúrio. ◆

---

[45]   Saunders, *op. cit.*, página 152.

MÉDICOS, TRATAMENTO E CIRURGIAS

"Este médico vale de alguma coisa?"; "Este tratamento está funcionando?". "Será que eu devo fazer essa operação?". Quando for analisar este tipo de pergunta, tome cuidado. A astrologia pode ser eloqüente, mas a menos que tenha um conhecimento sólido de medicina, você provavelmente não vai entender completamente o que ela está dizendo. No entanto, nós podemos, mesmo sem esse tipo de conhecimento, sugerir que "essas pílulas estão lhe fazendo mais mal que bem; talvez haja uma alternativa", ou "Este médico parece não saber direito o que está fazendo; tem como você insistir em se consultar com um especialista?"

Médicos em geral, vistos como pessoas com instrução superior, são casa nove ("Era o carro do médico que estava perseguindo o meu?"), mas o médico que está lidando com esta doença, ou que tem a possibilidade de lidar com ela, é casa sete. Se o querente estiver perguntando sobre a doença de outra pessoa, o médico será a casa sete dessa pessoa. As pessoas normalmente perguntam sobre o tratamento do cônjuge: o cônjuge é casa sete, então o médico do cônjuge é a sétima casa a partir da casa sete, que é a primeira. Tudo bem: não precisamos ter o querente no mapa, então podemos dar o regente da casa um ao médico.

◈ O médico é casa sete, visto como o parceiro do querente na recuperação da saúde. O veterinário também é casa sete: o parceiro do querente na cura do gato; ele não é a casa sete do gato. ◈

Neste contexto, tome o regente da casa dez como significador do tratamento. Somente neste contexto: a casa dez é o tratamento que está sendo ministrado, não o que deveria ser ministrado. Em alguns casos, a cirurgia pode ser vista como parte do conjunto do tratamento prescrito e, desta forma, pode ser considerada como casa dez. Em si mesma, no entanto, a cirurgia é assunto de casa seis. Existe uma idéia de que ela seja um assunto de casa oito, mas isso está errado. O objetivo da cirurgia é nos manter longe da casa oito. Na prática, podemos olhar direto para Marte, o regente natural da cirurgia. Se você precisar distinguir entre o médico e o cirurgião ("Meu médico diz isso, mas o cirurgião diz aquilo"), deixe a casa sete para o médico e use o regente do planeta que significa a cirurgia (normalmente, Marte), para o cirurgião. Não há problema nenhum se o planeta reger a si mesmo; interprete as mesmas indicações para o cirurgião e para a cirurgia.

Depois de ter identificado o planeta relevante, analise a sua força e suas recepções com o paciente e com a doença. Debilidade essencial não é necessariamente um problema, se for descritiva. Exemplo: se Marte for a cirurgia, Marte em um signo de Vênus descreveria bem uma cirurgia ginecológica ou cosmética. Se a cirurgia fosse de um desses tipos, a debilidade essencial poderia ser ignorada. Mais importantes que as dignidades – embora força seja sempre útil – são as recepções. Gostaríamos de ver o significador da doença em dignidades maiores do médico, do tratamento ou da cirurgia. Se a doença for regida pelo médico, ele tem poder sobre ela. Encontrar o médico, o tratamento ou a cirurgia em dignidades maiores da doença é um testemunho ruim: a doença é quem manda. É bom encontrarmos o médico, o tratamento ou a cirurgia nas dignidades do significador do paciente, embora menos do que testemunhos mostrando poder sobre a doença; mas o mais importante é que nem o médico, nem o tratamento nem a cirurgia estejam no detrimento ou na queda do significador do paciente.

Exemplos: vamos supor que o paciente seja Júpiter, a doença seja Marte e o tratamento seja Saturno. Marte está em Aquário: bom – o tratamento tem poder sobre o querente. Saturno está em Sagitário: bom – o tratamento ama o paciente e, assim, vai querer ajudá-lo. Mas Saturno em Capricórnio seria má notícia: apesar da sua força essencial, ele exalta Marte, mostrando que a doença tem poder sobre o tratamento, e está na queda de Júpiter, mostrando ele prejudicando o paciente.

Algumas estrelas fixas podem ser importantes em questões sobre cirurgia na vista; veja a página 141.

Não espere que mapas em perguntas sobre a cirurgia pareçam bonitinhos. Não interessa o quanto a cirurgia seja benéfica, ela ainda é uma intervenção drástica.

Às vezes, podem pedir que você compare dois médicos. Os dois não podem ser ambos significados pelo regente da casa sete do paciente. O correto seria pedir uma breve descrição dos dois, para identificá-los no mapa. Por exemplo, uma querente achava que seu filho precisaria de uma operação e perguntou se seria melhor que ela fosse feita por um cirurgião do serviço público de saúde inglês, o NHS (National Health Service, Serviço Nacional de Saúde), ou que ela procurasse um médico particular. Seu filho já estava recebendo tratamento pelo serviço público e sua casa sete (o médico que o estava tratando) era regida pela Lua (o povo). O regente da casa sete da querente (que poderíamos interpretar como o médico em quem a querente estava pensando) era Júpiter, o regente natural das pessoas ricas. A Lua, em 29° de Escorpião, estava prestes a sair das dignidades de Marte: o cirurgião da NHS decidiu que ele, no fim das contas, a operação não seria necessária.

◆ Lembre-se da realidade da situação. Talvez o regente da casa sete esteja em detrimento: um médico ruim. Mas um médico ruim pode tropeçar no tratamento correto, enquanto até mesmo o melhor médico do mundo pode ser incapaz de curar diversos males. ◇

CONTRATANDO FUNCIONÁRIOS

Se você está contratando alguém no trabalho, procurando uma nova empregada doméstica, ou ligando para um encanador, o empregado em potencial é mostrado pela casa seis. O ideal seria o regente da seis estar essencialmente forte (a pessoa é honesta e tem as habilidades necessárias), sem aflições acidentais (sem impedimento para usar essas habilidades) e em dignidades do regente da casa um. Esse último testemunho é importante porque o empregado deve aceitar ordens. Muitas vezes, o mapa mostra o contrário: o regente da um em dignidades maiores do regente da seis, mostrando que o querente gosta do empregado em potencial. Isso não é o melhor motivo do mundo para empregar alguém. O regente da seis no detrimento ou queda do regente da um é um "Não" definitivo.

Procure aflições à casa seis. O nodo sul, por exemplo, na casa seis seria sem dúvidas um não. Sempre tome cuidado com Mercúrio e com os signos que ele rege: mesmo no seu melhor estado, seu conceito de honestidade pode ser flexível. Uma cliente me perguntou pelo telefone se ela poderia confiar na faxineira, que era significada por Júpiter em Gêmeos. Um planeta debilitado num signo de Mercúrio: com certeza, não! Ela me ligou, alguns minutos depois, para dizer que subiu as escadas a tempo de pegar a faxineira escondendo algumas roupas da querente em uma mala.

Se você receber uma pergunta do tipo "Devo contratar A, B ou C?", dê a casa seis para o candidato favorito e encontre outros significadores para os rivais. Mantenha as opções em no máximo A, B e C: o querente que não consegue chegar a uma lista curta não está tratando o assunto com seriedade, não havendo motivo nenhum para que você o faça. Peça ao querente uma descrição breve de cada candidato. Desde que seja breve, a descrição vai conter as pistas que você precisa para associar um candidato a um planeta. "Um deles é ruivo (Marte), o outro é bastante sério (Saturno)". Você pode ter certeza de que cada querente vai dizer as palavras de identificação corretas, porque o mapa é uma imagem da realidade do querente. Depois que você encontrou um planeta para cada candidato, compare-os usando os critérios acima.

Não estamos procurando por aspectos nesta pergunta, porque ela parte do princípio que o querente pode contratar esta pessoa se quiser; mas uma oposição aplicativa entre o querente e o candidato é um aviso forte de que contratar essa pessoa vai gerar arrependimento.

Quando o encanador vai chegar?

Num mapa destes, eu esperaria encontrar o regente da casa seis se aplicando a uma conjunção com o ascendente (entrando na casa do querente). Sem isso, um aspecto entre os regentes da casa um e da seis, ou, em último caso, o regente da seis se aplicando ao regente da quatro quebram o galho. Determine o momento da chegada da forma rotineira. Sem aspecto, sem chegada.

21

Perguntas de casa VII

AMOR E CASAMENTO

Quando eu comecei a praticar horária, eu esperava que as perguntas sobre relacionamentos fossem as mais comuns do dia a dia. Não foi exatamente assim – eu jamais imaginaria a variedade de perguntas feitas – mas há mais perguntas sobre relacionamentos do que sobre qualquer outro assunto. Elas caem, de forma geral, em dois grupos: "Vamos começar?" e "Vamos terminar?". Antes que você me pergunte por que dou tanta atenção à desarmonia conjugal, lembre-se que pessoas em relacionamentos felizes raramente se sentem impelidas a perguntar sobre eles a astrólogos.

◈ Lembre-se das palavras de Tolstói: "Todas as famílias felizes são parecidas entre si. As infelizes são infelizes cada uma à sua maneira". Já que as famílias felizes não são as que fazem as perguntas, ficamos com os diversos tipos de infelicidade. Alguns temas são recorrentes, é claro, mas à medida que você desenrola a trama de sentimentos que cada mapa contém – porque esse tipo de pergunta nunca é do tipo simples, preto-no-branco, como "Sim, você vai conseguir o emprego" ou "Não, você não vai" – faça o máximo de esforço possível para ver a verdade que está no mapa que você está analisando. Ela não vai ser a mesma que a que estava no mapa que você analisou alguns dias antes, nem que a que aconteceu na sua própria vida amorosa quando você tinha 25 anos. Durante a análise dessas perguntas, mais do que em qualquer outro assunto, é fácil inserir os nossos próprios roteiros. Tenha o cuidado de não fazer isso. Para evitar esse risco, confira cada passo da análise com as evidências do mapa, certificando-se que ela não contradiga os testemunhos que você encontrou nele. Se um passo não se harmoniza com as evidências astrológicas, ele está errado e deve ser repensado. ◈

Os significadores

Em perguntas sobre amor e casamento, o querente é significado, como sempre, pelo regente da casa um e pela Lua (a menos que a Lua seja a regente da casa de quem se pergunta, neste caso a casa sete) e a pessoa de quem se pergunta é mostrada pela casa sete. Ela é significada pela casa sete mesmo se a relação só existir como um desejo ou uma possibilidade. Por exemplo, se a pergunta for "Quando eu vou encontrar o homem com quem vou casar?", olhamos a casa sete, mesmo se não houver candidatos no horizonte no momento. Se o querente estiver pensando em promover uma amiga às atividades de casa sete, olhamos para a casa sete, não a onze: a questão é, na verdade, "Será que fulano/a é um parceiro adequado?"; o fato de fulano/a ser um(a) amigo(a) agora é irrelevante. Se a pergunta for sobre os sentimentos de uma pessoa específica para com o querente, no entanto, talvez tenhamos que olhar para uma casa diferente. Por exemplo, para analisar a pergunta "Será que o meu vizinho tem uma queda por mim?", olharíamos o regente da casa três.

O homem, seja o querente ou a pessoa de quem se pergunta, recebe o Sol como co-significador e a mulher, Vênus. Isso acontece *somente* em perguntas sobre relacionamentos. Nem o Sol nem Vênus podem ser usados como co-significadores se regerem a casa um ou a sete: a pessoa mostrada pela casa tem prioridade sobre seus serviços. *Não* use Marte em vez do Sol, mesmo se o Sol já estiver em uso. Se a pergunta for relacionada a uma relação homem/homem ou mulher/mulher, o Sol e Vênus não podem ser usados desta forma, porque não temos motivos para atribuí-los a uma pessoa ou à outra.

Assim:

1. O querente recebe o regente da casa um e a Lua.
2. A pessoa de quem se pergunta recebe a casa sete.
3. Independentemente de serem o querente ou a pessoa de quem se pergunta, o homem recebe o Sol e a mulher recebe a Lua – A MENOS QUE eles já tenham sido reivindicados pelos pontos 1 e 2.

Em muitas questões de relacionamentos, há mais de uma pessoa de casa sete envolvida: "Eu sou casado, mas será que tenho futuro com minha amante?". Sempre dê a casa sete à pessoa sobre quem especificamente a pergunta foi feita, que, nesse exemplo, é a amante. Podemos, se for necessário, encontrar outro planeta para significar a outra pessoa. Normalmente é seguro usar Saturno como significador do cônjuge indesejado. Caso haja alguma dúvida, as recepções vão deixar a escolha do planeta clara, ou confirmar que escolhemos certo: veja abaixo para mais detalhes sobre isso.

◈ Se não houver terceiros envolvidos na situação, a pessoa sobre quem o querente pergunta sempre vai ser significada pelo regente da casa sete. Se houver uma terceira pessoa, *normalmente* a pessoa de quem se pergunta vai ser significada pela casa sete. Verifique essa opção primeiro, para ver se ela bate com as evidências do mapa. Algumas vezes, a pessoa sobre quem se pergunta não é o foco da atenção do cliente. Por exemplo, "Eu tenho um futuro com meu amante?" pode ser traduzida como "Será que consigo salvar meu casamento?" ou vice-versa.

Saturno também pode mostrar o cônjuge indesejado, mas, como sempre, confirme isso com as evidências: os motivos para escolher outro planeta podem ser mais fortes. Se um dos planetas do querente acabou de entrar no domicílio de Saturno e o outro acabou de entrar na sua exaltação, ele não é o significador da pessoa de quem o querente quer se livrar!

Os clientes podem fazer perguntas bastante obscuras. Um caso memorável foi a pergunta "Nós vamos nos separar?". Quando eu disse à querente que o mapa não fazia sentido, ela respondeu que eles haviam se separado duas semanas antes. A pergunta era, na verdade, não "Vamos nos separar?", mas "Vamos voltar?" e a hipótese nula não era de que se ele não deixasse a querente, nada iria acontecer, mas que se ele não deixasse a outra mulher, nada iria acontecer. ◈

Algumas perguntas com mais de uma pessoa de casa sete não envolvem cônjuges traídos: "Eu estou saindo com o Tom já faz umas semanas, mas... nossa! Apareceu um cara novo no trabalho!". Em muitos casos, essas perguntas se reduzem a "Quais são as perspectivas de uma relação com este novo cara?"; assim, como a pessoa de quem se pergunta diretamente, ele recebe a casa sete. Em outras perguntas, a situação é mais ambivalente. Esteja aberto para o que o mapa está mostrando. Por exemplo, um planeta que tenha feito recentemente um aspecto com um dos significadores do querente pode mostrar o novo sujeito, ou um planeta que tenha entrado recentemente na casa dez (acabou de entrar no local de trabalho).

As recepções normalmente nos orientam para o significador correto nos mapas em que alguém que não seja o regente da casa sete esteja envolvido. Se esta pessoa for, de algum modo, relevante, as recepções vão confirmar isso. Por exemplo: uma mulher pergunta "Meu casamento vai sobreviver?"; Vênus é a regente da casa um e Marte é o regente da casa sete. O querente tem a Lua como sua co-significadora, e também teria Vênus, porque é uma mulher, se já não tivesse Vênus por que ela é a regente da casa um. Seu marido tem o Sol como co-significador, porque ele é um homem. Vamos supor que Marte e o Sol estejam em Câncer, enquanto a Lua está em Peixes: um dos significadores da nossa querente e os dois significadores do seu marido estão em dignidades maiores de Júpiter. O que quer que Júpiter signifique deve ser importante aos dois. O marido exalta Júpiter, com tudo o que esta dignidade nos diz de consideração exagerada, enquanto a Lua está regida por ele. Júpiter, então, pode significar a amante do marido: ele está louco por ela, enquanto ela, por causa do papel que ela assumiu na vida dele, tem poder sobre a querente.

Lilly nos diz para tomar o planeta de quem a Lua se separou por último como outro significador do querente, e o planeta a quem a Lua está se aplicando como outro significador da pessoa de quem se pergunta. Não faça isso! Esses significadores extras só atrapalham a visão do conjunto, sem nenhuma vantagem.

◆ Essa é mais uma idéia que só existe para facilitar a chegada a um veredicto agradável. A Lua normalmente significa a querente, então, se o planeta ao qual a Lua se aplica automaticamente significar o Príncipe Encantado, o que temos sempre é: "Ei, olhe, seu planeta se aplica ao dele: seus sonhos vão se realizar!". ◆

Outro significador que, às vezes, tem a maior importância é o regente da parte do casamento. Se os seus significadores principais compartilharem um interesse forte, como mostrado nas recepções, em um planeta que ainda não tenha papel nenhum no mapa, em quase todos os casos, este planeta é o regente da parte do casamento. Dê uma olhada nas páginas 149-153, para uma discussão sobre essa parte e outras relacionadas.

Em algumas perguntas, a parte do divórcio é útil (veja página 153). Marte pode ser significador do divórcio, se já não estiver em uso, significando uma das pessoas envolvidas. Se, e somente se, ele estiver muito envolvido na ação, Urano pode mostrar divórcio ou separação. Por exemplo, se a questão for "Essa relação vai durar?", encontrar Urano na casa sete é um testemunho de que ela não vai. Encontrá-lo no ascendente, no entanto, pode mostrar somente que a idéia de divórcio está preocupando o querente.

Recepções

Veja novamente o capítulo oito, sobre recepções.

Temos, agora, até três significadores (regente da casa I, Lua e ou o Sol ou Vênus) para o nosso querente e um ou dois (o regente da sete e o Sol ou Vênus) para a pessoa de quem se pergunta. Cada um dos diferentes significadores mostra uma faceta diferente da pessoa:

* O regente da casa um e o da casa sete mostram a pessoa como ser pensante, personalidade, "cabeça";
* A Lua mostra o querente, mas, especificamente, as emoções do querente: o coração;
* O Sol e Vênus, *se estiverem em uso como significadores naturais do homem ou da mulher*, mostram o animal.

Esse lado animal tem muito a ver com a atração sexual; não é errado fazer uma divisão simples da pessoa em cabeça, coração e desejo; no entanto, as coisas não são tão simples. Esses planetas mostram a necessidade biológica de se unir a alguém do sexo oposto. Esqueça qualquer pudor politicamente correto quando estiver investigando essa área: isso é puro Tarzan e Jane: "Você boa mulher. Vem pra caverna me dar filhos fortes". É o homem na sua masculinidade mais pura, a mulher na sua feminilidade mais pura. Minha experiência me diz que os problemas por trás de muitas questões feitas sobre relacionamentos giram em toro do fracasso em reconhecer o tamanho da importância que a natureza tem na formação das intenções.

◈ Este último ponto é importante e foi pouco enfatizado. Especialmente depois que a relação já estiver estabelecida e o fogo da paixão estiver mais controlado, problemas envolvendo o Sol (quando for o significador do homem como Homem), muitas vezes, têm menos a ver com a virtuosidade sob os lençóis do que com a vontade ou capacidade de se sustentar. O mesmo acontece com Vênus, quando for a significador da mulher enquanto Mulher. Ou seja, estamos falando do que Tarzan e Jane esperam deles mesmos e um do outro. ◈

As recepções mostram as motivações e valores das pessoas envolvidas. Em muitas perguntas sobre relacionamentos, uma análise das recepções é tudo o que precisamos: "Ele realmente me ama?" ou "O que está acontecendo na nossa relação?". Mesmo nas perguntas que são orientadas para um evento ("Ela vai casar comigo?"), as recepções são da maior importância: a outra pessoa não vai casar (ou aceitar sair, ou continuar um relacionamento) com uma pessoa sem motivação. Essa motivação não precisa ser o amor. Por exemplo: os significadores do querente não estão em nenhuma dignidade da pessoa de quem se pergunta, mas exaltam o regente da casa oito. "Você não ama esse sujeito; você quer é o dinheiro dele (casa oito é a segunda a partir da sete, o dinheiro do parceiro). Infelizmente (regente da oito em detrimento), ele não tem dinheiro nenhum".

Como esse exemplo sugere, nestas questões estamos, às vezes, esclarecendo os sentimentos do próprio querente, não só analisando os sentimentos da outra pessoa. Vamos supor que a questão seja "O meu relacionamento com X tem algum futuro?" e os significadores do querente mostrem pouco interesse nos significadores de X, mas estejam todos dispostos pelo regente da Parte do Casamento: "Você não tem nenhum sentimento real por este sujeito; você só quer um relacionamento e ele calhou de estar disponível". Essa não é a resposta completa para esta pergunta, mas vai ter um peso grande sobre ela. Muitas vezes, a resposta a "Há um futuro com ele?" não é "Sim" ou "Não", mas "Você tem certeza de que quer ter um futuro com ele?".

O fato de termos significadores diferentes para mostrar partes diferentes do ser da pessoa é importante. Raros são os mapas nos quais os significadores do querente concordam todos uns com os outros. Provavelmente, as pessoas não fazem perguntas horárias se têm uma visão inteiramente unificada da outra pessoa, mas somente quando sentem uma ambivalência desconfortável.

Exemplo: o querente é homem e:

O regente do ascendente (querente como cabeça) está na queda do regente da casa sete;

A Lua (o coração do querente) está em Leão;

O Sol (querente como Homem) está na exaltação do regente da casa sete.

"Você está muito atraído por ela (o Sol exalta o regente da sete); essa atração excessiva (exaltação) está dominando seus sentimentos e, sem dúvida, está fazendo você pensar que você a ama (a Lua é regida pelo Sol, que é o querente como Homem, mas não tem, em si, interesse nenhuma no regente da casa sete); mas você não suporta a personalidade dela (regente do ascendente na queda do regente da sete)".

Notas variadas

A recepção por exaltação é muito forte, mas não foi feita para durar. Lembre-se que a exaltação, como qualquer recepção, não nos diz nada sobre os sentimentos da outra pessoa; temos que olhar para as recepções dos significadores da outra pessoa para descobrir alguma coisa sobre isso. Não é incomum para aparecer, em "Há um futuro na nossa relação?", um dos significadores do querente perto do fim do signo no qual ele exalta o regente da sete. Se os outros testemunhos concordarem, isso pode mostrar a resposta "Não, sua relação está chegando ao fim – porque muito em breve você não vai querer que ela continue". Como o querente ainda está sob o jugo da exaltação, esse julgamento normalmente é recebido com incredulidade.

Se o significador de uma mulher estiver combusto em um mapa no qual o Sol signifique o homem como Homem, ela está completamente dominada por sua atração masculina. Isso pode acontecer mesmo que as recepções sejam negativas. A combustão também não dura muito.

Se os significadores de uma querente feminina estiverem fracos, mostrarem pouco interesse no homem sobre quem ela estiver perguntando e estiverem regidos por Vênus, com Vênus significando ela como Mulher, ela acha que, como mulher, está precisando de alguma atenção. A mesma coisa acontece com um homem cujos significadores estejam fracos e em grandes dignidades do Sol.

Não alimente expectativas irreais sobre o que vai encontrar! As pessoas vivem relações bastante satisfatórias sem que todos os seus significadores estejam fortes e em recepção mútua forte.

O regente da casa I no signo da casa sete vai estar, automaticamente, no seu detrimento. Isso mostra que o querente ama a pessoa sobre quem está perguntando e, por causa desse amor, está vulnerável. Neste caso, o detrimento pode ser desconsiderado. Se o regente da casa um estiver no outro signo regido pela casa sete, ele ainda vai estar no próprio detrimento e, de novo, as recepções vão mostrar que o querente ama esta pessoa; mas isso mostra uma dinâmica muito diferente. O querente está na pior e por causa disso, ama essa pessoa ("Ah, essa pessoa maravilhosa, que vai me tirar dessa fossa"), com a implicação óbvia que, se o cliente sair da pior, o amor também vai acabar. A mesma distinção vale para o regente da casa sete no signo do ascendente ou no outro signo regido pelo regente da casa um.

Conjunção: em uma pergunta sobre relacionamentos, se um dos significadores principais estiver conjunto a um planeta que não for um dos significadores principais, temos um sinal claro de que a pessoa significada vai estar com mais alguém. Lembre-se que Lilly e seus contemporâneos usavam o termo "cópula" como sinônimo de conjunção – e é um sinônimo; é isso que conjunção significa. Uma mulher me perguntou "Quando eu vou encontrar um homem?" e o mapa mostrou seu significador principal conjunto a dois outros planetas. "O que você quer dizer? Você está com dois homens agora". "Sim, mas eles não contam".

◈ Há um pouco de exagero na afirmação de que a conjunção com um planeta não identificado vai normalmente mostrar que a pessoa está ocupada com outro alguém; ela pode significar outras coisas se houver indícios em contrário. Por exemplo, uma mulher me perguntou se o seu namorado casaria com ela. As recepções mostraram que ela tinha pouco interesse nele e um de seus significadores estava conjunto a outro planeta, no qual ela mostrava grande interesse. Uma imagem intrigante, explicada pelo fato de que o planeta com o qual ela estava conjunto era o regente da casa cinco: ela estava grávida. ◈

Marte: se a recepção mostrar que Marte é importante na situação, mas não for o significador nem dos envolvidos nem do regente da parte do casamento, ele pode estar desempenhando seu papel como regente natural da luxúria ou do divórcio. Ou, como qualquer outro planeta que não haja sido ainda atribuído a ninguém, ele pode significar "alguma outra pessoa".

Não introduza personagens extras sem bons motivos para fazer isso. Você não está escrevendo uma novela!

Quando eu vou conseguir?

Identifique os significadores e depois procure um aspecto entre algum dos significadores do querente e um dos significadores da pessoa de quem se pergunta. Determine o momento da forma normal. Um aspecto aplicativo à cúspide da casa sete *não* serve. Nem aspecto à parte do casamento ou ao seu regente. Leve em conta as recepções: sem alguma recepção adequada, o aspecto não vai produzir o evento.

Se a questão for "Quando eu vou casar?", a determinação do momento mostra a decisão: o evento em si – quando a igreja vai ser reservada, quando o serviço de recepção vai ser contratado – é com as pessoas envolvidas. Eu não conheço método para distinguir entre casamento e compromisso sem casamento, mas, se a relação já existir, um aspecto aplicativo pode ser considerado como mostrando sua formalização no casamento.

O mapa vai mostrar, normalmente, o próximo relacionamento importante, em vez de a "alma gêmea" sobre a qual alguns clientes perguntam.

"E se não houver aspecto?" Os querentes normalmente ignoram a pergunta preliminar de "Será que vou me casar?" e pulam logo para a "Quando?". Se o mapa mostrar um aspecto, também podemos ignorá-la; se não, talvez tenhamos que investigar se algum dia vai haver um relacionamento (veja como fazer essa investigação abaixo). Normalmente, no entanto, nesses casos os significadores do próprio querente estão fracos e há mais recepção entre eles do que há entre eles e os significadores do parceiro em potencial. Você vai perceber, normalmente, que os significadores do querente estão se dirigindo para locais nos quais eles vão estar menos fracos. Muitas vezes, o próximo signo em que eles vão entrar é o seu domicílio. Nestes casos, não precisamos analisar a parte do "Será que vou casar um dia?", mas podemos sugerir que o querente esteja infeliz no momento e que esteja muito ocupado lambendo feridas antigas para estar pronto para um relacionamento, mas, depois de um certo período de tempo (determinando o aumento de força – na passagem do signo – da forma padrão), vai estar pronto de novo – então, vamos dar uma outra olhada na situação quando o momento chegar. Estes mapas normalmente mostram uma ruptura recente, por aspectos separativos, especialmente oposições.

Se uma descrição do futuro cônjuge for pedida, use o regente da casa sete; ignore os co-significadores. Qualifique as indicações do regente da sete por seu dispositor, por outras dignidades maiores e aspectos próximos a ele. Analise a riqueza da pessoa se quem se pergunta a partir da casa oito (segunda da sete) e o emprego da casa quatro (a casa dez da sete).

Para decidir se eles vão se encontrar, precisamos decidir quem está indo para quem. Isso *não* é decidido por qual significador se aplica a qual. Qual deles tem mais força acidental? Ele vai ser a pessoa que vai para onde a outra está, MAS: embora estar em uma casa angular dê força acidental, se o significador da pessoa sobre quem se pergunta estiver perto da cúspide da casa sete *e* no mesmo signo que a cúspide, temos um testemunho forte de que a pessoa não vai sair de casa, independente dos aspectos envolvidos. Da mesma forma, se os planetas do querente estiverem na primeira casa, o querente não vai se mexer muito para fazer as coisas acontecerem. Pode parecer estranho que o querente tenha feito esta pergunta com esse tipo de disposição, mas isso não é, na verdade, raro. Outros testemunhos normalmente mostram que o querente sente que deveria estar num relacionamento, mesmo que não queira, realmente, um – ou não quer uma relação que envolva outra pessoa.

Tendo decidido qual pessoa vai encontrar qual – pessoa A vai ao encontro de pessoa B – use a casa ocupada pelo significador da pessoa B que está recebendo o aspecto para mostrar onde o encontro acontece. O mais comum é isso ser mostrado pela casa X (no trabalho), XI (através de amigos) ou IX. A casa nove abrange a maior parte dos outros locais de encontro: aulas noturnas, igreja, viagens de férias. Para um querente de uma cultura na qual casamentos arranjados ou introduzidos sejam o esperado, a casa nove mostra a agência de casamento. Ela desempenha o papel que um dia foi do sábio local (casa nove) no planejamento de casamentos e é mostrada, também, pela casa nove.

Vou casar algum dia?

Esta é uma das perguntas nas quais temos que prestar muita atenção em qual é a hipótese nula. Se o querente tiver vinte anos, a resposta é Sim a menos que o mapa grite Não. Se o querente tiver oitenta anos, vamos julgar Não a menos que o mapa grite Sim.

Testemunhos de casamento:

* O regente da um, a Lua ou Vênus/Sol (dependendo do sexo do querente) em signo fértil;
* Regente da casa um na casa sete, ou da casa sete na casa um;
* A Lua observando o Sol ou Vênus (independente do sexo do querente). Veja na página 123 a definição de "observar".

◆ O regente da casa um na casa sete mostra que o querente está interessado. O casamento é, obviamente, mais provável do que se o querente não estivesse interessado, mas isso não nos mostra mais que esse interesse. ◆

Se o querente tiver oitenta anos, eu não julgaria "Sim" sem um aspecto direto entre os significadores principais.

Testemunhos negativos principais seriam:

* Saturno debilitado na casa sete – a menos que Saturno seja regente da casa um;
* Saturno debilitado no ascendente – a menos que Saturno seja regente da casa sete;
* Regente da casa sete combusto e se aplicando ao Sol – a menos que o querente seja homem ou o Sol seja o regente da casa um.

Se a pergunta for "Será que vou casar algum dia? Quando?" e estes testemunhos e a hipótese nula forem suficientes para permitir um Sim, você pode ser bastante flexível com as regras normais para determinar o momento. Depois que você já sabe que o evento vai acontecer, você também sabe que o momento vai estar mostrado em algum lugar do mapa – e, às vezes, de forma não tão óbvia. Com as limitações padrão de não acompanhar um planeta depois de ele ficar estacionário ou conjunto ao Sol, podemos ignorar as outras proibições, que podem ser interpretadas, ao contrário, como eventos ao longo do caminho. Aspectos proibitivos não vão proibir e você pode deixar que o planeta entre no signo seguinte. Mas use o bom senso: se você tiver que acompanhar o significador por três signos para encontrar um aspecto, provavelmente você deixou passar outra opção.

Independente de quem significa quem, uma conjunção aplicativa Sol/Lua é um indicador excelente de casamento.

Vai durar?

Se a pergunta for sobre um casamento, ou o início de um relacionamento, a natureza do aspecto mostrando o evento *não* nos diz nada sobre como o casamento vai se desenrolar. O fato de o aspecto ser, por exemplo, um sextil ou uma quadratura mostra a facilidade com que o casal chega ao altar, mas não o que acontece depois disso. Um aspecto de quadratura poderia causar o mais feliz dos casamentos, mas ele indica alguns sobressaltos no caminho. Talvez ele precise pedir a mão dela mais de uma vez; talvez o casamento precise esperar até que a mãe dela consiga vir à cerimônia. O único aspecto que afeta o que acontece depois é a oposição. Ela une duas partes com arrependimento, o que, na nossa sociedade, normalmente resulta em divórcio.

Para julgar a pergunta "Vamos ser felizes?", veja as recepções entre os significadores das duas pessoas. Não espere muito e não fique desanimado com alguns testemunhos negativos fortes entre os positivos: estamos lidando com a vida real, não com contos de fadas. Preste atenção, no entanto, em recepções fortes prestes a serem interrompidas por uma mudança de signo. Olhe, também, para a parte do casamento e, especialmente, o seu regente. Considere sua força essencial (mostrando felicidade) e a natureza do signo em que está. Signos fixos mostram permanência, signos cardinais uma chama rápida que queima e desaparece, signos mutáveis, idas e vindas. Mas interprete isso, como sempre, à luz dos outros testemunhos.

◆ As recepções mostram as disposições; duas pessoas que não se conhecem não podem ter inclinações, boas ou más, uma pela outra. Então, numa pergunta como "Quando vou encontrar o homem com quem vou me casar?", as recepções podem nos dar informações somente sobre as disposições do momento, não se o casal vai se dar bem depois de casados. A parte do casamento, no entanto, nos informa sobre o relacionamento entre o querente e a pessoa da casa sete. Este relacionamento não existe até que eles tenham se encontrado, então em questões como essas, a parte do casamento só pode nos mostrar sobre o futuro e a questão da felicidade futura só pode ser analisada a partir daí. ◈

Você vai receber, muitas vezes, a pergunta "Há algum futuro neste relacionamento?" feita assim que o casal se conheceu. Alguns mapas mostram um claro "Não"; sempre vai haver um que mostre uma conexão forte e duradoura; a maioria mostra dignidade suficiente para manter o relacionamento vivo por algum tempo, mas nada além disso. A menos que haja a necessidade de se tomar uma decisão sobre assumir o compromisso de alguma forma – por exemplo, fazer uma hipoteca conjunta – ou que a outra pessoa seja um assassino psicopata, o motivo de se fazer uma pergunta assim me escapa. Se a querente desistir de todos os homens para os quais o astrólogo responder "Não", ela nunca vai receber a educação emocional necessária para investir naquela relação para a qual o astrólogo poderia dizer "Sim".

Você também vai receber a mesma pergunta em momentos de crise em um relacionamento bem estabelecido. É sempre sábio perguntar se há mais alguém envolvido quando a pergunta foi feita; se você resolver perguntar quando estiver dando seu veredicto, o querente pode presumir que você viu isso no mapa, quando, na verdade, você só quer esclarecer o papel ainda indefinido de um planeta. A análise destas perguntas é feita principalmente por recepções, o que pode identificar pontos de desgaste e potenciais – o que normalmente é mais positivo do que uma previsão pura e simples. Mesmo se houver pouca recepção positiva entre os cônjuges, lembre-se que o status quo vai continuar a menos que alguém decida terminar com tudo. Mesmo que eles se abominem, alguém vai agir? Procure oposições e planetas mudando de signo. Algumas mudanças podem ser positivas, especialmente se elas envolverem um aumento na recepção, ou elas podem não mostrar nada de importante; mas, por exemplo, o regente da casa sete deixando a casa um indica que "Sua mulher está prestes a deixar você"; o regente da casa um deixando um signo regido pelo dispositor da parte do casamento mostra que "Parece que você está a ponto de sair de casa".

Alguns mapas vão sugerir, muitas vezes, possibilidades de melhora da relação, ou destacar comportamentos que exacerbem a situação, de modo que o veredicto é normalmente "Se você continuar fazendo xyz, ele vai sair de casa" ou "A menos que você faça ABC, ela vai pedir o divórcio". Exemplos: vamos supor que, com um querente homem, o regente da um tenha interesse no da casa sete, mas o Sol a odeie e o regente da sete e Vênus mostrem um grande interesse no Sol: "A menos que você dê a ela alguma atenção física...". Ou, se a Lua amar o regente da casa sete, mas estiver em um signo mudo: "A menos que você diga que a ama...".

Não determine a existência de um caso por nenhum outro indício que não seja conjunção. Mesmo assim, tome cuidado ao falar sobre casos: você pode conseguir vê-los, mas isso não significa que o querente precise ouvir sobre eles. Recepções mútuas, independente da força que tenham, podem mostrar um alto nível de consideração entre duas pessoas, mas não são, por si só, evidências de infidelidade, embora seja verdade que quando as recepções mostram que toda a atenção do cônjuge está voltada para outra pessoa, a situação normalmente não seja satisfatória. No entanto, tenha cuidado: você tem certeza de que estamos falando de outra pessoa? Talvez haja uma recepção mútua forte entre o regente da casa sete e outro planeta – mas talvez esse planeta seja o regente da casa dez derivada, mostrando que o maridão está atolado de serviço. Se você tiver uma conjunção, não é necessário haver nenhuma recepção entre os dois planetas: é comum as pessoas estarem em conjunção, bastante felizes, sem que haja emoções envolvidas. Não subestime o poder da lisonja: se o planeta suspeito estiver no domicílio ou na exaltação do regente da casa sete, o regente da casa sete pode ser convencido, mesmo que não retribua os sentimentos, especialmente se o planeta suspeito estiver logo dentro da casa sete. Da mesma forma, se uma mulher for a querente e um planeta não identificado estiver combusto (o Sol sendo o marido enquanto animal humano): existe alguém se jogando para ele. No entanto, sem uma conjunção próxima, não há indícios claros de que ele esteja retribuindo. Quando mais dignidade essencial os planetas do cônjuge sob investigação tiverem (ou seja, mostrando que ele/ela é honrado/a) e quanto mais recepção eles tiverem com os planetas do/a querente (mostrando amor pelo/a querente), menos provável é que ele esteja caçando aventuras.

Os querentes, às vezes, perguntam se o parceiro/a é homossexual. Se a suspeita for relacionada a um caso com alguma pessoa em especial, trate esta questão exatamente como os outros tipos de casos amorosos, como descrito acima. Algumas vezes, se trata de uma pergunta geral. Se o parceiro é homem, observe se seus significadores estão em dignidades fortes do Sol, ou no detrimento ou queda de Vênus, o que mostram um interesse por homens, ou um repúdio a mulheres. Sim, o Sol em dignidades maiores do próprio Sol pode significar que ele está tomado pelos desejos sexuais mais comuns, mas a pergunta normalmente não seria feita se a querente estivesse recebendo esses desejos. Lembre-se que a questão feita determina a realidade do mapa. O Sol na casa doze derivada (a casa seis radical) dá margem a suspeitas: ele parece estar escondendo algo sobre sua sexualidade, embora não seja necessariamente a homossexualidade. O Sol na casa doze radical pode mostrar que ele faz algo que preferia que a querente não soubesse, mas isso também não precisa estar ligado à homossexualidade. Se o querente for um homem perguntando sobre a parceira, observe se os seus significadores estão em dignidades maiores de Vênus ou no detrimento ou queda do Sol, ou Vênus na casa doze derivada. Importante: não introduza estes testemunhos em perguntas nas quais o assunto abordado não seja este! Se você encontrar, por exemplo, o Sol em Escorpião num mapa para qualquer outro tipo de pergunta de relacionamentos, isso não quer dizer que o homem seja homossexual.

Ele vai me receber de volta?

Aqui temos uma aberração. Se uma mulher foi expulsa da casa do marido e pergunta se ele vai perdoá-la, Lilly dá a casa sete à mulher, mesmo que ela seja a querente[46]. Meu primeiro pensamento foi de que isso era só uma curiosidade histórica, mas, do número bem reduzido de mapas que eu analisei sobre o assunto, pelo menos um parecia fazer mais sentido quando analisado desta forma. Eu não consigo ver nenhum motivo sólido para abandonar o procedimento padrão neste caso, então sugiro que você aborde este tipo de perguntas da forma normal, mas que tenha este ponto em mente. Se houver indícios suficientes no mapa para que você use o regente da casa sete como a querente (talvez a querente admita que teve um caso e o regente da sétima esteja se separando de uma conjunção com um planeta que não seja o regente da casa um) você pode, com todo o cuidado do mundo, decidir seguir Lilly.

Escrevendo no século XVII, ele deve ter considerado ridícula a idéia de uma mulher expulsando seu marido de casa, não tendo dado nenhuma instrução para este caso.

◆ Obediência demais a Lilly, mais uma vez. Ele tropeçou nos preconceitos da sua época. Em horária, o querente recebe a casa um. Não há motivo para abrirmos uma exceção para perguntas sobre este tópico em especial. ◈

Exemplos de mapas de perguntas de relacionamento

Veja os mapas das páginas 99 e 133.

---

[46] *Lilly*, página 318.

PARCERIAS COMERCIAIS

Veja o capítulo 23, página 298.

DEVO PARTIR OU DEVO FICAR?

"Estou melhor em Londres ou devo me mudar?"; "Será que é bom eu voltar para casa?"; "Devo me mudar para a França?"; "É melhor ficar no trabalho ou voltar à faculdade?": embora estas questões sejam normalmente feitas usando o modelo "Devo fazer X ou Y?", elas dificilmente são sobre uma escolha equilibrada, ou seja, qual das duas estradas é melhor tomar. A questão normalmente é "Devo fazer esta mudança ou devo deixar as coisas como estão?"; o que o mapa nos mostra é o que está à frente, como se o querente estivesse no topo de uma montanha, olhando para a estrada que se perde na distância e pensando "Eita, não gosto nada disso, não" ou "Uau, isso parece bom!".

Assim, a primeira casa e seu regente mostram as coisas como são; a casa sete e seu regente mostram as coisas como elas vão ficar se a mudança for feita. Assim, se:

* A casa sete estiver melhor que a primeira: vá. Se não, fique.
* O regente da casa sete estiver mais forte que o regente da casa um: vá. Se não, fique.
* A Lua ou regente da casa um estiver se separando (por qualquer aspecto) de um benéfico e se aplicando a um maléfico: fique.
* A Lua ou o regente da um estiver se separando de um maléfico e se aplicando a um benéfico: vá.

IMPORTANTE: Quando estiver analisando o planeta de quem e para quem a Lua e o regente da um estiverem se movendo, lembre-se que QUALQUER planeta com muita dignidade acidental é bom, enquanto QUALQUER planeta em debilidade essencial é ruim.

Exemplos:

* Um planeta em detrimento na casa sete, com o regente da casa um na própria exaltação: fique onde está.
* Um planeta dignificado na primeira casa, com a Lua se separando de um planeta dignificado e se aplicando a um peregrino: fique onde está.
* Nodo Sul na primeira casa, Nodo Norte na sétima: vá.

"Mas e se houver testemunhos conflitantes?"; bom, normalmente vai haver; poucas situações são tão claras. Pese o número e a força dos diversos testemunhos. Em muitos mapas deste tipo, ficar e partir são igualmente bons, ou igualmente maus: se é isso que o mapa mostra, esse é o veredicto. Não pense que você precisa dar uma resposta inequívoca. A resposta é, normalmente, "Não faz muita diferença".

Estas questões são sobre mudar; então, a mudança possível normalmente é mostrada, no mapa, por uma mudança iminente de signo. O regente da casa um e/ou a Lua vão estar no fim de um signo, prestes a entrar em outro. Será que deixamos que eles façam esta mudança, ou mantemos as coisas como estão? Talvez ambos ganhem dignidade na mudança de signo: vá! Ou, talvez, eles façam uma conjunção com Saturno debilitado, ou entrem em combustão assim que trocarem de signo: fique! Ou, talvez, a mudança não traga nenhuma diferença importante: vá ou fique, tanto faz. Nestes casos, o mapa está dizendo "Este é o seu futuro provável. Você quer aceitar isso, deixando que os planetas entrem nele, ou quer ficar onde está?".

Se a pergunta tiver um lugar específico para "lá", você pode pegar os planetas do querente e jogá-los nesta casa. Assim, se o querente perguntar, "Devo conseguir um emprego ou ir para a faculdade?", imagine que você possa pegar o regente da casa um e o pôr bem na cúspide da casa X. Como ele está lá, por dignidade essencial e acidental? Agora, imagine o mesmo planeta na casa IX. Como ele está lá? Isso nos vai dar uma comparação entre o trabalho e a universidade. Se o querente estiver especialmente interessado em felicidade emocional, faça isso com a Lua também, ou só com ela, em vez de com o regente da casa I. ATENÇÃO: Se você estiver "mandando o querente trabalhar" desta forma, você não pode pensar, é claro, "o Regente da um está na X; então, ele está forte", porque isso sempre seria verdade, qualquer que seja o trabalho. Você pode pensar, no entanto, "Se eu puser o regente da casa um na casa dez, ele vai estar conjunto com o nodo sul e no próprio detrimento. Eca!"

Você NÃO pode fazer isso com a pergunta geral "Devo ficar ou partir?", casa um versus casa sete, porque o regente da um sempre vai estar no próprio detrimento se você o puser na cúspide da sete.

Leve as mudanças em consideração. Vamos supor que a questão seja "Como eu vou me virar na faculdade?" e o regente da um caia no próprio detrimento se o pusermos na casa nove. No entanto, a cúspide da casa nove está no grau 27 do signo, sendo que o regente da um vai ganhar muita dignidade no signo seguinte, ou vai fazer uma conjunção com Júpiter bastante dignificado: "Você vai começar meio devagar, mas depois que se sentir em casa, vai se virar muito bem!".

Você pode fazer isso se o querente for imigrante e perguntar "Eu devo voltar para X?"; a casa I vai mostrar onde ele está agora; a casa quatro vai mostrar "a terra natal" (mesmo se ela for uma terra ancestral na qual o querente nunca tenha posto os pés) e a casa nove vai mostrar um país estrangeiro. Você precisa perguntar ao querente qual dos dois ele chama de "lar", o país em que está ou a terra das suas raízes. Isso vai nos contar se o destino proposto é a casa quatro (minha terra natal) ou a nove (um país estrangeiro).

Em perguntas gerais do tipo "Devo ficar ou partir?", tome cuidado com o regente da casa quatro; algumas vezes ele mostra a casa atual, em outras a casa potencial. É melhor deixá-lo fora da análise, a menos que você consiga decidir qual é qual. Por exemplo, se o regente da casa um estiver se aplicando ao regente da casa quatro, o regente da casa quatro deve ser a casa potencial.

◆ Preciso esclarecer este ponto. Este método de comparar as casas um e sete vale *somente* para quando o querente está considerando uma relocação física de longo prazo: "Devo ficar aqui ou ir para lá?". Ele não deve ser usado para mudanças de curto prazo, como férias, ou outras mudanças propostas, como de emprego ou casa. O emprego que estou pensando em aceitar pode ser do outro lado do mundo, mas se o problema é se eu quero ou não o cargo, não se trata de uma pergunta sobre casa um ou sete. Ela passa a ser uma questão dessas somente se o foco for na relocação e o trabalho for simplesmente um método de fazer com que isso aconteça. Da mesma forma com a casa: "Devo ficar aqui ou me mudar para a França?" não é sobre comprar este ou aquele imóvel, mas sobre o quadro geral, se eu vou estar melhor na França.

Uma pergunta do tipo "Devo ficar no trabalho ou voltar para a universidade?" não é um assunto de casa um e casa sete. Para analisá-la, compare as casas nove e dez; parte dessa comparação vai ser jogar o regente da casa um em cada uma delas. Estamos interessados, aqui, com as coisas posicionadas nessas casas, boas ou ruins; a condição dos regentes das casas; as recepções deles com o regente da um e com a Lua. Mantenha os olhos abertos para qualquer mudança iminente. Por exemplo, vamos supor que o regente da casa dez seja Júpiter em 28 de Gêmeos. O trabalho está em más condições, mas está prestes a sofrer um grande aumento de dignidade: "Insista na carreira. Muito em breve ela vai melhorar muito". ◆

ESPORTES E COMPETIÇÕES

◈ Este assunto é investigado com muito mais profundidade do que o espaço num manual geral como esse permite, com muitos exemplos de mapas, no meu livro *Sports Astrology*. ◈

Vamos vencer?

Não importa se a pergunta for feita por um torcedor ou um participante do evento esportivo, sempre se trata de Nós contra Eles. O time para o qual o querente torce recebe a casa um, como uma extensão do "Eu", da mesma forma que o querente diria "Nós vencemos", mesmo não tendo, ele mesmo, jogado. Os malditos vilões que estão competindo com o time do querente são os inimigos abertos: casa sete.

Tome cuidado: se o interesse primário do querente é apostar no jogo, considere a pergunta como se fosse uma questão sobre lucro (capítulo 16).

Para que possamos analisar esta pergunta, o querente tem que ter algum interesse no resultado do jogo em si. Ele pode não ser o torcedor mais fanático do mundo, mas ele tem que ter uma preferência por um dos dois times com relação ao outro. Se seu próprio time não está jogando, é possível que ele odeie um dos times envolvidos – talvez seja o rival local do seu time do coração. Neste caso, a pergunta é, na verdade, "O meu inimigo vai ser derrotado?", então o inimigo recebe a casa sete e seus adversários – os inimigos dos inimigos – ganham a casa um. Se o querente for indiferente a ambos os times, não temos critérios para decidir qual deles recebe a casa um e qual recebe a sete, então não podemos analisar o mapa. Não fique tentado a dar a casa um ao time que está jogando em casa, nem ao time que o querente menciona primeiro: o que quer que esse procedimento seja, não é horária. Também não podemos usar a casa sete, a casa de "uma pessoa qualquer", porque a indiferença do querente faz com que ambos os times sejam compostos por "umas pessoas quaisquer".

Este método pode ser usado para perguntas sobre esportes individuais, desde que o querente apóie ou deteste um dos jogadores. Ainda se trata de Nós contra Eles, como na pergunta "Será que esse herói inglês vai vencer essa partida de tênis?", cuja resposta é, obviamente, "Não".

◈ É muito raro podermos fazer esse tipo de pergunta para esportes individuais, porque é raro que o querente considere o atleta individual como "nós" da forma que pode acontecer para um time. Se o seu tenista favorito vencer, o querente provavelmente vai dizer "ele venceu", ou "ela venceu", nunca "nós ganhamos". A exceção mais comum é quando o atleta é visto como representando o país. Achar o atleta bonitão não é o bastante!◈

Embora estejamos considerando o time preferido como uma extensão do querente, a Lua não tem aqui seu papel normal de sua co-significadora. Pelo menos, ela só recebe este papel naqueles momentos de emergência nos quais mais nada está acontecendo no mapa. Seu papel nestas questões é, normalmente, menor, ocasionalmente tendo uma função de "fluxo de eventos".

Você também não deve se preocupar com outras casas, além da primeira e da sétima. Muitas horárias esportivas se afogam num mar de confusão, enquanto o astrólogo tenta localizar no mapa os fãs do time, os jogadores e até seus salários. Quanto mais simples, melhor! O que nos interessa aqui é quem vai vencer. Isso é mostrado pelas casas um e sete. Todo treinador põe a culpa da perda no juiz, mas os mapas horários têm muito mais fair play; não há espaço para o regente da casa X.

Lilly nos diz para usar o planeta de quem a Lua se separou por último como outro significador para o querente em horárias de disputas, e o planeta a quem ela se aplica como outro significador do inimigo. Não faça isso! Estes significadores extras só turvam a nossa visão do quadro geral.

Comece avaliando as condições das próprias casas. Há alguma coisa nelas? O quê? Se houver alguma coisa ali, essa coisa fortalece a casa ou a aflige? Lembre-se que quanto mais perto estiver um planeta da cúspide da casa, maior é o seu efeito sobre ela. O efeito de um planeta que esteja na casa, mas em signo diferente da cúspide, vai ser muito menor. Isso é verdade, independente do quanto este planeta esteja perto da cúspide (ou seja, cúspide em 29° de Áries; planeta em 0° de Touro: efeito bastante reduzido). Exemplo: vamos supor que o ascendente esteja em 15° de Peixes, com Saturno na primeira casa em 02° de Áries. A presença deste Saturno debilitado (em queda) é uma aflição séria aos mocinhos. Júpiter está em 17° de Peixes, então a presença deste Júpiter fortemente dignificado é muito benéfica para os mocinhos. Como Júpiter está muito mais perto do ascendente e, o que é mais importante, está no mesmo signo que o ascendente, a influência benéfica de Júpiter é muito mais forte que a influência maléfica de Saturno.

As casas que nos interessam se opõem uma à outra, então ignore planetas que fazem aspectos a elas. Se um planeta faz aspecto a uma casa, ele também vai fazer um aspecto à casa oposta, com um aspecto de qualidade semelhante.

Os nodos da Lua podem ser considerados de forma muito simples nestes mapas: norte é bom, sul é ruim. Eles são um par, então se um deles estiver na casa dos mocinhos, o outros vai estar na dos bandidos. Isso significa que devemos considerar apenas um deles – não importa qual. Se o nodo norte estiver na primeira casa, podemos julgar que esta casa está fortalecida, ou podemos julgar que a sétima casa está enfraquecida pela presença do nodo sul. Não os considere como dois testemunhos separados. Em qualquer análise astrológica, devemos nos precaver de qualquer coisa que seja conseqüência automática de outra.

Agora, analise os regentes da casa um e da casa sete. Qual deles está mais forte? As dignidades acidentais maiores são muito mais importantes que a dignidade essencial nestas perguntas. A dignidade essencial pode nos dizer quem merece vencer; a dignidade acidental nos diz quem vai vencer. Mas, se os outros testemunhos forem mais ou menos iguais, uma discrepância forte em dignidade essencial pode ser crucial. A exceção a essa desvalorização da dignidade essencial é a exaltação. O time cujo significador estiver na própria exaltação vai entrar em campo acreditando ser um time de deuses jogando contra meros mortais. Esse tipo de atitude facilita a vitória. Em horárias de competições, a exaltação é mais forte que o domicílio.

Recepções entre os regentes da casa um e da casa sete são importantes. Não, é claro, para mostrar quem gosta de quem, mas para mostrar quem está no poder de quem. Mais uma vez, a exaltação é mais forte que o domicílio: se o regente da casa um estiver no domicílio do da casa sete, e o regente da casa sete estiver na exaltação do regente da casa um, o mais beneficiado é o regente da casa um. O inimigo fica intimidado pelo nosso time. Recepção mútua com outros planetas não ajuda. A recepção mútua funciona como amizade: não interessa quantos bons amigos o querente, ou seu time, possam ter, nenhum deles vai entrar em campo para marcar o gol da vitória.

Posição por casa e combustão são as dignidades acidentais mais importantes nestes mapas. Um planeta em uma casa angular tem uma grande vantagem sobre um em uma casa sucedente ou cadente. Quanto mais próximo da cúspide, maior é a vantagem. Um planeta em uma casa angular, mas em signo diferente do da cúspide, é fortalecido, mas muito menos. Um significador na própria casa está bastante fortalecido; um significador na casa do oponente normalmente é um sinal conclusivo de derrota: ele está nas mãos do inimigo. Um significador sobre, em vez de dentro, da cúspide da casa do inimigo, no entanto, está numa posição excepcionalmente forte. O planeta em uma casa é controlado pela casa; um planeta sobre a casa a controla.

Como a combustão é a mais prejudicial de todas as aflições, um significador combusto mostra que o time vai perder. Para equilibrar isso seria necessário uma combinação muito rara de horrores do outro lado.

Um aspecto próximo com um benéfico ajuda o planeta; um aspecto próximo com um maléfico o aflige, lembrando sempre que qualquer planeta essencialmente forte será útil e qualquer planeta essencialmente debilitado será maligno. Cinco graus de separação é o máximo absoluto com o que precisamos nos preocupar; quanto mais próximo, mais forte.

Em um mapa feito para descobrimos o resultado de uma partida, esqueça mudanças de signo. Um significador pode estar prestes a entrar no próprio signo, trazendo um aumento substancial de força essencial, mas, não importa o quanto esta mudança esteja perto de acontecer, ela não vai ser relevante para o resultado de um único jogo. Se a pergunta fosse sobre um assunto de longo prazo, como "Será que o meu time vai se dar melhor que o time X nesta temporada?", esta mudança seria muito relevante: "Vocês vão começar mal, mas vão acertar a mão muito em breve".

Como a Lua mostra o fluxo de eventos, sua aplicação a um dos significadores pode ser um testemunho menor a favor deste time. Ela pode fazer um mapa bem equilibrado pender para um dos lados, mas não vai contrabalançar nenhuma indicação forte.

Eu não vejo utilidade para as partes árabes nestes mapas. Nem a parte da fortuna nem a parte da vitória se dignam a se envolver.

Se quisermos análises confiáveis, devemos ser meticulosos, mas não há vantagem em comparar miudezas. Na maior parte dos mapas, o balanço das forças vai ser claro. Se os argumentos a favor de cada time forem igualmente persuasivos, dificilmente vamos escolher o vencedor com base na analise microscópica de algum testemunho. Em alguns esportes, este equilíbrio perfeito é ele mesmo um veredicto: o jogo vai terminar empatado. Em jogos em que tem que haver um vencedor, veja se você não deixou passar nada – algum antiscion, por exemplo. Depois, siga o conselho de William Lilly: "Quando os testemunhos dos benéficos e maléficos forem equivalentes, protele o veredicto; não é possível saber para que lado a balança vai pender"[47]. Levar em consideração as limitações do conhecimento, seja ele individual ou coletivo, não é sinônimo de fracasso.

---

[47] *Lilly*, página 123.

◈ A velocidade do significador pode ou não ser importante, dependendo do esporte. Use o bom senso. Se a pergunta for sobre os 100 metros rasos, o atleta significado por um planeta estacionário definitivamente não vai vencer; em um jogo de futebol, no entanto, o time que corre mais rápido pode não estar necessariamente em vantagem: seus oponentes estacionários, plantados na frente do gol, podem muito bem vencer. ◈

A exceção à regra da primeira casa versus a sétima é em competições nas quais ser o rei seja importante, como disputas de título no boxe. Aqui, a questão é "Será que o rei vai manter sua coroa?"; esta abordagem não deve ser feita em outros esportes: o fato de o time A ter ganho o campeonato na temporada passada não faz nenhuma diferença para o jogo de hoje, pois, no início de cada temporada, todos os times começam na mesma posição. Em uma disputa por um título, no boxe, o único motivo para o evento acontecer é dar ao desafiante a oportunidade de depor o campeão.

Dê ao campeão a casa dez e a casa quatro ao desafiante (a casa sete a partir da dez). Se eles não regerem nenhuma destas casas, o Sol pode significar também o campeão, por ser o regente natural dos reis, e a Lua – regente natural das pessoas comuns – pode significar o desafiante. A análise é bem parecida com a descrita acima, com três variações:

* A parte árabe da renúncia e demissão (Saturno + Júpiter – Saturno) vale a pena ser investigada.
* Mudanças de dignidade podem mostrar o resultado por si só. Se o significador do campeão estiver prestes a entrar no signo de sua queda, ou o do desafiante no signo de sua exaltação, temos um testemunho claro de vitória para um ou para o outro.
* Uma Lua fora de curso, que pode ser ignorada na maior parte dos mapas de competição, porque sabemos que algo vai acontecer – vai haver um jogo, que vai ter algum resultado – é um testemunho forte de que o status quo vai ser preservado. Nada vai acontecer, ou seja, o campeão vai manter sua coroa.

Previsão de longo prazo

"Como é que vai ser esta temporada para o meu time?"; "Meu time vai vencer o campeonato?"; "Ele vai ser rebaixado?".

Ao contrário das horárias de disputas um-contra-um descritas acima, esse tipo de pergunta pode ser feita sobre um time ou jogador individual ao qual o querente seja indiferente: "Como é que vai ser a temporada do time X?"; "A Venus Williams vai vencer este campeonato?"; isso é possível porque a investigação diz respeito a apenas um time, então não temos o problema de decidir qual time deve receber qual casa. Se o querente estiver indiferente a ele, o time ou jogador nomeado é "qualquer pessoa", e, assim, recebe a casa sete.

A análise é normalmente simples, desde que fujamos da tentação de forçar uma resposta espetacular. O nosso ego nos diz que o melhor é prever o improvável. Não é: o melhor é prever o que vai acontecer. Na maior parte do tempo, o improvável não acontece. "Como é que vai ser a temporada do meu time?" – na maior parte dos casos, a resposta vai ser "Mediana". Poucos times ganham alguma coisa; poucos times são rebaixados. Embora "Meu time vai vencer o campeonato? Não" não seja o mais satisfatório dos diálogos cliente/astrólogo, se é isso que vai acontecer, é isso o que vai acontecer.

O time do querente vai ser significado pelo regente da casa um. Não use a Lua como co-significadora. Procure mudanças importantes de dignidade essencial e conexões a casas adequadas. Na prática, qualquer coisa que mereça uma resposta que não seja "Mais ou menos" vai ser normalmente óbvia. Um planeta que entre no próprio termo, por exemplo, não é nada que mereça comemorações. Um planeta entrando na própria exaltação é.

Exemplos: "Como vai ser essa temporada para o meu time?"; o significador entra no próprio domicílio ou exaltação: ele vai ser subir de divisão. Significador entrando na própria queda – ele vai – literalmente – descer. Significador conjunto à cúspide da casa dez, ou regente da casa dez: ele vai vencer o campeonato. Ele vai entrar na casa 12 ou 8, ou fazer uma conjunção com um dos seus regentes: o time vai ser rebaixado. "Ele vai vencer o campeonato?", com o planeta do querente se aplicando a uma conjunção com o regente da casa X: sim. Se esta conjunção acontecer no signo seguinte: "Não nesta temporada, mas vai vencer o campeonato seguinte".

Uma querente me perguntou se seu time ia ganhar alguma coisa na temporada da época; o mapa mostrava uma conjunção com o regente da casa dez, mas só no signo seguinte. A conjunção era num signo bicorpóreo: seu time venceu as duas competições principais da temporada seguinte.

A casa oito, a casa da morte, pode mostrar a extinção do clube; mas temos que ter cuidado com isso. É mais provável que o seu significado esteja dentro dos pressupostos da questão, que normalmente estão relacionados somente com assuntos de dentro do campo. Mesmo num contexto em que a sobrevivência do clube não possa ser garantida, precisaríamos ver problemas graves de segunda casa (financeiros) aparentes no mapa antes de prevermos um destino tão terrível.

Combustão e cazimi são importantes. "Venus Williams vai vencer em Wimbledom?", com seu planeta combusto: sem chance. Com seu planeta cazimi: ninguém mais tem chance. Contatos com outros planetas, além do Sol ou dos regentes das casas relevantes, são normalmente insignificantes. Não interessa o quanto aquele trígono de um benéfico possa ser bom, ele não vai trazer o campeonato; não importa o quanto aquela oposição com Saturno seja ruim, ela não vai trazer o rebaixamento. Estes testemunhos podem aumentar a precisão no julgamento. Vamos supor que o significador esteja muito fraco, mas seja favorecido por um trígono de um Júpiter forte "Seu time vai sofrer a temporada toda, mas não vai ser rebaixado"; mas isso é só decoração.

Responder à pergunta geral ("Quem vai vencer o campeonato?") seria fácil – se os times da divisão se chamassem Júpiter, Marte e Vênus. Eu ainda não encontrei nenhum método de ligar planetas a um conjunto inteiro de times. Pelo menos, nenhum método que funcionasse. Mas se o mapa mostrar uma Lua fora de curso, a pergunta ainda pode ser respondida. Lua fora de Curso: nada muda. O time que venceu no ano passado vence de novo.

◈ Quando houver uma pessoa ou um time contra diversos adversários, normalmente vai haver um prêmio em jogo. O significador do atleta ou time sobre quem o querente pergunta vai ser escolhido como sempre; o regente da dez mostra a vitória; qualquer planeta que não seja nenhum desses mostra um dos adversários. Por exemplo, "O time da minha filha vai vencer a competição da escola?": o regente da cinco mostrava o time da filha. O regente da dez estava se separando de um aspecto com o regente da casa cinco. Elas ainda não haviam vencido, então essa separação já significava um "Não". Isso se confirmava pelo regente da casa dez se aplicando a outro planeta: outro vai vencer. Não há motivo para tentar identificar quem é esse outro.

A vitória vai ser mostrada pelo regente da casa dez radical, não derivada: se a vitória já pertencesse à pessoa sobre a qual se pergunta, a pergunta não precisaria ser feita. A exceção é se eu estiver perguntando "A mamãe vai vencer?". O regente da casa dez radical já está ocupado, significando a minha mãe, então teríamos que derivar o mapa para encontrar um significador da vitória. ◈

◈ Perguntas sobre eventos como patinação no gelo ou shows de talentos, que são decididos por votos, não pela realização de algo segundo critérios objetivos, devem ser tratadas como eleições, não competições. Veja as páginas 275-278, abaixo. ◈

PROCESSOS

Vou tratar aqui de processos civis, que são objeto de horárias mais vezes que casos criminais. Julgamentos criminais são discutidos no capítulo 25.

A diferença entre um processo e uma competição é que o resultado de uma ação é decidido por critérios externos claros: você marca mais pontos, você me dá cheque-mate, você força meu braço contra a mesa. Em um julgamento, a decisão é dada por um juiz, baseado no que ele acha que é o certo. Sim, na nossa sociedade a decisão é normalmente tomada por um júri, mas eu acho mais fácil seguir Lilly e se referir aos tomadores de decisão como "o juiz". Isso clarifica o raciocínio quando abordamos o mapa: "Bom juiz? Mau juiz?"; quando mais simples melhor! Lembre-se, no entanto, que quando falamos "o juiz", queremos dizer "o processo legal". Não é necessário distinguir entre o juiz e o júri: estamos preocupados com o resultado, não em fazer comentários ao vivo sobre os eventos do processo.

Há quatro atores chave em um mapa de um processo civil: o querente (regente da um); o inimigo (regente da sete); o juiz, ou o "processo legal", se você gostar de expressões complicadas (regente da casa dez); o veredicto, que, como "fim do assunto", é o regente da casa quatro. A Lua, como de praxe, é co-significadora do querente, embora, com mais três casas em jogo, é mais provável que ela seja a regente de uma dessas casas.

◆ Não, não use a Lua como co-significadora do querente em questões de processos civis. Veja bem: o testemunho principal de vitória é um aspecto entre uma das partes e o regente da casa quatro. Dar ao querente dois planetas e ao inimigo apenas um dá ao querente o dobro de chances de vitória. Isso pode ser agradável de ouvir, mas quase nunca reflete a realidade. ◇

As segundas casas, a do querente e a do inimigo, mostram seu dinheiro e/ou seus advogados e testemunhas. Se o advogado for quem estiver fazendo a pergunta, trate-a como se fosse uma pergunta do tipo Nós contra Eles, dando a primeira casa para os dois, advogado e cliente, e a sétima casa tanto para o inimigo quanto para o advogado do inimigo. Mesmo se o advogado for o querente, a prioridade sempre vai ser para a pessoa diretamente envolvida na ação: é como se o advogado estivesse servindo de porta-voz do cliente.

Em primeiro lugar, considere as condições do regente da casa um e da casa sete. A dignidade essencial tende a mostrar a justiça do caso e tem, infelizmente, muito pouco a ver com a questão de quem vai vencer. As recepções podem ser importantes, no entanto, especialmente se os aspectos mostrarem a possibilidade de um acordo extrajudicial. Vamos supor que o regente da casa sete esteja na exaltação do regente da casa um: boa notícia! Nosso querente está em uma posição muito boa para tentar forçar um acordo. Vamos supor que o regente da casa um exalte o regente da sete, mas, analisando o mapa com calma, decidimos que nosso querente vai vencer a causa: devemos aconselhá-lo a ignorar a sensação de que não vai vencer, recusar todos os acordos que possam surgir e deixar que a justiça siga seu curso.

A dignidade acidental diz mais sobre quem vai vencer ou perder do que a dignidade essencial. O protagonista com mais dignidade acidental vai vencer – *se* um contato com o juiz ou o veredicto não determinar outro resultado. Contatos com o juiz ou com o veredicto normalmente determinam outro resultado.

Observe a condição do regente da casa dez. Muita dignidade essencial: bom juiz. Em detrimento ou queda: mau juiz; mas lembre-se que o juiz pode dormir durante toda a sessão, decidir o veredicto jogando uma moeda, mas ainda assim o resultado ser justo. POR FAVOR, não diga "o regente da casa dez está acidentalmente forte, então o juiz tem um peso muito grande no resultado"; claro que ele tem, ele é o juiz.

Analise as recepções entre o juiz e os regentes das casas um e sete. O juiz gosta de uma das partes e não gosta da outra? Isso pode ser crucial, especialmente com um aspecto aplicativo entre o juiz e uma das partes, a de quem ele gosta ou a de quem ele detesta. Um contato destes sobrepuja qualquer balanço de forças entre o regente da um e o da sete, dando o veredicto a quem quer que o juiz prefira. Mais uma vez, não diga que "o regente da sete é regido pelo regente da dez: o juiz tem poder sobre ele". Claro que o juiz tem poder sobre ele, ele está no tribunal.

O regente da casa dez, então, tem muita importância. Mais importante que o regente da dez, no entanto, é o regente da casa quatro: o veredicto. Na vida, as duas partes recebem o veredicto, uma gosta, a outra não gosta. No mapa horário, o regente da quatro é como um prêmio; quem chegar primeiro a ele vence. Procure por um aspecto aplicativo entre o regente da casa um ou da casa sete e o regente da quatro.

◈ Esclarecendo: um aspecto com o regente da dez pode mostrar a vitória ou a derrota, dependendo das recepções do regente da dez. Se o regente da dez gosta de mim e faz um aspecto comigo, eu venço; se ele não gosta de mim e faz um aspecto comigo, eu perco. Um aspecto com o regente da casa quatro mostra a vitória, independentemente das recepções do regente da casa quatro. Isso acontece por causa da realidade da situação: o veredicto não é uma coisa autônoma. Ele não pode mudar de opinião; ele faz o que mandam. Um aspecto com o regente da casa quatro, que esteja no meu detrimento, não significa "O veredicto não gosta de mim, então eu vou perder", mas "Eu vou vencer, mas o veredicto não vai me favorecer muito". Veja o mapa de exemplo abaixo. ◈

Os regentes da casa um e da casa sete estão se aplicando a um aspecto? Se o aspecto for uma conjunção, as partes vão chegar a um acordo antes que o caso chegue ao tribunal. Se for qualquer outro aspecto, eles vão fazer um acordo depois que o caso já estiver aberto, mas antes que o veredicto seja dado. Isso é a ocasião para o astrólogo oferecer conselhos úteis: será que o querente deve aceitar um acordo, ou é melhor lutar até o fim? Ele deve aceitar um acordo ruim, porque, se não aceitar, vai perder tudo? Lembre-se das qualidades dos signos: se o inimigo estiver em um signo fixo, ele não vai mudar; se for cardinal, ele desiste em pouco tempo; se for mutável, ele vai ser flexível.

◈ Um signo cardinal mostra que o inimigo não quer uma luta demorada, mas isso não significa, necessariamente, que ele vá se entregar. Eu posso não querer correr uma maratona, mas isso não quer dizer que eu não me esforce o máximo para vencer os 100 metros. No entanto, desconsiderando por um momento o resto do mapa, essa aversão por uma luta demorada pode fazer com que a possibilidade de um acordo aumente.

Um acordo pode incluir um pedido de desculpas ou uma admissão de culpa. O erro mais comum é pensar que uma admissão dessas vai ser feita por causa de uma súbita dor na consciência e procurar testemunhos que a mostrem. Estamos num tribunal, não num confessionário: uma admissão dessas vai ser feita por ser considerada a opção menos pior.

Mais uma vez, a realidade do assunto: não precisamos ver um aspecto entre o vitorioso e o dinheiro da outra parte. Não precisamos demonstrar que o vitorioso consegue algum dinheiro, porque é isso que acontece no tribunal, mesmo que seja algum valor simbólico mínimo. No entanto, se houver um aspecto deste tipo, sua natureza pode nos dar algumas informações. Eu acompanhei uma amiga, certa vez, ao tribunal. Fizeram um acordo e ela receberia 35 mil libras esterlinas por danos; seus advogados lhe apresentaram uma conta de 36 mil libras. Se houvesse uma horária sobre o assunto, este resultado poderia muito bem ter sido mostrado por uma oposição entre a querente e o regente da casa oito: o resultado não valia a pena.

Se o mapa mostrar que eu vou vencer, o regente da oito não mostra o quanto de dinheiro meu inimigo tem, mas quanto eu vou conseguir. A pergunta é sobre o resultado de uma ação no tribunal, não sobre a viabilidade financeira do meu inimigo. Se eu estou processando a MegaCorporação S.A, o regente da casa oito em detrimento não mostra que eles estejam sem dinheiro, mas que muito pouco desse dinheiro vem para mim. ◈

Vamos vencer? (veja o mapa na página seguinte)

Esta pergunta foi feita pelo advogado, então o regente da casa um representa "Nós", enquanto o regente da casa sete significa "Eles".

Como estão os mocinhos? O regente da casa um está no próprio termo, suge-rindo que ela tenha razão em alguma medida, mas está na casa nove, não tão forte. "Mas a casa nove não é a casa da lei?"; não. A casa nove abrange a lei somente com um assunto abstrato – educação superior. Ela não tem nada a ver com a lei em ação, como em um caso de tribunal.

Como estão os vilões? O regente da casa sete está na própria queda: buu! É útil pensar nesses termos teatrais, porque mantém as linhas principais do argumento mais claras. Ele está em queda: sim, ele é realmente vilão; mas ele também está na própria triplicidade e no próprio termo. E está fortemente posicionado no meio-céu. Isso concorda com o que o querente disse dele: que ele era um vilão bem conhecido que gostava de torcer a lei a seu favor. Se não houvesse outros testemunhos importantes, esta posição seria o bastante para dar a vitória a ele.

Como é o juiz? O regente da casa dez está no próprio detrimento: mau juiz. Existe uma recepção mútua forte entre os regentes da casa sete e o regente da dez. O regente da casa sete é regido pela Lua, o juiz. Nada de mais: sabemos disso, ele está no tribunal. Mas o juiz o exalta: isso não é bom.

O regente da casa dez se separa do seu aspecto ao regente da casa sete. Isso é um problema. Como podemos interpretar isso? Sim, isso pode querer dizer que houve um contato anterior entre o vilão e o juiz. Lilly nos dá uma longa lista de testemunhos que mostram que o juiz foi subornado[48]; siga esta lista e você

---

[48] *Lilly*, páginas 374-5.

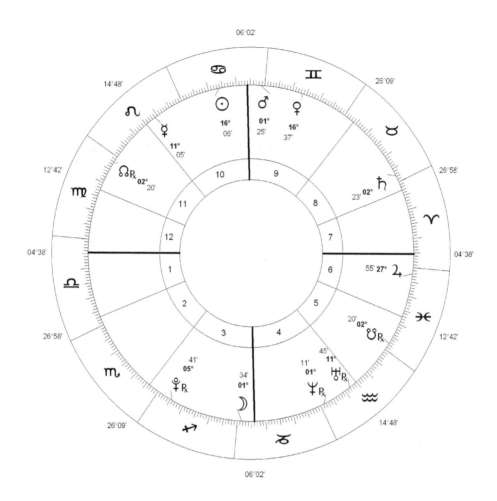

Vamos vencer? 8 de julho de 1998, 12:22, BST, Londres, Inglaterra.

vai ver que ela é tão abrangente que nunca vai ser possível haver um julgamento honesto. Eu sugiro fortemente que você desconsidere essas possibilidades, a menos que o querente as levante na pergunta; neste caso, este contato anterior, especialmente com uma recepção mútua tão importante e com o regente da casa dez tão debilitado, pode ser um indício forte.

Este contato separativo com esta recepção mútua pode mostrar que a sentença, na cabeça do juiz, já está determinada. Talvez o caso já tenha sido aberto, o veredicto tenha sido decidido e tudo o que falte agora seja o anúncio da decisão. Mas essa não era a situação aqui: o processo ainda não havia começado. O que, então, este aspecto separativo significa?

Veja o que o regente da casa dez está fazendo.

Ele se separa de um aspecto com o regente da casa dez e se aplica a um aspecto com Saturno. O que é Saturno? O regente da casa quatro: o veredicto.

Isso é uma translação de luz. A Lua pega o regente da casa sete e carrega sua luz até o regente da casa quatro, conectando, no fim das contas, o regente da casa sete com o regente da casa quatro, levando o vilão ao veredicto. Como o veredicto é visto como um prêmio, quem chegar primeiro a ele leva: isso significa que o vilão vai vencer. A translação mostra isso perfeitamente: o (mau) juiz carrega o (mau) inimigo ao veredicto.

Ele vence. Mas vamos olhar um pouco mais profundamente. Há um maléfico fraco afligindo a casa oito (o dinheiro do inimigo) por presença. Quem é este maléfico fraco? É o regente da casa quatro, o veredicto. Embora ele vença, o veredicto prejudica seu bolso. Veja as recepções entre o vilão e o veredicto. Marte está no detrimento de Saturno: o vilão detesta o veredicto. Saturno está no detrimento de Marte: o veredicto detesta ou prejudica o vilão.

Como pode isso? Veja o regente da casa dez. O juiz exalta o vilão; mas, nesse caso, ele só pode fazer isso estando no próprio detrimento (a Lua, que é o regente da casa dez, só consegue exaltar Marte, que é o regente da casa sete, estando em Capricórnio, que é seu detrimento). O juiz só pode exaltar este vilão por ser um mau juiz. O regente da casa dez também está na triplicidade e no termo de Vênus, regente da um. O juiz gosta do nosso querente; mas essa afeição é mais fraca do que a paixão exagerada que é a exaltação. Nós já vimos que o inimigo realmente é um vilão, mas tem os detalhes técnicos da lei do seu lado.

O que temos aqui? O juiz (= o sistema legal) precisa decidir em favor do inimigo por causa de tecnicalidades jurídicas, mas (o regente da casa dez está em dignidades importantes do regente da um) ele ainda consegue ver as virtudes do caso do nosso querente. Então, embora a lei determine que o julgamento seja dado em favor do vilão, o veredicto (o regente da casa quatro aflige a casa dois do vilão) é dado de forma que ainda prejudique o seu bolso.

◈ Com relação aos meus comentários sobre o "maléfico fraco": veja a nota inserida na página 57. O veredicto não é mais prejudicial por ser Saturno. Saturno é o ator, não o papel. Há um planeta peregrino afligindo a oitava casa. Este planeta significa o veredicto. Há uma recepção mútua por detrimento entre o veredicto e o vilão. É isso que mostra que o vilão não vai ficar feliz com o veredicto. ◈

POLÍTICA

Vou tratar de eleições aqui, mas estes princípios permitem que você analise qualquer outra pergunta política comum.

Em uma horária sobre uma eleição, a atribuição dos candidatos às casas depende de quem esteja perguntando. Na época em que estou escrevendo, George Bush acabou de ser reeleito, derrotando John Kerry. Observe as diferentes questões que poderiam ter sido feitas antes da eleição:

* Bush pergunta: "Eu vou ganhar?" Ele é casa um, seu oponente, casa sete.
* A senhora Bush pergunta "George vai vencer?". Tecnicamente, isso faria com que George fosse casa sete, porque ela está perguntando sobre seu marido, mas a questão pode ser interpretada, via de regra, como "Vamos vencer?", no entanto, dando a casa um a Bush e a casa sete ao seu oponente.
* Um republicano pergunta "Vamos vencer?"; Nós contra Eles: casa um versus casa sete.
* John Kerry pergunta "Vamos vencer?"; interprete isso como "Eu vou vencer o rei?", dando a primeira a John Kerry e a dez ao Bush. Faça o mesmo se um democrata perguntar "Vamos vencer?"
* Se Bush não estivesse no poder e Kerry perguntasse "Vou vencer?", não haveria um rei envolvido, então Kerry seria a casa um e Bush, a casa sete.
* Um americano indiferente pergunta "Quem vai vencer?". Dê a casa dez a Bush, porque ele é o rei, e a casa quatro a Kerry, que é o inimigo do rei.
* Eu pergunto "Quem vai vencer?". Bush é o rei de um país estrangeiro: a décima casa a partir da nove = a casa seis. Seu inimigo é a sétima a partir da seis, a casa doze.

A situação exata vai variar, dependendo da constituição do país, mas, seguir as regras básicas do significado das casas permite que você selecione as corretas. Ignore que na maior parte dos países, a teoria é que não haja ninguém no poder quando a eleição ocorre; a maior parte das eleições podem ser vistas como o rei contra alguém, seja o "rei" um indivíduo ou um partido. Em uma eleição aberta, com vários candidatos concorrendo para um cargo vago, "Cedric vai vencer?" pode dar a Cedric a casa um (eu acho que ele é fantástico), a casa sete (eu acho que ele é desprezível, ou não me importo em nada com ele) ou a casa três (ele é meu irmão).

A Lua tem uma importância enorme em horárias sobre eleições. Ela é a regente natural do povo e, desta forma, significa o eleitorado. Se a Lua fizer um aspecto com o significador de um dos candidatos, este candidato vai vencer. Isso acontece *independentemente* das recepções. Mesmo que a Lua esteja na queda do significador de Cedric, se ela se aplicar a um aspecto com este significador, Cedric vai vencer. As recepções da Lua ficam mais importantes se ela não fizer nenhum aspecto com nenhum dos significadores: veja qual candidato a Lua favorece. As recepções, no entanto, podem não ser decisivas. Uma Lua fora de curso é um testemunho de que o status quo vai ser preservado.

Se a Lua não deixar claros os sentimentos do eleitorado, considere a condição dos significadores principais. A dignidade essencial não é tão importante: ser um sujeito mau não impede que um candidato seja eleito. Mudanças iminentes de dignidade, no entanto, para melhor ou pior, podem ser cruciais. Observe, especialmente, a posição das casas (o significador entrando na casa dez é um testemunho positivo; o significador na casa do oponente é fortemente negativo), posição por signo (o rei no meio de um signo fixo tem mais chances de ficar no poder; deixando um signo fixo, seu reinado pode estar no fim) e qualidades acidentais importantes, especialmente a combustão. Seja mais cuidadoso que o normal com cazimi: o candidato quer ser o rei, então estar "no coração do rei" não é o bastante: mas, se não houver outros testemunhos, o testemunho do cazimi ainda pode prevalecer.

Também tome cuidado quando um significador estiver entrando na própria casa, seja ela mundana (casa do céu) ou celeste (no próprio domicílio). Embora isso deixe o planeta mais forte, isso pode ser interpretado muitas vezes de forma literal, mostrando que o candidato está indo para casa. Em muitas situações, isso é um testemunho de derrota.

Se nenhum dos candidatos for o rei, ou seja, se a casa dez não estiver comprometida, um significador se aplicando a um aspecto com o regente da casa dez é um testemunho de que o candidato vai ser tornar rei.

Se um candidato é o rei, vale a pena calcular a parte da renúncia e demissão. Contato (principalmente por conjunção ou oposição: outros aspectos são testemunhos menores) com ela ou com seu regente vai ajudar a destroná-lo.

◆ Perguntas sobre assuntos não políticos decididos por meio de votos, como patinação no gelo e shows de talentos na tevê, devem ser julgados pela Lua, como vimos acima. O primeiro aspecto da Lua mostra a vitória, seja da pessoa de quem se pergunta, seja a de outra pessoa. Isso vai responder a maior parte das perguntas. Se a Lua não fizer nenhum aspecto, julgue o mapa pelas recepções, mostrando a preferência dos votantes. ◈

Quando ela vai cair?

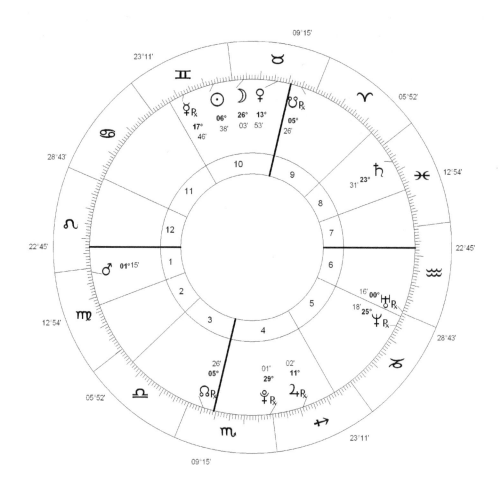

Quando ela vai cair? 28 de maio de 1995, 11:06 AM, BST, Londres, Inglaterra.

O querente, que estava numa posição privilegiada para saber, esperava que Benazir Bhutto perdesse seu poder a qualquer momento. Ele perguntou: "Quando ela vai cair?".

O querente é paquistanês, então ela é seu "rei": casa dez. O regente da casa dez, Vênus, está bastante confortável no meio do seu próprio signo fixo, no início da casa dez. Independentemente das expectativas que o querente pudesse ter, a posição da Sra. Bhutto estava firme.

A Lua, perdendo o pouco de luz que tinha, no entanto, é uma indicação de que a situação esteja chegando ao fim. Vênus precisa se deslocar 17 graus para deixar seu signo. Ela está fixa e angular, significando unidade temporal longa + longa. Com o evento esperado em poucos dias e a Lua bem no final do seu ciclo, confirmando que o evento ia acontecer, meses pareciam ser a unidade temporal mais longa possível. Dando alguns dias de ajuste para que a ação se siga à astrologia, a previsão foi para novembro seguinte.

O querente me garantiu que isso era impossível, porque ela não conseguiria se segurar no poder por tanto tempo. O evento ocorreu da forma prevista.

22

Perguntas de casa IX

CONHECIMENTO, VIAGENS E SONHOS

Vou ter lucro com o meu conhecimento?

Este é o método para aquelas perguntas freqüentes sobre "Vou conseguir me sustentar como astrólogo/tarólogo/médium?", bem como dúvidas sobre formas menos arcanas de conhecimento, todas elas geradas pela necessidade urgente de arranjar algum trocado. O conhecimento em si é mostrado pela casa nove. O lucro em potencial a partir dele é visto como o dinheiro do conhecimento: a segunda casa a partir da nona, ou seja, a casa dez.

Embora, em abstrato, a distinção entre esta pergunta e algumas de casa dez sobre a carreira possa parecer confusa, na prática ela costuma ser bem clara. Mesmo que o conhecimento envolvido seja astrológico, minha pergunta "Eu vou ser bem pago se trabalhar para a Astrólogos Ltda.?" não é assunto de casa nove: essa pergunta seria sobre a casa dez, o emprego, e casa onze para o salário. Há uma distinção entre um emprego (casa dez) e o uso do meu conhecimento (casa nove).

É possível, eu imagino, que alguém pergunte "Eu vou ganhar dinheiro usando minhas habilidades de ler e escrever?"; neste caso o conhecimento, sendo elementar, seria de casa três e o lucro a partir dele de casa quatro.

Em primeiro lugar, considere a condição do conhecimento do querente. Não há nenhuma conexão direta – como os ganhos de muitos astrólogos mostram de forma bem clara – entre a solidez dos conhecimentos e o lucro que pode ser obtido deles. No entanto, é útil ver se o querente tem algum conhecimento ou não. Analise o regente da nove e a própria casa nove.

Quando mais dignidade essencial o regente da nove tiver, melhor é o conhecimento. Normalmente, a força ou fraqueza acidentais vão fortalecer ou enfraquecer este conhecimento, mas, como sempre, temos que ler os testemunhos dentro do contexto. Por exemplo, encontrar o regente da casa nove em uma casa angular deixaria mais forte e em uma casa cadente o enfraqueceria. No entanto, se o conhecimento estiver conectado com animais de grande porte, encontrar o regente da casa nove na doze seria adequado e não poderia ser considerado uma debilidade. Ou: estar em uma casa angular poderia ser uma indicação de que o conhecimento pode ser expresso de forma mais fácil, que pode se manifestar no mundo. No entanto, se o regente da casa nove estiver na um, especialmente num signo fixo, o conhecimento pode estar preso no querente, incapaz de ser expresso.

Observe outras características acidentais, como a natureza do signo em que o regente da casa nove está. Um signo mudo, por exemplo, não é bom para a expressão do conhecimento. Talvez o regente da casa nove tenha ganho dignidade recentemente entrando num signo fixo: parece ter havido uma melhora recente no conhecimento do querente, mas (uma vez que signos fixos se movem devagar), ele não vai aumentar mais por um bom tempo. Novamente, tenha noção do que os pontos que você está analisando significam no contexto. O regente da casa nove retrógrado, por exemplo, que seria normalmente uma debilidade, pode ser considerado uma descrição adequada do conhecimento e, assim, não seria uma debilidade, se o conhecimento envolver olhar para o passado.

Considere qualquer aspecto com o regente da casa nove: ele mostra auxílio ou dificuldade? Como sempre, temos que observar as recepções para compreender de forma mais completa os efeitos do aspecto. Exemplo: o regente da casa nove recebe uma quadratura do regente da casa cinco. Com uma recepção mútua positiva entre eles, talvez os filhos do querente, embora suas necessidades pareçam atrapalhar o conhecimento do querente, na verdade o auxiliem, devido ao que ele aprende interagindo com eles. Com o regente da casa cinco recebendo o regente da casa nove no seu detrimento, a mesma quadratura pode mostrar o amor do querente por bares e botequins prejudicando o seu conhecimento.

Planetas na casa nove vão ajudar ou atrapalhar o conhecimento, de acordo com a sua natureza: planetas dignificados essencialmente vão ajudar; planetas debilitados essencialmente vão prejudicar. Quanto mais próximo da cúspide, mais forte será o efeito.

Não precisamos encontrar um aspecto entre o regente da nove e o da casa um, mas se houver, temos que analisar a sua natureza. Vamos supor que o regente da um esteja conjunto ao regente da nove, que está na própria queda: o querente está afligido por sua falta de conhecimento.

O lucro do conhecimento é analisado observando-se a casa dez e seu regente, da mesma forma que avaliamos o estado do conhecimento do querente olhando a casa nove e seu regente.

Atenção: não precisamos encontrar um aspecto entre o regente da dez e o da um (querente), nem o da nove (o conhecimento do querente) para mostrar o lucro vindo para o querente. Que ele seja o lucro do conhecimento parte do pressuposto que ele esteja vindo para o querente: ele não seria lucro de outra forma. No entanto, se houver um aspecto, devemos considerar a sua natureza. Exemplos:

* O regente da dez no próprio detrimento, se aplicando ao regente da um por trígono. Há muito pouco lucro, mas o que houver vai vir facilmente.
* o regente da casa dez na própria exaltação, fazendo uma quadratura com o regente da um. Grande lucro, mas você vai ter que lutar por ele.
* O regente da casa dez se opondo ao regente da casa um. Não interessa o quanto haja de lucro, o esforço para consegui-lo não vai valer a pena.

Estando em casas adjacentes, a casa nove e a dez normalmente têm o mesmo planeta como regente. Isso não é um problema, porque não precisamos encontrar um aspecto entre seus regentes. Isso nos diz que o conhecimento e suas recompensas são da mesma qualidade (desde que nada que nos mostre o contrário esteja acontecendo às próprias casas).

Também temos que considerar a casa oito. Sendo a segunda a partir da sete, ela é "o dinheiro das outras pessoas"; as outras pessoas, neste contexto, são os clientes. Qualquer restrição na quantidade de dinheiro dos clientes limita os lucros potenciais.

Analise isso da mesma forma que com as casas nove e dez acima, com uma exceção: se o regente da casa oito estiver em domicílio, ele mostra que os clientes têm muito dinheiro; se ele estiver também na casa oito, ele mostra que, apesar de terem muito dinheiro, ele vai permanecer nos bolsos deles. Isso não é bom para o nosso querente! Se o regente da casa oito também estiver em um signo fixo, o dinheiro vai ficar de forma ainda mais firme no bolso deles.

Depois que as casas nove, dez e onze tiverem sido analisadas, dê uma olhada no querente. Se a nossa análise, até agora, mostrou dificuldades, será que o querente é capaz de tomar as providências necessárias para superá-las? Se, por outro lado, o regente da casa um estiver bastante debilitado, o querente pode ser incapaz de se mexer para aproveitar até mesmo a mais brilhante das perspectivas financeiras.

◈ O dinheiro dos clientes é uma consideração bastante secundária numa pergunta como essa. Se o lucro é bom, não precisamos nos preocupar com o regente da casa oito, porque se o dinheiro do cliente não estivesse entrando, o lucro não seria bom. Se o lucro não está bom, uma olhada no regente da oito pode revelar qual é o problema: talvez os clientes não tenham dinheiro nenhum, ou não queiram se separar do que têm. Pode ser possível que o cliente consiga fazer algo a esse respeito, atingindo outros clientes ou encontrando alguma maneira mais convincente de anunciar o seu negócio.

Seja realista. O regente da casa 10 pode mostrar que haja luz no fim do túnel financeiro, mas se o túnel for muito grande e muito escuro, provavelmente o querente não vai chegar até este fim. Seja realista, também, em como você interpreta as recepções entre o regente da sete, os clientes. Por exemplo, o regente da casa sete na exaltação do regente da casa um pode mostrar que os clientes pensam que o querente é maravilhoso. O mais provável, no entanto, é que eles tenham expectativas fora da realidade do que o querente possa oferecer. Se eles esperam que o conhecimento astrológico do querente transforme a vida em algodão-doce, ou que as habilidades do querente como massagista ressuscitem os mortos, eles ficarão desapontados e seu dinheiro não vai fluir. Essas expectativas podem ser irracionais independente do quanto o conhecimento do querente seja sólido. ◈

Provas

"Vou passar nesta prova?" é uma forma específica das perguntas sobre o lucro a partir do conhecimento. A prova é o lucro, então ela é mostrada pela casa dez. Um aspecto entre o querente e o exame é útil, mas com recepções suficientemente boas, podemos nos virar sem ele. Uma quadratura significa aprovação, a menos que as recepções sejam ruins; uma oposição quer dizer fracasso, a menos que as recepções sejam excepcionalmente boas; neste caso, ela pode significar aprovação com uma nota decepcionante.

Lembre ao querente que não importa o quanto a sua previsão seja positiva; ele ainda assim vai precisar se esforçar.

◈ Para ser aprovado em uma prova, precisamos não só ter o conhecimento suficiente, mas também demonstrar que o temos: tornar este conhecimento visível. Assim, embora possamos olhar para o regente da casa dez para mostrar o sucesso na prova, eu daria prioridade ao próprio regente da nove. Ele deve estar numa condição boa o bastante – dependendo do quanto o exame seja exigente – e visível. Estar perto do topo do mapa (ou seja, alto no céu, onde ele pode ser visto) é um forte testemunho positivo. Estar escondido no fundo do mapa, um forte negativo. Um planeta combusto não pode ser visto, então a combustão é um "Não", mesmo se o planeta estiver acima da Terra. Lembre-se que se o planeta estiver combusto no próprio domicílio ou exaltação, o sentido de estar escondido permanece, embora ele não seja afligido de outra forma. Quantos testemunhos são necessários depende do quanto a prova é difícil. É um teste de direção, na qual todo mundo que atingir um nível padronizado passa, ou é uma prova competitiva na qual somente os melhores candidatos conseguem ser aprovados?

A maior parte dos exames está relacionada a conhecimentos de casa nove, mas um teste de direção, que é sobre negociar a rotina diária da vida, é de casa três. O mesmo acontece com um teste de alfabetização na língua nativa da pessoa, ou aritmética simples. Qualquer coisa acima deste nível é casa nove.

Se a prova estiver diretamente ligada a conseguir um emprego, o próprio teste pode se tornar irrelevante. Se ele for parte importante de um procedimento de seleção, a pergunta não é tanto "Vou passar na prova?", mas "Eu vou conseguir este emprego?" (para este tipo de pergunta, veja o próximo capítulo). Se, por exemplo, o aspecto entre o regente da um e o regente da dez, que mostrassem o querente conseguindo o emprego, fosse proibido por um regente da nove debilitado, poderíamos afirmar que o motivo para ele não conseguir o cargo seria um desempenho ruim na prova; se um regente da nove exaltado transladar luz entre o regente da um e o regente da dez, o ótimo desempenho na prova pode dar o emprego ao querente. ◈

Vou ter lucro com essa viagem?

Isso é analisado do mesmo modo que com as perguntas sobre conhecimento acima: a casa nove mostra a viagem e a casa dez o seu lucro. Assim, se Saturno fizer uma quadratura com o regente da casa nove, vai haver atrasos na viagem; se ele fizer uma quadratura com o regente da casa dez, vai haver restrições ao lucro. Vênus faz um trígono com o regente da casa nove, mas se opõe ao regente da casa dez: a viagem vai ser divertida, mas não vai se pagar.

Isso também inclui perguntas como:

* Será que esse curso vai incrementar minha capacidade de ganhar dinheiro?
* É uma boa idéia ir a essa exposição?

Assuntos "espirituais"

◆ De vez em quando me perguntam sobre como responder questões do tipo "Eu vou atingir a iluminação nesta vida?", ou "Será que xyz nesta vida é o resultado de abc numa vida passada?". Eu tenho certeza que muitos astrólogos adorariam tentar a mão em perguntas deste tipo, mas eu não, porque o conceito de iluminação, neste sentido, ou de uma vida passada, é algo além da minha compreensão. Assim, eu não faço a menor idéia de como analisar uma pergunta dessas. Isso é algo completamente diferente de não saber muito sobre o assunto: eu sei muito pouco sobre como mercados de ações funcionam, mas eu tenho consciência de que eles existem. ◆

Análise de sonhos

Se o sonho for profético e a questão for sobre sua veracidade, use o método para determinar a verdade ou falsidade, descrito no capítulo 17. Se a questão for "Sobre o que foi esse sonho?", abra o mapa, como sempre, para o momento em que a questão tiver sido feita. Não tente determinar o momento do sonho. Encontre os significadores para os personagens no sonho usando as casas normais: o querente, que sonha o sonho, é casa um, mesmo se ele tiver sonhado que era o Elvis; sua fazenda é casa quatro, seu cachorro, casa seis. Em suma trate o sonho exatamente como se fosse um evento da vida diária. Os aspectos e recepções entre os significadores vão permitir que você investigue o significado do sonho.

Você não precisa prestar atenção especial à casa nove quando estiver analisando este tipo de pergunta. O mapa todo é sobre o sonho, não apenas a casa nove. A casa nove seria usada se existisse no sonho, por exemplo, um pastor ou professor ou viagem, ou houvesse um sonho dentro do sonho. A situação é a mesma que em um mapa médico: lá, o mapa todo é sobre a doença, então ela não está restrita à casa seis.

Escolhendo uma escola

Os pais costumam perguntar sobre as escolas dos seus filhos. A escola primária é casa três. Qualquer coisa acima desse nível é casa nove. Se houver uma distinção entre níveis superior e inferior de educação, o nível inferior sempre dado à terceira e o superior à nona ("Ela vai gostar mais da faculdade que do segundo grau?"). Mesmo que a criança não seja, de forma geral, o querente neste tipo de pergunta, não derive as casas para localizar as escolas: use a casa nove e a três radicais, não a nona ou terceira casas a partir da cinco. Embora falemos da "minha escola", a escola não pertence à criança.

"Como vai ser a nova escola da minha filha?" é uma pergunta bastante simples: veja as recepções e os aspectos aplicativos entre o regente da casa cinco (o filho) e da casa nove (a escola). Em uma pergunta como essa, não precisamos ter um aspecto, porque não estamos perguntando se algo vai acontecer: estamos perguntando sobre um estado de coisas. No entanto, se houver um aspecto, precisamos interpretá-lo.

Veja a condição do regente da casa nove para ver o quanto a escola é boa. Não interessa o quanto ela seja boa, no entanto, ela pode não ser adequada a essa criança em especial; daí vem a importância das recepções. O regente da casa um na exaltação do regente da casa cinco: a escola acha que a criança é maravilhosa e vai ajudá-la. Regente da casa nove na queda do regente da casa cinco: a escola acha que a criança é um monstro e vai prejudicá-la.

Ponha mentalmente o significador da criança bem no começo da casa nove. Como ele se sente, ali? Considere testemunhos acidentais e essenciais. O regente da casa cinco está na própria exaltação: ela vai ficar ótima. Em combustão: ela vai se dar mal. Talvez o signo mude alguns graus depois da cúspide da casa nove. Pôr o regente da casa cinco logo dentro da casa o deixa fraco, mas no signo seguinte ele vai ficar forte: ela vai começar com o pé esquerdo, mas rapidamente vai pegar o jeito.

Como sempre, os benéficos ou maléficos na nona casa vão afetar a qualidade dessa casa, sempre levando em consideração o contexto da pergunta – que, neste caso, é como a criança vai se sentir. Júpiter em Peixes na nona é extremamente feliz. Saturno em Áries deve ser evitado. Como sempre, é a quantidade de dignidade essencial que um planeta tem que o torna benéfico. Saturno no seu próprio signo ou exaltação na casa nove seria ótimo; não tão divertido quanto Júpiter ou Vênus com dignidade, mas tão afortunado quanto eles.

Se a questão for sobre a escolha desta escola, ou daquela escola, a opção preferida pelo querente recebe a casa nove (ou três). Temos que escolher, então, um significador para a alternativa (ou alternativas). Faça com que o querente realize parte do trabalho: você tem todo o direito do mundo de exigir que ele restrinja as opções a uma lista pequena. Se você receber uma lista com meia dúzia de alternativas ou mais, peça que o querente vá para casa pensar um pouco mais.

Há diversas teorias sobre como encontrar os significadores para as outras escolas. Uma bastante popular sugere tomarmos a terceira casa a partir da nona.

Não faça isso! Essa é uma extrapolação falsa da técnica de usar a terceira casa a partir da três para mostrar o irmão do meu irmão (ou seja, meu irmão mais novo). A escola alternativa não é irmã da primeira escola.

Uma idéia ligeiramente mais sensata é a de usar a sétima casa a partir da nove (a casa três radical) para mostrar a escola rival. Mas as escolas alternativas não são, na verdade, rivais, no mesmo sentido em que os candidatos para um emprego, ou adversários em um jogo são. Por outro lado, se houver mais de uma alternativa, isso ainda nos deixa com o problema de localizar as outras casas.

Eu recomendo que você peça ao querente para descrever as diferentes escolas. Reforce que esta descrição deve ser breve: algumas poucas palavras, apenas. Se as descrições forem curtas, o querente vai se concentrar nas características distintivas mais salientes. Você pode, então, escolher os significadores pela natureza do planeta. "Esta escola é muito artística; a outra é muito mais conservadora": a primeira é Vênus, a segunda é Saturno.

Depois que você tiver escolhido os significadores, compare sua força e observe suas recepções com o regente da casa cinco. Mais uma vez, lembre-se que a melhor escola (com mais dignidade) pode não ser a mais adequada a este indivíduo, então sempre dê importância às recepções nas suas análises.

23

Perguntas de casa X

QUESTÕES SOBRE EMPREGO

Vou conseguir este emprego?

O querente é o regente da casa um e a Lua; o emprego é a casa dez. Se houver um aspecto aplicativo entre eles, desde que o resto do mapa não diga o contrário, o querente vai conseguir o emprego. A natureza do aspecto deve ser analisada da forma padrão: se for um trígono, ele consegue o emprego facilmente; se for uma oposição, ele consegue, mas vai desejar não ter conseguido, ou não vai conseguir mantê-lo por muito tempo. Como sempre, observe coletas e translações de luz, especialmente se houver um intermediário, como um agente ou caça-talentos, envolvido na situação.

Lilly diz que um aspecto com o Sol funciona, no lugar de um aspecto com o regente da casa dez, mas isso se baseia no pressuposto de que o querente queira uma nomeação real.

Encontrar o significador do querente na casa dez é um testemunho menor de sucesso. Isso só mostra que o querente quer o emprego (ou, se não estiver no mesmo signo que a cúspide da dez, que ele quer um emprego) e um querente que quer um emprego tem mais chance de consegui-lo do que um querente que não quer um emprego; mas só isso. Se outros testemunhos confirmarem que o emprego vai ser dele, a aplicação do significador do querente à décima cúspide pode mostrar quando ele vai começar.

Encontrar o regente da casa dez na casa um é muito mais positivo: o emprego está no bolso do querente. Quanto mais próximo o regente da dez estiver da cúspide, mais forte é o testemunho. No entanto, se o regente da dez estiver sobre a cúspide, em vez de dentro dela, isso só mostra que a idéia de que conseguir um emprego está preocupando o querente.

Mesmo se houver um aspecto, observe a força do significador do querente: você empregaria Saturno retrógrado e em detrimento? Nem você, nem ninguém. Quanto mais força o planeta do querente tiver, mais valorizado pelo mercado o querente vai ser. Em alguns casos, especialmente se o querente estiver se candidatando sem saber se há uma vaga, o emprego (que pode ser considerado sinônimo da empresa – o regente da casa dez) pode estar muito fraco para oferecer uma posição, mesmo que as recepções mostrem que ele gostaria de fazê-lo.

Se os planetas do querente estiverem nas dignidades do regente da dez, o querente quer o emprego na medida em que as dignidades sugerirem: se ele estiver no domicílio do regente da casa dez, ele quer muito; se estiver na face, tem um interesse mínimo por ele; se estiver na exaltação do regente da dez, ele exagera suas qualidades. A exaltação não nos diz nada sobre o emprego em si, mas mostra que o querente o superestima, ou seja, não importa o quanto o emprego seja bom, dificilmente ele vai satisfazer as expectativas.

É claro, pessoas que se candidatam a empregos nem sempre o fazem por entusiasmo pelo emprego em si. Você vai encontrar, muitas vezes, os planetas do querente mostrando um forte interesse no regente da casa dois, a própria conta bancária do querente. Nestes casos, o regente da casa dois normalmente está fraco: "Estou quebrado – preciso de um emprego!". Algumas vezes, eles vão mostrar um forte interesse no regente da onze, a segunda casa a partir da dez: o dinheiro do emprego. Verifique a condição do regente da casa onze para ver se o pagamento vai ser bom. Vamos supor que o regente da casa onze se aplique ao querente por trígono, esteja forte, e esteja no signo da exaltação do querente: ele vai ser bem pago, sem atraso e ainda (o pagamento o exalta) pode esperar alguns bônus. Vamos supor que o regente da onze esteja em queda e se aplique ao querente por quadratura: o pagamento é ruim, menos que o esperado e o querente vai ter que lutar por ele. Também vale a pena verificar a relação entre o regente da onze e o regente da dois: a conta bancária do querente e o salário amando um ao outro (recepção mútua) é um sinal positivo. Um aspecto entre o querente e o salário *não* é testemunho de que ele vá conseguir o emprego.

◈ Embora a casa onze, por ser a segunda a partir da dez, seja o dinheiro do emprego, ela não mostra o quanto de dinheiro a empresa tem no banco; ela mostra o quanto de dinheiro a empresa vai me dar. Só se o foco da pergunta for diferente, como "A empresa para a qual eu trabalho vai falir?", é que a casa onze mostra a conta bancária da empresa. ◈

Na maior parte dos empregos, não podemos esperar ver o regente da casa dez em qualquer dignidade do nosso querente. Na maior parte dos empregos, não faz diferença para o emprego se ele for feito por Tom, Dick ou Harry. Somente quando estamos falando de empregos que exijam habilidades raras ou um perfil bastante especial, o tipo de emprego para o qual alguém possa ser sondado por um caça-talentos, que esperaríamos ver o regente da dez mostrando um grande interesse no querente. Então, na maior parte dos mapas sobre este assunto, encontrar o regente da casa dez no termo ou face do regente da casa um é um testemunho positivo: o emprego gosta do querente. Ainda precisamos de um aspecto, no entanto. O regente da dez no detrimento ou na queda do regente da casa um mostra uma animosidade considerável, ou seja, o querente tem pouca chance de conseguir o emprego. Se o querente estiver excepcionalmente forte, o emprego pode desconsiderar sua animosidade por causa de suas qualificações.

◈ A força do regente da casa dez pode, às vezes, ser importante. Como notamos acima, se o regente da casa um estiver em más condições, o querente não é o melhor candidato, então, mesmo com um aspecto ele pode não receber o emprego. Mas se o regente da casa dez também estiver em condição ruim, a empresa pode estar tão desesperada que aceite qualquer um. Tenha em mente, também, a realidade da situação. Se o querente estiver se candidatando a arrumador de prateleiras no supermercado, um emprego para o qual a empresa provavelmente vá empregar qualquer pessoa, a fraqueza do regente da casa um não vai ser importante. ◈

O nodo norte, ou um planeta muito dignificado na casa dez, especialmente se estiver perto da cúspide, mostra felicidade em assuntos de casa dez; o nodo sul ou um planeta debilitado mostram perda. Isso pode não estar diretamente relacionado com a resposta positiva ou negativa a "Eu vou conseguir o emprego?"; por exemplo, com o nodo Sul na casa dez, outros testemunhos podem mostrar que o querente consegue o emprego, mas é um emprego horroroso.

Como em qualquer questão na qual precisamos de mudança, uma Lua fora de curso é um indicador negativo forte, sugerindo que o assunto não está indo a lugar algum. Como sempre, ela pode ser sobrepujada por testemunhos mais importantes.

O regente da casa sete mostra os inimigos declarados do querente: os rivais para a vaga. Se o regente da casa dez fizer um aspecto com o regente da casa sete antes que ele encontre o regente da um, o outro candidato pega a vaga. Se o regente da casa doze estiver envolvido na ação, isso poderia mostrar um inimigo secreto: a pessoa que escreveu a carta anônima que desqualifica a candidatura do querente.

Se o querente estiver perguntando sobre outra pessoa – normalmente um cônjuge ou um filho – que esteja se candidatando a uma vaga, use a casa dez radical para o emprego. Empregos são normalmente algo externo à pessoa, então temos que usar a casa dez radical, da mesma forma que "Minha filha vai entrar na faculdade?" seria respondido pela nove radical. Use a casa dez derivada para analisar uma questão sobre a carreira da pessoa, ou seu chefe, ou um emprego que a pessoa já tenha. Se a pergunta for sobre uma pessoa de casa dez ("Minha mãe vai conseguir o emprego?"), somos obrigados a usar a casa dez derivada para o emprego.

◈ Com cargos públicos, esteja alerta a aspectos separativos entre o regente da casa dez e o regente da casa sete. É comum que os empregadores sejam legalmente obrigados a anunciar a posição, mesmo que a decisão sobre quem vai ocupá-la já tenha sido tomada. Neste caso, este aspecto separativo pode mostrar que o emprego já foi para outra pessoa.

Como sempre, tenha segurança sobre o que foi perguntado. Por exemplo, uma pergunta como "Meu livro vai ser publicado?" não é "Eu vou conseguir este emprego?", e os editores não são mostrados pela casa dez. Eles seriam vistos como empregadores somente se o querente estivesse se aplicando a um emprego de escritor interno. Os editores são pessoas com quem o querente faz acordos: casa sete. O assunto do acordo é a criação do querente, casa cinco. A pergunta é, na verdade, "Eles vão comprar meu bebê?" Um "Sim" seria mostrado por um aspecto aplicativo entre o regente da um ou a Lua e o regente da sete, ou entre os regentes da cinco e da sete. ◈

As pessoas no emprego

Em uma pergunta diretamente sobre o chefe ("Eu vou me dar bem com meu novo chefe?"), o chefe é mostrado pela casa dez e seu regente. Qualquer um dos meus superiores, mesmo o menos poderoso deles, vai ser regente da casa 10, se essa pessoa for o objeto da pergunta. Se precisarmos distinguir entre diferentes níveis de autoridade sobre mim, podemos usar os diferentes regentes das dignidades em que meu significador esteja. Exemplo: vamos supor que a pergunta seja "Para qual nível da gerência eu devo encaminhar minha reclamação?" e meu significador seja Saturno em 12° de Sagitário num mapa diurno. Ele é regido por Júpiter, está na triplicidade do Sol, no termo de Vênus e na face da Lua. Júpiter está em Leão, o detrimento de Saturno, então não posso esperar nenhuma simpatia do chefão.

O Sol está em Touro, então o nível seguinte está indiferente. A Lua, a regente da face em que estou, está em Câncer, então meu superior imediato também não gosta de mim. Vênus, por outro lado, está em Capricórnio: se eu me dirigir ao nível logo acima do meu superior imediato, vou encontrar alguém disposto a me ouvir. Se Vênus estiver acidentalmente forte, melhor: este superior pode fazer alguma coisa sobre o meu problema.

Se precisarmos identificar o chefe em uma pergunta sobre o emprego ("Vou conseguir este emprego? E como vai ser minha relação com o chefe?"), não podemos dar a casa dez ao chefe, porque ela já está sendo usada para mostrar o emprego. Algumas vezes, podemos derivar as casas, usando a décima casa a partir da dez (a casa sete radical), como o "chefe do emprego". Mas em muitas questões a casa sete já está em uso, significando os rivais para a vaga ou os colegas. Neste caso, podemos usar o dispositor do regente da casa dez, que é literalmente o regente do emprego.

Se a questão for "Como vai ser minha relação com o chefe?", as recepções entre os significadores são a coisa mais importante a considerar. Não precisamos encontrar um aspecto, porque estamos analisando uma situação, não procurando um evento; mas se houver um aspecto entre os significadores, temos que investigá-lo. Também observe quais planetas têm influência sobre o chefe por disposição. Exemplo: vamos supor que meu significador seja Saturno e o do chefe seja Vênus. Vênus está em Capricórnio: até aí, tudo bem – o chefe gosta bastante de mim. No entanto, em Capricórnio ele também exalta Marte, e quando eu olho para Marte, descubro que ele está em Leão, o signo do detrimento de Saturno (eu). Isso não é bom: embora ele goste de mim, o chefe tem uma consideração exagerada (exaltação) por mais alguém (Marte) que me odeia (no signo em que meu planeta está em detrimento).

Meus colegas são casa sete. Eles são meus iguais, as pessoas no mesmo nível que eu. Eles não são casa onze: são colegas, não amigos. Se por acaso eu for amigo de um deles, essa pessoa seria de casa onze, embora permanecesse casa sete no contexto da maior parte das perguntas que eu possa fazer sobre meu emprego. É como se fôssemos membros de um grupo de atores. Eu gostar da companhia de um dos atores, quando estamos fora do palco, é irrelevante para os papéis que temos na peça.

Meus subordinados, aqueles abaixo de mim na hierarquia, são casa seis: meus servos.

Eu vou manter meu emprego?

A primeira coisa que precisamos olhar aqui é a fixidez. Os ângulos, o regente da um ou o regente da dez em signos fixos é um forte argumento para a situação permanecer como está, ou seja, o querente mantém o emprego. a Lua fora de curso diz a mesma coisa.

◈ Aqui, como sempre, não há importância nenhuma na natureza do signo em nenhum ângulo ou cúspide de casa. Ignore este ponto sobre os ângulos serem fixos. Uma Lua fora de curso não é um testemunho forte e é facilmente sobre-pujada – a menos que ela seja regente da casa um ou da dez; neste caso ela não indo a lugar algum seria um claro Sim. ◈

O regente da casa um ou da casa dez prestes a deixar um signo é um argumento forte de mudança, então o emprego não vai ser mantido. Isso é verdade, mesmo se o signo que ele estiver deixando for fixo. Se ele também for perder dignidade ou for entrar em debilidade na mudança, temos um testemunho ainda mais forte. Eu não daria muita importância à Lua, se ela for a co-significadora do querente, deixando algum signo: é mais provável que isso mostre simplesmente a preocupação que desencadeou a pergunta.

Não precisamos de um aspecto para ver o querente mantendo o emprego ou perdendo. Se houver um aspecto, no entanto, ele pode ser bastante importante. Observe qualquer aspecto prévio entre o regente da casa um e o da casa dez: se eles tiverem feito contato por oposição, o querente não vai ficar no emprego. Isso não diz que o querente esteja saindo agora, no entanto: precisaríamos encontrar outro indicador para nos mostrar quando. Exemplo: talvez os regentes da casa um e dez tenham se unido por oposição com recepção mútua por signo. A oposição nos diz que o emprego não vai durar; o regente da um ou da dez mudando de signo, portanto encerrando a recepção mútua, seria um indicador razoável do momento em que isso vai acontecer.

As recepções entre o emprego e o querente podem ser testemunhos importantes: se o emprego gostar do querente, é mais provável que ele o mantenha com ele, mas isso pode ser sobrepujado pelas considerações acima. Se a situação for do tipo "ou eu ou ele", o outro candidato para demissão vai ser o regente da sete; não interessa o quanto a situação do querente esteja ruim, se o regente da sete estiver numa posição pior, é o querente que vai sobreviver. No entanto, esteja atento para a possibilidade de a empresa mudar sua intenção e não despedir nenhum dos dois, ou ambos.

Vale a pena calcular a parte da renúncia e demissão, para ver se ela tem algo a contribuir. O regente da um se aplicando a uma conjunção imediata ou se opondo a ela seria um testemunho forte de perda do emprego. O ascendente, a cúspide da dez, ou o regente da um ou da dez em Antares, estrela do fim dos ciclos, sugere a mesma coisa.

Nunca considere como verdade o que a empresa disse para o querente! A verdade está no mapa.

Eu vou conseguir meu emprego de volta?

Um testemunho comum, aqui, é o regente da um ou da dez retrógrado ou voltando ao movimento direto, logo depois de ter estado retrógrado. Nos dois casos, ele está se deslocando na direção contrária à sua direção recente, então, se esta direção recente o tiver tirado do emprego, o retorno vai trazê-lo de volta. O regente da casa um voltando para a casa dez, para o signo na cúspide da dez, ou para o outro signo regido pelo regente da dez, é um testemunho conclusivo de recuperação. Perceba que em "Eu vou conseguir o emprego?", o regente da casa um entrando a casa dez não é um Sim; em "Eu vou conseguir meu emprego de volta?", sua reentrada é um Sim, porque, neste caso, há um contexto concreto explicando o que significa ele ter estado na casa dez. Ele estava no emprego (casa dez), saiu (saiu da casa) e agora esta voltando para ele de novo (reentrando).

O regente da casa dez na primeira é um testemunho fortemente positivo, bem como um aspecto aplicativo entre os regentes da um e da dez.

Como vai ser o emprego?

"Eu devo aceitar esse emprego?" e "Eu vou conseguir entrar nesse emprego?" não são a mesma pergunta. A primeira parte do pressuposto que o emprego está, pelo menos em tese, nas mãos do querente. Não precisamos procurar um aspecto, embora, se houver um aspecto entre o emprego e o querente, a sua natureza deve ser considerada. Se for uma oposição, por exemplo, o querente vai se arrepender de ter aceito o emprego, ou não vai mantê-lo por muito tempo.

Olhe o regente da casa dez, considere sua força, tanto essencial quanto acidentalmente. Um regente da casa dez essencialmente forte que esteja acidentalmente afligido pode significar que o emprego seja, no fundo, um bom emprego, mas que pareça ruim por causa de problemas externos. A natureza da aflição pode nos ajudar a identificar qual é o problema. Talvez o regente da casa dez esteja na primeira estação: os negócios vão começar a piorar. O regente da casa sete e o da dez no detrimento um do outro: existe algum conflito entre a empresa e os futuros colegas do querente. O regente da dez se aplicando a uma oposição com o regente da cinco (que é a oitava a partir da dez), ou o contrário: a empresa está prestes a fechar (encontrar a sua morte). Analise também os efeitos dos planetas na casa dez, especialmente os próximos da cúspide: o nodo sul ou um planeta maléfico são sinais de perigo; Júpiter forte promete benefícios.

Não alimente expectativas irreais sobre o que você vai encontrar: o emprego pode ser bom sem que a empresa seja líder de mercado; além disso, "bom o suficiente" é uma resposta muito mais comum, aqui, que "maravilhoso". Não espere, também, que o regente da dez mostre algum afeto pelo querente por recepção (veja acima). Se ele fizer, isso é um bônus.

Preste bastante atenção à condição do regente da casa onze, o pagamento. Tente identificar qualquer aflição ao regente da casa na lista de funcionários acima, ou seja, oposição com o regente da casa sete: "Você não vai se dar bem com os colegas".

Você pode pôr, mentalmente, o significador do querente na cúspide da casa dez, mandando-o trabalhar. Como ele está lá? Se estiver fortemente dignificado, ele está feliz; se estiver debilitado, não está. Dignidades ou debilidades acidentais podem ser importantes, também. Talvez ele fique cazimi ali: "Você vai ser a menina dos olhos do patrão" (cazimi: "Como um homem elevado para se sentar ao lado do rei"). Talvez ele fique conjunto a um Saturno fraco: vai haver problemas, que vamos tentar identificar procurando o que Saturno significa no mapa. Como a pergunta "Devo aceitar o emprego?" envolve uma decisão emocional, não apenas racional, às vezes é mais importante pôr a Lua na casa dez, mandando as emoções do querente para o trabalho. Tome cuidado: quando estiver fazendo isso, você não pode dizer "ela está na casa dez, então está forte", que seria o caso para qualquer emprego.

◈ Como sempre, tome cuidado com os pressupostos. Podemos partir do princípio que o salário baixo mostrado por um regente da casa onze debilitado seja desencorajador, mas o dinheiro pode não ser tão importante: talvez o querente esteja mais interessado em dar uma melhorada no currículo, ou goste da idéia de trabalhar numa reserva natural. Pergunte ao querente, e confirme com as evidências no mapa. Por exemplo, se o regente da casa um exaltar o regente da casa dois, o dinheiro é um assunto importante, então o querente não vai ficar feliz de trabalhar num emprego que pague mal. ◈

O próximo emprego

"Devo sair deste emprego e trabalhar para fulano?"; nessas perguntas e em outras semelhantes, precisamos diferenciar o emprego atual e o possível emprego futuro. Na maior parte dos casos, podemos usar o signo na casa dez e seu regente como o emprego atual e o signo seguinte na ordem do zodíaco (sentido anti-horário) e seu regente para mostrar o emprego seguinte. Analise as duas opções como na pergunta "Como vai ser o emprego?", acima.

Seja flexível! Vamos supor que o meio-céu esteja em 02° de Gêmeos e o querente esteja no emprego atual por anos. Esse tempo todo no serviço atual não combina com os graus iniciais do signo no MC. Neste caso, faz mais sentido considerar Touro como o emprego atual e Gêmeos como o emprego seguinte, como se o querente já estivesse mentalmente nele. Sempre esteja aberto para o que o mapa está tentando dizer.

Se o regente da casa um estiver prestes a mudar de signo, isso vai mostrar a mudança proposta de emprego, mesmo se nem o signo atual nem o seguinte tiverem nenhuma conexão com a casa dez. O mapa está mostrando mudança: a mudança que estamos discutindo é uma mudança de emprego; ela deve ser a mudança mostrada pelo mapa. O planeta está melhor no signo seguinte, ou está mais fraco? Isso vai ser normalmente determinado por dignidade essencial, mas algumas vezes as dignidades acidentais entram em campo. Vamos supor que assim que o significador entrar no novo signo, ele fica combusto: "Fique onde está!"

Será que a empresa em que trabalho vai fechar?

Isso se traduz como "A empresa vai morrer?" e deve ser analisada assim. Trate a pergunta exatamente como se a empresa fosse uma pessoa, seguindo o método descrito no capítulo 20.

Perguntas vocacionais

Eu aconselho fortemente que você não aceite esse tipo de pergunta sem pedir que o querente nos dê algumas opções. A variedade de empregos é tão grande que, a menos que você faça isso, qualquer resposta que você dê vai dizer mais sobre os limites da sua imaginação do que qualquer coisa sobre a aptidão vocacional do querente. Algumas vezes, a pergunta vai ser formulada de forma parecida com "Eu quero ser uma estrela de cinema, mas talvez eu deva continuar na contabilidade";

mesmo se não for, desde que o querente nos dê algumas dicas, podemos verificar algumas possibilidades no mapa para ver quais delas têm as melhores perspectivas.

Depois que você tiver algumas opções, procure no mapa os planetas que as significam, usando as regências das casas e as regências naturais dos planetas. Por exemplo, a carreira de ator pode ser mostrada pelo regente da casa cinco e a contabilidade por Mercúrio. "Mas e se o regente da casa cinco for Mercúrio?"; o mapa é adaptado à questão, então o regente da casa cinco provavelmente não é Mercúrio. Se for, o mapa vai dar outro indicador óbvio. Acredite, isso funciona.

Depois que você já tiver os significadores, compare-os, analisando suas próprias dignidades (essenciais e acidentais) e suas recepções com o regente da casa um e a Lua (usando a Lua como co-significadora do querente, especialmente às suas emoções). Tome cuidado ao analisar as dignidades: se um testemunho for descritivo, trate-o como uma descrição e não o considere debilitante. Vamos supor que o querente queira ser ferreiro. Saturno em Áries seria uma descrição ideal do serviço, então poderíamos ignorar o fato de Saturno estar em queda, ali. Mas Saturno retrógrado seria um problema – a menos que o querente quisesse reviver habilidades perdidas de ferreiro, ou tivesse algum outro objetivo (ressuscitar um negócio ancestral, talvez) que faça com que a retrogradação seja completamente adequada.

Preste bastante atenção às recepções entre o significador do emprego e os do querente. Se a questão for relacionada a conseguir um salário bom, sem preocupação com o quanto o emprego possa ser agradável, não precisamos nos preocupar com a compatibilidade entre o querente e o emprego. Essa pergunta normalmente é sobre a adequação do emprego, então quanto mais recepção mútua houver entre o querente e o emprego, melhor.

"Onde é que está o dinheiro?"; se você estiver escolhendo um significador para o emprego porque ele é o regente adequado da casa (por exemplo, o regente da casa cinco para a profissão de ator), use a segunda casa a partir dessa para mostrar o salário. Se você estiver escolhendo um planeta por causa de suas indicações naturais (Mercúrio para contabilidade, Saturno para coveiros), use o segundo signo a partir do signo em que o planeta estiver. Assim, se o querente quiser ser costureiro (Vênus) e Vênus estiver em Sagitário, você deve usar o segundo signo a partir daí (primeiro signo depois de Sagitário é Sagitário; o segundo é Capricórnio) e seu regente para analisar o salário.

Para uma pergunta geral sem nenhuma vocação sugerida pelo querente, considere Mercúrio, Vênus e Marte, usando o mais forte deles para significar a vocação. De forma geral, Mercúrio é o serviço cerebral, Marte o trabalho com os músculos,

Vênus um serviço que dependa do charme, ou relacionado ao senso estético. Refine as descrições usando o signo, a casa e aspectos próximos. Debilidades acidentais mostram, muitas vezes, descrições, em vez de desvantagens. Por exemplo, Marte forte na casa sete (inimigos declarados): vire soldado. Na casa seis (doenças): vire cirurgião. Na casa doze (animais grandes): entre para a cavalaria. Marte oposto a Saturno (construções): trabalhe com demolição.

Vale a pena calcular a parte da vocação, especialmente se você não obtiver nenhuma resposta clara com o exposto acima. Considere a parte em si e, principalmente, seu regente.

Lembre-se sempre do óbvio: muitas carreiras que são possíveis aos 20 anos de idade não são possíveis aos 50. Leia o mapa à luz desse fato.

Algumas vezes nos perguntam sobre a carreira de outra pessoa. Isso é normalmente uma questão subsidiária de "Quando vou encontrar o homem com quem vou me casar?"; neste caso, use a casa dez derivada e seu regente.

Não podemos usar o significador principal dessa pessoa para descrever o emprego, porque o significador principal vai descrever a pessoa. Isso implicaria, por exemplo, que tudo mundo que tem compleição de soldado vira soldado. Também não podemos usar o mais forte entre Mercúrio, Vênus e Marte, porque seria o mesmo testemunho para a outra pessoa e para o querente. Perceba que não usamos o regente da casa dez para encontrar a vocação do querente. Isso ocorre porque a casa dez mostra o que a pessoa faz, em vez do que ela deveria fazer. Em "O que meu futuro marido faz pra viver?", é o que ele faz que nos interessa.

Siga as pistas usuais para ligar o planeta e o emprego. Faça a sua descrição sempre em termos gerais: há espaço para precisão em astrologia horária, mas esse lugar não é aqui. "Alguma coisa relacionada às artes" é uma resposta melhor para essa pergunta do que "Segunda viola na Orquestra Sinfônica de Londres".

Embora não possamos determinar a profissão usando o significador principal da pessoa, ele pode descartar algumas possibilidades. Se já tivermos decidido, usando o regente da casa sete, que o futuro marido é um sujeito magrelo e pequeno, ele não vai trabalhar como ferreiro. Se regente da sua casa dez sugere algo nesse sentido, temos que pensar em outra profissão que esse regente possa descrever.

◆ Quando o querente estiver decidindo entre ofertas específicas de emprego, isso pode, às vezes, ser tão simples quanto o descrito acima: "Eu devo aceitar o emprego como caixa de banco ou como vitrinista?" nos dá a escolha entre Mercúrio e Vênus. O comum é o querente estar indeciso entre empresas diferentes que ofereçam cargos semelhantes. Perguntando ao querente o que diferencia os empregos, você vai descobrir quais planetas significam cada uma deles. A escolha entre a grande firma e a empresa de alta tecnologia seria uma escolha entre Júpiter e Mercúrio, por exemplo. A mesma coisa se dá com a distinção entre imóveis diferentes (página 214, acima). ◇

Parcerias comerciais

◆ Para a pergunta "Eu devo aceitar essa pessoa de sócio no meu negócio?", use o regente da casa um e a Lua para o querente, o regente da casa sete para o sócio em potencial, o regente da casa dez para o negócio e o regente da casa onze para o lucro do negócio. A pergunta é sobre se é uma boa idéia, não sobre se vai acontecer, então nenhum aspecto é necessário; mas se houver um aspecto entre o querente e o regente da casa sete, sua natureza deve ser considerada. Não importa o quanto os outros testemunhos possam ser promissores, uma oposição não é um bom sinal.

No entanto, eu nunca vi um mapa sobre este assunto no qual os outros testemunhos tenham mostrado nada minimamente promissor. Parece quase obrigatório nestes casos o querente exaltar o sócio e a condição do regente da casa sete mostrar que ele não chega nem a tentar satisfazer essas expectativas elevadas. Em si mesmo, essa exaltação não é necessariamente um problema. O querente pode pensar que o sócio tem superpoderes, mas se o negócio não exige superpoderes, a falta deles não vai ser notada. Por outro lado, essa avaliação irracional da outra pessoa, perfeitamente normal no começo de um relacionamento romântico, não é uma base segura para uma parceria profissional.

Preste atenção no equilíbrio das forças, não só como mostrado pelas recepções entre o querente e o regente da casa sete, mas também pelas recepções e posição do regente da casa 10. Vamos supor que o regente da casa dez esteja bem no começo da casa sete, completamente sob o controle do sócio. Isso pode ser aceitável se o querente quiser sair de cena e deixar o sócio dirigir o negócio, mas não é aceitável em qualquer outro caso. Depois investigue as recepções entre o regente da casa sete e os regentes da casa dez e onze. Nós esperaríamos encontrar indicações de que o sócio os auxilie, estando em boas dignidades deles e ao mesmo tempo tendo força suficiente para ajudar. Eu nunca vi isso acontecer, no entanto. ◇

24

Perguntas de casa XI

VOU CONSEGUIR O MEU DESEJO?

Nossos antepassados gastaram muita tinta com o problema de o que devemos fazer quando o querente se recusa a especificar a pergunta, insistindo, em vez disso, em "eu vou conseguir esta coisa que eu não vou dizer o que é?". Eu sugiro fortemente que a resposta seja "Se você não vai me fazer a pergunta, eu abro o mapa, mas não vou dizer a resposta". Lembre-se, sempre, que é mais fácil para você encontrar outro cliente do que para o cliente encontrar outro bom astrólogo.

Depois que você já tiver um certo número de horárias no currículo, vai começar a perceber a aparência que alguns mapas sobre determinados assuntos têm. Mais ainda, você vai ser capaz de identificar a pergunta amorosa que se fantasia de outra coisa. Não é incomum, em perguntas sobre voltar para a cidade natal ou sobre mudanças no emprego terem como tema real, em termos simples, "Ele me ama?". Se não perguntaram, minha opinião é que não devemos responder; mas podemos dar uma cutucada leve no querente, para ver se ele resolve abrir o assunto.

QUAL É O VALOR DO MEU IMPOSTO?

O governo é casa dez, seus cofres são casa onze. Estes mapas vão normalmente mostrar um aspecto aplicativo entre o regente da casa dois (o dinheiro do querente) e o regente da dez ou da onze. Veja as recepções, verificando o que os regentes da dez e da onze – com ênfase especial no que estiver fazendo o aspecto ao regente da dois – pensam do dinheiro do querente. Quando mais o coletor de impostos gostar do dinheiro, mais dele ele vai querer. Se ele exaltar o regente da casa dois, é um sinal de que ele superestima quanto o querente tem, ou pelo menos, quanto ele deve.

Se encontrar que o governo, ou seus cofres, amam o dinheiro do querente (no domicílio do regente da casa dois) é má notícia, descobrir que esse amor é recíproco é boa notícia. Uma recepção mútua entre eles vai reduzir a conta. É mais ou menos como nos filmes, quando o herói ama a mocinha, mas, num gesto galante, a manda de volta para outra pessoa: a recepção mútua mostra que, mesmo embora o coletor de impostos queira o dinheiro, ele vai reduzir suas exigências.

Considere, também, qualquer aflição que exista ao regente da casa dois, bem como a força do próprio regente da casa dois, que vão mostrar a capacidade da bolsa do querente de sobreviver ao ataque do coletor de impostos (essas perguntas são, normalmente, feitas *in extremis*!).

VISTOS E AUTORIZAÇÕES

◈ A casa onze, sendo a segunda a partir da dez, mostra as posses do rei e, portanto, o "presente do rei": o tesouro que gostaríamos de receber. Desta forma, ela é a casa para perguntas sobre vistos de entrada e de residência.

"O rei de quem?"; se o querente já estiver no país, o rei é o rei deste país, então é casa dez. Não importa a nacionalidade, status oficial ou cidadania do querente. Se ele não estiver ainda no país, o rei em questão é o rei de um país estrangeiro. O país estrangeiro é casa nove, então seu rei é a casa seis radical (a dez a partir da nove = a seis). Neste caso, o presente do rei seria a casa dois a partir daí, que é a casa sete radical. Se o querente está se candidatando para entrar em um país que faz fronteira com o seu, alguém poderia argumentar que o país é casa três, seu vizinho. Isso é alegórico demais, eu acho: fique com a casa nove.

O que queremos ver é um aspecto aplicativo entre o regente da casa um ou a Lua e o significador do presente. Um aspecto com o próprio rei é menos convincente, mas normalmente funciona, desde que não seja uma oposição. A realidade da situação faz com que as recepções do significador do rei não sejam importantes. A menos que haja problemas fortes e conhecidos – o querente seja um gângster famoso ou tenha chutado o gato do rei pouco tempo antes de fazer a pergunta – ele é só mais um nome, com relação ao qual o rei não tem nenhuma inclinação. A realidade também vai nos dizer se a candidatura é uma formalidade, à qual a rejeição é uma exceção, ou um sonho dourado realizado por poucas pessoas. Se for uma formalidade, a ausência de testemunhos negativos (como um aspecto aplicativo, mas proibido, entre o querente e o presente) seria o suficiente para dizermos um "Sim". Se o caso é de sonho dourado, precisamos de um aspecto e de alguma recepção para mostrar porque o nosso querente foi selecionado, dentre todos os outros.

Em muitos destes mapas, no entanto, o aspecto ao presente em si não é necessário. Se pudermos mostrar que o querente faz a viagem (um aspecto com o regente da casa nove), isso normalmente vai implicar que o visto de entrada foi concedido. Se conseguirmos mostrar que o querente vai permanecer no país em que ele pretende residir, isso normalmente implica que a residência foi concedida. "Normalmente", porque outras opções estão disponíveis; mas se o querente estivesse analisando estas opções, provavelmente ele não teria feito a pergunta. ◈

25

Perguntas de casa XII

BRUXARIA E PRISÕES

Estou enfeitiçado?

Embora essa pergunta possa parecer algo encontrado apenas em textos empoeirados de um passado distante, ela é feita, e nem é tão rara assim. Muitas vezes, quem a faz são querentes cuja cultura tem uma visão diferente da nossa sobre bruxaria; às vezes, é feita por pessoas que se meteram com coisas muito além da sua zona de conforto; mas, na maior parte das vezes, ela é feita na roupagem moderna: "Eu estou sob ataque psíquico?", ou "Ele está controlando os meus pensamentos?", são o modo contemporâneo de formular o que, na prática, é a mesma pergunta.

Sempre temos que estar abertos à visão de mundo do querente, não importando o quanto ela pareça bizarra para nós. Embora o astrólogo que não reconheça que "há mais coisas entre o Céu e a Terra" do que seus preconceitos permitem vá ser um mau astrólogo, ainda existe uma linha que separa aqueles com visões diferentes e aqueles que são loucos, simplesmente esperando alguém para se agarrarem. É bom desenvolver o faro para detectar estes últimos, porque, depois que eles entrarem na sua vida profissional, você talvez tenha que fazer um esforço enorme durante um tempo absurdo para fazê-los sair.

É a natureza do ataque que o faz ser de casa doze, não o fato de o querente saber o nome do suposto autor. Se a questão for "O Albert está me atacando psiquicamente?", ainda estamos falando de um assunto de casa doze. Lembre-se: no passado, quando as pessoas perguntavam "Eu estou enfeitiçado?", elas normalmente sabiam a identidade da bruxa da vila, que talvez estivesse fazendo um feitiço para prejudicar seu gado. Em algumas circunstâncias específicas, se a pessoa acusada tiver uma relação particular com o querente, talvez valha a pensa você dar uma olhada nesta casa ("Meu ex-amante pôs um encanto em mim?"). Normalmente, no entanto, podemos ir direto para a casa doze.

Os testemunhos mais fortes de feitiço são:

* o mesmo planeta rege a primeira casa e a casa doze;
* contato próximo entre os regentes da casa um e doze.

Olhe as recepções: como sempre, elas são a chave do problema. Se o regente da casa doze for regido pelo regente da casa um, o querente não está enfeitiçado: ele tem poder sobre a bruxa suspeita. Se o regente da casa um for regido pelo regente da doze, lembre-se que a suposição de bruxaria já pode ser o suficiente para dar a essa pessoa poder sobre o nativo, sem que o suspeito tenha feito nada na verdade. Um contato com o regente da doze é muito mais convincente. Um aspecto aplicativo entre os regentes da um e da doze não é indício de nada. Aspectos aplicativos mostram coisas no futuro e a pergunta não é "Eu vou ser enfeitiçado?".

◆ Ignore o ponto sobre o mesmo planeta estar regendo a casa um e a doze. Em nenhum outro tipo de pergunta há alguma importância em descobrir que o mesmo planeta rege as duas casas relevantes; também não há importância nenhuma aqui. Esta idéia foi criada por astrólogos que tentavam desencavar algum testemunho em mapas para perguntas que, por sua própria natureza, são anormalmente obscuras. O astrólogo que concorda com o querente que a bruxaria é uma explicação provável para a vaca ter morrido vai, é claro, estar inclinado a caçar testemunhos que possam dar suporte a essa explicação. ◇

Estou me prejudicando?

A casa doze é a casa do autossabotamento e, portanto, é a casa relevante em questões sobre vícios e outras práticas prejudiciais. Se o querente perguntar, por exemplo, "O meu hábito de beber está me prejudicando? Como?", a questão é assunto da casa doze. Qualquer sugestão de que ela seja da casa cinco (prazer) é desmentida pela natureza da questão. Veja o regente da casa doze: está bom ou mau? Lembre-se que até mesmo os planetas benéficos, em detrimento ou queda, são malvados. Qual é a sua relação com o regente da casa um? Um planeta fraco com poder sobre o regente da casa um (por exemplo, o regente da casa no signo do regente da doze) é testemunho de que o vício tem poder sobre o querente. Quanto mais forte for a recepção, maior a força (ou seja, o regente da casa um na face do regente da doze: o poder é pequeno).

O modo do signo vai mostrar o quanto o problema é enraizado; um signo fixo mostra que ele é um assunto de longo prazo; um signo mutável, que ele vai e volta; cardinal que ele pode ser um problema agora, mas não vai ser por muito tempo. Para onde o regente da casa um está indo? Deixando um signo fixo no qual ele é o regente da casa doze para um signo mutável, no qual ele não é regido por ele: o querente está descobrindo uma saída para o problema. Deixando um signo cardinal no qual ele está numa dignidade menor do regente da doze (termo ou face, talvez) por um signo fixo no qual ele esteja em dignidades maiores do regente da doze: o querente pensa que seu problema está sob controle, mas está caindo cada vez mais nas suas garras.

◈ Eu recomendo muito cuidado com essas questões, especialmente quando o querente estiver perguntando sobre outra pessoa. Não parta do princípio que se trata de um assunto de casa doze. Veja: uma querente perguntou "O meu marido é alcoólatra?"; a formulação da pergunta é ruim, porque o uso de um rótulo em vez de uma descrição nos manda direto para a casa doze; no entanto, se o assunto fosse tão claro, a pergunta provavelmente não teria sido feita, pelo menos do modo como foi formulada.

Vamos supor que a querente desconfie que o marido esteja comendo mais do que o seria razoável. É bastante improvável que ela use um rótulo na pergunta, que provavelmente seria "Ele está comendo muito?". Neste caso, não olharíamos a casa doze, mas a dois (a garganta e o que entra nela). Se o marido tivesse freqüentado o AA pelos últimos três anos e ela suspeitasse que ele estivesse tendo uma recaída, temos um problema conhecido, então a pergunta poderia ter sido feita da forma que foi. Da mesma forma, se ele estivesse se entupindo de bolo até vomitar, ela poderia perguntar "Ele tem bulimia?": isso seria um assunto de casa doze. Na maior parte das vezes, a pergunta é melhor feita da forma "Isso que ele está enfiando pela goela o está prejudicando?", que é um assunto de casa dois (derivada, quando feita sobre outra pessoa). De importância especial seriam as recepções do regente da dois. O regente da sete sendo regido pelo regente da oito, que está no detrimento do regente da sete: "Sim, o que o seu marido está bebendo certamente o está prejudicando".

A pergunta pode não ser sobre excesso, então tenha cuidado com o que você pressupõe. Se o querente tivesse que evitar o álcool por motivos médicos, por exemplo, talvez ele estivesse perguntando se uma taça de vinho no jantar de domingo faria tanto mal assim.

O problema de escolher a casa certa, aqui, revela as limitações da metáfora do mapa como um teatro. No mapa, o regente da doze sempre vai estar lá, independente de se ele está envolvido no drama ou não. Quando assistimos a *Romeu e Julieta*, não vemos Macbeth pulando no fundo do palco, só para o caso de aparecer uma oportunidade para entrar em ação. Aqui corremos o risco de pressupor a resposta na nossa abordagem da questão. ◈

Prisão

Perguntas sobre se alguém vai ser mandado para a prisão, ou se vai sair dela, são normalmente simples. Lembre-se de que, se o querente estiver perguntando sobre alguma outra pessoa, temos que considerar a casa doze radical e a derivada. É importante que você saiba se a pessoa já está na prisão ou não.

A prisão é normalmente mostrada de forma simples: o significador da pessoa na cúspide da casa doze (ou da doze derivada). O planeta prestes a entrar na casa da prisão é um testemunho eloqüente de que a pessoa vai cumprir pena. Se o planeta ficar retrógrado logo antes de entrar na casa, ele mostra que, não importa o quanto a prisão pareça inescapável, a pessoa vai se safar.

Quando a pessoa está em prisão preventiva, é comum encontrar o seu significador já na casa doze: ele já está na prisão. Se sua condição estiver prestes a piorar, talvez se aplicando a um planeta maléfico, ou perdendo dignidade essencial, ele vai ser condenado. O mapa está mostrando que a condição da pessoa está piorando, da forma adequada ao contexto da questão. Podemos julgar a mesma coisa se o significador, na casa doze, estiver se movendo de um signo cardinal para um signo fixo.

Um aspecto aplicativo com o regente da doze ou com o regente da casa doze derivada pode mostrar a mesma coisa. Outra indicação comum é o significador entrando no signo de sua queda: ele está, literalmente, caindo (em desgraça).

Quando maior for a dignidade essencial do planeta, mais provável é que a pessoa seja inocente.

Se a questão for sobre alguém sendo solto, os testemunhos desejados vão ser o contrário dos acima.

Deirdre vai ser condenada? (veja o mapa na página seguinte)

Para passar o tempo em tardes ociosas, William Lilly costumava pedir, "por diversão", que um servo escondesse algo para que ele abrisse um mapa e descobrisse onde a coisa estava. Eu nunca desenvolvi essa afeição por perguntas sobre objetos perdidos; minha diversão preferida com horária vem de prever o roteiro de novelas.

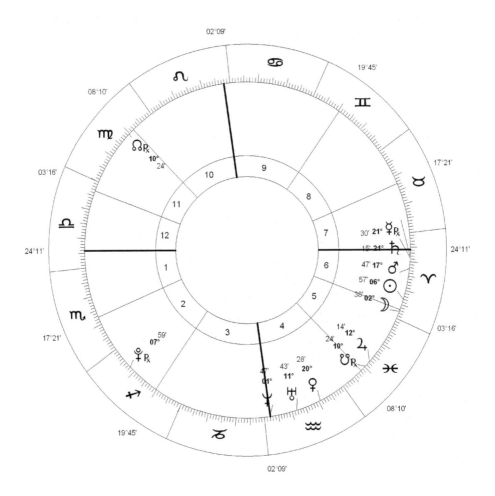

Deirdre vai ser condenada? 27 de março de 1998, 19:58, GMT, Londres, Inglaterra.

Em *Coronation Street*, Deirdre estava no banco dos réus, sendo acusada de fraude depois de ter sido enganada por um vigarista charmoso, mas inescrupuloso. Quando presidente do júri se levantou para dar o veredicto, os créditos começaram a descer. Em vez de esperar por três dias para descobrir, eu abri o mapa.

Eu não tinha nenhum interesse especial em Deirdre, então ela é "qualquer pessoa", casa sete. Se eu tivesse uma forte identificação com ela, talvez tendo passado por algo parecido, ela receberia a casa um, como se a pergunta fosse "Vamos ser condenados?"; Se eu tivesse uma queda forte por ela, ela ainda assim seria casa sete, desta vez como o objeto da minha afeição.

Deirdre já estava na prisão, porque a fiança havia sido recusada. O regente da casa sete, Marte, mostra isso: ele estava na casa doze derivada (a casa doze a partir da sete = a casa seis radical). Ela está no próprio signo: muita dignidade essencial, então Deirdre é inocente. Mas ela está prestes a fazer uma conjunção com Saturno, que está na própria queda e está, portanto, muito malvado. Ele também é o regente natural das prisões: algo horrível vai acontecer a ela: ela vai ser condenada à prisão.

Isso tudo está acontecendo num signo cardinal, no entanto, o que sugere que as coisas acabem rápido. Depois que passar de Saturno, Marte não tem muito o que viajar antes de entrar na casa I de Deirdre; ela está entrando na própria casa. Isso pode ser interpretado, como acontece muitas vezes em horária, de forma literal: ela vai voltar para casa em breve. Antes que Marte chegue em casa, ele encontra com Mercúrio, que está retrógrado: o que foi dito (Mercúrio) vai mudar (retrógrado). A história de alguém vai mudar e, por causa disso, Deirdre vai ser solta.

O nodo sul tão perto da cúspide da casa onze derivada (a décima-primeira casa depois da sete = a casa cinco radical) mostra onde a Deirdre vai ser ferida: através dos seus amigos. Embora haja uma recepção mútua moderadamente forte entre Marte e Júpiter, o regente desta casa (um está na triplicidade do outro), eles se opõem por antiscion. Foi o testemunho de um amigo que foi crucial à sua condenação. Mas os amigos (Júpiter está num signo bicorpóreo, há mais de um amigo) são honestos (muita dignidade essencial), então o testemunho falso deve ter sido dado por engano. Como Júpiter é um benéfico fortemente dignificado, eles vão querer agir para fazer o bem, e a recepção mútua diz que eles vão ajudá-la.

Note aqui um exemplo de um ponto muito importante sobre a recepção mútua: ela só pode funcionar na medida em que os planetas estejam fortes. Aqui, os dois planetas estão fortes, de modo que os amigos têm capacidade de ajudar e Deirdre é capaz de ser ajudada.

Para acalmar os que ficarem horrorizados pela visão de uma pergunta tão "trivial" – a diversão é algo proibido em alguns destacamentos da horária contemporânea – eu preciso acrescentar que a prisão de Deirdre chegou às manchetes de primeira página da imprensa nacional e gerou questionamentos no parlamento. Ela talvez não seja tão trivial assim! A história se desenrolou da forma mostrada pelo mapa.

26

O Clima

Perguntas sobre o tempo estão entre as mais simples em horária. A análise é feita usando alguns dos blocos fundamentais da astrologia: quente, frio, úmido e seco. Com isso e algum vento, temos tudo o que precisamos para uma previsão meteorológica correta. Então, não complique!

Se estivermos falando de uma pergunta geral sobre o clima na região, use a primeira casa: "Vamos ter um verão quente neste ano?", ou "Quando é que este tempo chuvoso vai parar?". Se a questão estiver relacionada a um evento específico, use a casa que mostra o evento: "Vou jogar golfe amanhã; como é que o tempo vai estar?" (casa cinco); "Vou para a casa de um amigo; preciso levar roupas de frio?" (casa onze: "Como vai estar o tempo na casa do meu amigo?"). Estas perguntas são feitas muitas vezes sobre viagens de barco. Se se tratar de uma viagem longa, investigue a casa nove. Se for somente "se divertir num barco", ou viajar por aí sem destino, olhe a casa cinco; se for a balsa que você pega para o trabalho, todo dia, é uma viagem de rotina e, portanto, é casa três.

◆ Veja a discussão acrescentada no fim deste capítulo para um aprofundamento do problema da escolha das casas. ◇

Embora seja possível fazer perguntas gerais sobre o clima no lugar em que você mora, você não pode fazê-las de forma rotineira e esperar ter uma resposta correta. Você não pode repetir, mecanicamente, "Como vai ser o tempo hoje?" todo dia de manhã ao acordar.

Depois que você escolheu a casa adequada, seu regente mostra o evento em questão (a festa, a viagem), mesmo se estivermos tratando de um assunto de casa um e o evento for simplesmente o vago "aqui". O regente da casa *é* o evento: ele não é o clima no evento. Se a casa for regida por Saturno, isso não significa que o clima vá ser frio e seco; temos que olhar para o que está acontecendo com Saturno.

Planetas são coisas; signos os descrevem. Planetas são substantivos, signos são adjetivos. O signo vai descrever o planeta dentro do contexto determinado pela questão; em uma questão sobre o clima, o signo vai descrever o regente da casa em termos do clima; ele vai ser quente, frio, úmido ou seco. Se o regente da casa estiver num signo de terra, que é frio e seco, o clima no evento vai ser frio e seco; se estiver num signo de ar (quente e úmido), ele vai ser quente e úmido. Sim, é simples assim.

Para mais detalhes sobre exatamente o quanto de frio e secura este signo de terra está mostrando que vai acontecer, veja o regente do signo. O exemplo abaixo vai deixar isso mais claro. Observe, então, qualquer aspecto próximo com o significador. Um aspecto de um planeta úmido em um signo úmido traz chuva; um sextil pode mostrar um chuvisco leve, uma oposição, uma tempestade destrutiva. Qualifique a análise usando a estação: "quente" no meio do inverno não é a mesma coisa que "quente" no meio do verão. Umidade fria no meio do inverno pode ser neve, dependendo de onde você está.

Júpiter, o Grande Benéfico, é o regente natural da chuva. A astrologia compartilha a visão do fazendeiro de tempo bom, não a do agente de turismo. Mercúrio rege ventos; então aspectos de Mercúrio vão mostrar se o vento vai ajudar ou atrapalhar a viagem. A condição de Mercúrio vai mostrar o quanto o vento vai ser forte. Em uma escala maior, Mercúrio também é o regente natural dos terremotos, que podem ser considerados como vento dentro da Terra.

◈ Lembre-se que não existe essa coisa de tempo bom ou ruim. Nós podemos falar desse jeito, mas é só a nossa opinião. O clima simplesmente é. Um furacão, por exemplo, não é um tempo mal-comportado ou com defeito, nem é mais "climático" que uma brisa leve: os dois são o clima fazendo o que ele faz. Assim, a dignidade essencial pode ser ignorada nestes julgamentos. A Lua em Câncer é um planeta frio e úmido num signo frio e úmido, assim como a Lua em Escorpião. Qualquer uma das duas mostra tempo frio e úmido. O fato de uma delas ter dignidade essencial, e a outra debilidade essencial, não significa que uma delas vai estar mais perto que a outra da nossa idéia de tempo agradável. ◈

Como vai estar o tempo na festa? (veja o mapa na página seguinte)

A querente costumava fazer um churrasco anual ao ar livre para uma grande quantidade de convidados, de modo que o tempo no dia escolhido era um aspecto bastante importante.

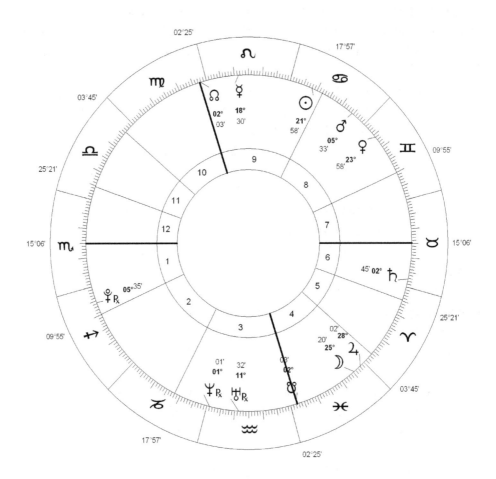

Como vai estar o tempo? 14 de julho de 1998, 15:49, BST, Londres, Inglaterra.

É uma festa, então temos que olhar para a casa cinco. O signo na cúspide da casa cinco descreve bem a festa: é uma festa quente e seca – um churrasco. Isso descreve a festa, não o clima. Marte, o regente da casa, também não tem nenhum efeito sobre o clima. Marte *é* a festa; estamos procurando o que afeta Marte.

Marte significa o churrasco. Que tipo de churrasco? Ele está num signo frio e úmido: um tipo molhado de churrasco.

Que tipo de molhado? A Lua (regente do signo que nos disse que ele seria molhado) significa o molhado. Está em Peixes, outro signo de água: o molhado vai ser do tipo molhado. Ela está conjunta a Júpiter: um molhado do tipo muito molhado. Conjunta a Júpiter em Peixes: um molhado do tipo realmente muito molhado.

Choveu torrencialmente da manhã à noite.

◈ Embora o veredicto tenha correspondido à realidade, eu não abordaria mais o mapa desta forma. A festa ia acontecer no jardim da querente, o seu "aqui". Assim, ela deveria, eu creio, ser analisada a partir da casa um, não da cinco. A festa não é relevante: o clima "aqui" vai ser o mesmo, tanto se eles derem uma festa quanto se eles estiverem cavando o jardim. Olhe o mapa. Usando a casa um, ele dá exatamente a mesma resposta. O regente da casa um também é Marte, que, desta vez, significa "aqui". Num signo de água, então se trata de um tipo úmido de aqui, etc. Da mesma forma, se eu fosse perguntar "O tempo vai estar bom o bastante para eu poder levar meu computador para o jardim e trabalhar lá?", a questão não passaria a ser de casa 10, porque eu estou pensando em trabalhar. O clima também não muda se eu ficar com preguiça e decidir tirar uma soneca numa espreguiçadeira, por exemplo. Tudo isso ainda é o básico "aqui", onde eu vivo: a casa um.

Com outros lugares, use o bom senso. Se o amigo que você está indo visitar mora numa rua perto de você, o tempo ainda vai ser como o seu próprio "aqui": casa um. Se o seu amigo mora em outro país, veja a casa onze. Se a quadra de tênis na qual você vai jogar for perto da sua casa, ela vai ser "aqui"; se ela ficar a 150 quilômetros da sua casa, olhe a casa cinco. ◈

27

Eleições com Horária

Astrologia eletiva é a escolha do momento ótimo para agir. É uma atividade demorada e, portanto, quando feita por um profissional, cara. Ela não pode ser feita sem o estudo do mapa natal. Para os querentes que, ou por não terem seus dados de nascimento, ou por motivos financeiros, não podem fazer uma eletiva, podemos escolher o momento de agir com horária.

Isso não vai nos dar um momento exato, com precisão de minutos, como é possível com uma eletiva completa, mas fornece a precisão necessária para diversos fins.

Mais uma vez, isso é muito simples: não complique! Tudo o que você precisa é identificar o planeta relevante, que vai ser o regente da casa em questão. "Qual é o melhor dia para dar minha festa?": regente da casa cinco. "Qual é o melhor dia para iniciar esse projeto profissional?": regente da casa dez. Em muitos casos, a questão se resume a "Qual é o melhor dia para mim?": use o regente da casa um.

Tendo identificado o planeta, veja o seu movimento. O que ele vai fazer? O que vai acontecer a ele? Não importa o quanto sua posição, agora, possa parecer ruim, mais cedo ou mais tarde ele vai estar numa posição mais forte. Pergunte-se "Qual é a melhor situação para este planeta no futuro próximo?" Depois que você tenha identificado isso, use a distância de onde o planeta está agora para onde ele vai estar quando estiver nesta situação melhor e determine o momento da forma padrão.

Em muitas perguntas deste tipo, há restrições graves de tempo: "Devo fechar este acordo na segunda ou na terça?"

Nestes casos, os trânsitos para o mapa horário nos dias especificados podem ser eloqüentes. Vamos supor, por exemplo, que a questão seja "Eu posso escolher entre 20 de junho ou 30 de junho para a minha entrevista para entrar na faculdade. Qual dessas datas é melhor?" e as efemérides mostram que no dia 20 o regente da casa um (o querente) faz uma conjunção com a casa nove do mapa horário (a faculdade), na qual ele está exaltado: "Vá no dia 20, eles vão achar que você caiu do Céu!"; ou, talvez, entre o dia 20 e o dia 30, o regente da casa nove (a faculdade) mude de signo e entre em alguma dignidade do regente da casa um (o querente): "Vá no dia 30, eles vão gostar mais de você nesse dia".

Normalmente, no entanto, podemos nos concentrar na tarefa de deixar nosso significador o mais forte possível. Exemplo: vamos supor que a pergunta seja "Qual é o melhor dia para enviar minha obra-prima para o editor?" Sua obra-prima é seu bebê: casa cinco. Vamos supor que Marte seja o regente da casa cinco e vá fazer uma conjunção com o nodo norte em três graus. Isso vai torná-lo mais forte, que é o que queremos, e os três graus vão nos dar o tempo: três dias, semanas ou meses, dependendo do signo e da casa em que estiver. Estas questões normalmente têm seus próprios limites temporais, o que deixa a escolha da unidade temporal mais fácil ("Qual é o melhor dia, dentro da próxima quinzena, para fazer isso?"). Ou vamos supor que Marte esteja em 26° de Sagitário. Em quatro graus ele vai entrar em Capricórnio, onde ele é exaltado. Então, a resposta pode ser "Espere quatro dias; depois, faça no momento que quiser.

O mais importante: não faça nada que implique abrir um outro mapa para o momento eleito. Fazer isso é começar a fazer uma eletiva completa, o que não pode ser feito sem o estudo do mapa natal. Com uma horária, você não tem as informações necessárias – então não tente fazer. Exemplos disso seriam "Marte fica mais forte em quatro dias e nesse dia a Lua vai estar na casa dez", ou "e nesse dia Vênus vai fazer um trígono com Saturno". Também não devemos tentar precisão extrema com eleição usando horária. É muito raro que a resposta seja mais específica que, no máximo, um dia em especial. Você não pode obter o momento exato de uma eleição desta forma, então não tente. Muitas vezes, a resposta vai ser "Depois desta data" ou "O mais rápido possível".

◈ Eu não vejo mais nenhuma validade na astrologia eletiva da forma que é normalmente feita. Ela nada mais é que um modo de facilitar a transferência de dinheiro do cliente para o astrólogo ao estimular as ilusões do cliente. A idéia de que eu vá ter sucesso nisso ou naquilo quando Marte ou Vênus estiverem em um determinado local no céu é tão sem sentido quanto a idéia de que eu vá ter sucesso usando a loção pós-barba correta, ou mastigando o chiclete certo. A eleição com horária é uma coisa bem diferente; ela não carrega a idéia de sucesso devido a um determinado planeta estar num determinado local. A discussão sobre as duas abordagens, e o motivo de uma ser válida e a outra não, é muito grande para sua inclusão num manual geral. Ela pode ser encontrada no meu site (johnfrawley.com). ◈

28

O Astrólogo e o Cliente

Trabalhando no século XVII, William Lilly dava uma ou outra consulta por carta, mas a maior parte dos seus clientes estava sentada à sua frente enquanto ele analisava os mapas das suas perguntas. Muitos deles chegavam angustiados, seja por causa de problemas médicos, seja por causa das perspectivas de casamento, ou por causa da vaca perdida de cuja recuperação dependia o seu futuro financeiro. O astrólogo horário moderno vai fazer, provavelmente, a maior parte das consultas por telefone, carta ou e-mail. Com essa distância entre o astrólogo e o cliente, é fácil esquecer que estes mapas não são exercícios mentais abstratos, mas as vidas das pessoas. Estamos lidando com carne, sangue e corações tenros, não uma coleção de símbolos em uma página.

Existem vantagens e desvantagens no fato do querente estar presente enquanto o mapa é analisado. A vantagem principal, além de nos lembrar que estamos lidando com um ser humano, é que podemos facilmente pedir as informações sobre os pontos que nos confundem no mapa. Na prática, no entanto, isso é necessário mais raramente do que o esperado. Se for realmente preciso, podemos entrar em contato com o querente.

A desvantagem principal é que a presença do querente é um fator de distração. Eu prefiro ter minha atenção totalmente voltada para a astrologia quando estou analisando o mapa e então ter minha atenção totalmente voltada para o cliente quando for dar meu veredicto. Os contemporâneos de Lilly tinham o costume de se acusar mutuamente de distorcer os julgamentos para pôr as mãos no dinheiro do cliente. A consciência da transação financeira é um problema, mas o problema mais sério é a consciência do estado emocional do cliente. Há um desejo humano natural de agradar que é partilhado até por astrólogos horários; ter as esperanças e os medos do cliente sobre a sua cabeça enquanto você analisa o mapa pode pôr tudo a perder. É muito mais provável que você faça isso com o cliente sentado à sua frente no momento da análise. Eu suspeito que isso tenha causado mais distorções na análise na época de Lilly do que vigarice financeira deliberada.

Partindo do propósito que o astrólogo já tenha deixado claro para o cliente a parte financeira, de modo que não haja mais como acontecer nada do tipo

"Encha minhas mãos de prata e eu digo mais", o problema do dinheiro só aparece em perguntas como "Devo investir em...?" e "Devo contratar....?"; aqui, o astrólogo tem consciência de que a resposta "Não" pode trazer outra pergunta sobre um próximo investimento ou empregado em potencial e, assim, mais dinheiro. E o astrólogo também tem consciência de que o cliente sabe disso, também. Isso pode começar um jogo de "Eu acho que ele acha que eu acho que..."; não existe resposta para isso, a não ser tentar dar cada julgamento de consciência limpa e apontar quaisquer erros de intenção que o mapa possa sugerir: "Você quer mudar os seus investimentos porque você imagina que deveria estar fazendo alguma coisa. Mas eles estão bem onde estão"; "Tente escolher uma nova funcionária de acordo com sua capacidade no trabalho, não porque você a acha atraente".

Mesmo se você preferir lidar com os clientes ao vivo, a realidade moderna normalmente não vai permitir. Não interessa o quanto você fique bom em horária, dificilmente os clientes vão fazer fila na sua porta. Muitas perguntas horárias têm respostas de uma palavra só; isso é perfeitamente satisfatório em uma conversa ao telefone, mas nem tanto se o cliente tiver viajado por algumas horas para chegar até você – não importa o quanto essa palavra possa ser valiosa.

Às vezes, uma resposta de uma palavra é tudo o que é necessário. Se isso for tudo, então é tudo; não transforme a resposta em uma sessão de aconselhamento porque você acha que precisa gastar mais tempo. Você já fez o seu trabalho.

Resista à tentação de transformar toda análise numa escolha entre preto e branco. Em muitas situações, a opção disponível é mediocridade, então, se é a mediocridade que o mapa mostra, essa é a resposta. As perguntas são formuladas na esperança de que o maravilhoso aconteça – o par perfeito, o emprego ideal – mas a resposta para essas questões é, muitas vezes, "Você poderia estar com alguém bem pior", "Ok, nada mal", ou "Olha, entre os dois não há muita diferença". Essas são respostas válidas.

Algumas vezes, você vai ter segurança na resposta dada; algumas vezes, não. Não há necessidade de esconder nenhuma das duas situações. É aceitável dizer "Este mapa está bastante claro. Eu posso falhar, mas tenho bastante certeza de que xyz vai acontecer" ou "Este mapa está bastante difícil. Eu *acho* que estou interpretando ele direito; se esse for o caso, então...".

Você vai errar algumas perguntas, e você vai continuar errando, não importa quanto conhecimento e experiência você adquira. Algumas perguntas permitem uma segunda chance: se, por exemplo, o objeto perdido não está onde você disse que estava, você pode voltar ao mapa para encontrar outra interpretação dos testemunhos. Algumas perguntas não permitem uma segunda chance, porque o momento já passou. Isso é bem triste; ouvir "Você me disse isso e aquilo, mas o que aconteceu foi..." dói tanto quanto "Eu disse que sua previsão era impossível, mas você acertou em..." é agradável. Isso não quer dizer que você precise se vestir de saco e jogar cinzas na cabeça em penitência. Estude o mapa para aprender com os próprios erros, mas não se humilhe na frente do cliente; a perfeição não estava incluída no contrato.

Você vai se acostumar com a pergunta "E se?". Você acabou de responder a questão da cliente, dizendo que o objeto da afeição dela não a ama. "Mas e se eu fosse a Julia Roberts?", ela pergunta; "Você teria me dado uma resposta diferente".

"Mas você não é a Julia Roberts".

"Mas e se eu fosse?"

Eu nunca tive esse tipo de conversa com um cliente, mas eu tive, muitas vezes, a conversa que começa com "Mas e se eu tivesse feito essa pergunta em um momento diferente? Você poderia ter me dado uma resposta diferente".

"Mas você não fez".

"Mas e se eu tivesse feito?".

Talvez a maior lição que a horária ensina é que não existe isso de "E se?". O que é, é; o que não é, não é. O pressuposto básico da horária é que a pergunta é um produto daquela pessoa na realidade da vida da pessoa. Ela é feita quando é feita porque o querente é quem ele é. Só quando o querente puder virar outra pessoa é que a pergunta vai poder ser feita em um outro momento.

Ao tratar com querentes, há muitas armadilhas para pegar os desavisados. É bom ter consciência das mais comuns, porque evitá-las é muito mais fácil que se soltar delas depois. Você precisa decidir uma política de ação para vários assuntos com os quais os querentes possam confrontar você. Não se preocupe: essa política não precisa ser imutável. Se alguma situação mostrar que você está errado, você pode mudar, até porque você vai perceber que há exceções para a maior parte das regras que você possa fazer. Você pode, por exemplo, decidir aceitar uma deter-minada pergunta de um amigo ou de um cliente antigo, uma pergunta que você recusaria se fosse feita por um cliente novo. Lembre-se: depois que você aceitou a pergunta, dificilmente vai poder voltar atrás. Se você fizer isso, não importa quais explicações você dê, o querente vai sempre assumir que você olhou para o mapa e viu algo tão horrível que não tem coragem de contar. Então, vale a pena decidir o que fazer em situações difíceis antes que elas aconteçam.

A maior parte das perguntas envolve alguém que não seja o querente; então, onde você vai estabelecer a barreira entre perguntas legítimas ou invasão gratuita da privacidade alheia?

Você vai aceitar perguntas sobre morte? Sobre doenças graves? Não adianta: se você tiver um ponto sensível, seus querentes vão descobrir! E perguntas que mexem com suas crenças mais profundas? Talvez você seja católico, por exemplo, e receba uma pergunta "Devo fazer um aborto?"; pode ser tentador evitar esses assuntos, recusando perguntas dessa importância. Mas mesmo perguntas que parecem mais inócuas podem ter uma forte carga emocional: evite questões de importância e você vai evitar todas as questões.

Eu sugiro fortemente que a base de qualquer consulta seja que somos adultos lidando com adultos. Muitas das reservas comumente alegadas para responder a algumas perguntas são condescendentes demais, variando sobre o tema "Não posso dizer isso, porque senão vou chatear o coitado do cliente". A menos que você deseje por uma placa na frente do seu consultório "Astrólogo horário: só respostas agradáveis", é melhor jogar pelas regras de gente adulta: se você fizer a pergunta, você vai ter a resposta. Você tem, no entanto, o direito de recusar perguntas, e o direito de recusar clientes.

Mesmo jogando pelas regras de gente adulta, há respostas que não são fáceis de dar. Eu reproduzo abaixo minha resposta a um aluno que me perguntou como eu lido com estas questões e depois a carta Ao Estudante de Astrologia, escrita pelo próprio William Lilly:

"Eu não tenho como dizer melhor do que Lilly já disse, quando ele nos aconselha a 'não afligir o querente com julgamento duro'. Devemos dizer a verdade e, se eles fizeram a pergunta devem receber a resposta a ela, não importando o quanto ela seja desagradável: o maior perigo é dourar tanto a pílula que a resposta fique perdida. Mas podemos ser sensatos no que dizemos: não precisamos contar tudo que vemos, só porque podemos ver – isso nos faz sentir mais espertos, mas não traz nenhum benefício ao cliente.

Temos que deixar claro que não somos infalíveis: isso deixa espaço para a esperança, que nunca deve ser destruída. Especialmente na previsão de morte, lembrar ao cliente que tudo está nas mãos de Deus é importante. Orações são sempre úteis. Também pode ser útil, ao dizer que não há futuro possível entre a cliente e o Príncipe Encantado, acrescentar 'por favor, eu quero que você consiga me desmentir, mas eu realmente não consigo ver essa resposta positiva'.

Tente achar a reposta positiva – mas só se houver uma. Um cenário comum é 'Não, você não tem futuro com X, mas parece que você só está nesta relação porque está num ponto muito baixo da sua vida. Quando o outono chegar, você vai estar mais confiante em você mesma e vai estar pronta para a qualidade de relacionamento que merece'. Ou 'as coisas não estão maduras o suficiente no momento, é como se a sua capacidade de encontrar um relacionamento amoroso ainda não estivesse pronta'. Isso pode soar anódino, mas essas coisas muitas vezes são encontradas no mapa.

Você vai se surpreender com a facilidade com que as pessoas aceitam o que você poderia imaginar ser a pior notícia possível: ela pode ser um alívio, ou uma confirmação do que elas já esperavam que fosse acontecer. Diga o que você precisa dizer de forma rápida, simples e clara. Há um ditado árabe que diz que devemos ser sempre gentis – mas, às vezes, ser gentil significa cortar a perna com um golpe só. Serrá-la só prolonga a dor.

Como Polônio disse: a ti mesmo sê verdadeiro. Diga as coisas como você diria normalmente: se você tentar adotar um estilo que não é o seu, essa falsidade vai soar mais alto.

Os julgamentos de que me arrependo não são os que errei – errar é sempre permitido – mas aqueles que dei num tom inadequado. Isso não é permitido!"

Ao Estudante de Astrologia[49]

Meu amigo, quem quer que sejas, que com tanta facilidade vais receber os benefícios dos meus estudos laboriosos, e que pretendes prosseguir neste conhecimento celeste das estrelas, no qual a obra grande e admirável de Deus invisível e todo-glorioso é tão manifestamente aparente. Em primeiro lugar, considera e admira teu Criador e sê grato a Ele. Sê humilde e não deixes que nenhum conhecimento natural, profundo e transcendente o quanto seja, extasie tua mente a ponto de negligenciares aquela divina Providência, por cuja ordem e desígnios onividentes todas as coisas celestes e terrestres recebem seu movimento constante; mas, quanto mais teu conhecimento aumentar, mais dá Graças ao poder e à sabedoria do Deus Todo-Poderoso e esforça-te para permaneceres no Seu favor, tendo a confiança de que quanto mais fores santo e mais próximo de Deus, mais puro julgamento darás. Acautela-te contra o orgulho e a auto-exaltação e lembra-te como, há muito tempo, nenhuma criatura irracional ousava ofender o homem, o microcosmo, mas o servia e obedecia, enquanto ele era mestre de sua própria

---

[49] *Lilly,* página introdutórias. A pontuação foi modernizada.

razão e suas paixões, ou até ter sujeitado sua vontade à sua parte irracional. Mas, miséria!, quando abundou a iniqüidade, e o homem deu liberdade ao seu próprio apetite e negligenciou a razão, então toda fera, criatura e coisa de aparência danosa se tornou rebelde e hostil ao seu comando. Mantém-te firme, ó homem, ao teu Deus e seus princípios seguros. Considera, então, tua própria nobreza, como todas as coisas criadas, tanto presentes como futuras, foram criadas por tua causa; mais, por tua causa Deus se tornou homem. És aquela criatura, que, unido a Cristo, vives e reinas acima dos céus, e te sentas acima de todo poder e autoridade. Com quantas preeminências, privilégios, vantagens Deus te abençoou? Sobes mais alto que os céus pela contemplação, concebes o movimento e a magnitude das estrelas; falas com anjos, até com o próprio Deus; tens todas as criaturas sob teu domínio e manténs os demônios sob teu jugo. Assim, não rebaixes vergonhosamente tua natureza, nem te tornes indigno de tais dons, nem te prives daquele grande poder, glória e bênção com que Deus te agraciou, te afastando de seu temor, pela posse de uns poucos prazeres imperfeitos.

Tendo considerado teu Deus e o que tu mesmo és, por ser servo de Deus, agora ouve minhas instruções, sobre como, na tua prática, eu desejo que te portes. Como conversas todos os dias com os céus, instrui e forma tua mente de acordo com a imagem da Divindade. Aprende todos os ornamentos da virtude; sê suficientemente instruído nela. Sê humano, cortês, amigo de todos, acessível. Não aflijas o miserável com o terror de um julgamento severo. Nestes casos, deixa que saibam de seu destino duro em etapas; orienta-os para que peçam a Deus para que afaste Seu julgamento pendente das suas cabeças. Sê modesto; amigo do homem instruído, cortês, sóbrio; não ambiciones propriedades; dá livremente aos pobres, tanto dinheiro quanto teu julgamento. Não deixes que a fortuna mundana receba um julgamento errôneo de ti, ou algo que possa desonrar a Arte, ou esta Ciência divina. Ama os homens bons; estima os homens honestos que estudam com afinco esta Arte. Sê parcimonioso no julgamento contra a comunidade em que vives. Não dês julgamento sobre a morte de teu príncipe, embora eu saiba, por experiência, que *Reges subjacent legibus stellarum*[50]. Casa com uma mulher só tua; rejubila-te no número de teus amigos; evita a lei e a controvérsia. Em teu estudo, sê *totus in illis*[51], de modo que sejas *singulus in arte*. Não sejas extravagante nem desejoso de aprender todas as ciências, não sejas *aliquid in omnibus*[52]. Sê fiel, tenaz, não traias o segredo de ninguém; não, de forma alguma, te rogo, nunca

[50] Os reis estão sujeitos à lei das estrelas.
[51] Seja dedicado, de modo que sejas sem rival na arte.
[52] Faz-tudo [N. do T.: no sentido de fazer tudo, mas não fazer nada direito].

divulgues a verdade do amigo ou do inimigo que te tenha sido confiada de boa fé. Instrui todos os homens a viver bem; sê um exemplo tu mesmo; evita a moda dos tempos; ama teu país de origem; não recrimines ninguém, nem mesmo um inimigo; não desanimes se falarem mal de ti, *Conscientia mille testes*[53]; Deus não tolera pecados sem punição, nem mentiras sem vingança.

William Lilly

---

[53] Uma boa consciência vale mil testemunhas.

APÊNDICE 1

Calculando o mapa

Você vai precisar do momento da pergunta, da latitude e da longitude do lugar, uma tabela de efemérides e uma tabela das casas.

Não há, até onde eu sei, tabelas para casas em Regiomontanus, então use as casas segundo Placidus. Embora eu recomende Regiomontanus, se você usar outro sistema válido com sinceridade, ele vai funcionar: você vai receber as perguntas certas no momento certo para se ajustar ao sistema de casas que esteja usando.

Existe uma tabela de casas segundo Placidus em *Raphael's Ephemeris*. Se você estiver usando uma tabela de efemérides que não tenha esta tabela, compre uma cópia do *Raphael's*. Você só vai precisar de uma edição anual, porque a tabela permanece a mesma ano após ano.

Reduza o tempo local para GMT.
- A: Calcule quantas horas e minutos se passaram desde o meio-dia anterior em GMT.
- B: Adicione quatro minutos por cada grau a leste de Greenwich; retire quatro minutos por grau a oeste.
- C: Adicione dez segundos por hora de GMT desde o meio-dia anterior.
- D: Some A+B+C.

Procure nas efemérides o Tempo Sideral para o meio-dia anterior.
Some o seu D total a esse valor.
Agora você tem o tempo sideral local (você talvez tenha que subrair 24 horas do total para ter um número menor que 24).

Procure na tabela das casas a sua latitude.
Localize o tempo sideral local que você calculou nesta tabela.
Leia as cúspides das casas. Seis são dadas; as outras seis são seus opostos.
Agora você já localizou os signos no seu mapa.

Olhe as efemérides para localizar os planetas naquele momento daquele dia.

As efemérides vão dar a posição exata dos planetas a cada meio-dia; você vai precisar calcular a posição exata por proporção. Não seja muito detalhista com isso!

Apesar do que outros livros defendem, você não precisa de logaritmos. Eles são uma descoberta comparativamente recente: durante grande parte da longa história da astrologia, os astrólogos se viravam muito bem sem eles. Você também consegue.

Você não vai precisar calcular a posição dos planetas de forma precisa, normalmente. As únicas vezes que você vai precisar de exatidão são:

* Quando você precisar saber se este aspecto acontece antes daquele aspecto; e
* Quando você precisar saber se este aspecto acontece antes ou depois que os planetas mudem de signo.

Se você estiver usando o *Raphael's*, essas informações estão ao fim das efemérides, então você não vai precisar calcular.

Pratique esta técnica calculando os mapas apresentados neste livro. Lembre-se que você está usando um sistema de casas diferente, então as cúspides podem estar alguns graus deslocadas. Desde que elas concordem de forma aproximada, o seu cálculo provavelmente está certo.

APÊNDICE 2

Significado das Casas

O coelho de estimação do seu filho
Seu filho é casa cinco; coelhos são animais menores que bodes, então são casa seis; a sexta casa a partir da cinco é a casa dez. Conte as casas no mapa, para garantir que quando você conte a sexta casa a partir da quinta você chegue na dez, não na onze. Sempre conte a casa onde você começa como casa um; então, a primeira casa a partir da cinco é a cinco, a segunda a partir da cinco é a seis, etc.

A casa do seu pai
Seu pai é a casa quatro; casas são casa quatro; a quarta casa a partir da quatro, que é a casa sete, MAS: embora isso seja verdade em tese, na prática a casa de uma pessoa é mostrada, normalmente, pela sua casa um. Ela é, literalmente, "a casa da pessoa". Exatamente como no mapa do gato da página quatro: o gato está na casa um do gato; ele está na casa do gato.

Só precisamos usar a quarta casa da pessoa (neste exemplo a casa quatro da quatro) se precisarmos distinguir entre a pessoa e sua propriedade, como em "O meu pai vai vender a casa dele neste ano?"

Sua irmã grávida
Sua irmã é casa três. Grávida ou não, ela ainda é sua irmã; então, ainda é casa três.

Seu carro novo
Sua posse móvel: casa dois.

Seu trajeto para o trabalho
Viagem rotineira: casa três. Mesmo que você faça essa viagem no próprio carro, o carro não é a viagem, então ele nunca é casa três.

Seu chefe
Casa dez.

O sujeito que divide o escritório com você
Um colega: casa sete.

O sonho que seu amigo está lhe contando
Seu amigo é casa onze; sonhos são casa nove. O sonho dele é a nona casa a partir da onze, que é a casa sete radical.

Seus irmãos
Casa três.

O seu irmão mais novo, em comparação com o seu irmão mais velho
Todos os seus irmãos (e qualquer um deles) podem ser significados pela casa três. Se você precisar distinguir entre irmãos diferentes, pode derivar as casas. O irmão mais velho seria mostrado pela casa três; um irmão mais novo pode ser considerado como irmão dele, então ele seria a terceira casa a partir da três, que é a casa cinco radical.

Se você estivesse perguntando especificamente sobre o seu irmão mais novo, ele seria a casa três. Se você precisasse, então, incluir seu irmão mais velho na análise, ele seria mostrado pela terceira casa a partir da três.

Esta prática de tomar a terceira casa a partir da terceira para mostrar outro irmão deu a luz a toda uma ninhada de erros. Sua primeira mulher pode ser a casa sete, mas sua segunda mulher não é a terceira casa a partir da sete, a menos que você queira se casar com a irmã da sua primeira mulher. Seu próximo emprego também não é a terceira casa da dez (o irmão do seu emprego). A terceira casa a partir de alguma coisa não mostra "outra coisa do mesmo tipo"; ela mostra os irmãos da coisa.

O fato da terceira casa a partir da três mostrar o irmão do meu irmão levou muitas pessoas a procurar outros representantes de uma casa repetindo o número da casa, alegando, por exemplo, que se o seu emprego atual é casa dez, o emprego seguinte seria a décima casa a partir da casa dez e que o seu segundo cônjuge seria a sétima casa a partir da sete. A décima casa a partir da dez seria o emprego do seu emprego, ou o chefe do seu emprego (esse é um modo de identificar o chefe em uma pergunta sobre o emprego). A sétima casa a partir da sete seria o cônjuge do cônjuge (você). A menos que você planeja se casar com você mesmo, ele não significa seu próximo cônjuge.

Seus filhos
Casa cinco.

Seu filho mais novo, em comparação com seu filho mais velho
Neste caso, usar a terceira casa é válido; seu filho mais novo é visto como o irmão do mais velho. A terceira casa a partir da cinco = casa sete. O mesmo seria verdade se você perguntasse especificamente sobre seu filho mais novo: o mais velho seria o irmão do mais novo, a terceira casa a partir da cinco, de novo.

Ele não é a quinta casa a partir da cinco. Essa é a casa do filho do seu filho, seu neto.

Seu ex-cônjuge
Se você estiver perguntando especificamente sobre esta pessoa ("Será que a minha ex vai aparecer na festa?"), use a casa sete. Se você estiver perguntando sobre o cônjuge atual, ele é casa sete e você vai precisar encontrar outro significador para o ex. Veja o capítulo 21 para ver detalhadamente como fazer isso.

O sacerdote local
Casa nove. Não importa se você segue a mesma fé que ele ou não, nem se ele tiver comprado sua ordenação pela internet; mesmo assim, ele ainda é casa nove.

O irmão do sacerdote
Terceira casa a partir da nove = casa onze.

A cunhada do sacerdote
O irmão do sacerdote é casa onze. Sua esposa é a sétima da onze = casa cinco.

O vizinho da cunhada do sacerdote
A cunhada dele é casa cinco, então seu vizinho é a terceira casa a partir da cinco = casa sete.

O rei da Espanha
Se você vive na Espanha, ele é seu rei: casa dez. Se você não vive na Espanha, ele é o rei de um país estrangeiro: a décima casa a partir da nove = casa seis. Com imigrantes, use seu bom senso para decidir qual dos dois usar, dependendo do contexto da questão.

O fígado do seu pai
O fígado é casa cinco. A quinta casa a partir da quatro = a casa oito.

A embalagem de arroz que você comprou de manhã
Sua posse móvel: casa dois.

O papelote de cocaína que você comprou de manhã
Sua posse móvel: casa dois. Não é casa doze: a cocaína não é autossabotamento; você cheirar cocaína é autossabotamento. Esse é mais um exemplo da distinção vital entre função e objeto.

O livro que você pegou emprestado na biblioteca
Casa dois. Ele é, embora temporariamente, seu. Da mesma forma, o dinheiro que você emprestou para outras pessoas não é a sua casa dois, mas a deles.

O livro que você escreveu
Seu bebê: a casa cinco.

A pessoa que contou para a polícia sobre sua vida secreta como mestre do crime
Delator: casa doze. Seja você um mestre do crime ou não, ele delatou você do mesmo jeito, então é casa doze.

Seu mordomo
Casa seis. A relação entre Alfred e Batman pode ser casa dois: ele é mais um conselheiro que um servo; mas isso não é o comum. As responsabilidades do meu mordomo se resumem a supervisionar os outros empregados e decantar o vinho do Porto: ele é meu servo, então, é representado pela casa seis.

Seu emprego como mordomo
Casa dez, como seu emprego sempre é. Se não servíssemos alguém, de alguma forma, enquanto trabalhamos, não seríamos pagos nunca.

Minas
Casa quatro. O fundo do mapa.

O homem que veio consertar o encanamento
Seu servo: casa seis.

O homem que acabou de soprar ao seu ouvido uma dica quente para a próxima corrida
Seu conselheiro: casa dois. Ou, se ele souber que você está freqüentando os Jogadores Anônimos e quiser levar você de volta ao vício, casa doze (seu inimigo secreto).

Sua universidade
Casa nove.

A universidade da sua filha
Casa nove. Embora digamos que é dela, na verdade não é: ela só a freqüenta. A menos que precisemos diferenciar duas universidades, como por exemplo em "A minha faculdade é melhor que a dela?"; neste caso, usaríamos a nona casa a partir da cinco para a faculdade dela = casa um.

A universidade do seu professor
Agora precisamos diferenciar, porque o professor já é casa nove, então não podemos usar a casa nove para a universidade dele. Nona casa a partir da nove = casa cinco.

Astrologia
Conhecimento superior: casa nove.

Física de partículas
Conhecimento superior: casa nove.

O dogue alemão do irmão da sua amante
Sua amante é casa sete. O irmão dela é a terceira casa a partir da sétima = casa nove. Dogues alemães podem ser maiores que a maior parte dos bodes que existem, mas cachorros são, genericamente, menores que bodes, então ele é casa seis. Sexta casa a partir da nove = casa dois.

O cruzeiro que você está pensando em fazer
Viagem especial: casa nove.

O navio no qual você vai fazer o cruzeiro
O navio em que você navega: casa um.

A bola do seu cachorro

A posse dele: segunda casa a partir da sexta = casa sete. Não é a casa cinco dele. A brincadeira que ele faz com ela pode ser casa cinco, mas a bola em si, não. Mais uma vez, lembre-se da diferença entre função e objeto.

O filho da amiga da sua mãe

Sua mãe é casa dez, a amiga dela é casa onze da dez = casa oito. O filho dela é a quinta casa a partir da oito = casa doze.

APÊNDICE 3

Como identificar um aspecto

Sim, o sistema celeste está em movimento! O que vemos à nossa frente no mapa é uma foto, um instantâneo de uma coisa que se move continuamente, exatamente como se tivéssemos apertado o botão de pausa do DVD. O mapa, por si só, não nos diz mais sobre a história que vai se desenrolar do que um quadro congelado de um filme. O vilão tem uma arma na mão: ele vai disparar? Marte está perto de Saturno: eles vão se encontrar? Só com esse quadro, não podemos dizer.

Você precisa calcular *se* um determinado aspecto vai acontecer e, muitas vezes, *quando* esse aspecto vai acontecer. Regra número um: planetas mais rápidos alcançam planetas mais lentos. Então, você precisa aprender a ordem normal das velocidades. Do mais rápido para o mais lento:

Lua   Mercúrio   Vênus   Sol   Marte   Júpiter   Saturno

Como nós já discutimos no texto principal, no entanto, os planetas nem sempre se movem na mesma velocidade. A minha Ferrari pode ser mais rápida que o seu trator, mas se eu paro num posto de gasolina ele pode, enquanto isso, estar se movendo mais rápido que eu. A Lua é sempre a mais rápida. Tirando o Sol, cuja velocidade nunca muda muito, os restantes podem todos diminuir de velocidade até zero e passar a se mover na direção contrária.

Encontrando aspectos pelas efemérides

Isso é fácil. Abra suas efemérides em qualquer mês. Você vai ver os planetas marcados no topo, com suas posições diárias nas colunas se estendendo para baixo. O signo em que cada planeta está marcado no topo da coluna e em outros pontos da coluna quando o planeta muda de signo.

Você vai ver que, na maior parte das colunas, os números aumentam para baixo. Se os números estiverem diminuindo, o planeta deve estar retrógrado, exceto quando os números estiverem pulando de 29° para 0°, que é quando o planeta está entrando num novo signo.

Pegue dois planetas quaisquer. Você quer saber se eles fazem um aspecto neste mês. Passe os olhos pelas colunas deles para ver se os números chegam em algum ponto no qual coincidam. Exemplo: talvez você veja que a posição diária de Saturno seja 09°02′, 09°07′, 09°17′. A posição de Mercúrio nos mesmos dias é 07°13′, 08°41′, 10°09′, 11°35′. O valor para Mercúrio começou menor que o de Saturno e ficou maior. Então, tem que ter havido um momento em que eles coincidiram – quando Mercúrio estava em 9 graus e alguma coisa.

Este ponto de coincidência pode ser um aspecto. Se não houver ponto de coincidência, não pode haver um aspecto, mas nem todas essas coincidências são aspectos. Depende de em quais signos os planetas estão. Agora, verifique os signos:

Mesmo signo:	conjunção
Signos adjacentes:	não há aspecto
Signo após o adjacente:	sextil
Signo seguinte a este:	quadratura
Signo seguinte:	trígono
Signo seguinte:	não há aspecto
Signo oposto:	oposição
Signo adjacente ao signo oposto:	não há aspecto.

ATENÇÃO: Aqui estamos falando de SIGNOS, não CASAS.

Feito? Bom. Agora você já sabe como encontrar um aspecto pelas efemérides. O problema é que verificar estas colunas para todo par planetário possível seria muito maçante. Você precisa saber como fazer, mas é possível cortar quase todo o trabalho, procurando os aspectos no próprio mapa.

Encontrando aspectos no mapa

Acredite ou não: depois de algum tempo, você vai dar uma olhada rápida no mapa e perceber todos os aspectos, sem nem precisar pensar sobre eles. Da mesma forma que um mecânico ouve o carro por um momento e já sabe o que está errado com ele, não porque ele esteja revisando uma lista de possibilidades na cabeça, mas porque ele só precisa ouvir o carro.

Quando você estiver analisando uma horária, você normalmente vai estar preocupado com alguns poucos planetas e seus possíveis aspectos, mas vamos olhar este mapa e notar todos os aspectos dele, como exemplo.

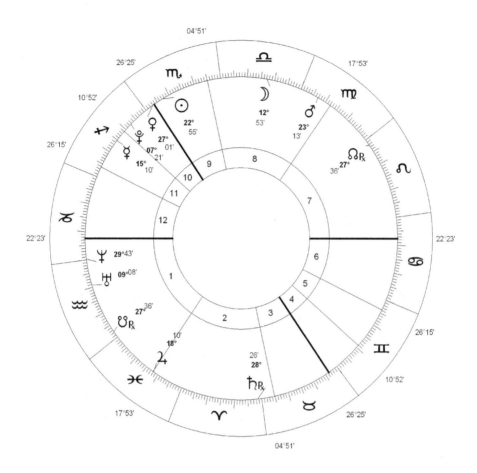

15 de novembro de 1998, meio-dia, GMT, Londres, Inglaterra

Comece com o planeta mais rápido, a Lua.

Em que grau ela está agora? 12°53'.

À medida que ela se move, ela vai para graus constantemente maiores. Qual planeta está nos graus mais baixos que sejam maiores que 12°53'?

Mercúrio, em 15°10'.

A Lua se move tão rápido que ela vai chegar rápido nos 15° graus do próprio signo; neste período, Mercúrio praticamente não se moveu

A Lua, então, vai chegar no mesmo número de graus que Mercúrio. **ALERTA DE ASPECTO!** Temos uma coincidência de graus. Será que é um aspecto?

Mercúrio não está num signo adjacente ao da Lua, mas no signo seguinte. Sim, é um aspecto: um sextil.

O que a Lua vai fazer em seguida?

O planeta com o próximo valor mais baixo de graus é Júpiter, em 18°10′. Isso nos dá outra coincidência. Mas a Lua está em Libra: o signo oposto é Áries. Júpiter está em Peixes, signo adjacente a Áries. Não pode haver um aspecto.

E agora?

O Sol, Marte e Vênus estão todos em graus que a Lua vai atingir, mas estão todos em signos adjacentes a Libra, onde a Lua está. Então, eles não podem fazer nenhum aspecto a eles.

Mais alguma coisa?

Saturno está em 28°26′ do seu signo. A Lua se move tão rápido que atinge Saturno antes de mudar de signo.

Saturno está em um signo que faça aspecto?

Sim. Ele está em Áries, o signo oposto do da Lua. Há uma oposição.

Para a Lua, chega. Agora, vamos para o planeta seguinte na ordem de velocidade, Mercúrio. Ele está em 15°10′ do seu signo.

Para onde ele vai?

Mercúrio se move rápido. Ele deve chegar a Júpiter, que está em 18°.

Bom – há um aspecto aqui; mas apenas um aspecto potencial. Quando analisamos a Lua, sabíamos que ela não ia mudar de direção, mas ia continuar sua disparada seguindo a ordem normal do signos do zodíaco. O Sol, também, continua caminhando no mesmo sentido. Mas todos os outros planetas podem mudar de direção. Sim, parece que Mercúrio vai fazer um aspecto com Júpiter, em seguida com Marte e por último com Saturno. Mas não vai. Ele está prestes a retrogradar. Embora os três graus que ele tenha que percorrer para fazer um aspecto com Júpiter em 18° de Peixes não sejam uma distância tão grande, ele não consegue. Não há aspecto aqui.

"Como é que eu sei que Mercúrio vai retrogradar antes de fazer um aspecto a Júpiter?" Você não sabe. Essa é a hora de verificar suas efemérides, da forma descrita acima. Isso vai dizer se o aspecto vai acontecer.

Há uma dica no mapa. Mercúrio está quase um signo inteiro na frente do Sol: ele deve estar prestes a ficar retrógrado.

Vênus está a 27° do próprio signo e vai chegar em 28° muito em breve, chegando ao mesmo grau que Saturno; mas Saturno está no signo adjacente à oposição de Vênus, então não há aspecto.

O Sol está em 22°. Marte está em 23° O Sol nunca fica retrógrado, nem diminui muito de velocidade, então vai rapidamente chegar em Marte. Marte está no signo seguinte ao adjacente do Sol, então há um aspecto: um sextil.

Marte está em 23° do próprio signo. Vênus está em 27°, mas ela se move mais rápido que ele, então não vai haver aspecto. Vale a pena, no entanto, verificar se Vênus não está prestes a ficar retrógrada ou esteja se movendo tão devagar que Marte consiga alcançá-la. Com Vênus tão perto do Sol, no entanto, isso não vai acontecer.

Júpiter está em 18°, Saturno em 28°. Eles estão em signos adjacentes, então não há possibilidade de aspecto.

APÊNDICE 4

Como ler o mapa quadrado

Os livros modernos de astrologia, incluindo este, imprimem normalmente mapas no formato circular. Os livros mais velhos normalmente os apresentam no formato de um quadrado. Eu espero que este livro inspire você a estudar alguns dos textos mais antigos, especialmente o *Christian Astrology* do William Lilly. Entender o mapa quadrado não é tão difícil.

Este exemplo é de um mapa que Lilly abriu para responder sua própria pergunta sobre se ia reaver alguns peixes que ele havia comprado, mas que haviam sido roubados do armazém antes que chegassem até ele[54].

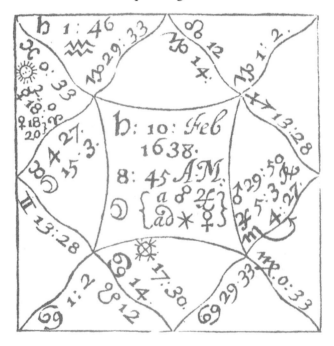

Onde estão meus peixes?

Comece com o quadrado central. O símbolo de Saturno no ângulo superior esquerdo mostra o dia da semana: Sábado, dia de Saturno. Algumas vezes há

54   *Lilly*, página 397.

a legenda *dies*, "dia" em latim. Muitas vezes há outro símbolo com a legenda *hora*. Estes são os planetas que regem o dia e a hora do dia. Eu omiti qualquer menção a eles neste livro, porque, depois de anos de tempo perdido, eu percebi que eles não têm função nenhuma em horária.

Em seguida vem o momento em que o mapa foi aberto, neste caso dia 10 de fevereiro de 1638. Se você quiser recriar o mapa no seu computador, você vai precisar ajustar a hora e a data.

A Inglaterra de Lilly ainda usava o calendário juliano; suas datas são conhecidas como Estilo Antigo. Para convertê-las ao Estilo Novo que usamos hoje em dia, precisamos adicionar 10 dias a eles. A maior parte dos programas de computador não vai fazer isso por você, então você precisa fazer isso à mão. A data de 10 de fevereiro para Lilly se torna 20 de fevereiro no Estilo Novo. O ajuste varia de século a século: dez dias é o correto para o século XVII. Verifique as posições do Sol e da Lua para ter certeza que encontrou o dia certo.

Às vezes se considerava que o ano começasse em primeiro de março, então o que Lilly chamava de fevereiro de 1638 poderia ser fevereiro de 1639 no nosso calendário (ou seja, ele poderia estar considerando fevereiro como o último mês de 1638, não o segundo mês de 1639). Isso não era padronizado, então tome cuidado: para datas em janeiro ou fevereiro, verifique as posições dos planetas exteriores para ter certeza que você encontrou o ano certo. Neste caso, 1638 de Lilly é o nosso 1638, mesmo.

Muitas vezes se considerava que o dia começava ao meio-dia, não à meia-noite. Isso faz com que alguns horários de manhã sejam marcados com "P.M.". De novo, isso não era padronizado: Lilly usava às vezes um, às vezes outro. Veja a posição do Sol, lembrando que ele está no ascendente ao amanhecer, perto do MC ao meio-dia e no descendente ao anoitecer. Neste mapa, o Sol acabou de nascer e está indo na direção do MC; deve ser de manhã. Em outro dia, Lilly poderia chamar o mesmo horário de 08:45 P.M.

Ele não estava usando nenhum fuso horário reconhecível pelo seu computador. Ele não tinha essa obsessão com precisão do tempo e usava uma aproximação da hora local. Isso não é a mesma coisa que Tempo Médio Local (LMT, Local Mean Time). Comece inserindo a hora que ele dá como se fosse LMT e brinque com ela até encontrar o mapa mais parecido com o que Lilly dá. Não espere chegar a uma correspondência exata.

Abaixo da hora, Lilly anotou o aspecto mais recente da Lua e o seu próximo aspecto. Ela está se separando (*a* é "de" em latim) de uma oposição com Júpiter e está se aplicando (*ad* é "para" em latim) a um sextil com Mercúrio.

Os quatro triângulos que compartilham um lado com esse quadrado central são as casas angulares na sua disposição normal: a primeira casa à esquerda do leitor, a décima no topo. O ascendente é o lado superior da primeira casa, então o ascendente deste mapa está em 04°27′ de Touro. A cúspide da casa dois está em 13°28′ de Gêmeos, a da casa três em 01°02′ de Câncer, a da quatro em 14° de Câncer e por aí vai.

O símbolo do signo no qual um planeta está é normalmente omitido, sendo mostrado pela casa em que o planeta está. A Lua está mostrada paralela ao ascendente, então está em 15° 03′ de Touro. Se ela estivesse nos primeiros graus de Gêmeos, ela teria sido posta paralela à cúspide da casa dois, que está em Gêmeos. Na casa doze, o Sol e Mercúrio estão ambos em Peixes, como mostrado por estarem paralelos à cúspide que está em Peixes.

Planetas interceptados, como Saturno e Vênus neste mapa, são mostrados afastados das duas cúspides e normalmente vêm junto com o símbolo do signo em que estão.

Índice remissivo

Somente as referências mais importantes estão relacionadas aqui

HORARY PRACTICE (PRÁTICA EM HORÁRIA)

O volume que complementa o *Manual de Astrologia Horária*. Você já aprendeu as técnicas: agora vamos exercitar de forma rigorosa esses músculos astrológicos, com John guiando você passo a passo por uma longa série de análises em uma enorme variedade de perguntas. Esta é a sua chance de espiar por sobre o ombro de um mestre astrólogo enquanto ele trabalha, absorvendo o processo mental que vai levar você a dominar o ofício da astrologia horária.

Horary Practice, o livro complementar a este em suas mãos, cuja publicação era prometida no *Manual* original para 2005, vai ser publicado um dia.

REAL ASTROLOGY (ASTROLOGIA DE VERDADE)

Vencedor do Spica Award de melhor livro internacional do ano, *Real Astrology* oferece uma crítica detalhada – e muitas vezes hilária – da astrologia moderna, além de uma introdução detalhada ao ofício tradicional. Ele contém uma exposição clara do pano de fundo cosmológico e um guia passo-a-passo do método, acessível àqueles sem conhecimentos anteriores sobre o assunto, mas suficientemente abrangente para servir de *vace mecum* para o aluno ou profissional.

"Filosoficamente rico – genuinamente engraçado – escrito por um mestre do assunto e enriquecido com conselhos práticos inestimáveis" – *The Mountain Astrologer*

"Humor, filosofia e uma erudição abrangente e notável. Eu serei eternamente grato a John Frawley por essa pérola em forma de livro" – *AFI Journal*

"Leitura essencial para qualquer astrólogo" – *Prediction*

REAL ASTROLOGY APPLIED (ASTROLOGIA DE VERDADE APLICADA)

Esta coleção de notas e ensaios lida em maior profundidade com os assuntos levantados em Real Astrology. Ele elucida assuntos técnicos e pontos importantes da filosofia que forma a base do ofício prático.

"Um livro excelente. Deve ser lido e relido por todos que quiserem chamar a si mesmos de astrólogos" – *Considerations*

"Muito bom de ler – uma fonte virtual de conhecimento e técnica que faz com que o material astrológico mais complexo desça como uma taça de conhaque cheia do mais doce elixir âmbar" – *The Mountain Astrologer*

SPORTS ASTROLOGY (ASTROLOGIA ESPORTIVA)

Existem muitos métodos de previsão de resultados esportivos com astrologia. Aqui estão alguns que funcionam.

Acompanhe um estudante na sua viagem rumo ao conhecimento aos pés de um Mestre Astrólogo. O mestre o guia – e ao leitor – passo a passo pela análise de mais de 60 mapas, incluindo 38 horárias. Esse envolvimento detalhado com a prática da análise de mapas, tentando responder todas as questões que um aluno possa querer fazer a um professor mas normalmente não possa fazer a um livro, é único na literatura astrológica, fazendo com que este livro seja indispensável não somente aos fãs do esporte, mas a qualquer pessoa com algum interesse em astrologia preditiva.

GRAVAÇÕES DAS PALESTRAS

As gravações das palestras de John na Real Astrology Conference (8 Cds) e no Intensive on the Fixed Stars (13 Cds) já estão disponíveis. Tanto o conteúdo quanto a apresentação dos Cds foram excepcionalmente bem recebidos pelo público. Informações detalhadas no site www.johnfrawley.com.

THE ASTROLOGER'S APPRENTICE

Esta revista de publicação ocasional, editada por John Frawley, floresceu entre 1996 e 2005. Como seu lema dizia, ela era "a tradição viva". Ela incluía inclui investigações astrológicas de temas históricos e culturais, artigos sobre o pano de fundo da filosofia, seções tutoriais – até resultados de jogos de futebol. Todas as 22 edições estão disponíveis em PDF em um CD, sendo que as edições 1-4 podem ser baixadas de graça. Para mais detalhes, acesse www.johnfrawley.com.

LIVROS, GRAVAÇÕES, PALESTRAS

Para ficar informado sobre publicações e gravações futuras e do cronograma das palestras de John Frawley, escreva para: j@johnfrawley.com

CPSIA information can be obtained
at www.ICGtesting.com
Printed in the USA
BVHW082148060919
557668BV00005B/52/P